Marcello Musto

Another Marx

translated by

Kei Ehara　Tsuyoshi Yuki

アナザー・マルクス

[著] マルチェロ・ムスト
[訳] 江原 慶／結城剛志

Another Marx: Early Manuscripts to the International by Marcello Musto,
Originally published in the Bloomsbury Academic
Published in 2018 under licence from Marcello Musto.
Last Marx by Marcello Musto

日本語版への序文

ここ十年以上にわたって、あちこちのメディアにて、先見の妙がある思想家として再び脚光を浴びている歴史上の偉人がいる。カール・マルクスである。彼の思想の妥当性は、現在においても常々確認されるところとなっている。進歩主義的な論者たちの多くが、資本主義のオルタナティブを構築する上で、マルクスの思想は今なお不可欠だと考えている。世界中あらゆるところで、その思想をめぐって大学の講義や国際会議が再び催されるようになっている。マルクスの著作の復刻版や新版が、書店にまた並ぶようになった。このように、二〇年の長い休止期間を経て、マルクス研究は再び盛り上がりをみせつつあるのである。まさに「マルクス・リバイバル」と言えよう。マルクス生誕二百周年にあたる二〇一八年に、この風潮はますます強まってきている。

マルクスの業績を再検討するにあたって決定的だったのは、『新MEGA（Marx-Engels-Gesamtausgabe）』の出版であった。これはマルクスとエンゲルスの仕事の完全版を期す歴史的な事業であり、一九九八年に再開された。再開以後、二六巻が出版されており、残りは準備中である（そのほか、一九七五年から一九九一年までの間に四〇巻が出版されている）。新MEGAには、次の四つが含まれている。（一）マルクスの仕事のいくつかの新版（『ドイツ・イデオロギー』など）、㈢『資本論』の準備にあたって書かれた全ての草稿、㈢マルクスとエンゲルスが交わした書簡の全て、そして㈣マルクスの読書の要約やそこから生まれた考えが記された、およそ二百冊のノート。これら全ての資料は、彼の批判的理論の作業場をなしている。これらを見てみると、マルクスの思想がいかに複雑な過程を経て形成されてきたのか、またそれはどんな材料に基づいているのかが分かる。

こうした貴重な資料は、その多くがドイツ語でしか読めず、狭い学界内でしか使われてこなかったが、これまでと異なるマルクス像を示してくれる。これまでの凝り固まったマルクスのイメージは、その表向きの支持者にも、その批判者にも、長らく共有されてきたものである。新MEGAが手に入ったことによって、マルクスの風貌は、どんな経済学・哲学の思想家よりも近年大きく変化したと言える。ソビエト連邦の崩壊に続く政治状況の変化も、マルクスのイメージの変化を後押しした。マルクス・レーニン主義の終焉によって、マルクスは、彼自身の社会認識とはかけ離れた、イデオロギーの世界の足枷を外されたのである。

また、数多くの最近の成果によって、マルクスの業績の革新的な解釈が示されてきている。マルクスは、資本主義社会の矛盾を考察するにあたって、資本と労働との間の対立以外にも幅広い問題群を取り扱っていたことが分かってきた。彼は、ヨーロッパの外側の社会や、世界の周辺と言われてきた地域における植民地主義の破壊的な側面について、並々ならぬ関心を抱いていた。また、エコロジー的な問題についても、その重要性を認識していたことが明らかになっている。これは、マルクスの共産制社会への道筋は、単なる生産力の発展過程と同じものだと非難してきた人々に対する反論になる。こうした新たな研究成果によって、これまでのマルクス研究がしばしば過小評価したり見落としたりしてきた様々な論点を、マルクス自身が掘り下げて考え抜いていたことが分かってきたのである。少し例を挙げておこう。国家がコントロールする形でない、集団的な所有権のあり方。経済的・政治的領域での個人の自由の重要性。社会的な解放に向けての、技術のポテンシャル。そして、ナショナリズムの様々な形態に対する批判。これらは全て、私たちの時代においても根本的な社会問題であり続けている。

これらの新たな研究の進展によって、マルクスの業績は注目され続けるだろうし、それをめぐる解説も次々と出てくるだろう。そのように見直してみる中で、この本でカバーされている時期（経済学批判の最初の草稿（『要綱』）が書き始められた一八五七年から一八八三年まで）には、今日の読者にとっても興味をそそる問題や、豊富な論考が提示されていることが明らかになってきたのである。

長い間、マルクス主義者の多くはマルクスの初期の仕事、特に、『一八四四年の経済学・哲学草稿』と『ドイツ・イデオロギー』にもっぱら焦点を当ててきた。そして『共産党宣言』は、最も広く読まれ、引用されてきたテキストであり続けてきた。しかし、これらの論考に含まれていた多くのアイデアは、その後の研究で展開されていくことになる。そして、ブルジョワ社会に対する批判についての最も貴重な考察と、マルクスが到達した結論が最も十全に示されるのは、何を措いても『資本論』とその夥しい数の準備草稿、そして彼の晩年の研究においてである。これらの論考を、マルクス死後の変化に照らして再検討するならば、資本主義に代わる社会経済的なオルタナティブを考えるにあたって、豊かな土壌が得られることだろう。

マルクスの最も成熟した時期の草稿は、彼が死に向かいつつも政治経済学の研究を続けていたことだけでなく、新たな領域を取り込もうと興味関心の幅を広げていたことを示している。そうしたテーマには、自然科学、前資本主義的社会における共同所有権の形態、農奴制廃止後のロシアで進む社会変容、合衆国の資本主義の発展、人類学の進歩などが挙げられる。同時に、マルクスは国際政治の主要事件を丹念に追いかけ、ポーランドの独立、アメリカ南北戦争時の奴隷制の廃止、およびアイルランドの自由を求める戦いに、はっきりと賛成の立場を取っていた。ヨーロッパの植民地主義にも、断固として反対していた。こうした彼の態度は、マルクスはヨーロッパ中心主義的で、かつ経済主義的な思想家であり、生産の領域と資本―賃労働間の階級闘争にしか関心がないという、一般的なイメージと実に異なっていよう。

マルクスの伝記の多くは、彼の人生の主要事件を、彼の理論的成果とは独立に取り扱っている。しかも、最近のものを含めてほとんど全ての伝記において、初期の業績にしか関心が払われていない[1]。長い間、マルクス最晩年の研究を辿るのは困難であり、その時期の理論的進展への理解は阻まれてきた。マルクスの仕事に重大な影響を及ぼした、その頃の人生の浮き沈みは、学術的な研究においてはほとんど看過されてきた。事実、多くの論者たちは、青年マルクスと成熟したマルクスとの間の違いを議論することに長い時間を費やしてきた。こうした論争が生じたのは、『資本論』出版以後の膨大な量の仕事や、そこからマルクスが引き出した革新的なアイデアに、しかるべき注意が払われてこなかったせいである。その他の研究の多くも、哲学者マルクス・経済学者マルクス・政治活動家マルクスの三者を切り離すという、誤った理解に基づいていた。

本書の成果は、未だ部分的で不完全なものである。マルクスの総合性は人類知の非常に幅広い領域にわたっており、どんなに卓越した研究者でも、その頂上を推し量るのは容易ではない。加えて、モノグラフとして普通に読めるものに仕上げなければならないため、マルクスの業績の全てを分析することはできないし、本当ならもっと多くのスペースを割かなければならないテーマを、一ページに凝縮しなければならないことも多々あった。こうした限界を認識しつつも、著者は研究成果を、さらなる研究の出発点として世に問いたいと考えている。

一九五七年、二〇世紀のマルクス研究の大家の一人であるマクシミリアン・リュベルは、マルクスの「記念碑的伝記」はまだ書かれていないと述べた[2]。それから六〇年以上が経ったが、この仕事は未だ達成されていない。新MEGAの最近の巻によって、マルクスは語られ尽くされた人物だという主張は誤りであるということが分かった。しかし、未出版だったテキストが出現する度に「知られざるマルクス」を喧伝する人々のように、マルクスについて知られてきた事柄が、近年の成果によって完全に覆されてしまうというのもまた、誤りであろう。

マルクスから学ばなければならないことは、未だ多く残されている。マルクスを学ぶにあたり、既によく知られた古典だけでなく、未完の草稿に含まれる問題点や疑問点を検討することができるのは、今を生きる我々の特権である。

二〇一八年八月

マルチェロ・ムスト

目次

凡例

一　本書は、Marcello Musto, *Another Marx* とMarcello Musto, *The Last Marx* を、原著者から提供された合本版原稿に基づき訳出したものである。「はじめに」から第VI章までの訳出を江原が、第VII章から「エピローグ」までの訳出を結城が担当した。

一　脚注における次の表記は、次に示す文献の略記である。
『全集』…『マルクス・エンゲルス全集』全四一巻＋補巻全四巻、大月書店
『資本論』…『資本論』全三巻、新日本出版社新書版
『批判』…『経済学批判』岩波文庫版

一　［　］は原著者による挿入、〈　〉は訳者による注記である。

一　本書における引用文に、著者による改変が加えられている場合は、原則として著者の引用形式を優先させた。そのため、引用文は必ずしも原典通りではない。

はじめに

1 マルクス・リバイバル

思想家の永遠の若さは、新しいアイデアを呼び起こし続ける力によって保たれる。このように言えるとすれば、カール・マルクスはまさしく若さを保ち続けていると言うことができよう。

二〇〇八年に資本主義が危機に陥ったことをきっかけとして、マルクスに再びスポットが当たっている。彼の思想は今一度、分析・発展・議論の対象になっているのである。「社会主義」を標榜したかつての国家体制と渾然一体とされ、一九八九年以後軽々しく無視されることもあったし、ベルリンの壁崩壊とともに永久に忘れ去られるとも予想されていた。しかしそうした固定観念にとらわれず、マルクスの思想を新たな角度で問い直す人々も、徐々に現れてきている。

多くの購読者数を誇る名だたる新聞や雑誌上で、マルクスは、先見の妙のある旬の理論家として取り扱われている。また、世界中のいたるところにおいて、大学の講義や国際カンファレンスでのテーマとなっている。彼の著作は、復刻されたり、新たな版が出たりするなどして、書店の棚に再び並ぶようになった。マルクスに関する研究は、二〇年以上の冬の時代を経たのち、再び息を吹き返し、重要かつ革新的な成果を上げはじめている。[1] マルクスの業績について、全般的な再評価が進んでいるのである。中でも特に大きな価値を有するのは、マルクスとエンゲルスの著作を網羅した歴史的な決定版である、『新MEGA（Marx-Engels-Gesamtausgabe）』の出版が一九九八年に再開されたことである。

彼らの著作を公開する作業は、紆余曲折を経てきた。一八八三年のマルクスの死の後、まず彼の無二の親友・フリードリッヒ・エンゲルス（一八二〇～一八九五年）が、遺された文書の編集という、非常に困難な仕事に取り掛かった。それが困難だったのは、材料はバラバラ、文章は不明瞭で、筆跡も判読し難かったからである。エンゲルスは、遺稿の選別と再構築・未出版あるいは不完全なテキストの出版・マルクスの生前に既に刊行されていた著作の再出版や翻訳といった仕事に、非常に精力的に取り組んだ。最も優先度が高かったのは、マルクスが生前に第一巻しか出版していなかった、『資本論』の完成であった。

エンゲルスは、一八九七年にこの世を去る。その二年後には、イタリア人社会主義者アントニオ・ラブリオーラ（一八四三～一九〇四年）が、こんな疑問を呈示している。「マルクスとエンゲルスの著作が、彼らの親しい友人や弟子たち以外の人々に、まとまった形で読まれたことがあるのだろうか」。彼の結論は明白だった。「これまでのところ、科学的社会主義の創始者の著作全てを読めるのは、直接の関係者だけの特権だったようだ」。「史的唯物論」は、「絶えず不明確にされ、誤解され、奇怪に捻じ曲げられ、粉飾され、そして根拠のない作り話にされながら」広まっていった[2]。マルクスとエンゲルスがきちんと読まれているという大前提さえ、既にかなり怪しかった[3]。なにせ、彼らの書いたものの多くは、原語ですら滅多に目にすることができないか、見つけること自体難しいものだったのだから。そんなわけで、ラブリオーラが「マルクスとエンゲルスの全ての著作を完全な決定版で」出版すべきだと提案したのは、至極もっともであった。ラブリオーラが求めたのは、単なる作品集でも、遺作集でもない。「批判的社会主義の二人の創始者の手による、全ての政治的・科学的活動、および全ての執筆活動は、たとえそれが時節的なものだったとしても、文書として公開されなければならない。（…）それらは、手に取った者に直接語りかけてくる力を持つものだからである」[4]。残念ながら、それから一二〇年経った今でも、この念願は実現していない。

エンゲルスの死後、マルクスとエンゲルスの著作の完全版を作る仕事は、ドイツ社会民主党（ＳＰＤ）

に自然に委ねられた。SPDは遺作群を所有していたし、そのリーダーであるカール・カウツキー（一八五四～一九三八年）とエドゥアルト・ベルンシュタイン（一八五〇～一九三二年）は、言語能力的にも理論的にも申し分のない能力を持っていたからである。しかしながら、党内政争によって、マルクスの未出版の原稿群は書類の山の中に放置された。それどころか、草稿は散逸し、体系的な編集作業はさらに困難になった。[5] SPDは全く資金を提供しなかったばかりか、マルクスとエンゲルスの遺産をとても雑に扱った。[6] 党の理論家たちは、誰もマルクスとエンゲルスの著作リストを編もうとしなかったし、それどころか、彼らの大量の書簡をきちんと集めようともしなかった。それらの書簡は、マルクスとエンゲルスが、自分たちの考えを明確にし、深めるための貴重な手段だったにもかかわらず。

MEGAとは、マルクスとエンゲルスの著作の完全版を意味する。これを出版しようという最初の試みは、ソビエト連邦にて、一九二〇年代になってようやく緒に就く。これは主として、ダヴィト・リャザーノフ（一八七〇～一九三八年）の絶えざる努力の賜物であった。しかし一九三〇年代のはじめに、スターリンの粛清の刃が、編集に携わっていた主力研究者たちを襲った。ドイツでのナチズムの台頭がそれに追い打ちをかけ、その後の作業が断ち切られてしまった。

「二回目の」MEGAプロジェクトは、二人の思想家の全ての著作を、膨大かつ重要な注解とともに再現しようとするものであり、一九七五年に東ドイツで始められた。しかし、ベルリンの壁崩壊に伴って、これもまた中断を余儀なくされた。組織再編には長い年月がかかった。新たな編集方針が作成・合意されて、新MEGAの出版が再開されたのは一九九八年のことである。そのときまでに二六巻が印刷されていたが、残りは準備段階にあった。そこには、マルクスの著作の新たなバージョンや、『資本論』の準備草稿の全て、マルクスの思想形成において重要な時期に交わされた書簡の数々、そして約二百冊のノートが含まれていた。これらのノートには、マルクスが長年にわたって読破してきた書物からの抜き書きと、その過程で思い浮かんだアイデアが書き込まれている。これらはマルクスの批判的思考と理論的考察のいわば実験室であり、彼が自らの思想を練り上げるうちに辿った複雑な行程や、アイデア形成の原材料を示唆してくれる[7]。

これらの貴重な材料の多くはドイツ語で書かれており、それゆえ誰でも読めるというわけではない。しかしそこからは、数多の批判者や自称後継者が長い間祀り上げてきたのとは、似ても似つかぬマルクスの姿が浮かび上がってくる。実際、新MEGAが使えるようになった効果は絶大であり、政治的および哲学的思想の古典のうち、マルクスは近年で最も大きくその風貌が変わった人物だと言うことができる。それに加えて、ソビエト連邦の崩壊のおかげで、国家装置の権威としての役割からマルクスは解放され、政治状況から自由になったのである。

我々は、マルクスの思想に対する解釈を変えなければならない。それは、研究の進展と政治状況の変化の双方を踏まえれば明らかである。

2 新しい思索に向けて

出版された新MEGAや、未だ出版されていない草稿群を研究する中で、現行版の背景が豊かに広がってくることとなった。探索されていない路が多く残っていることが分かってきた。また、しばしば喧伝されてきたのとは異なり、マルクスは全てを明らかにし尽くされた人物では全くなかったということも[8]。むしろ、マルクス主義は、しばしばマルクスの思想を歪める罪を犯してきたとさえ言える。

様々な政治的必要や状況に応じて、マルクスの名前はしばしばそれらに利用された。そして、まさにその理由で非難の的になった。彼の本質的に批判的な理論は、まるで宗教的な訓詁学の対象のように扱われる聖典になり果てることとなり、全く信じ難いほどの矛盾の数々をもたらした。「未来の大衆簡易食堂のための調理法（…）を書く」[9]ことに断固として反対した思想家が、新しい社会制度の発起人へと変えられてしまった。自分の作り上げた成果に満足することのなかった、最も入念な思想家が、凝り固まった教条主義の源泉になってしまった。歴史の唯物論的把握の揺るぎない闘士が、他の誰よりもひどく、その歴史的文脈から引き剝がされてしまった。「労働者階級の解放は、労働者階級自らによって獲得されねばならない」[10]という彼の主張も、階級意識をかきたて革命を煽るべく、政治的指導者や党の優位性を強調するイデオロギーにはめ込まれてしまった。労働日の短縮が人間的な能力の開花の必要条件だという考えも、スタハノフ運動〈ソ連で行われた生産性向上運動〉の生産力至上主義への賛美の声に絡め取られてしまった。国家の廃止という信念は、逆に最も頑強にそれを擁護する話になってしまった。マルクスはむしろ、個人の自由な発達を理想としていたのであり、それこそ彼を他の思想家から画す特徴であったはずである。さらには、ブルジョワ的権利は単なる法律上の平等の下に社会的格差を覆い隠してしまうのに対して、「権利は、平等であるよりむしろ不平等でなければならない」[11]と主張していたのである。しかしそのマルクス当人こそ、集団レベルの豊かさを、平板な画一性へと解消してしまう発想を標榜した張本人だと誤解されたのである。

本書の目的は、そんなマルクスについて、これまでとは違った多様な議論を促すことにある。読者に示される成果は、控えめなもので、かつ不完全なものである。控えめだというのは、人間の知の様々な範囲にわたるマルクスの膨大かつ批判的な仕事の全てを、網羅的にまとめ上げるのは困難だからである。不完全だというのは、本書は、マルクスの初期著作・『資本論』の形成・第一インターナショナルでの政治活動・最晩年での研究という、四つの時期に焦点を絞ったからである。さらに、これらの各時期の中でも、様々なテキストのうち、特定のもののみを取り上げることにせざるを得ない。一書として適切なボリュームを超えないようにするには、マルクスの人生の様々なシーンを取り扱うのは諦めるしかない。例えば、一八四八年の革命的事件についての分析や、『ニューヨーク・トリビューン』紙上での長きに渡るジャーナリストとしての仕事などは十分取り扱っていない。これらは、近い将来の仕事として、とっておくことにしよう。こうした限界を認識しつつも、これまでの研究の成果をここに読者に委ねることにしたい。ただし、これはさらに詳細な研究への出発点ともなるべきものであることも、同時に強調しておきたい。

第一部では特に、初期マルクスを持ち上げる異端的あるいは「修正主義的」マルクス主義者と、「成熟したマルクス」にフォーカスを当てる正統的共産主義者の双方に共有されていた謬見を取り上げる。それは、マルクスの初期の著作と、のちの経済学批判との間には齟齬があるという、文献学的にみて根拠のない見解である。本書では、「青年マルクス」の卓見を強調したり、彼の著作の理論的な断絶を強弁しようとしたりはしない。マルクスの一八四三年から四四年の論文や草稿は、彼の批判的な足跡の、興味深くも草創期の一歩とみなされるべきである。

第二部は、マルクスの経済学批判についての既存の研究を、様々な形で拡充する試みである。これまでの研究のほとんどは、『経済学・哲学草稿』(『経哲草稿』)からすぐに『経済学批判要綱』(『要綱』)に飛び移り、それから『資本論』第一巻へ、といったように、マルクスの理論的発展のごく一部を飛び飛びに扱っている。ここでは、近年公開された主要な草稿の研究によりつつ、マルクスの思想の形成過程について、より充実した説明を試みたい。

第三部では、一八六四年から一八七二年の間における、マルクスの政治活動に光を当てる。第一インターナショナル存続へのマルクスの貢献が不可欠なものであったことは疑いようがないが、この組織は、「マルクス＝レーニン主義的」伝説として語り継がれてきたように、ひとりの人間の「創造物」ではあり得なかった。また、労働者の政治闘争に直接関わる中で、マルクスは様々な刺激を受け、自らの考えを発展させ、時に修正している。かつての結論を問い直して新たな疑問を出したり、特に共産制社会のおおまかな構想を描くことで、自らの資本主義批判を徹底させていったりしたことを見ていく。

最後の第四部では、最晩期の草稿を調べることで、マルクスは知的好奇心を喪失し活動をやめたという通説を払拭したい。本当は、彼は研究を続けていたどころではなく、新たな分野にも手を出していた。新しく生じてきた政治的対立や、理論問題、地理的領域など、資本主義システムの批判に必要だと考えたものを徹底的に追究し続けていた。そうすることで、マルクスはそれぞれの国・地域の状況に応じた、より開放的なアイデアをはぐくみ、以前思い描いていた単一像とは異なる、社会主義への道の多様な可能性を考慮するようになっていった。同時に、マルクスを学究の世界にしか適さない古典の位置に押し込めるのは、「社会主義」を掲げたかつての国家体制の教条的な源泉とみなすのと同じくらい重大な誤りであることを見る。というのも、実際には彼の考察は、今日これまでにないほど時宜にかなっているからである。

市場経済が地球全体に広がっていくにつれて、資本主義は真に世界的なシステムとなり、人間存在のあらゆる側面を侵食・形成してきている。それは私たちの働き方を規定しているだけでなく、社会関係全体を再構成するようになってきている。資本主義は逆境を乗り越え、政治領域からの干渉を打ち破り、自己の論理にしたがって人間関係を組み替えていっている。そして今日、これまでにないほど、ひどい社会的な不正義と持続不可能な環境破壊を引き起こしている。

当然のことながら、マルクスが一五〇年前に書いたものに、今日の世界の正確な描写は見いだせない。しかし重大な変容が発生してもなお、マルクスは資本主義の本質と発展の両方を理解するための、豊富なツールを提供してくれている。

ここ三〇年にわたって、市場社会は称賛されてきた。しかし今日、ますます多くの人々が、人間解放のきっかけとして、マルクスの思想を動員しなければならないと、再び説くようになってきている。いわば、マルクスの「亡霊」が出現しているのである。この「亡霊」は、これからしばらく人類を騒がせることになりそうである。

3 マルクスの著作の年表

マルクスの思想の成果の量は膨大であり、次に掲げる年表はそのうち最も重要な著作だけをまとめたものに過ぎない。この表から、マルクスのテキストの多くが未完のものであり、その出版・公表が波乱に富んだ歴史を経てきていることを感じてもらいたい。

第一列にはそれぞれのテキストが書かれた年が示されており、第二列にはそのタイトルが書かれている。マルクスが出版に付さなかった原稿には、完成された本や論文と区別するために、[]が付されている。結果として、[]がついたものの方がずっと多くなる。第三列には、関連する出版の歴史が記されている。死後初めて発見されたテキストの場合には、最初の出版年、参考文献や、編集者の名前も適宜掲げてある。原典に編集者による変更が加えられている場合には、そのことも示した。出版された作品または原稿がドイツ語以外で書かれている場合には、原語が何かを明示した。

年表中の略語は以下の通りである。MEGA（*Marx-Engels-Gesamtausgabe*, 1927–1935）〈旧MEGA〉、SOC（*K. Marks i F. Engel's Sochineniya*, 1928–1946）、MEW（*Marx-Engels-Werke*, 1956–1968）、MECW（*Marx-Engels Collected Works*, 1975–2005）〈英語版のマルクス・エンゲルス著作集〉、MEGA²（*Marx-Engels-Gesamtausgabe*, 1975–…）。〈新MEGA。日本で『マルクス・エンゲルス全集』全四一巻＋補巻全四巻として刊行されているものは、MEWを底本としており、厳密には「全集」ではなく「著作集」である。それに対してMEGAは、文字通り網羅的な「全集」として編まれている〉

年	タイトル	詳細や関連する出版の情報
1841	[『デモクリトスの自然哲学とエピクロスの自然哲学の差異』]	1902: メーリング編で *Aus dem literarischen Nachlass von Karl Marx, Friedrich Engels und Ferdinand Lassalle* に収録（一部）。 1927: リャザーノフ編でMEGA I/1.1に収録。
1842–43	『ライン新聞』の記事	ケルンにて日刊。
1843	[『ヘーゲル国法論批判』]	1927: リャザーノフ編でMEGA I/1.1に収録。
1844	『独仏年誌』の諸論考	「ユダヤ人問題によせて」や「ヘーゲル法哲学批判序説」など。創刊号のみ、パリで発刊。ほとんどが警察に押収された。
1844	[『経済学・哲学草稿』]	1932: ランツフートとマイヤーの編で *Der historische Materialismus* に収録、またアドラツキー編でMEGA I/3に収録（これらは内容もその順序も異なっている）。MEWのシリーズからは外されており、別途出版された。
1845	『聖家族』（エンゲルスと共著）	フランクフルト・アム・マインにて発刊。
1845	[『フォイエルバッハに関するテーゼ』]	1888: エンゲルスの『フォイエルバッハ論』の再刊時に付録として収録。
1845–46	[『ドイツ・イデオロギー』（エンゲルスと共著）]	1903–1904: ベルンシュタイン編で *Dokumente des Sozialismus* に収録（一部、かつ編集者による修正が加えられている）。 1932: ランツフートとマイヤーの編で *Der historische Materialismus* に収録、またアドラツキー編でMEGA I/3に収録（これらは内容もその順序も異なっている）。
1847	『哲学の貧困』	ブリュッセルとパリにて印刷。フランス語。
1848	『自由貿易問題について』	ブリュッセルにて出版。フランス語。
1848	『共産党宣言』（エンゲルスと共著）	ロンドンにて印刷。1880年代に広く普及し始める。
1848–49	『新ライン新聞―民主主義の機関紙』の記事	ケルンで日刊。「賃労働と資本」など。
1850	『新ライン新聞―政治経済評論』の記事	少部数、ハンブルクで月刊。「1848年から1850年に至るフランスの階級闘争」など。
1851–62	『ニューヨーク・トリビューン』の記事	エンゲルスが書いたもの多数。
1852	『ルイ・ボナパルトのブリュメール18日』	ニューヨークで発刊された『革命』誌の創刊号に掲載。金銭的理由により、ほとんどが印刷所から持ち出されなかった。ヨーロッパにわたったのはわずか。マルクスによって修正された第2版は、1869年にやっと出版された。

年	タイトル	詳細や関連する出版の情報
1852	[『追放された偉人』]（エンゲルスとの共著）	1930: *Arkhiv Marksa i Engel'sa*に収録（ロシア語版）。この草稿は、以前はベルンシュタインによって秘匿されていた。
1853	『ケルン共産党裁判の真相』	バーゼルとボストンにて、匿名のパンフレットとして出版（2000部のほとんど全てが警察に押収された）。1874年に（マルクスが著者ということが明らかにされて）*Volksstaat*誌上に再出版され、1875年に本になった。
1853–54	『パーマストン卿』	英文。『ニューヨーク・トリビューン』と『ピープルズ・ペーパー』の記事として発表され、後にブックレットになった。
1854	『気高い意識の騎士』	ニューヨークにてブックレットとして出版。
1856–57	『十八世紀の外交史の真相』	英文。既にマルクスが出版していたにもかかわらず、その後彼の著作からは抜け落ち、1986年になってようやく「社会主義」国にてMECWに収録された。
1857	[「経済学批判序説」]	1903: カウツキー編で『ノイエ・ツァイト』誌に掲載されたが、原文とは異なる点が多くあった。
1857–58	[『経済学批判要綱』]	1939–1941: 少部数が印刷された。 1953: 再版され広く流通した。
1859	『経済学批判』	ベルリンにて1000部出版。
1860	『フォークト君へ』	ロンドンにて出版。ほとんど反響なし。
1861–63	[『経済学批判（1861–1863年草稿）』]	1905–1910: カウツキー編で『剰余価値学説史』として発表（編者による修正が加えられている）。原文に忠実なテキストは1954年にロシア語版で、1956年にドイツ語版で発表された。 1976–1982: 完全な草稿がMEGA² II/3.1-3.6に収録される。
1863–64	[『ポーランド問題について』]	1961: IISG編で*Manuskripte über die polnische Frage*として発表。
1863–67	[『1863–1867年の経済学草稿』]	1894: エンゲルス編で『資本論』第3巻「資本主義的生産の総過程」として発表（後にMEGA² II/14とMEGA² II/4.3に収録された草稿も用いられている）。 1933: *Arkhiv Marksa i Engel'sa*にて『資本論』第3巻*Unpublished Chapter VI*が発表される。 1988: MEGA² II/4.1に第1巻と第2巻の草稿が収録される。 1992: MEGA² II/4.2に第3巻の草稿が収録される。
1864–72	国際労働者協会の創立宣言、決議案、通信文、宣言文、綱領、規約	多くは英文。『国際労働者協会創立宣言』や『インターナショナルのいわゆる分裂』（エンゲルスとの共著）など。
1865	『賃銀・価格・利潤』	1898: エレノア・マルクス編。英文。

年	タイトル	詳細や関連する出版の情報
1867	『資本論』第1巻：「資本の生産過程」	ハンブルクで1000部出版。第2版は1873年に3000部出版。ロシア語版は1872年出版。
1870	[『資本論』第2巻草稿]	1885: エンゲルス編で『資本論』第2巻「資本の流通過程」として発表（MEGA² II/11に収録された1880–81年の草稿と、1867–68年および1877–78年の短い草稿も用いられている）
1871	『フランスにおける内乱』	英文。短い間に、無数の版と翻訳が出された。
1872–75	『資本論』第1巻：「資本の生産過程」フランス語版	フランス語版にあたって書き直されている。分冊にて刊行。マルクスによると「全く別の科学的価値」を持つ。
1874–75	[バクーニン『国家制度とアナーキー』への注釈]	1928: リャザーノフの序文とともに、*Letopisi marxism*に収められている（ロシア語版）。抜粋を含む草稿はロシア語、コメントはドイツ語。
1875	[『ゴータ綱領批判』]	1891: エンゲルスの編で『ノイエ・ツァイト』誌上に発表。原文から少し文章が変更されている。
1875	[『数学的に展開された剰余価値率と利潤率の関係』]	2003: MEGA² II/14に収録。
1877	「『批判的歴史』から」（エンゲルス『反デューリング論』の1章）	『フォアヴェルツ』誌上に一部が発表され、それから本の形で全文が出版された。
1879–80	[コヴァレフスキー『共同体的土地所有』への注釈]	1977: IISG 編 *Karl Marx über Formen vorkapitalistischer Produktion*に収録。
1879–80	[『ワグナー評注』]	1932:『資本論』に収録（一部）。
1880–81	[モルガン『古代社会』からの抜粋]	1972: IISG編 *The Ethnological Notebooks of Karl Marx*に収録。英語の抜粋と草稿。 1933: SOC XVに収録（ロシア語版）。
1881–82	[紀元前90年から1648年ごろまでの年代記的摘要]	1938–1939: *Arkhiv Marksa i Engel'sa*に収録（一部、ロシア語版）。 1953: Marx, Engels, Lenin, Stalin *Zur deutschen Geschichte*に収録（一部）。

I

子供の頃、青年時代、そして大学での勉学

1 聖職者になりそこねて

カール・マルクスは、一八一八年五月五日に、トリーアというドイツで最も古い都市で生まれた。紀元前一六年に、古代ローマの植民市アウグスタ・トレウェロルムとして建設されたこの町は、重要な要塞地であるとともに、多くの皇帝の居留地にもなり、西暦三〇〇年には人口八万人を数えた。その後は、ガリア属州の中心地として、西ローマ帝国の主要な行政拠点の一つとなった。中世においては、トリーアは長い間大司教の街として栄え、壮麗な宗教的遺産の数々を残すことになった。ヨハン・ヴォルフガング・フォン・ゲーテ（一七四九〜一八三二年）は一七九二年にこの都市を訪れ、「特徴的かつ印象的な都市」、「市壁の内側は、教会・チャペル・修道院・尼寺・学校その他の騎士道時代の厳かな建物でいっぱいで、むしろそれしかないと言ってもいい。市壁の外側には、修道院・各種財団・カルトジオ会〈フランス起源のカトリックの修道会の一つ〉の修道院が立ち並んでいる」[1]と評している。しかし、既に十七世紀終わり頃から、トリーアは衰退し始めていた。マルクスが生まれた頃には、その人口は一一四〇〇人にまで減少していた[2]。

トリーアは一七九五年から一八一四年までフランス領であり、地理的にもドイツとフランスの国境に位置していた。そのため、トリーアの人々は、ナポレオン法典に基づく経済的・政治的改革と、ポスト啓蒙主義的な文化的風土とを享受することができた。小農たちは封建的な賦役から、知識人たちはキリスト教的な束縛から、それぞれ解放された。その一方、ブルジョワジーたちは自らの発展のために必要な、自由主義的な法制度を望んだ。ところが一八一五年以後、プロイセンのライン地方の南部に位置することとなったトリーアは、製錬業と綿工業によって発展した北部とは打って変わって、農業地域の中心に止まり続けた。小規模農業が支配的であり、工場労働者は皆無といってよかった[3]。貧困が広まり、それゆえにトリーアは、ルートヴィヒ・ゴール（一七九一〜一八六三年）の手によって、フランスのユートピア社会主義論がドイツで最初に紹介された街の一つとなった。

マルクスは古いユダヤ人の家柄を持ち、数世紀にわたって続くラビ〈ユダヤ人聖職者〉の家系である。[4]彼の父方のおじであるザムエルは、一八二七年までラビであったし、ザムエルの父である、レヴィ・モルデカイ（一七四三～一八〇四年、この姓はのちにマルクスとなる）も、亡くなるまでその職を務めている。さらにそれ以前にも、ラビだった祖先が名を連ねている。レヴィの妻であるエヴァ・ルヴフ（一七五四～一八二三年）の父、モーゼス・ルヴフ（一七六四～一七八八年）も、トリーアのラビであり、その父ヨシュア・ヘッシェル・ルヴフ（一六九二～一七七一年）と同様に、当時のユダヤ人コミュニティの指導的立場にあった。さらにその父、アーロン・ルヴフ（一六六〇～一七一二年）に遡ると、この血筋はポーランドのルヴフという街にたどり着く。ポーランドに移住する前には、彼らの祖先はヘッセン州で暮らしており、さらにその前、十五世紀の半ば頃には、イタリアにいた。実は、ユダヤ人迫害によって、五世代前のアブラハム・ハレヴィ・マインツ（一四四〇～一五二五年）が、ドイツからイタリアのパドヴァに移住することを余儀なくされたのである。そこで彼はラビとなり、彼の義理の息子であるマイヤー・カッツェネレンボーゲン（一四八二～一五六五年）は、タルムーディック・ユダヤ〈タルムードを聖典とするユダヤ教の一派〉の大学の学長を務めていた。[5]

情報は少なくはなるが、マルクスの母方の祖先にも、ラビの血が流れている。マルクスの母親であるヘンリエッテ（一七八八～一八六三年）は、イザーク・プレスブルク（一七四七～一八三二年）という、オランダ・ナイメーヘンのラビの娘である。この家系は迫害によってオランダに移住したハンガリー系ユダヤ人で、姓を出身地の街の名前、プレスブルク（現・ブラチスラヴァ）からとっていることが分かっている。[6]転々としている間、プレスブルク家はパドヴァ大学教授イェフダ・ベン・エリエゼル・ハレヴィ・マインツ（生年不詳～一五〇八年）の故郷であるイタリアにいたこともある。マルクスの一番下の娘であるエレノア（一八五五～一八九八年）が書いているように、この家系でも「男子は何百年にもわたってラビ」[7]であった。

こうした背景があって、かつ生存している男子は彼だけであったから、カールが同じ人生を歩む可能性は十分あり得た。数奇な運命によって、彼はラビになりそこなったのだということができるかもしれない。カールの父親であるヒルシェル（一七七七～一八三八年）は、ハインリッヒ・ハイネ[8]（一七七七～一八三八年）やエドゥアルト・ガンス（一七九七～一八三九年）と同じように、ユダヤ人の新世代に属し、やはり同じ決断を下した。彼らは、外の世界とそこで起きている変化から閉ざされ、またキリスト教徒から敵意を浴びせられ、散り散りになっていた共同体のしがらみを振り切ったのである[9]。ハイネが明らかにしているように、当時、ユダヤ教を捨てることは、仕事を続けるためだけでなく、ヨーロッパ文明にアクセスするための代償でもあった[10]。

ややこしい青年時代と家族問題を経たのち、ヒルシェル・マルクスはトリーアの控訴裁判所での法律顧問官という、安定したポストに落ち着くことができた。しかし一八一五年のプロイセンによるライン地方併合がきっかけで、全ての公職からユダヤ人が追放された。仕事をやめるか、祖先への忠誠を諦めるかという二択を迫られたヒルシェルは、後者の道を選び、キリスト教の洗礼を受け、ハインリッヒと名を変えた。トリーアではカトリックが多かったが、彼は少数派だがより自由主義的な、三百人程度のプロテスタントの仲間に入ることにした。カールを含む、彼の子供たちの改宗は一八二四年の八月に、妻の改宗はその次の年に行われた[11]。ただ、改宗と、マルクス家をいつも包んでいた啓蒙的な空気にもかかわらず、一家にはユダヤ教的な習慣や作法が多く残っていた。カールの少年時代を考えるときに、その影響は無視すべきでない。

マルクスの幼年期については、あまり詳細は分かっていない。裕福な家庭の穏やかで文化的な雰囲気の中、幸せに育ったのだろう。輝かしい未来を約束され、とりわけ才能に恵まれた子供だったにちがいない。十二歳になるまで家庭で教育され、父親譲りの合理主義的なものの見方を、マルクスは体得していった。父親は、彼の成長に大きな影響を与えたと思われる。ハインリッヒ・マルクスは非常に教養のある人物で、啓蒙主義を支持しており、ヴォルテール（一六九四〜一七七八年）、ジャン＝ジャック・ルソー（一七一二〜一七七八年）やゴットホルト・エフライム・レッシング（一七二九〜一七八一年）についての深い知見を有していた[12]。宗教的な偏見を持たず、政治的にはリベラルな方だった父親は、近代的な教育理論に基づいて我が子を育てた。マルクスは、自らの父親に深い愛情を生涯抱き続けており、娘・エレノアによれば、「父親についての話は尽きることがなく、古い銀板写真を肌身離さず持っていた」[13]という。

その一方、マルクスの母親は教育を受けていなかった。結婚後ナイメーヘンから移住してきたが、ドイツ語さえも覚束なかった。ヘンリエッテ・プレスブルクは家庭に閉じこもり、生来心配性だった彼女は、息子の知的発達に何の役割も果たさず、彼の意欲にも理解を示さなかった。母親は、息子とずっと疎遠であり続け、しばしば仲違いを起こし、ある時からは家の相続をめぐって金銭的な対立関係にも陥った。マルクスと三人の姉妹との仲も不安定で、マルクスの人生において全く重要ではなかったと言ってよい。マルクスは九人兄弟の三番目だったが、五人の兄弟姉妹が結核で亡くなり、小さい頃から姉妹たちとは交流がなかった。今に伝わっている数少ない回想によると、マルクスは「ひどい暴君」であり、彼女たちを「馬のようにトリーアのマルクスベルクあたりを走り回らせ」、「不衛生な手で、それよりももっと不衛生な生地からこしらえたケーキを」食べさせていたという。姉妹たちがそうした仕打ちを許していたのは、彼が「面白い話」をしてくれたから、だそうである[14]。

2 トリーアの学校にて、そしてボンでの法学徒として

一八三〇年から一八三五年にかけて、マルクスはトリーアのフリードリッヒ・ヴィルヘルム・ギム

ナジウムに通った。これは十六世紀にイエズス会によって創立された学校で、プロイセンによるライン地方併合の後に整備されたために、優秀な教師が揃っていた。ここでなされた合理主義的でリベラルな教育は、父親から受けた教育と合わせて、マルクスの若い頃の精神を形作ることとなった。

しかし、当時のプロイセンを覆う空気は、検閲と市民の自由に対する抑圧に満ちていた。一八三二年のハンバッハでの言論の自由を求めるデモに対応して、反対意見の表明を禁じる法令が出された。政治的に危険な集団を撲滅するための特別委員会は、トリーアに目をつけ、マルクスの学校を捜査した。何人かの教員が、生徒に悪影響を与えるとして起訴された。啓蒙思想に熱心な校長だったフーゴ・ヴィッテンバッハ（一七六七〜一八四八年）は責任を問われ、ヴィタス・ロエルス（一七九二〜一八六二年）という人物が副校長を務めることになった。マルクスは新副校長に対して、卒業のときに慣例となっていた挨拶にいかないという形で、反感をあらわにしている。

政府の特別委員会は、トリーアの進歩的な市民の会合であり、リベラルな対抗運動の心臓部となっていた文筆家集団「カジノクラブ」にも矛先を向けた。一八三四年には、ライン地方議会にリベラル派の議員を送る宴会が催された（ハインリッヒ・マルクスは、そこで穏健な立憲制を支持するスピーチを行っていた）。そこではラ・マルセイエーズが歌われ、トリコロールが広げられた。それが原因となって、カジノクラブの建物は、警察の監視下に置かれることとなる[15]。

こうした出来事が、マルクスのこの時期の人生の背景をなす。彼はクラス内でも最年少の部類に入る生徒の一人であり、学校全体でも数少ない非カトリック教徒であった。この二つの要因によって、マルクスは親しい友人を作ることができなかったのかもしれない。しかし学校では、「仲の悪い奴を皮肉る詩を作る上手さ」[16]で有名だったらしい。

マルクスの成績は良かったが、抜群に素晴らしいというほどでもなかった。在学中、彼の名前は、年度末の表彰の際にも二回しか出てこない。そのうち一回は古典語の科目であり、もう一回はドイツ語作文のものであった。最終試験でもそれなりの結果を残しているが、そこでも特に優れているわけではない。卒業証書によると、彼のドイツ語作文と文法知識は「非常に良」く、ラテン語とギリシャ語については、入門的な文章を容易にかつ正確に訳して説明することができ、テーマに即して考え抜いて書く能力を持ち、また流暢に話すことができたという。歴史と地理については「全般的に良好な能力がある」とされ、ある程度補助があれば高度なフランス語も読みこなすことができた。数学は「良」、物理は「可」だった。そのほか、キリスト教の教義と道徳の知識は「かなり明確にかつ確実に修得」しており、「教会の歴史も相当程度」理解していたとされる。それゆえ試験委員会は彼を合格とし、「能力相応の期待に報いてくれることを望む」と評価した[17]。

マルクスは、卒業試験を一八三五年に受けている。その宗教学、ラテン語、ドイツ語の成績は、若い頃の彼の知的形成過程を知る上で、最初の直接的な手がかりである[18]。彼の卒業論文「職業選択に際しての一青年の省察」は、特に興味深い。当時のドイツで流行していた、啓蒙主義的でヒューマニズム的なコンセプトは凡庸ではあるにしても[19]、この文章には職業を選ぶという難しい局面での個人の責任について、マルクスがどう考えていたかがまとめられており、後世の様々な研究者の目に止まることとなった。彼によると、この決断において省みるべきは、人類にとっての利益であり、歴史が選ぶ真なる偉人というのは、世界のために仕事をした人物だという。そして次のように結論づけている。

人類のために最も多く働くことのできる地位を選んだときには、いかなる重荷によっても屈服させられることはないであろう。なぜなら、それは万人のための犠牲にすぎないからである。またそのとき、私たちは、貧弱で局限された利己主義的な喜びを味わうものではない。そうではなくて、私たちの幸福は数百万の人々のものであり、私たちの行為は、静かに、しかし永遠に働きながら生き続けるのである。そして、私たちの遺体の灰は、高貴な人々の熱い涙によって濡らされるであろう。[20]

この卒業論文には、マルクス解釈をめぐって論争を引き起こしたもう一つの文章がある。「しかし私たちが常に、自分に適していると思うような地位を得られるとは限らない。社会における私たちの状態は、自分でそれを決めうる以前に、いくらか既に始まっているのである」[21]。マルクス主義者の中には、経済学の長く深い研究が始まる前から、彼の思想は形をなしていたのだとする人々もいる。そのような人たちは、この文章に、唯物史観の最初の表明を見るのである。しかし、現実はもっと単純であろう。当時マルクスはまだ十七歳である。ここでは、職業の選択というのは誰にとっても、人生の客観的な状況に制約されざるを得ないと述べられているだけであろう[22]。

ギムナジウムを卒業した青年マルクスは、自分と同様に法曹関係に進んでほしいという父親の願いに応じて、特にそちらに傾倒していたわけではなかったが、一八三五年の十月にボン大学の法学部に入学した。ボンは、大学を擁する都市の中では最もトリーアの近くにあり、ライン地方の主要な知的センターであった。

ボンは人口四万人で、トリーアよりも少し大きいぐらいだったが、ずっと栄えており、マルクスを魅了したに違いない。大学の周辺には様々な活動が集まっており、大学にはおよそ七百人の学生と、六〇人のスタッフがいた。当代きっての哲学者アウグスト・W・シュレーゲル（一七六七～一八四五年）を含む教員陣は、フリードリッヒ・W・J・シェリング（一七七五～一八五四年）の理論に見られるロマン主義の影響下にあり、街の知的環境をリードしていた。その学生たちには、かなりの自由が許されていた。彼らは街で最もアクティブな集団であり、様々な政治的イニシアティブを握っていた。

しかし、一八三三年の四月に、状況が一変する。きっかけは、学生団体が、連邦議会の解散とライン地方政府の独立を企てたことだった。この反乱はすぐに鎮圧され、続いて学生組織が厳重に取り締まられるようになった。一例を挙げると、「学生自由連合」は公式に解散させられ、そのメンバーは追放または逮捕された。マルクスがボンにやってきたとき、こうした抑圧は未だ猛威を振るっており、警察が内通者ネットワークを使って、容疑者をことごとくあぶり出そうとしていた。制裁を恐れた多くの学生たちは、政治活動をやめ、代わりに酒か決闘に耽った。唯一認可されていた団体は、貴族の子息で作る学生会か、出身地ごとに組織されるサークルだけであった。マルクスは、トリーア出身の三〇人ほどの学生からなるサークルに属した。ほどなくして頭角を現し、五人のリーダーのうちの一人になった[23]。

マルクスがボンから両親に宛てた手紙は無くなってしまっているので、彼が父親から受け取っていた手紙は、この頃のマルクスを知る上で貴重である（というより、唯一の手がかりである）。ハインリッヒは「法学徒」[24]たる自分の息子に思慮深い助言を送り、彼の未来に大きな希望を抱いていることを書き表している。「お前の善良な心と勤勉さ、あるいは何か偉大なことを成し遂げようというお前の強い意志を、私は全く疑っていない」。

マルクスは大いなる熱意を持って勉学に励んだ。最初の冬学期には、九つも講義を登録するほどであった。しかし父親が「私には、九講義はちょっと多いように思えるし、お前には心身の限度以上のことはやってほしくない」[25]と、それに驚きを示した後には、物理学と化学に関する講義を諦めて、六つに絞った。マルクスは、法学、法制度論、ローマ法の歴史といった分野だけでなく、ギリシャおよびローマの神話学や、近代芸術史におけるホメロス論（これはシュレーゲル自身によって講じられた）といった分野の講義を熱心に聴講した。この選択からは、青年マルクスの幅広い関心とともに、詩への大きな情熱が感じ取れる。この頃から、マルクスは詩作をはじめ[26]、詩の同好会のメンバーにもなっている。

父親の手紙と送金から、マルクスが本をたくさん、特に大部な歴史の本を買っていることが分かっている[27]。マルクスは勉学に非常に大きな情熱を注ぎ、ボンに来てたった数ヶ月で、過労で病気になっている。そんなマルクスに、父親はこう勧めていた。「精神に十分に健康的な栄養を与えて、この儚い世界では精神はいつも肉体を伴わざるを得ないこと、そして肉体が、全身の快適さを決めるということを忘れてはならない。(…)だから、健康を損なうほど勉強してはならない」[28]。

父親からの手紙では、こうした警句が繰り返されている。「お前が悲しい経験をし、もう少し健康に気をつけるようになってほしいと願うばかりだ。(…)そういうときには、過度の勉強は狂気でしかない。(…)病気の学者ほど嘆かわしい者はいない」[29]。そこで、夏学期にはマルクスは講義を四つしかとらないことにした。プロペルティウスの哀歌の四つである。ドイツ法の歴史、欧州国際法、自然法、それからやはりシュレーゲルが講義していた、プロペルティウスの哀歌の四つである。こうして講義を減らしたのは、疲労の蓄積のためでもあるが、その間学生生活をやたらと謳歌していたためでもあった。金遣いが荒く借金が重なり、父親はしばしば仕送りを追加しなければならなかった。拳銃まで購入しており、それが警察に見つかったときには、小火器不法所持で取り調べを受けた。「夜中の暴力行為と泥酔」によって捕まり、一日勾留されたり[30]、他の学生と決闘をして、左目の上に軽傷を負ったりもしている。

全体として、ボンでのマルクスの日々は父親の期待に沿うものではなく、ベルリン大学に転校させられることになる。このプロイセンの首都へと旅立つ前に、マルクスは夏休みをトリーアで過ごし、生涯連れ沿うことになるイェニー・フォン・ヴェストファーレン(一八一四〜一八八一年)と婚約した。マルクスは、彼女の美しさと家柄とに魅了されていた。しかし彼は普通の市民であり、ユダヤ人の生まれである。おまけに十八歳になったばかりで、イェニーよりも四歳年下であった(その頃、その年の差での結婚はほとんどあり得なかった)。ヴェストファーレン家が結婚の申し出を断るのを恐れ、二人は当初婚約を家族に秘密にしていた。

イェニーは、マルクスとは違う世界に住む人間だった。彼女の父ルートヴィヒ・フォン・ヴェストファーレン男爵（一七七〇～一八四二年）は、指折りの役人であり、深い教養を持った進歩的なドイツの上流階級の典型のような人物であった。魅力的かつ寛容で、英語に堪能であるだけでなく、古代ラテン語・古代ギリシャ語・イタリア語・フランス語・スペイン語を読むことができた。それゆえ、ヴェストファーレン男爵は青年マルクスとよく気が合い、マルクスの知的な熱意を高く買っていた。ただ、男爵が好んで読んでいたのはロマン派の著作で、フランスの合理主義や古典ではなかった。そのため「カールの父親はヴォルテールやラシーヌを読ませたが、ヴェストファーレン男爵がホメロス（生没年不詳）やシェイクスピア（一五六四～一六一六年）を暗唱したために、カールはそれらの作品に親しむようになった」[31]。またヴェストファーレン男爵は、社会問題にも強い関心を寄せ、マルクスが当初アンリ・ド・サン＝シモン（一七六〇～一八二五年）に興味を持つきっかけを作った人物でもある[32]。概して、男爵はマルクス一家や学校にはなかった刺激をマルクスに与え、マルクスは感謝と尊敬の念とともに、男爵とは親しく付き合い続けた。数年後、マルクスの博士論文が男爵に捧げられているのも、故なきことではない。

3 敵の腕の中へ

ベルリンは三二万人の人口を擁し、ドイツ語圏ではウィーンの次に人口の多い都市であった。プロイセン官僚制の中枢であるとともに、活気ある知的センターであり、マルクスにとって初めての大都市でもある。

一八一〇年創立のフリードリッヒ・ヴィルヘルム大学〈ベルリン大学〉には[33]、当時二一〇〇人の学生が通っていた。そこには多くの一流の学者が在籍しており、マルクスが勉強を続けるにあたって最高かつ最適の場だった。かのゲオルク・ヴィルヘルム・フリードリッヒ・ヘーゲル（一七七〇～一八三一年）も、一八一八年から一八三一年に亡くなるまで、ここで教えていた。ルートヴィヒ・フォイエルバッハ（一八〇四〜一八七二年）もここで学んでおり、一八二〇年代のベルリン大学についてこう述べている。「この学問の殿堂に比べれば、他の大学はただの酒場のように思える」[34]。

こうした新しい環境と、婚約による責任感から、マルクスはボンでの第二学期のような高邁な精神を諦め、熱意と勤勉さを新たにして勉強に取り掛かった。彼の大学に対する態度は変わっていた。講義にはあまり関心を持たないようになり、ベルリンで過ごした九学期の間には十三の講義しか取らず、二つの学期には全く出席しなかった。一八三六年から三七年にかけての冬には、彼はユスティニアヌス法典、刑法、人類学の講義をとった。マルクスも熱心に取り組んだ最初の二つは、フリードリッヒ・カール・フォン・サヴィニー（一七七九〜一八六一年）やエドゥアルト・ガンスといった、当時の一流の法学者たちが受け持っていた。サヴィニーは、歴史法学の創始者かつ主要な論客であり、ロマン主義的に過去を称揚しつつ、政治的には保守主義を支持していた。ヘーゲルとアンリ・ド・サン＝シモンに師事したガンスは、ベルリンの進歩主義の代表格で、政治的にも非常にリベラルであった。後者は、マルクスの思想形成と、ヘーゲル主義への関心に影響を与えた人物と言えよう。

ただしいずれにせよ、マルクスが受けた大学の講義は、彼の知的活動の一面しか説明しない。教会法、民事訴訟、プロイセン民事訴訟、刑事訴訟、相続法の試験に必要な講義の他には[35]、論理学、地理学、イザヤ書〈旧約聖書の預言書の一つ〉論、エウリピデス論の四つしかマルクスは講義を取らなかった。しかし、マルクスは部屋に閉じこもって並外れた量の独学を始め、これらの分野を優に超える知識を急速に身につけていったのである。

マルクスの勉学の様子は、ある手紙から伺い知ることができる。それは、一八三七年十一月、ベルリンに来て一年目にマルクスが父親に宛てたもので、ベルリン大学在学中で唯一現存する非常に貴重なものである。婚約者との恋に燃え、非公式の契りの行く末に不安を抱えながら、彼は詩作に傾倒していた。一八三六年の十月から十二月にかけて、マルクスは三冊の韻文集を編み、「私の愛しの、変わることなく最愛のイェニー・フォン・ヴェストファーレン」に送った[36]。うち二冊は愛の巻で、一冊は歌の巻だった。悲劇の愛という月並みなテーマ、むさ苦しく不器用な叙情詩の文体からして、詩の才能には恵まれていなかったと言える[37]。

しかし、マルクスにとって「詩は添え物にしかならないし、そうあるべきものであった」。彼は常に「哲学と格闘する必要性」をもっと強く感じていたし、法律を勉強する義務も果たさねばならなかった。そのため、彼はドイツ人法学者ヨハン・G・ハイネッキウス（一六八一～一七四一年）とアントン・F・J・ティバウト（一七七二～一八四〇年）の読解に取り掛かる傍ら、ユスティニアヌス法典の最初の二冊を訳し、「二つの法哲学で法の分野を貫いてみようと試みた」[38]のである。この二つの領域を関連付けようという野心に駆られ、マルクスは法律の実務的側面から法学へ、法学から哲学一般へと関心を移していった[39]。このようにして、彼は「法の形而上学」と「法の哲学」の二部からなる「三百ページに及ぶ著作」を書いたらしいのだが、それは未完に終わり、その後消失してしまった。マルクスはこの著作を完成させることはなかったものの、書く作業を進めることで「対象について大まかに把握することができ、それを好きになることができた」。マルクスは「法学の基本的な構造はカントに立脚しており、全体の誤りがどこにあるか」も分かったという。そこで彼は「形而上学的な原理の新たな体系を構想し」たのだが、最終的に「私の以前の努力と同様に、それもまた間違っていることを否応無しに思い知らされた」のだった。

少しずつ、哲学が法律の勉強よりも重視されるようになり、父親が期待していた法曹への道は、学問的な活動に取って代わられるようになっていった。同時に、マルクスは他の様々な領域に食指を伸ばしていった。彼は「読んだあらゆる書物から抜粋を作る習慣を身につけ（…）かたわらに［自分の］省察を書きなぐる癖」[40]をつけるようになった。この習慣は生涯続くことになるのだが、その手書きの文字は小さく、ほとんど判読不能だった。マルクスのこの抜粋ノートは、ゴットホルト・E・レッシング『画趣及び詩味』（一七六七年）、カール・W・F・ゾルガー（一七八〇～一八一九年）『エルヴィン』（一八一五年）、ヨハン・J・ヴィンケルマン（一七一七～一七六八年）『古代美術史』（一七六四年）、ハインリッヒ・ルーデン（一七七八～一八四七年）『ドイツ人の歴史』（一八二五～三五年）といった本から始まっている[41]。同じ頃、彼はタキトゥス（西暦五六～一二〇年）の『ゲルマニア』（西暦九八年）とオウィディウス（前四三～西暦一七または一八年）の『トリスティア』（西暦一二～一七年）という二つのラテン語の古典を訳したり、英語とイタリア語の文法を勉強し始めたり、エルンスト・F・クライン（一七四四～一八一〇年）のプロイセン刑法とその編纂に関する著作や、その最近の著作を渉猟したりしている。

彼の父親は繰り返し「勉強をしすぎるな」、「あまり体に負担をかけるな」と嘆願していたが[42]、マルクスは恐るべきペースで勉強を続けた。彼は詩についてのノートも作っており、父親の六〇歳の誕生日にそれを送っている。それには、韻文の空想劇『ウーラネム』の第一幕と、喜劇的な恋愛詩『スコーピオンとフェリックス』の数章が添えられており、ベルリンの俗物たちへの軽蔑が不格好ながら込められていた。興味深いのは、このノートには短い「風刺詩」があり、そこにはヘーゲルへの批判的な姿勢が見出されることである。さらには、マルクスは演劇や文学にも大きな興味を抱いており、一八三七年からは、十九歳の若さにして、文学批評の雑誌を創刊しようとしていた[43]。

法学・哲学・芸術・文学・語学そして詩の領域にわたる、こうした激しく、そして精神的に消耗する勉強をした結果[44]、マルクスは病気になってしまう。そして医者のアドバイスで、大学から一時間ほど離れたところにある漁村[45]・シュトラロー[46]という町で療養することになった。

ここでの滞在は、彼に休息を与えただけでなく、マルクスの思想的進歩において重要な画期となった。「幕が降り、私の信じていたあらゆるものがボロボロになり、新しい神々を降臨させなければならなかった」。内なる激しい葛藤を経たのち、マルクスはロマン主義に別れを告げ、カント的およびフィヒテ的な観念論から離れ、「現実そのものから観念を探し求める段階にきた」。それまで、彼は「ヘーゲルの哲学は断片的にしか」読んでおらず、「その恐ろしくゴテゴテした文体は魅力的には思えなかった」。シュトラローにて、彼は「ヘーゲルを徹頭徹尾、そのほとんどの弟子のことも含め、理解した」。しかし、ヘーゲル主義への転換はすぐには行われなかった。温めていたアイデアを明確にするために、彼は『クレアンテス、あるいは哲学の出発点と必然的進行について』と呼ばれる「二四ボーゲン〈折丁のこと。裁断する前の紙の束〉」[47]の対話篇を書いた。これは「芸術と科学」を総合する試みだったそうだが、今では消失してしまっている。歴史、科学およびシェリングの著作を研究した結果、マルクスは「絶え間ない頭痛に苛まれる」ようになった。そして彼は結局、自信を無くしてしまうのだった。「この私の最愛の子は、月の光のもとに育まれながら、私を偽りのセイレン〈ギリシャ神話の海の怪物〉のように、敵の腕の中へと運ぶ」。つまり、ヘーゲルの哲学へと運ばれていったのである。

自分の考えのたどり着いた先にうろたえ、マルクスは「数日間は全く思考することができなかった」[48]。その後、彼は哲学をひとまず脇に置き、もう一度法律の勉強に没頭した。そのとき読んだのは、ザヴィニー『財産法』（一八〇五年）、アンゼルム・R・フォイエルバッハ（一八二九〜一八八〇年）『刑法教本』、カール・フォン・グロハム（生没年不詳）『刑法学原理』（一八一二年）、ヨハン・アンドレアス・クラマー（一七二三〜一七八八年）『ユスティニアヌス法典のタイトルの重要性』（刊行年不詳）、ヨハン・N・フォン・ヴェニング＝インゲンハイム（一七九〇〜一八三一年）『一般民法教本』（一八二二年）、クリスティアン・F・ミューレンブルッフ（一七八五〜一八四三年）『ユスティニアヌス法典学』（一八三八年）、グラティアヌス（一〇七五または八〇〜一一四五または四七年）『矛盾教会法令調和集』（一一四〇年）、ジョバン・パオロ・ランチェッロッティ（一五二一〜一五九〇年）『教会法制度論』（一五六三年）といった本である。フランシス・ベーコン（一五六一〜一六二六年）『学問の進歩』（一六二三年）や、ヘルマン・S・ライマールス（一六九四〜一七六八年）の動物の芸術本能についての本を読んだり、アリストテレス（前三八四〜三二二年）の『弁論術』（前三六七〜三二二年）の一部を翻訳したりもしている[49]。
最後には、「無駄で成果の出ない精神的労作」と「私にとって気の進まない見方を偶像に対してしなければならないこと」（ヘーゲルの哲学のこと）のせいで、マルクスの神経は衰弱してしまう。そこから立ち直ったとき、彼はそれまで書いていた「すべての詩と著作の構想を火にくべた」[50]。彼の研究はまだまだ道半ばだったのである。

4 ベルリンの青年ヘーゲル派として

一八三七年にマルクスは、当時最も親しかった友人であるアドルフ・フリードリッヒ・ルーテンベルク（一八〇八〜一八六九年）の紹介で「ドクトル・クラブ」に参加し、ベルリンのヘーゲル左派の著述家・講師・学生たちと頻繁に会うようになった。そのクラブはその年に結成されたもので、そこにはブルーノ・バウアー（一八〇九〜一八八二年）、カール・フリードリッヒ・コッペン（一八〇八〜一八六三年）、ハインリッヒ・ベルンハルト・オッペンハイム（一八一九〜一八八〇年）、ルートヴィヒ・ブール（一八一六〜一八八〇年）といった面々が集っていた[51]。彼らのおかげで、マルクスは「逃れようとしていた現代世界の哲学にこれまで以上に接することになった」。その頃も、激しく勉強と執筆を続けていた彼は、十一月に父親にこのように手紙を書いている。「私は、現代性と今日の学問観の立場を『訪問』のような若干出来の悪い作品によってでも贖うまでは、じっとしていることができなかった」[52]。しかし父親の返事は厳しく、息子の勉強方法を大いに懸念し、現在の主たる関心の所在について失望を表すものだった。

神よ、これを嘆きたもう!!!　無秩序、あらゆる知の分野での重苦しいさすらい、ほのぐらいランプのそばでの重苦しい沈思（…）ここで、この気狂いじみた、目的にそぐわない学問の仕事場で、お前とお前の愛する人たちをすがすがしい気分にさせる果実がみのるというのか、聖なる義務を果たすのに役立つ収穫が得られるというのか⁉（…）［これは］単にお前が自らの天分を浪費し、幾晩も徹夜して化物を生み出していること、またお前が、言葉を自分でも意味の分からないほどにねじ曲げてしまう、新しい妖怪どもの真似をしていることを示すだけだ。[53]

その後すぐ、既に芳しくなかったハインリッヒ・マルクスの病状はさらに悪化し、ついに父親は一八三八年五月に結核で亡くなってしまう。カールと家族とをつなぎとめていた絆は、このためにひどく弱まった。父親の怒りの眼差しは、時が経つにつれ鋭くなっていったようで、親子関係は悪化の一途をたどっていた。[54] そして父親の目が届かなくなったことで、マルクスはますます急速に我が道を歩んでいくことになった。[55]

ドクトル・クラブは、かくしてマルクスの思想形成の中心となり、活動の全てのカンフル剤になった。まさにこの頃、このクラブはヘーゲル右派と左派とに分裂するが、その後ここにはプロイセンで最も進歩的な人々、つまり保守主義と自由主義との間の闘いにおいて、後者の側についた人々が集まってきた。このクラブに最初に訪れた頃、マルクスはまだ二〇歳だったが、まばゆいばかりの力量を発揮した。平均して十歳以上年上のメンバーみんなから対等に扱われるどころか、彼らに大いに知的な影響を与え、ディスカッションのための議題を提起することもしばしばあった。[56]

一八三九年初め頃から、マルクスはバウアーにますます接近するようになった。バウアーは、マルクスにもっと早く大学を卒業するよう、しきりに勧めていた。そこでマルクスは、エピクロス研究に踏み込み、一八四〇年初めに、ギリシャ哲学についての博士論文執筆に向けて、七冊のノートを作った。この博士論文は、のちに「デモクリトスの自然哲学とエピクロスの自然哲学の差異」と題されることになる[57]。これは、マルクスの生涯唯一の、純粋に哲学的な著作である[58]。この論文は、恐らくは古代哲学についてのさらなる大作の一部にするつもりだったもので、一八四〇年後半から一八四一年の三月までの間に書かれている。序文、それぞれ五章から成る二つの編（第一編の第四章と第五章は失われている）、そしてプルタルコスによるエピクロス批判についての付録（やはりわずかな注を残して失われている）という構成だった[59]。

マルクスが博士論文にかなりの時間を費やしたのは、考えている事柄全てについて、極めて念入りに、強く自己批判を行ったからであった[60]。ヘーゲル左派の政治的闘争に参加したいという気持ちも非常に強かったが、研究を進め、知識を深めて世界認識を明確にさせる方が、自分はもっと向いていると感じていた。エピクロスは、マルクスが研究した多くの著述家の一人に過ぎない。一八四〇年の前半、彼はアリストテレスの『霊魂論』（前三五〇年）からの抄録を読み始めたり、フリードリッヒ・アドルフ・トレンデンブルグ（一八〇二～一八七二年）『論理学研究』（一八四〇年）への批判を書こうとしたりしていた。神学研究者であるゲオルグ・ヘルメス（一七七五～一八三一年）に反論する本や、カール・Ph・フィッシャー（一八〇七～一八八五年）の『神の観念を』（一八三九年）に論争を仕掛けるパンフレットを出版しようともしていた[61]。しかし、これらの計画は全て実現せずに終わる。

マルクスが、猛烈な研究と複数の論文[62]にエネルギーを注ぐ決意をしていた証拠がある。一八四一年の一月から四月の間に、つまり博士論文の最終章を書いている最中からその直後にかけて、彼は手書きで、ゴットフリート・ヴィルヘルム・ライプニッツ（一六四六～一七一六年）の手紙と著作、デヴィッド・ヒューム（一七一一～一七七六年）の『人間本性論』、バールーフ・スピノザ（一六三二～一六七七年）の『神学政治論』（一六七〇年）、そしてカール・ローゼンクランツ（一八〇五～一八七九年）の『カント哲学の歴史』（一八四〇年）から、七冊の抜粋ノートを作っていた[63]。ここでは、近代の哲学者が考察されている。したがって、これは博士論文とは独立した仕事である。その目的は、大学教授の職を得られるかもしれないと期待しつつ、知識の幅を広げることであった。しかし（ベルリン大学よりもリベラルな）イェーナ大学[64]に博士論文を提出し、哲学博士号を授与されたのちの、一八四一年四月、新たな政治的状況が立ちはだかった。フリードリッヒ・ヴィルヘルム四世（一七九五～一八六一年）が即位すると、ロマン主義的・キリスト教的な保守反動の波がプロイセン全体に押し寄せ、それまで国からの支持を謳歌していたヘーゲル哲学は、学界から締め出されてしまったのである。

その一方、一八四一年の初めに『アテネーウム』誌に二編の詩を掲載させつつも、マルクスは文学の夢をも諦めていた。[65]彼はボンに戻り、旧友バウアーと合流した。そして彼と、特に宗教的問題について、批判的な観点を提供する雑誌『無神論文庫』を創刊しようとしていた。この間マルクスは、シャルル・ド・ブロス（一七〇九～一七七七年）『フェティシュ諸神の崇拝』（一七六〇年）、クリストフ・マイナース（一七四七～一八一〇年）『宗教の批判的一般史』（一八〇六～七年）、バンジャマン・コンスタン（一七六七～一八三〇年）『宗教論』（一八二四～一八三〇年）といった本から、新しい抜粋ノートを作っていた。[66]しかしこの雑誌の計画は結局頓挫し、政治問題をめぐってバウアーとも距離ができてしまったマルクスは[67]、この領域についてさらに研究を進めることを断念する。

父親の法曹職への勧めを拒否し、法律・歴史・文学・哲学に関して猛然と勉強する日々の末、大学のポストに就けないことを悟ったマルクスは、ジャーナリズムの世界に身を寄せることにした。一八四二年五月、ケルンの日刊紙『ライン新聞』に最初の記事を書き、同年十月から翌年三月までの間、非常に若くして編集長を務めた。

しかしながら、マルクスは、当時プロイセンでは緒に就いたばかりの分野である経済学を身につけ、政治に直接関わる必要性にまもなく迫られることになる。フリードリッヒ・エンゲルスとの邂逅は、その方向に進む意思を固めるにあたって、決定的な出来事であった。エンゲルスは、既にイギリスで経済学に習熟していた。また、モーゼス・ヘス（一八一二～一八七二年）の著作に触れたほか[68]、社会運動が盛んなパリに一年ばかり滞在したことも、彼の背中を押した。こうして、五年ちょっとの間で、ドイツの地方のユダヤ人家系出身の学生が、フランスの首都で最も急進的なグループと交流する、若い革命家となったのである。ここまでの道のりも十分起伏に富んでいるのだが、これからすぐに待ち受ける未来に比べれば、そうたいしたものではない。

II

経済学との出会い

1 十九世紀の首都・パリ

パリは「雑踏と機械と人間どもの思惑の驚くべき集合、世界の頭脳、何十万かの物語を秘めた都」[1]である。オノレ・ド・バルザック（一七九九～一八五〇年）は、パリに不案内な人がこの大都市から受ける印象を、とある小説でこう描写している。

一八四八年革命以前のパリは、絶えず政治活動の渦中にいる職人や労働者の住まう都市であった。亡命者、革命家、著述家、芸術家の集団が形成され、社会的騒乱がそこかしこに発生していた。歴史上あまり類を見ない、社会の熱が街中を覆っていたのである。非常に多様な才子・才媛が本、雑誌、新聞を出版し、詩を書き、会合で講演し、カフェで、街角で、ベンチで延々と議論を繰り広げていた。こうして交流する人々は、常に互いに影響を及ぼし合っていた[2]。

ミハイル・バクーニン（一八一四～一八七六年）は、ライン川を渡ると決めたとき、突如として「ドイツでまだ芽吹いていない新たな物事に囲まれている、（…）政治思想が社会の隅々にまで行き渡っている」[3]環境のうちにいるように感じたという。ローレンツ・フォン・シュタイン（一八一五～一八九〇年）は「大衆のうちに生活すること自体が、新たな団体を作ったり、新たな革命を思いついたりすることのきっかけになる」と書いている[4]。アーノルド・ルーゲ（一八〇二～一八八〇年）は「パリでは、勝利と敗北とともに生きることになる」という見解を記している[5]。要するに当時のパリは、歴史の特異点だったのである。

バルザックの表現に従えば、「パリの街々には人間のようなところがあって、その容貌で我々にはどうしようもない観念を植え付けられてしまう」[6]。一八四三年十月、二六歳でこの地に移住したマルクスも、概ねこうした印象を受けたことであろう。それによってマルクスの思想は大いに進化し、固まっていくことになったのである[7]。

『ライン新聞』でのジャーナリストとしての経験から、マルクスはヘーゲル的な合理的国家論や、結社を通じた急進的民主主義を諦め、理論的にある程度オープンな状態でこのフランスの首都にやってきた。[8] しかしこの空隙は、まもなくプロレタリアートの実態を目の当たりにして揺さぶられ始める。新たな社会経済的な現実が急速に姿を現しつつあった当時の状況は複雑であり、見通しにくかった。しかし、理論の上でも経験の上でも、パリの労働者階級とその生活および労働状況に触れることで、その見通しの悪さは解消されていった。

プロレタリアートを発見し、それを通して革命を展望した。まだ明確ではなく、いくぶんユートピア的であったが、共産主義に新たにコミットしていくことになった。ヘーゲルの思弁的な哲学およびヘーゲル左派への批判がなされ、歴史の唯物論的把握の最初の構想、そして経済学批判も、ここに芽吹いてくる。すなわち、これらのマルクスの基礎的なテーゼは、この時期に作られていったのである。

2 古典派経済学と疎外された労働

経済学は、マルクスの当初の関心ではなかった。彼が若い頃、経済学はドイツではでき始めたばかりの分野で、マルクスが経済学に触れたのは、その他の色々な分野を学んだ後のことであった。『ライン新聞』の仕事をしていたときに、既に具体的な経済問題を扱っていたが、そのときは法律的または政治的な角度からでしかなかった。[9] しかし、新聞を政府の検閲が襲い、発行を取りやめざるを得なくなると、マルクスは「公の舞台から書斎に退く」[10] ことになった。そこでヘーゲルが指導的権威であった、国家や法律関係の研究を続け、一八四三年、死後に『ヘーゲル国法論批判』として出版されることになる草稿を書いた。ここで、市民社会は政治的国家の真の基礎であるという信念を確立させるとともに、マルクスは初めて、社会関係における経済的要因の重要性を明確化させている。

しかし、それ自身としては解消し得ない法と政治の矛盾や、解決の道の見えない社会問題に突き動かされ、マルクスが「経済学への良心的な批判的研究」[11]に乗り出したのは、パリにおいてである。『独仏年誌』の最初にして唯一の巻に掲載されたエンゲルスの二本の論文の一つ、「国民経済学批判大綱」も、当時マルクスに大きな影響を与えた。それまで哲学・政治・歴史分野が主であった彼の研究は、この頃から新しい分野へと転じていく。それは以後、学問的関心の中核を占め、二度と放棄されることのない新たな地平を画することになった[12]。

モーゼス・ヘス『貨幣の本質』(一八四五年)では、疎外の概念が、思弁的な領域から社会経済的な領域へと置き換えられることとなっていた。このヘスの議論の影響で、まずマルクスは人間本質の解放への障害となる、経済的媒体としての貨幣批判に注力する。ブルーノ・バウアー『ユダヤ人問題』(一八四三年)を論難しつつ、マルクスは資本主義的文明全体の哲学的・歴史社会的前提を象徴する社会問題として、ユダヤ人問題を位置づけた。

譲渡することとは、疎外の実践である。人間は宗教にとらわれている限り、自分の本質を何か疎遠な幻想的な存在とすることによってしか、自分の本質を対象化するすべを知らないのであるが、同様に人間は、利己的欲求の支配下にあっては、自分の生産物および活動を疎遠な存在の支配下に置いて、それらに疎遠な存在——貨幣——の意義を付与するという仕方でしか、実践的に活動し、実践的に対象を作り出すことができないのである。(…)ユダヤ人の現実的な本質が市民社会において普遍的に実現し、現世化したのであるから、市民社会はユダヤ人に彼らの宗教的本質——これは実際的欲求の観念的な見地に他ならない——が非現実的であることを納得させることができなかった。(…)社会がユダヤ教の経験的な本質であるあくどい商売とその前提を廃棄することに成功するや否や、ユダヤ人というものはありえないことになる。というのは、もはやユダヤ人の意識は何の対象ももたなくなるからであり、ユダヤ教の主観的基礎である実際的欲求が人間化されてしまうからであり、人間の個人的・感性的あり方とその類的あり方との衝突が揚棄されてしまうからである。[13]

ユダヤ人は、資本主義と同義となった現実的存在であり、自身が作り上げる社会関係の比喩および端的な歴史的象徴だというのである。[14]

その直後、マルクスは新たな研究領域において猛烈な読書を始めた。草稿と抜粋ノートの両方に、読んだものへの批判的なコメントを、これまでのようにたくさん書き入れていった。彼の仕事の導きの糸は、経済学の巨大な神秘性、すなわちそのカテゴリが時代と場所を問わず有効だという観念を暴き、それに反駁する必要性であった。マルクスは、経済学者が歴史的感覚を欠如させており、そのために当時の経済的状況を自然の摂理として説き、その非人間性を隠蔽し正当化しようとしていることを嘆いた。ジャン＝バティスト・セイ（一七六七〜一八三二年）のテキストに対するコメントでは、「私的所有は、経済学がその構造を明らかにしてくれる事実ではなく、その基礎である。（…）それゆえ経済学の全体は、必要性を欠いた事実に基礎づけられている」[15]と述べられている。同じような考察は『経哲草稿』でも繰り返されており、「経済学は私的所有という事実から出発する。だが経済学は私たちに、この事実を解明してはくれない」「経済学者は、論証すべき事柄を、事実とか出来事という形で前提してしまう」[16]と強調されている。

それゆえ経済学は、私的所有制度と、それに伴う生産様式、そしてそれに対応する経済的カテゴリを、永久に不変のものとして捉えている。ブルジョワ社会の人間は、自然な人間であるかのように現れる。要するに、「私的所有について語る場合、人間の外部にある事物を問題にしなければならないと、一般に信じられている」[17]。この存在論的転換を、マルクスははっきりと排撃した。

これまでの、歴史に対する深く広い研究が、当座の社会構造の進化を読み解く手がかりをマルクスにもたらした。それだけでなく、ピエール＝ジョセフ・プルードン（一八〇九〜一八六五年）の洞察のうち最も優れているように思われる部分、すなわち私的所有を自然権と見る考えに対する批判をも、マルクスは継承することとなった[18]。これらの基礎の上に、マルクスは歴史の特徴に関する仮説の核心を認識するに至った。ブルジョワ経済学者は、資本主義的生産様式の法則を人間社会の永久的な法則として描く。それに対してマルクスは、研究対象を自分の生きる時代に固有の関係、「産業の分裂的な現実」[19]に絞り込み、それが歴史の作り出した一段階で、過渡的性格を免れないということを強調した。そして資本主義が生み出す、抑圧的な矛盾の分析へと向かったのである。

社会関係を理解する方法の違いは、結論の違いをもたらした。その主なものとして注目すべきは、疎外された労働の概念に関わるものである[20]。経済学者やヘーゲル自身は、疎外された労働を、社会における自然で不変の状態とみた。それに対してマルクスは、その人類学的性格を拒絶し、疎外を一定の生産構造と社会関係の中に歴史的に根ざす概念とする道を歩み始めた。つまり、産業的労働の状況下における人間疎外を問題にしたのである。

『経哲草稿』では、疎外は労働生産物が労働に「疎遠なものとして、生産者から独立した力として」相対する現象として説かれている。マルクスにとって、

> 労働者の、彼の生産物の中での疎外は、ただたんに彼の労働が一つの対象に、ある外的な現実的存在になるという意味ばかりでなく、また彼の労働が彼の外に、彼から独立して疎遠に存在し、しかも彼に相対する一つの自立的な力になるという意味を、そして彼が対象に付与した生命が、彼に対して敵対的にそして疎遠に対立するという意味を持っているのである。[21]

この一般的な定義の他に、マルクスは労働者がブルジョワ社会で疎外される四つの場合を挙げている。(一)「労働者に対して力を及ぼす、疎遠な対象」となった、自らの生産物からの疎外。(二)労働者が自らに対立するように、「自分に属していない」[22]もののように感じられる、労働活動における疎外。(三)「自分からは疎遠な存在」に変容した、「人間の類的存在」からの疎外。そして(四)他人からの、他人の労働と労働対象に関連する疎外[23]。

ヘーゲルと対照的に、マルクスにとって、疎外とは対象化自体ではなく、まさしく経済の形態のうちにおける特定の現象に関連するものである。それはつまり、賃労働と、労働生産物が生産者に対立する対象へと変容することである。この二つの立場の政治的な違いは、極めて大きい。ヘーゲルが疎外を存在論的な労働の表れと捉えたのに対して、マルクスはそれを生産についての特定の、つまり資本主義における時代の特徴とみて、「私的所有からの社会の解放」[24]を通して超克することが可能だと考えた。同様の点を、マルクスはジェームズ・ミル(一七七三〜一八三六年)の『経済学綱要』(一八二一年)からの抜粋が収められているノートでも指摘している。

私の労働は自由な生命の発現となり、それゆえ生命の享受となるだろう。私的所有の前提のもとでは、私の労働は生命の疎外である。なぜなら、私が労働するのは生きるためであり、生活の手段を手に入れるためなのだから。ここでの私の労働は、生活ではない。第二に、したがって私たちが想定する場合には、労働において私の個人的な生命が肯定されるのだから、私の個性の独自性が肯定されることになるだろう。だから労働は、真の、活動的な所有となるだろう。私的所有の前提のもとでは、私の個性はとことん疎外されているために、この活動は私にとっては憎らしいもの、苦悩である。むしろそれは活動の仮象に過ぎない。したがってまた、強制された活動に過ぎず、しかも内的・必然的な必要によってではなく、もっぱら外的・偶然的な必要によって私に課せられているのである。[25]

したがって、断片的で、時に躊躇いを感じさせるこのような初期の論考においてさえ、マルクスは常に、自然的ではなく、歴史的な視点から疎外を論じていたのである。[26]

ジェームズ・ミルからの抜粋を含むノートでは、いかに「経済学が社会的交流の疎外された形態を、本質的で本源的な、したがって人間の本分にふさわしい形態として固定している」かが強調されている。マルクスにとって疎外された労働は、対象化の、つまり労働者による生産の不変の条件であるどころか、現行の社会的分業の枠内での労働の社会的性格の表現である。これは人間を「機械」に変え、「精神的ならびに肉体的な化物に変えてしまう」[27]。

個々の労働活動においては、その独自性、あるいは自らに固有な必要の充足は肯定されている。しかし「この労働の実現は、労働者にとっての現実性の喪失として現れる」[28]。労働は人間的な確証、自由で創造的な活動になりうるのに、「私的所有の前提のもとでは、私の個性はとことん疎外されているために、この活動は私にとっては憎らしいもの、苦悩である。むしろそれは活動の仮象に過ぎない。したがってまた、強制された活動に過ぎず、しかも内的・必然的な必要によってではなく、もっぱら外的・偶然的な必要によって私に課せられているのである」[29]。

マルクスは、経済学の有力な理論を渉猟して、それらを構成する要素を批判し、その成果をひっくり返すことで、こうした結論に至った。そのためには、極めて激しくたゆみない努力を要したのである。

『経哲草稿』では、共産主義についての考えも詳説されている。しかしここではまだ経済学の研究が深まり切っておらず、政治経験も未だ十分でなかったため、共産主義についての考えはとても抽象的なものに止まっている。あるところでは、マルクスはそれを「否定の否定」とか、「ヘーゲル的弁証法」の一段階とか、「止揚された私的所有の積極的表現」[30]などと呼んでいる。他のところでは、ルートヴィヒ・フォイエルバッハ(一八〇四～一八七二年)から着想を得て、次のように書いている。

共産主義は、完成された自然主義として、人間主義であり、また完成された人間主義として、自然主義である。それは人間と自然との間の、また人間と人間との間の、抗争の真実の解決であり、現実的存在と本質との、対象化と自己確認との、個と類との間の争いの真の解決である。[31]

また他のところでは、ヘーゲルの目的論的な歴史哲学の影響が色濃く残った、次のような表現も見られる。「歴史の全運動は、共産主義を現実的に生み出す行為」である。共産主義は「歴史の謎が解かれたものであり、自分をこの解決として自覚している」[32]。

パリ時代のマルクスは読書の虫で、昼夜を問わず本に没頭していた。彼の頭の中は情熱と構想でいっぱいであり、自分でも全体を見渡せないほど巨大な計画を描いて、考察対象に関係するあらゆる文献を漁っていた。知識は光の速さで増大し、関心が移りゆくにつれて、新たな地平が拓かれた。そしてみなぎる決意とともに、さらに多くの研究領域へと踏み出していくのだった。この頃交流のあった人々が、それを証言している。例えば一八四四年五月に、ルーゲは次のように書いている。「彼は大量に本を読み、尋常でない激しさで仕事をしている。(…)しかし結論を見通していることはなく、いつも途中で切り上げて、果てのない本の海にまっしぐらに飛び込んでいく。何日も続けて夜の三時か四時まで就寝せず、ほとんど病気になるまで仕事をする」[33]。八月になっても、様子は変わっていない。

もしマルクスが自らの不摂生と、プライドの高さと死に物狂いの仕事とを生き延び、そしてもし共産主義者につきものの、加減を知らない態度によって、形式の単純さと洗練さに対するセンスが彼の中から消えてしまわなければ、彼の終わりの見えない読書から、そして良心のかけらもない弁証法からさえも、何かが期待できるであろう。(…)マルクスは読み終わったばかりのものについていつも何か書きたがったが、またすぐ別の読書とノートの作成に取り掛かってしまう。しかし遅かれ早かれ、彼は非常に長く困難な仕事を首尾よく終わらせ、そこにこれまで集めた全ての材料を一気に注ぎ込むことであろう[34]。

こうして膨大に広がる興味関心にあえぎつつも、マルクスはヘーゲルの法哲学に対する批判の草稿を構想し、国民公会〈王政を廃止し共和政をとったフランス革命期の議会〉の歴史を書くためにフランス革命の研究に乗り出し、既存の社会主義および共産主義思想に対する批判を提起した。その後、狂ったように経済学に身を投じ、瞬く間にそれが、バウアーの超越論的批判をドイツから一掃する仕事などよりも、優先されるようになった。しかし、その前にマルクスは、初めて著作を書き上げ、完成させる。『聖家族』である。とはいえ、彼はヘーゲル左派の若手の中で最も多くペンを執ったであろうが、他の多くの人よりも出版点数は少なかった。その念入りさは信じ難いほどで、マルクスは「十通りの証明方法が見つかるまで、その文章を書くことを」拒んだという[35]。自分の情報は不十分で、判断は未熟だと思うあまりに、マルクスは着手した仕事の多くを出版することができず、それらは構想や断片のままに止まることとなった。そのため、マルクスのメモは非常に貴重である。それによって私たちはマルクスの研究の範囲を伺い知ることができる。そこには、彼自身の考えが含まれており、それは彼の著作として欠くべからざる部分と見るべきなのである。このことは、パリ時代にも当てはまる。このときも、彼の草稿や読書ノートからは、マルクス自身の著作と、他人の著作につけたコメントとの間に、緊密かつ分かち難い関係性が見て取れるのである[36]。

3 草稿と抜粋ノート――一八四四年の草稿

『経哲草稿』は不完全で断片的なものだが、これまでのその読み方は、その文献学的な意味を無視するか、あるいは重要でないとするものがほとんどだった[37]。

マルクスがこれらの草稿を、経済学の著作を読み、そこから抜粋を作ってから書き始めたというように考えられてきたのも、誤りだった[38]。実際には、様々な草稿が交互に書かれており、その時期に対応する抜粋ノートは、『独仏年誌』の論文と『聖家族』の間、つまりマルクスのパリ時代全体にわたって作られていたのである。

こうした明らかな形式的問題や、異なるバージョンの出版に伴う混乱があった。挙げ句の果てに、第二草稿（最も重要だが、最も散逸している）の大部分が失われているということが分かっていたにもかかわらず、新たな版の読者や編者は誰も、元のテキストを再検討してこなかった。しかし、マルクスの様々な解釈論議の中で非常に大きな重要性を持ってきたこの草稿については、この作業は特に不可欠である。

一八四四年の五月から八月の間に書かれた『経哲草稿』は、体系的に準備されていた著作ではなかった。この草稿は、マルクスの思想が完全な形で示されているとか、学問的な成熟期とははっきりと異なる概念が示されているとか決めつけられてきたが[39]、きちんと文献学的に検討すれば、そうした主張には全て反論できる。この草稿の部分部分は、同一の内容でも、きっちり関係付けられているものでもなく、明らかに思想の躍動を示している。今に伝わる九冊のノートを、二百ページ以上の抜粋とコメントとともに分析することで、読んだ材料をマルクスがそこにどのように練り込み、使っていったのかが見えてくる[40]。

パリでのノートには、マルクスが経済学に出会い、経済理論に取り組み始めた頃の形成過程が刻まれている。それを、その頃出版された著作や未出版の原稿と比較すると、マルクスが思想を発展させる上での読書の重要性がまざまざと見えてくる。[41] 抜粋ノートに含まれるテキストの著者は、経済学者だけでもこれだけの数にわたる。ジャン＝バティスト・セイ、アダミ・スミス（一七二三～一七九〇年）、デヴィッド・リカードウ（一七七二～一八二三年）、ジェームズ・ミル、ジョン・ランセイ・マカロック（一七八九～一八六四年）、ギヨーム・プレヴォスト（一七五一～一八三九年）、アントワーヌ＝ルイ＝クロード・デステュット・ド・トラシー（一七五四～一八三六年）、ユージーン・ビュレット（一八一〇～一八四二年）、ピエール・ド・ボワギュベール（一六四六～一七一四年）、ジョン・ロー（一六七一～一七二九年）、そしてジェームズ・ローダーデール（一七五九～一八三九年）。[42]『経哲草稿』や論文、そしてこの頃の手紙には、プルードン、ヴィルヘルム・シュルツ（一七九七～一八六〇年）、コンスタンタン・ペクール（一八〇一～一八八七年）、チャールズ・ルードン（一八〇一～一八四四年）、ジャン＝シャルル＝レオナール・ド・シスモンディ（一七七三～一八四二年）、チャールズ・ガニル（一七五八～一八三六年）、ミシェル・シュヴァリエ（一八〇六～一八七九年）、トーマス・ロバート・マルサス（一七六六～一八三四年）、エドゥアール・ド・ポンプリ（一八一二～一八九五年）、ジェレミー・ベンサム（一七四八～一八三二年）といった人々への言及もある。

抜粋ノートは、セイの『経済学概論』（一八〇三年）から始まっている。[43] マルクスは、そこから経済学の基礎についての知識を得つつ、その全ての節をノートに書き写した。そして後から、普段からそうしていたように、ページの右側の箇所にメモを残した。次に取り組んだのはアダム・スミスの『国富論』（一七七六年）[44]で、これも基礎的な経済学の概念を知るのに役立った。これらの抜粋は非常に膨大なのだが、そこにはコメントがほとんど残されていない。それでも、これらの文章の繋げ方や、これらの経済学者たちの様々な見解の並べ方のうちに、マルクスの思想が浮かび上がってくると言える。しかし、リカードウの『経済学及び課税の原理』（一八一七年）の箇所、特にその当時まだ完全に一致するとみなされていた、価値と価格の概念に関しては、様子が違っている[45]。リカードウの『原理』を、ここでマルクスは初めて目にした。そして、さしあたり、商品の価値と価格とを等しいものと認識し、競争の下で生み出された交換価値だけを現実のものとし、自然価格を抽象の世界の概念としたのである。こうして研究が進展するにつれ、マルクスのメモは散発的なものではなくなり、彼の考えをまとめ、読書とともに広がる思考の様子を伝えるものへと変わっていく。短い文でしかなかったものが、長い注記になり、ついにはジェームズ・ミルの『経済学要綱』の場合のように、物による人間の完全な支配を象徴するものとして、貨幣という媒体を見据えて批判するコメントになっていくのである。そうなると、抜粋とマルクス自身の文章の関係は完全に逆転し、地の文のうちに引用文が並べられるような形になっていく[46]。

抜粋ノートの重要性を今一度強調するために、これらのメモが、それを作っている最中にも、その後にも、とても有用だった一例を紹介しておこう。一八四四年には、その一部が読者の教育のために、パリのドイツ系移民による隔週誌『フォアヴェルツ』上に掲載されているほどなのである[47]。

結論としては、『経哲草稿』と読書からの抜粋ノートの双方において、マルクスは自らの考えを彫琢していったと考えるべきである。『経哲草稿』には引用が満載で、第一草稿はほぼ抜粋集である。そしてマルクスのノートは、そのとき読んでいた著作に主眼が置かれているものの、そこにはコメントが添えられている。両方の内容、紙を縦に二分する紙の折り方、ページ付け、そしてそれが作られた時期からして、『経哲草稿』はそれのみで成立する著作というより、この時期のマルクスの全体の研究成果の一部分である。それらは、彼が精読していた書物からの引用と、それらの素材に対する批判的な考察と、紙に書きつけた構想といった様々なものを含んでいる。また、その構想にはざっとペンを走らせただけのものもあれば、もう少しよく考えて書かれているものもある。この草稿をその他のものと分けて、その文意を推定しようとすると、間違った解釈を生んでしまう恐れがある。

これらの文章を、マルクスの中でそれがどのように熟していったのかについて歴史的に再考しながら、全体として捉える必要がある。そうすることではじめて、パリでの非常に激しい仕事の日々における、彼の思想の過程とその複雑さが、真に明らかにされるのである[48]。

4 哲学から革命の実践へ

このようにマルクスの考えが発展したときの環境と、それが理論的・実践的な次元においてもたらした影響について、最後に少し触れておこう。当時は大きな経済的・社会的変化の真っ最中で、特にプロレタリアートの数がとてつもなく増大した時代だった。それを目の当たりにしたマルクスは、ヘーゲルの市民社会の概念を、階級論に落とし込むことができるようになった。また、プロレタリアートの貧困が労働の状態に起因することから、彼らを「貧民」とは異なる新たな階級だとする認識を得た。課題は、「労働者が富をより多く生産すればするほど、彼の生産の力と範囲とがより増大すればするほど、それだけ彼は貧しくなる」[49]という、ブルジョワ社会の主たる矛盾の一つを証明することにあった。

一八四四年六月のシュレージエンの織工の反乱は、マルクスが自らの考えを発展させる最後の一押しになった。『フォアヴェルツ』誌に掲載された「論文『プロイセン国王と社会改革――一プロイセン人』に対する批判的論評」にてマルクスは、その反乱は政治的精神を欠いているとみなしていたルーゲの以前の論考を批判した。それを通して、国家を一般的利害の唯一の代表とし、市民社会のあらゆる活動を、部分的利害に絡む私的領域へと還元したヘーゲルの考え方から、マルクスは距離をとった[50]。むしろ逆に、「社会革命とは、全体の立場に立つことである」[51]としたのである。そして、注目すべき明白な革命性を帯びたシュレージエンの事件に刺激され、社会の病理の根源を「国家の本質の中に見ないで、特定の国家形態の中に見て、これをかえるに他の国家形態をもってしようとしている」人々の重大な間違いを強調するようになった[52]。

より一般化すれば、ここでのマルクスの考え方は、次のようにまとめることができる。プルードンなど、社会改良（当時の社会主義思想の目的）や賃金の平等、そして資本主義の下での労働の再構築を主張する人々は、既存の社会の前提に未だ囚われており、私的所有と疎外された労働の真の関係を理解していない。というのも、「私的所有は、それが外化された労働の根拠、原因として現れるとしても、むしろ外化された労働の一帰結にほかなら」ず、「私的所有は、外化された労働の産物であり、成果であり、必然的帰結」[53]だからである。その他の社会主義の理論と異なり、マルクスは経済制度を急進的に変革すること、「資本がそれ自身として止揚される」[54]ことを提起するようになったのである。

自らの考えをゆっくりと固めていく中で、マルクスは自分に近い考えと、自分が進めている研究の行く末とを常に比較した。考えが熟すのに時間がかかるので、そうする必要があったのである。ヘーゲル左派も、そうした比較の対象となった。実際、ヘーゲル左派に対するマルクスの評価は非常に厳しく、それは自分の過去に対する批判にもなっていた。バウアーが編集していた月刊誌『一般文学新聞』は、横柄にも次のように宣言していた。「評論家は自ら社会の苦しみや喜びを味わおうとはしない。（…）孤独の中で、雄弁に分析をしてみせるだけだ」[55]。それに対してマルクスは、「批判は頭脳の情熱ではない。（…）それは解剖のメスではなく、武器である。批判の対象は、論駁しようとする敵ではなく、絶滅しようとする敵である。（…）批判は、もはや自己目的としてなされるものではなく、ただ手段としてなされるだけである」[56]と述べる。疎外の認識が既にその克服だという、抽象的な観念から出発する自己完結的な「批判的批判」[57]に対して、マルクスは「物質的な力は物質的な力で覆されなければならない」のであり、社会的存在は人間の実践によってのみ変化し得る、とはっきり認識していた。人間の疎外された状況を発見し、それを意識するということは、同時にそれを現実から廃絶するために行動するということでもあった。不毛な概念の闘争だけをもたらす、思弁的な孤独に閉じこもった哲学と、「摑み合いの格闘としての批判」[58]である哲学批判との間には、大きな隔たりがあった。これこそ、自己意識の解放の追求と、労働の解放の追求とを分ける溝だったのである。

マルクスの思想は、パリ時代に決定的に進化を遂げた。世界の変革は実践的問題であり、「哲学はそれをただ理論的な課題としてだけ捉えたからこそ、それを解決できなかった」[59]と確信するようになった。この認識に至らないような哲学とは永久に別れを告げ、実践の哲学へと必要な転換を成し遂げたのである。それ以降、マルクスの分析は疎外された労働というカテゴリからではなく、労働者の悲惨な現実から出発するようになった。その結論は、思弁的なものではなく、革命の行動を志向するようになったのである[60]。

マルクスの政治に対する認識そのものも、大きく変わった。当時の狭量な社会主義あるいは共産主義思想とは、距離をとるようになった。そして、経済的関係が社会を織り成しているのであり、「宗教、家族、国家、法律、道徳、科学、芸術等々は、特殊な生産様式に過ぎず、生産の一般的法則に服する」[61]とはっきりと認識するに至った。そこでは国家は、ヘーゲルの政治哲学において占めていた主要な位置から脱落する。国家は社会に包摂されており、人間の生を決めているものではなく、むしろそれらによって決められている領域だと捉えられた。マルクスの言を借りれば、「現実には逆に国家が市民的生活によってまとめられているのに、市民的生活は国家によってまとめられるべきであると、いまどき想像するのは、政治的迷信だけである」[62]。

革命という主題に関するマルクスの概念的フレームワークも、根本的に変わった。「苦悩する人間」[63]について論じていた初期の頃とは異なり、プロレタリアートをはっきり概念化するようになった。それも最初は、理論の「受動的な要素」[64]として、弁証法的アンチテーゼに根ざす抽象的な概念とみなされていたが、社会経済的な分析を手がけるようになってからは、自らを解放する積極的要因、資本主義的社会秩序において革命的な潜在力を有した唯一の階級と捉えられるようになっていったのである。

それゆえ、政治的媒体としての国家と経済的媒体としての貨幣を、フォイエルバッハ的な共通の人間本質の実現に対する障害と捉え、やや漠然と批判することもなくなった。そのうちに物質的生産が分析および現在の変革のための基礎として立ち現れ始める、歴史的関係が批判されるようになった。「生産に対する労働者の関係のなかに、人間的な全隷属状態が内包されており、また全ての隷属関係は、この関係の単なる変形であり帰結であるに過ぎない」[65]。マルクスの問題提起は、もはや解放の全般的要求ではなく、現実の生産過程をラディカルに変革することにあったのである。

こうした結論に達する一方で、マルクスはその他の様々な研究を計画していた。経済学の研究と抜粋ノートの作成を続けるとともに、マックス・シュティルナー（一八〇六〜一八五六年）批判を構想したり、国家論研究を素描してみたり[66]、ヘーゲルに関するメモを作ったり、ドイツの経済学者フリードリッヒ・リスト（一七八九〜一八四六年）批判の草稿を準備したりもしていたのである。このリスト批判は、後にも続けられることになる[67]。

この間マルクスのところに訪れた人々は、彼の猛烈な仕事ぶりを証言してくれている。一八四四年の終わり頃、急進派のジャーナリスト、ハインリッヒ・ビュルゲルス（一八二〇〜一八七八年）が、マルクスについてこう書いている。「マルクスは経済学の分野で詳細な研究をはじめており、経済学の基礎を作り直す批判的な著作を書く計画を温めていた」[68]。またエンゲルスは、一八四四年の夏に初めてマルクスに出会う。それから二人は、生涯を通じて、友情と理論的・政治的な紐帯を築くことになる。彼は、社会の動乱が迫っているという予感に突き動かされ、それから四〇年続く手紙のやりとりの最初の文章の中で、マルクスにできるだけ早い出版を促している。「集めた材料を早く世の中に発表できるようにすべきである。今が絶好の潮時なのだから」[69]。自らの知識が不十分だと感じていたマルクスは、草稿の完成とその出版に踏み出せずにいた。それでも、エンゲルスとともに『聖家族』を仕上げ[70]、一八四二年に離別した、バウアーをはじめとするヘーゲル左派の運動を激しく批判した。その理由は、ヘーゲル左派が思弁の世界に閉じこもっていて、専ら不毛な概念上の論争に的を絞っているからだった。そのテキストのある部分では、マルクスとエンゲルスは疎外の問題も扱っている。最初に、彼らは次のように述べている。

有産階級とプロレタリアートの階級は、同一の人間的自己疎外をあらわしている。だが前者の階級は、この自己疎外のうちに、快適と安固を感じており、この疎外が彼自らの力であることを知っており、また疎外のうちに人間的生存の外見をもっている。後者はこの疎外のうちに廃棄されたと感じ、そのうちに彼の無力と非人間的生存の現実性を認めている。[71]

続けて、バウアーと彼の哲学仲間による抽象論を明らかに意識しつつ、こう書き連ねている。

だが、（…）マンチェスターやリヨンの職場で働いている（…）労働者は（…）所有、資本、貨幣、賃労働などが、決して観念上の妄想ではなく、彼らの自己疎外の、非常に実践的な、非常に対象的な産物であり、したがって実践的・対象的な仕方で揚棄されなければならないと知っている。[72]

観念の領域ではなく、現実の対立の領域でこそ、闘争はなされうるのである。

だが現実の世界では、大衆の、かの実践的自己疎外は、外的な仕方で存在しているのであるから、同じように外的な仕方でそれと戦わなければならない。大衆は彼らの自己疎外のこれらの産物を、決して、単に観念的に過ぎない幻想として、自己意識の単なる疎外と考えてはならないし、物質的疎外を、純粋に内的な、精神的行動によって絶滅しようと望んではならない。[73]

『聖家族』を書きながら、一八四五年初めの手紙で、エンゲルスはマルクスに、他の準備中の著作も仕上げるよう勧めている。

さっさと経済学の著書を仕上げてしまいたまえ。あなた自身にはまだ不満な点がたくさんあるにしても、仕方がない。機運は熟している。そして、私たちは鉄を熱いうちに鍛えなければならない。(…)今こそ潮時だ。だから、私と同じように、四月までに完成するようにしたまえ。期限を定めて、それまでに確実に完成するようにし、そしてすぐ印刷できるようにしたまえ。[74]

しかしこうした勧めは、ほとんど効を奏さなかった。マルクスは、草稿を完成させる前に、もっと研究を続ける必要があると感じていた。ただ、出版はすぐにできると思っていたようである。ドイツ系労働者の隔週誌『フォアヴェルツ』に協力したかどでフランスから追放命令が出されたのち、マルクスは、カール・フリードリッヒ・ユリウス・レスケ(一七八四〜一八八六年)のダルムシュタットにある出版社と一八四五年二月一日付で契約を交わしている。出版予定の二巻本のタイトルは、『政治学及び経済学批判』だった。[75]

『経哲草稿』と抜粋ノートは、マルクスの新たな分野での批判的研究の始まりを画するものである。ここには、先行学説と同時代の議論からふんだんに理論的要素が取り込まれている。この頃の構想や著作はどれも、一つの分野に分類することはできない。これらのテキストが純粋に哲学的だとか、本質的に経済学的だとか、単に政治学的だとかいうことはないのである。パリのプロレタリアートの経験はフランス革命の研究に、スミスの読解はプルードンの見解に、シュレージエンの織工の反乱はヘーゲルの国家論批判に、ビュレの貧困についての分析は共産主義に、それぞれ結びつけて論じられた。マルクスの思想、特に始まったばかりの彼の経済学的考察は、降って湧いたものではなく、猛烈な研究の成果なのである[76]。

III

恐慌を待ちわびて

1　経済学研究の継続

一八四五年二月、「現代の政治については一切出版しない」[1]という条件のもと居住が許可され、マルクスはブリュッセルに移住した。そこに彼は、妻イェニー・フォン・ヴェストファーレンと、数ヶ月前にパリで生まれた最初の娘であるジェニー（一八四四〜一八八三年）とともに、一八四八年まで滞在した。この三年間、特に一八四五年に、マルクスの経済学研究は充実していくことになる。

一八四五年三月に、ドイツの経済学者フリードリッヒ・リストの「経済学の国民的体系」[2]についての本に対する批判（完成を見ることはなかったが）に取り組んだ。さらに二月と七月の間に、六冊の抜粋ノート、いわゆる『ブリュッセル・ノート』を作った。そこでは主に経済学の基本概念が扱われており、特にジャン＝シャルル＝レオナール・ド・シスモンディ『経済学研究』（一八三七年）、アンリ・ストルク（一七六六〜一八三五年）『経済学講義』（一八二三年）、ペッレグリーノ・ロッシ（一七八七〜一八四八年）『経済学講義』（一八四三年）に大きな注意が払われている。同時に、マルクスは機械と大工業に関連する問題に入っていき、チャールズ・バベッジ（一七九一〜一八七一年）『機械とマニュファクチュアの経済』（一八三三年）より多くの抜き書きを作っている[3]。彼はまた、エンゲルスとともに「外国の偉大な社会主義者叢書」のドイツ語版を編もうとしていた[4]。しかし、時間もなく、出版社から資金を確保することもできなかったため、二人はこの計画を諦め、自分たちの著作に集中することにする。

マルクスは七月と八月をマンチェスターで過ごし、膨大な量の英語の経済学の著作を検討した。こうした作業が、本を読むときは重要だったのである。マルクスは、九冊の抜粋ノート、『マンチェスター・ノート』を作った。そこで取り扱われたのは、トーマス・クーパー（一七五九〜一八三九年）『経済学要綱講義』（一八三一年）、トーマス・トゥック（一七七四〜一八五八年）『物価史』（一八三八年）、ジョン・ランセイ・マカロック（一七八九〜一八六四年）『経済学』（一八四五年）、ジョン・ステュアート・ミル（一八〇六～一八七三年)『経済学試論集』(一八四四年)といった、経済学の教科書や経済史の著作である[5]。マルクスはまた、社会問題に大きな興味を寄せ、主要な英語の社会主義文献から抜粋を集めた。例えば、ジョン・フランシス・ブレイ(一八〇九～一八九七年)『労働の苦難と労働の救済策』(一八三九年)、ロバート・オウエン(一七七一～一八五八年)の『性格形成論』や『新道徳世界の書』(一八四〇～四四年)などである[6]。これらの文献と同じような議論は、フリードリッヒ・エンゲルスの最初の著作で、一八四五年六月に出版された『イングランドの労働者階級の状態』でもなされていた。

ベルギーの首都にて、マルクスは経済学の研究に加え、政治的状況を踏まえて必要だと思われる仕事にも取り掛かった。一八四五年十一月、エンゲルス、ヨーゼフ・ヴァイデマイヤー(一八一八～一八六六年)、モーゼス・ヘスとともに、「フォイエルバッハ、ブルーノ・バウアーおよびマックス・シュティルナーを代表者とする最近のドイツ哲学と、種々の預言者たちに現れたドイツ社会主義への批判」[7]を書こうとしていた。このテキストは、死後『ドイツ・イデオロギー』というタイトルで出版されることになるものだが、それには二つの目的があった。一つは、ドイツの最近の新ヘーゲル主義を叩くためである(シュティルナーの『唯一者とその所有』が一八四四年十月に発表されていた)。もう一つは、出版社を営むカール・ヴィルヘルム・ユリウス・レスケ宛の手紙にあるように、「これまでのドイツ科学に真正面から対立する私の経済学の立場に、一般読者の目を向けさせるため」[8]である。マルクスは、このテキストに一八四六年六月まで取り組んでいたが、これが完成されることはなかった。しかしこれによって、エンゲルスが四〇年後に公に「歴史の唯物論的把握」[9]と定義したものが、まだ確定された形ではないにしても、それまでよりはっきりと見えてくることになった。

一八四六年の「経済学」に関する研究の進展を追うためには、マルクスのレスケへの手紙にもう一度目を向ける必要がある。八月にマルクスは出版社に、「第一巻のほぼ書き上げられた原稿」は「長期間」置きっぱなしになっているが、「もう一度内容も文体も書き改めずに、印刷に回すことはできない。

言うまでもなく、勉強し続けている著述家が、六ヶ月前に書いたものを、六ヶ月後にそのままの語句で印刷させることはもうできない」と書き付けている。それでも近い将来、出版できるつもりではいたようで、「第一巻の書き直しは十一月末には印刷に回せるだろう。第二巻は、より歴史的なものなので、続けてすぐ出すことができる」[10]と書いている。しかしこの言葉は、マルクスの仕事の実態を伝えるものではなかった。というのも、彼の草稿はいずれも「ほぼ書き上げられた」状態にあるとは言えなかったからである。出版社は、一八四七年のはじめになっても原稿を受け取ることができず、契約を破棄した。

こうした遅れの常態化は、マルクスの側に熱意が欠けていたからではない。この頃のマルクスは政治活動を諦めていたわけではなく、一八四六年の春には、ヨーロッパの様々な労働団体を組織するため、共産主義通信委員会の仕事を進めていた。それでも、マルクスのところにいつも顔を出していた人々が証言しているように、理論的な仕事が最優先であった。例えば、ドイツの詩人ゲオルク・ヴェールト(一八二二〜一八五六年)は、一八四六年十一月に次のように書いている。

マルクスはある意味で共産党の党首のような人物である。しかし、多くの自称共産主義者・社会主義者は、この人物がどれだけのことを成し遂げているかを知れば、驚嘆することであろう。マルクスは、アメリカ・フランス・ドイツなどの労働者に対し、彼らを暗澹とさせるこの社会とは何かを暴き出すために昼夜を問わず働いている。(…)マルクスは、経済学の歴史について、狂ったように研究を続けている。何年にもわたって、一晩に四時間とは寝たことはない。[11]

マルクス自身の研究メモや出版された著作もまた、その勤勉さを証明している。一八四六年八月から一八四七年九月の間に、マルクスは三冊の大部な抜粋ノートを作った。それは主に経済史に関するものであり、当時のドイツの第一線の経済学者の一人である、グスタフ・フォン・ギューリッヒ（一七九一～一八四七年）の『現代の主要国の交易・産業・農業に関する歴史的説明』（一八三〇年）という本から作られている。[12] 一八四六年十二月に、ピエール＝ジョセフ・プルードンの『経済的諸矛盾の体系、あるいは貧困の哲学』（一八四六年）を読み、「実に貧困」[13]な本だと思ったマルクスは、批判をしたためることにした。ドイツ語を読めない相手が理解できるように、直接フランス語で書かれたこのテキストは、一八四七年四月に完成し、七月に『哲学の貧困』として出版された。これは経済学の分野で最初に出版されたマルクスの著書であり、価値論、社会の現実を理解するのにふさわしい方法論的アプローチ、そして歴史的に過渡的な生産様式の特徴について、彼の考えが述べられたものである。

それゆえ、経済学批判の著書の計画を完遂することができなかったのは、マルクスにやる気がなかったからではなく、彼が自分に課した課題が困難を極めたからであった。批判的検討を要する主題は多岐にわたり、それにマルクス特有の真剣さと良心とでもってしっかりと取り組むには、まだ何年もの時間が必要だった。マルクスに自覚はなかったが、一八四〇年代の終わり頃になっても、彼の抜粋ノートは始まったばかりだったのである。

2 孤独な亡命生活の中で

一八四七年後半、社会の動乱が高まる中、マルクスの政治活動はますます時間を食うようになっていった。[14] 六月、ドイツの労働者と職人、その他の国の支部からなる共産主義者同盟がロンドンで結成された。八月には、マルクスとエンゲルスの手によって、ドイツ労働者協会がブリュッセルにて創設された。さらに十一月にマルクスは、革命的な一派をより穏健的な民主化運動に取り込もうとしていた、ブリュッセル民主協会の副会長になった。その年の終わりには、マルクスとエンゲルスは共産主義者同盟にて綱領の作成を任され、ほどなくして一八四八年二月に、それは『共産党宣言』として出版に付された。その冒頭の、「ヨーロッパに亡霊が出る——共産主義という亡霊が」という一文は、その後世界中に知れ渡ることになる。その主要なテーゼのうちの一つである、「今日までのあらゆる社会の歴史は、階級闘争の歴史である」という一文もまた、同様の運命を辿った。[15]

『共産党宣言』の出版は、この上なく時宜にかなっていた。[16]すぐに、これまでにない規模と勢いをもった革命運動が、大陸ヨーロッパの政治と社会を危機に陥れた。各国政府はこの暴動を収束させようとあらゆる対抗措置を講じ、一八四八年三月には、マルクスはベルギーから追放され、共和制が宣言されたばかりのフランスに移った。彼は経済学の研究を措いて、革命を支持するためのジャーナリスト活動に取り掛かり、望ましい政治行程を描こうと試みた。四月には、ドイツで最も経済的に発展しており、政治的には最もリベラルなライン地方に移住し、六月にはケルンで立ち上げた『新ライン新聞』の編集に着手した。紙面上で、マルクスは強烈なアジテーション活動を繰り広げ、反乱分子を支持し、プロレタリアートに「社会的・民主的革命」を推進するよう説いた。[17]

マルクス自身が書いた記事のほとんどは、政治的な出来事の記録だったが、一八四九年四月に「労働者の奴隷状態の基礎をなすのと同じように、ブルジョワジーの存在およびその階級支配の基礎をなす関係そのものを、一層詳しく調べる」[18]べき時が来たと考え、彼は経済学批判に関する連載の社説を出版した。一八四七年五月にドイツ労働者協会にて行った講演に基づいて書かれた五本の記事は、『賃労働と資本』というタイトルで発表された。そこでマルクスは、これまでよりも広い聴衆に向けて、そして労働者にも分かる言葉遣いでもって、いかに賃労働が資本によって搾取されているか説明している。

しかしながら、一八四八年にヨーロッパ中に燃え広がった革命の火は、ほどなくして消し止められてしまう。権威主義的な保守派の勝利には、いくつかの要因があった。経済が回復してきたこと、労働者階級が国によってはほとんど組織構造を持たず、力不足だったこと、改革を支持する中間層が、過激主義への傾倒を恐れて貴族階級に近づき、運動から手を引いたことなどが挙げられる。これらの理由によって、政治的保守反動勢力が、政府の統率力を回復した。

激しい政治活動ののち、一八四八年五月に、マルクスはプロイセンからの追放命令を受け、またもフランスに旅立つことになった。しかしパリでは既に、革命運動は敗北を喫した後だった。当局はマルクスに、ブルターニュ地方のモルビアンへと移るよう命じる。モルビアンは当時、マラリアが流行する、荒んだ土地であった。このような「私の人生に幕を下ろそうとするような仕打ち」を受け、マルクスはフランスを離れ、「ドイツ語の雑誌が出せる確実な見込みのある」[19]ロンドンに向かう決意をする。彼はイギリスで、無国籍の亡命者として、残りの人生を過ごすことになるが、ヨーロッパの反動によって、経済学批判を執筆するにはこれ以上ない場所に押しやられたとも言える。当時のロンドンは、世界で最も先進的な経済・金融センターであり、「ブルジョワ的宇宙の造物主」[20]であった。それゆえそこは、最新の経済発展を観察し、資本主義社会の研究を再開するには最も好都合なロケーションだったのである。

マルクスは一八四九年の夏に、三一歳のときにイギリスにやってきた。その首都での彼の生活は、落ち着いたものとは程遠かった。マルクス一家は、一八四五年のラウラ（一八四五～一九一一年）の誕生、一八四七年のエドガー（一八四七～一八五五年）の誕生、ロンドンについてすぐの一八四九年のグイド（一八四九～一八五〇年）の誕生を迎えて六名になった。さらに、献身的なメイド、ヘレーネ・デムート（一八二〇～一八九〇年）も、家族に欠かせない一員であった。彼らはロンドンで最も貧しく、最も荒廃した地域の一つであるソーホーにて、窮迫した生活を長らく続けなければならなかった。こうした家庭の問題に取り組むだけでなく、マルクスはドイツ系移民の救済機関の活動にも携わった。共産主義者同盟を通じて資金を提供し、ロンドンにいる数多くの政治的亡命者を支援したのである。

逆境にもめげず、マルクスは新たな出版事業を立ち上げるという目標を達成した。一八五〇年三月に、「政治運動全体の基礎をなす経済関係を、詳しく、科学的に究める」のための拠点として企画した月刊誌『新ライン新聞：政治経済評論』を発行し始めた。「現在のような一見して停滞的な時期こそ、これまでの革命の経緯、相互に戦い合っている様々な党の性格、これらの党の存在と闘争を決定する社会的条件を解明するために、利用されなければならない」[21]と考えたのである。

現下の状況は、直前に終わったばかりの革命と、まもなくやってくる次なる革命の幕間だとマルクスは信じていた。一八四九年十二月には、友人であるヴァイデマイヤーに、『新ライン新聞』「の三号か、おそらく二号も刊行されるころには世界的騒動が邪魔に入ってきて、暫定的に経済問題を清算する機会がなくなることは間違いない」、「『工業、農業および商業のひどい恐慌』が近づいている」と書き送っている[22]。産業と商業が活況を呈していると、プロレタリアート大衆の決心が鈍ってしまうが、恐慌の勃発の後でなら、次なる革命運動が沸き起こってくると、マルクスは確信していた。『新ライン新聞』の連載記事だった「フランスにおける階級闘争」にて、マルクスは「本当の革命は（…）近代的生産力とブルジョワ的生産形態が、互いに矛盾に陥る時期にだけ、可能である。（…）新しい革命は新しい恐慌に続いてのみ、起こりうる。しかし革命はまた、恐慌が確実であるように、確実である」[23]と主張している。経済が上向き始めても、この見解は変わることはなかった。『新ライン新聞』の創刊号（一、二月号）にて、東インド市場は「既にほとんど在庫過剰」で、南北アメリカやオーストラリア市場もまもなくそうなるであろうから、回復はそう長くは続かないとの判断を下した。それゆえ、

　ひとたびこの過剰の知らせが伝わるならば、「パニック」が同時に投機と生産の中に現れるであろう。たぶんもう春の終わり頃には、おそくとも七月か八月にはそうなる。しかしこの恐慌は、間違いなく大陸での大クラッシュと同時発生することになり、そのため在来のすべての恐慌とは全

く違った結果をもたらす。これまでのどの恐慌も、新しい進歩のシグナルであり、土地所有と金融ブルジョワジーに対する、産業ブルジョワジーの新しい勝利のシグナルであったとすれば、こんどの恐慌は、現代のイギリスの革命の始まりとなるであろう。[24]

次の一八五〇年三、四月号でも、良好な経済状態は束の間のものに過ぎず、国営の鉄道部門における過剰生産と投機の行き過ぎが間も無く恐慌をもたらし、その結果は次のようなものになると論じた。

これまでのどの恐慌よりも重大なものとなるであろう。それは、農業恐慌と同時に起きる（…）。イギリスのこの二重の恐慌は、大陸で同時に迫っている動乱によって促進され、広げられ、引火しやすくなっており、大陸の革命は、イギリスの恐慌が世界市場に跳ね返るために、比較にならないくらいにいっそう社会主義的性格をとることであろう。[25]

マルクスのシナリオには、ヨーロッパと北アメリカ市場の両方が考慮されていた。ただ当時のマルクスは、労働者の運動のきっかけについてとても楽観的で、「アメリカが過剰生産によって引き起こされた後退局面に入った以上、私たちは、恐慌が来月はこれまでよりもやや急速に発展するものと期待してよい」としていた。結論にも熱がこもっている。「商業恐慌と革命の同時的到来は、ますます不可避になっている。どうか運命が実現されますように！」[26]

その夏の間、マルクスは一八四八年から始めていた経済学的分析を深め、新聞の一八五〇年五－十月号（資金難とプロイセン警察による干渉によって廃刊に追い込まれる前の最後の号）で、次の重要な結論に達する。「革命が商業恐慌を促進したことより、商業恐慌が一八四八年の諸革命を促進したことのほうが無限に多い」[27]。それ以後、恐慌は彼の思想において基礎的な重要性をもつようになる。さらに、投機と過剰生産がはびこる過程の分析を基礎に、マルクスは大胆にも「一八四八年に始まる産業発展の新しい循環が、一八四三～四七年のそれと同一の経過を追うとすれば、恐慌は一八五二年に勃発するであろう」と予言した。この将来の恐慌は地方でも猛威を振るい、「はじめて工業恐慌と商業恐慌とが、農業恐慌と時を同じくする」[28]であろうと述べている。

一年以上先の時期についての、マルクスのこの予想は結局外れる。しかし、革命の波はすぐそこまで来ていると確信していたときでさえ、マルクスの考えは、ロンドンに亡命していた他の政治的リーダーたちとは大きく異なっていた。経済的状況についての予想は外れたものの、マルクスは、政治活動のためには経済的・政治的関係の現状を研究することが不可欠だと考えていた。それに対して、彼が「革命の錬金術師」と揶揄した当時の民主主義的・共産主義的指導者たちのほとんどは、革命の勝利のために必要なのは「陰謀を十分に組織すること」[29]だけだと考えていた。この例が、一八五〇年にジュゼッペ・マッツィーニ（一八〇五～一八七二年）、アレクサンドル・ルドリュ＝ロラン（一八〇七～一八七四年）、アーノルド・ルーゲが設立した、ヨーロッパ民主中央協会発行の綱領「諸国民に向けて」である。マルクスの評によれば、このグループは「個別の指導者の野心に満ちた嫉妬心や、いろいろな民衆教師の敵対し合う意見のために、革命が失敗させられた」とでも言いたげだった。彼らの「社会組織」についての考え方も、驚愕すべきものだった。「街頭での集合、ちょっとした一揆、握手、これで万事オーライだというのである。彼らにとっては、革命とは一般に現存の政府を倒すことに過ぎず、この目的が達せられると「勝利」が勝ち取られたことになる」[30]。

次の革命が青天の霹靂としてやってくると待望するだけの人々とは違い、一八五〇年の秋には、新たな世界恐慌なしにはその期は熟さないとマルクスは思うようになった[31]。それからは、彼は革命がもうすぐだという誤った期待を抱くのはやめ[32]、「まったくひっこんで」[33]暮らすようになった。共産主義者連盟のメンバーであるヴィルヘルム・ピーパー（一八二六～一八六九年）は、一八五一年一月に次のように述べている。「マルクスはすっかり引きこもって暮らしている。ミルやロイドだけが友達で、もし彼を訪れる人があれば、その人は挨拶ではなく、経済的カテゴリをもって迎えられるだろう」[34]。それ以後というもの、マルクスはロンドンでほとんど友人には会わず、マンチェスターにいるエンゲルスとだけ親密な連絡を取り合っていた。一八五一年二月には、マルクスはエンゲルスにこう書き送っている。「私たち二人が、今置かれている公然たる、確固たる孤立は、私にとっては非常に好ましいものだ。それは私たちの立場と主義とに全くふさわしい」[35]。エンゲルスは、これにこう応えている。「このような態度を私たちは来るべき事件に際してとることができるし、またとらなければならない。(…)すべてに容赦ない批判を加えるのだ」。「主要な問題」は「書いたものを出版する方法を見つけることだ。季刊誌か、あるいは分厚い本で、直接に攻撃を加えて、やつらに対して私たちの立場を確保しなければならない」。つまり、「あらゆる亡命俗物があなたにめがけて言い放ちうる一切の罵詈雑言も、もしあなたが、自分の経済学でそれに応えれば、どうということもないだろう?」と、やや楽観的に見ていた[36]。こうして、恐慌の勃発を予言することが課題となった。さらなる政治的動機も併せ持つようになったマルクスには、経済学の研究に完全に没頭すべき時が再び訪れたわけである。

3 一八五〇年から五三年にかけての研究ノート

マルクスが経済学の研究を中断していた三年の間にも、経済的な事件が続いていた。一八四七年恐慌から、カリフォルニアとオーストラリアでの金鉱の発見に至るまでのそれらの出来事を、マルクスはとても重要だと考え、昔のノートを見返し、それらを完成させるとともに、より詳細な研究が必要だと感じていた[37]。彼のさらなる読書の成果は、二六冊の抜粋ノートにまとめられている。そのうち二四冊は、経済学以外の分野のテキストも含んでいるが、一八五〇年九月から一八五三年八月までの間に作られたもので、いわゆる『ロンドン・ノート』としてナンバリングが付されている。この研究材料は、マルクスの研究が重要な発展を遂げた時期に集められたもので、非常に興味深い。その頃マルクスは、既に獲得していた知識をまとめるだけでなく、大英博物館図書館にて大量の新たな文献（特に英語のもの）を読み込み、彼が書こうとしていた著作のための、さらなる重要なアイデアをそこから蓄積していた[38]。

『ロンドン・ノート』は三つのグループに分けることができる[39]。最初の七冊は、一八五〇年九月から一八五一年三月までの間に書かれている。そこでマルクスが読み抜粋を行った著作は、トゥック『物価史』（一八三八年）、ジェームズ・テイラー（一七八八～一八六三年）『イギリスの貨幣制度』（一八二八年）、ジェルマン・ガルニエ（一七五四～一八二一年）『貨幣の歴史』（一八一九年）、ゲオルク・ブッシュ（一七二八～一八〇〇年）『銀行と鋳貨の本質』（一八〇二年）、ヘンリー・ソーントン（一七六〇～一八一五年）『紙券信用論』（一八〇二年）、アダム・スミス『国富論』（一八二八年）などである[40]。マルクスは、特に恐慌の歴史と理論に関心を寄せており、貨幣形態や信用の起源を理解しようと、それらに大きな注意を払っている。マルクスの結論は、恐慌を貨幣および信用制度改革によって回避できると考えていた、プルードンなどの当時の他の社会主義者と異なっていた。すなわち、信用制度は基本的なしくみの一つでしかないから、恐慌は、貨幣流通の動き如何で、せいぜい激化したり緩和されたりするに過ぎず、むしろ恐慌の真の原因は、生産の矛盾に求められなければならないと論じているのである[41]。

この第一グループの七冊の最後に、マルクスは主要部分としてナンバリングをせず、「地金：完成された貨幣制度」と題された二冊のノートで、自らの見解を要約している[42]。一八五一年の春に書かれたこの草稿で、彼は経済学の主な文献から、貨幣論について最も重要だと考えた文章を、時に自らのコメントを付しつつ、抜き書きしている。文献一つずつに一節を割り当てた、九一の節からなる「地金：完成された貨幣制度」ノートは、ただの抜粋集ではなく、マルクスが貨幣論および流通論をそれ自体として考察した最初の論考である[43]。これもまた、長年にわたって構想し続けた著作を書くのに用いられたと考えられるべきである。

一八五〇年に息子グイドが亡くなるなど、その頃のマルクスのプライベートはひどい出来事に見舞われていた。また経済状態も逼迫していて、一八五一年三月に生まれた一番下の娘フランツィスカ（一八五一〜一八五二年）を里子に出さねばならなかった。それでも彼は、自らの研究をあくまで続けただけでなく、それがまもなく完結するという希望を抱き続けた。一八五一年四月二日付のエンゲルス宛の手紙には、こう記されている。

私はあと五週間で経済学のごたごたは全部片付けられるところまできている。もしこれができれば、家では経済学を仕上げ、大英博物館では他の科学を勉強することにする。経済学にはうんざりしてきた。要するに、この科学はA・スミスとD・リカードウ以後は少しも進歩していない。たとえ個々の、しかも往々にして非常に細かい研究では、たくさんのことがなされているにしても。（…）もうすぐそれを、六〇ボーゲンずつ二巻にして発表しよう。[44]

エンゲルスは、この知らせを聞いて大変喜んだ。「ついに経済学を仕上げたと聞けて嬉しい。実際、それはあまりに長引きすぎた。とにかくあなたは、重要だと思う本が一つでも未読のまま置かれている間は、決して書こうとしないのだから」[45]。しかしこのマルクスの手紙は、現状に鑑みて、研究の完成についてあまりにも楽観的であった。抜粋ノートや、やはり印刷できる状態の原稿とは全然言えない「地金・完成された貨幣制度」以外に、マルクスの手元には何もなかった。彼が猛烈に研究を推し進めていたことに疑いはないが、経済学的な素材を完全に咀嚼できたとは言えなかった。成功への決意と確信にもかかわらず、用心深さのあまりに、要約や批判的なコメントを超えて、自らの著作を書き著すところにまでたどり着くことができずにいたのである。また、研究をより簡潔にするよう促してくれるような出版社が待ってくれているわけでもなかった。マルクスの「経済学」は、「もうすぐ」準備が整うというには程遠かったのである。[46]

それゆえ、マルクスは再び経済学の古典の研究に転じ、一八五一年の四月から十一月の間に、『ロンドン・ノート』の二つ目のグループ（第八ノートから第十六ノート）に相当する部分を書いた。第八ノートは、一八四七年に研究し始めた、ジェームズ・ステュアート（一七一二〜一七八〇年）の『経済学原理』（一七七〇年）と、デヴィッド・リカードウの『経済学及び課税の原理』（一八三五年）からの抜粋でほぼ埋め尽くされている。実は、リカードウからの抜粋は、「地金：完成された貨幣制度」を書いている途中でなされたものであり、『ロンドン・ノート』の最も重要な部分である。ここには、批判的なコメントとマルクス自身の考察が、数多く書き込まれている。[47] 一八四〇年代の終わり頃までには、マルクスは実質的にリカードウの理論を受容し、それ以降になると、地代と価値に関する研究を刷新し、深めることで、ある範囲ではリカードウの理論を乗り越えるようになっていく。[48] このようにして、マルクスはこれらの原理的問題に関する以前の見解を、部分的に改めていった。それによって理解の範囲を広げ、より多くの論者の検討へと進んでゆくのだった。第九、十ノートは、一八五一年の五月から六月にかけて作られている。そこでは、リカードウの理論の矛盾に取り組み、ある点ではその議論を進歩させた経済学者たちが取り扱われている。大量の引用が、ジョン・デベル・タケット（一七五八〜没年不詳）『労働者階級の歴史と現在』（一八四六年）、トーマス・ホジスキン（一七八七〜一八六九年）『経済学入門』（一八二七年）、トーマス・チャーマーズ（一七八〇〜一八四七年）『経済学』（一八三二年）、リチャード・ジョーンズ（一七九〇〜一八五五年）『分配論』（一八三一年）、ヘンリー・チャールズ・ケアリ（一七九三〜一八七九年）『経済学原理』（一八三七、八年）などから取られている。[49]

研究領域は拡大し、解決すべき理論問題は積み上がっていたが、マルクスは自分の著作の完成について楽観的な見通しを持ち続けた。一八五一年六月の終わり頃、忠実な友ヴァイデマイヤーに次のように書き送っている。

私はたいてい朝九時から夜七時まで大英博物館にいる。私が扱っている題材は、忌々しいほど多くの分野にまたがっているので、いくらはりつめてやっても、完結までには六〜八週間かかる。その上、絶えず実生活上の妨げが入り込んでくるのだが、ここでやっと暮らしているような惨めな状況では、それは避けがたい。それにもかかわらず、仕事は急速に終わりに近づいている。[50]

マルクスは、既に集めていた膨大な量の抜粋と批判的なメモを元に、本を二ヶ月以内には書き上げることができると思っていたようである。しかしまたもや、待望の「おわりに」にたどり着くことができないどころか、印刷所に送ることのできる「清書」を作り始めることさえできなかった。今回締め切りを守れなかった主な原因は、極度の経済的困窮であった。安定収入がなく、身体の不調で疲れ切っていたマルクスは、一八五一年七月末にエンゲルスに次のように手紙を書いた。「こんな状態で暮らしていくのは不可能だ。（…）私が図書館に行くことができたなら、もうとっくに仕事を終えていただろう。しかし、中断や妨害があまりにもひどすぎる。そして、家ではいつでも全てがどん詰まり状態で、涙の川が夜通し私をうんざりさせ、苛立たせる。あまり多くのことをできないのも当然だ」[51]。家計を立て直すため、マルクスはジャーナリスト活動を再開することにし、新聞での仕事を探した。そして一八五一年八月に、合衆国で最大の発行部数を誇る新聞『ニューヨーク・トリビューン』紙の通信員となり、一八六二年二月までの任期の間、何百ページもの記事を寄せた[52]。マルクスはその時々の主要な政治的・外交的事件や、経済的・金融的問題を次々に扱い、数年で注目の記者になった。

それでも、一八五一年の夏を通して、経済学の批判的研究は続けられた。八月にマルクスは、プルードンの『十九世紀における革命の一般理念』（一八五一年）を読み、エンゲルスと共著でそれに対する批判を著す計画を立てた（その後それは放棄された）[53]。加えて、読んだ本からの抜粋ノートも作成し続けた。第十一ノートは、労働者の状態を扱った書物から成っている。そして第十二、十三ノートは、農業化学についての研究をカバーしている。後者の分野が、地代の研究に際して重要であるとマルクスは考えており、おびただしい数のメモを、ユストゥス・リービッヒ（一八〇三～一八七三年）『化学の農業および生理学への応用』（一八四二年）とジェームズ・F・W・ジョンストン（一七九六～一八五五年）『農業科学及び地質学の基礎』（一八四九年）からとっている。第十四ノートでは、もう一度トーマス・ロバート・マルサスの人口論についての議論、特にマルサスに反論していたアーチボールド・アリソン（一七五七～一八三九年）の『人口の原理』（一八三六年）が取り扱われている。そのほか、アドルフ・デュロ・ド・ラ・マル（一七七七～一八五七年）『ローマの経済学』（一八四〇年）やウィリアム・H・プレスコット（一七九六～一八五九年）『メキシコ征服及びペルー征服の歴史』（一八五〇年）からの抜粋が示すように、前資本主義的な生産様式を扱ったり、ハーマン・メリヴェール（一八〇六～一八七四年）『植民及び植民地講義』（一八四一、二年）などの植民地主義についての研究も読んでいる[54]。一八五一年九月から十一月にかけては、技術論にも手を出し、第十五ノートのかなりのスペースをヨハン・H・M・ポッペ（一七七六～一八五四年）の技術の歴史に関する本に割いている。第十六ノートは、経済学の種々雑多な問題に当てられている[55]。一八五一年十月中旬のエンゲルスへの手紙に示されているように、この頃マルクスは「経済学の産みの苦しみ」の只中にありながら、「技術学やその歴史や農学を主に勉強し」「少なくともそれについてある種の見解を持」てるようになろうとしていた[56]。

一八五一年末、フランクフルトのローエンタール出版社が、マルクスのこれまでにない規模の著作に興味を示した。エンゲルスおよびラサールとの手紙のやり取りから[57]、その頃マルクスは三巻本の計画で仕事に取り掛かっていたことが推測できる。第一巻では自らの考えを披瀝し、第二巻でその他の社会主義批判を展開し、第三巻で経済学の歴史を扱うというものだった。しかし当初、その出版社は第三巻にしか興味を持たず、その計画がうまくいきそうなら、他の巻も出版しようと申し出た。エンゲルスは、計画の変更を受け入れ、契約書にサインするよう、マルクスを説得しようとした。「鉄は熱いうちに鍛え」なければならず、「どうしても必要なのは、ドイツの書籍市場でのあなたの久しい不在や、その後の本屋たちの怖気によってできあがった禁制を打ち破ることだ」[58]とマルクスに迫った。しかしそうこうするうちに出版社は興味を失い、二度と戻ってきてくれることはなかった。二ヶ月後、マルクスは合衆国にいる仲間ヴァイデマイヤーの元に手紙を送り、「私の経済学の本を出してくれる出版社を見つける」ことはできないかどうか尋ねている[59]。

出版事情は障害だらけだったが、恐慌が切迫しているというマルクスの予想が揺らぐことはなかった。一八五一年末には、著名な詩人で旧友のフェルディナント・フライリヒラート（一八一〇～一八七六年）に、こう書いている。「様々な要因によって抑えられている恐慌は、おそくとも次の秋には爆発せざるを得ない（…）。しかも、商業恐慌がなければ重大な革命的事件はあり得ないということを、最近の出来事を見て私はこれまで以上に確信している」[60]。

他方、マルクスは別の仕事にも取り掛かっていた。一八五一年十二月から翌年三月にかけて、『ルイ・ボナパルトのブリュメール十八日』[61]を書いたが、プロイセンでの政府検閲のために、ヴァイデマイヤーの小規模雑誌『革命』誌上に、ニューヨークでそれを出版せざるを得なかった。これに関連して、マルクスは一八五二年の終わり頃に、知り合いのグスタフ・ツェルフィ（一八二〇～一八九二年）にこう述べている。「ドイツには私のものを出版しようという気を起こす出版社は今のところない」[62]。一八五二年五月から六月にかけては、エンゲルスと共著で、『追放された偉人』（一八五二年）という論争的な書物を著している。これは、ドイツからロンドンに亡命している、ヨハン・ゴットフリート・キンケル（一八一五～一八八二年）、ルーゲ、カール・ハインツェン（一八〇九～一八八〇年）、グスタフ・フォン・シュトルーベ（一八〇五〜一八七〇年）などの政治的リーダーたちを風刺したものである。しかし、出版社を探す努力は徒労に終わった。原稿はハンガリー人のヤーノシュ・バニャ（一八一七〜一八六八年）に託され、ドイツへ運ばれたのだが、彼は実は警察のスパイで、原稿は出版社に持ち込まれず、当局の手に渡った。それゆえその本は、二人の著者の存命中にはお蔵入りとなったのである。

一八五二年四月から翌年八月にかけて、マルクスは抜粋作業を再開し、『ロンドン・ノート』の三つ目、つまり最後のグループ（第十七ノートから第二四ノート）を書き上げた。ここでは主として、人間社会の発展における様々な段階がテーマとなっており、その多くは、中世における文学・文化・慣習についての史学的議論についての文献である。そのとき『ニューヨーク・トリビューン』紙にインドに関する記事を書いていたからか、特にインドに焦点が当てられている[63]。

こうした研究領域の広さが物語っているように、マルクスは全く「休んで」などいなかった。彼の計画を邪魔するのは、またしてもその頃彼を襲っていた貧困状態であった。エンゲルスは、一八五一年に毎月五ポンド・スターリングを送金し始め、その後もずっと支援を続けた。『ニューヨーク・トリビューン』紙からの収入も、記事一件につき二ポンド・スターリングあった。それにもかかわらず、マルクスは本当に困窮した生活に陥っていた。一八五二年四月、フランツィスカの死に直面せねばならなかっただけでなく、毎日の生活が長く苦しい戦いになりつつあった。一八五二年九月に、マルクスはエンゲルスに次のように書き送っている。

八〜十日前から家族はパンとジャガイモで食いつないできたが、それも、今日は手に入れられるかどうか、まだ分からない。（…）起こりうることのうちで一番良くて一番望ましいのは、家主のおかみが私を追い出すことだろう。そうなれば、少なくとも二二ポンドは支払わずに済むようになる。（…）おまけにパン屋、牛乳屋、茶屋、八百屋、肉屋への借りもある。いったいどうすればこんな泥沼から抜け出せるのだろうか。ついに、ここ八〜十日の間に、何シリングか何ペンスかを職人たちから借りた。私にとっては一番嫌なことなのだが、くたばらないためには止むを得ない。[64]

こうしたことが全て、マルクスの仕事と時間を圧迫していた。「しばしば一シリングのために丸一日をつぶさなければならない。実際、妻の苦しみや私自身の無力を考えると、悪魔の口の中に飛び込んでしまいたいくらいだ」[65]。一八五二年十月のエンゲルスへの手紙にあるような、堪え難い状況に陥ることもあった。「昨日は筆記用紙を買うために、リヴァプール以来の上着を質に入れた」[66]。

しかし、金融市場は荒れ狂い続け、マルクスは意気揚々としていた。その嵐について、マルクスは親しい友人たちみんなに手紙を書いて送っている。自分を大いに皮肉りながら、ラサールには一八五二年二月にこう書いている。「金融恐慌はついに絶頂に達したが、それと比べられるのは、今ニューヨークやロンドンで感ぜられる商業恐慌ぐらいのものだ。残念ながら、私は商人氏のように破産用の資金など持ったことはないが」[67]。四月には、カリフォルニアとオーストラリアでの新しい金鉱の発見や、イギリスのインドへの商業的進出といった特別な出来事のために、「恐慌は一八五三年まで延びることになるかもしれない。だが、一度始まればすさまじいことになるだろう。それが始まるまでは革命の痙攣が起きるとは考えられない」[68]とヴァイデマイヤーに話している。さらに八月には、アメリカ合衆国での投機の崩落の直後に、エンゲルスに勝ち誇ったようにこう述べている。「これは恐慌の接近ではないだろうか？　革命は私たちにとって望ましい時期よりも、もっと早く来るかもしれない」[69]。

マルクスはこうした分析を、手紙にだけではなく、『ニューヨーク・トリビューン』紙にも書いた。一八五二年十一月の「貧困と自由貿易」という記事で、こう予言している。「恐慌は、産業恐慌というよりはむしろ商業恐慌および貨幣恐慌だった一八四七年よりも、はるかに危険な性格を帯びるであろう」。というのも、「過剰資本が、ひたすら工業生産に集中されればされるほど、（…）恐慌は労働者大衆に対して、それだけ広く、長い間、しかも直接に襲いかかる」[70]からである。要するに、まだ少しかかるかもしれないが、革命の時がやってくるのは時間の問題だというわけである。

4 共産主義者の裁判とプライベートでの苦難

一八五二年十月、プロイセン政府は、前年に逮捕された共産主義者連盟のメンバーの裁判を開始した。罪状は、マルクス率いる国際的な共謀組織に参加し、プロイセン王政に反旗を翻した、というものだった。十月から十二月にかけて、この告訴には根拠がないということを主張すべく、マルクスは「党のために国家機構に対抗して活動」[71]し、『ケルン共産党裁判の真相』を書き著した。一八五二年にスイスで匿名にて出版されたこの短い著作は、現物のほとんどがプロイセン警察に押収され、アメリカ合衆国のわずかな読者の手にしか渡らなかったため、狙った効果を発揮することはなかった。合衆国では、まずボストンの『ニュー・イングランド新聞』の記事として掲載され、それからブックレットになった。出版に失敗してばかりで、マルクスが落胆したのも無理はない。「こんな事情のもとでは物を書こうという気持ちもなくなる。毎度毎度、ムダ働きではないか！」[72]

プロイセン政府の大臣たちが騒ぎ立てたのとは裏腹に、マルクスはこの頃政治的に非常に孤立していた。共産主義者同盟が実質的には一八五一年、公式には一八五二年末に解散してからというもの、マルクスの政治的な人間関係はかなり薄れた。様々な警察権力や政治的敵対勢力が「マルクス党Marx Party」[73]と呼んだ支持者層は、極めて弱いものであった。エンゲルスを除くと、イギリスで「マルクス派Marxian」[74]とみなせるような人物は、ピーパー、ヴィルヘルム・ヴォルフ（一八〇九〜一八六四年）、ヴィルヘルム・リープクネヒト（一八二六〜一九〇〇年）、ペーター・イマント（一八二三〜一八九七年）、フェルディナント・ヴォルフ（一七九六〜一八六六年）、エルネスト・ドロンケ（一八二二〜一八九一年）くらいのものであった。イギリス以外の、政治的亡命者の多くが身を寄せていた国にいる人々で、マルクスと連絡を取っていたのも、アメリカ合衆国にいるヴァイデマイヤーとアドルフ・クルス（一八二五〜一九〇五年）、パリのリヒャルト・ラインハルト（一八二九〜一八九八年）、そしてプロイセンにいるラサールくらいである。この人間関係は、非常に困難な時分においても機能していたとはいえ、マルクスはこれでは「党とは言えない」[75]と思っていた。その上、こんな狭いサークル内でさえ、マルクスの政治的および理論的立場はなかなか理解されず、仲間から利益よりむしろ不利益をもたらされることも多々あった。そのようなときには、エンゲルスに愚痴をこぼすよりほかなかった。「この数年来ここで私が経験してきたたくさんの不愉快なことのうち最大のものは、いつもきまっていわゆる党友が引き起こしてくれたものだ。（…）私はそのうち、自分はどんな党とも関係を持たない、ということを公然と声明しようと思っている」[76]。他の政治的亡命者のリーダーたちと異なり、マルクスは既存の国際的な集まりへの参加を全て断っていた。そこでは、人々は来たるべき革命を夢想することに徒らに時間を費やしていた。そうした組織のメンバーで唯一マルクスが親交を持ち続けていたのは、チャーティスト運動の左翼の代表格だった、アーネスト・チャールズ・ジョーンズ（一八一九〜一八六九年）だけだった。

アクティブな支持者を新たに集め、マルクスの考えに労働者階級を糾合させるのは、それゆえ重要かつ困難な問題だった。マルクスが進めていた著作は、その目的に資することも企図されていたのである。理論的にも政治的にも、支持者集めは必要だった。一八五三年三月には、エンゲルスはマルクスにこう書き送っている。

あなたの経済学を完成させるべきだ。そうすれば、私たちが新聞を持つようになり次第、それを毎週の号に掲載することができる。そして、民衆に分からないところがあれば、門弟たちが、どうにかこうにか、といっても無効果にではなく、それを説明するだろう。こうして、そのとき再建される私たちのすべての協会のために、討論の手がかりが与えられることになるだろう。[77]

マルクスは以前、「四月に」エンゲルスと数日会って、自分の「見立てでは、現在の情勢はまもなく地震を引き起こしそうなのだが、それについて一度ゆっくり話し合い」[78]たいと言っていた。しかし、貧困の苦しみのために、著述活動に集中することができなかった。一八五三年、ソーホーはまたもコレラの流行の中心地となり、マルクス家の環境はますます悪化した。八月には、エンゲルスに「もろもろの債権者が」「家に殺到して」おり、自分の「時間の四分の三は、小金集めの奔走で失われてしまう」と書き送っている。[79]生き延びるために、マルクスと妻イェニーは質屋にしょっちゅう頼らねばならず、「必需品を買う金」[80]もない家の中に残っていた、わずかばかりの服や値打ちのある品物を質に入れていた。時間は惜しいものの、新聞記事からの収入はますます不可欠なものとなった。その年の終わりに、友人のクルスにこう不平を漏らしている。

二、三ヶ月ばかり一人きりで引きこもって、例の経済学を仕上げられたらと、いつも願っている。しかし、そうは問屋が卸してくれないようだ。新聞記事ばかり書きなぐっているとうんざりする。時間はうんととられるし、細切れにされるし、それでいて結局やはり何にもならない。いくら我が道を行こうとしても、新聞とその読者に束縛されている。特に私のように現金支払いを受けていては、そうなってしまう。純粋に学問的な仕事は、これとは全く違っているものだ。[81]

こうして生活の心配をし続けなければならない中でも、マルクスの思考はしっかりと「経済学」をめぐって続けられていた。

5 恐慌についての『ニューヨーク・トリビューン』紙への寄稿

この時期、恐慌はいつも『ニューヨーク・トリビューン』紙のマルクスの記事のテーマだった。一八五三年六月発行号の「中国とヨーロッパにおける革命」で、マルクスは一八五一年からの中国での反封建制革命運動〈太平天国の乱〉を全般的な経済状況と関連させて論じ、「市場の拡大がイギリス製造業の拡大と歩調を合わせてゆけなくなる時点がきっと来るに違いないし、そしてこの不均衡は、過去の例と同じくらい確実に、新しい恐慌を引き起こすに違いない」[82]という考えを改めて表明した。革命の後には、巨大な中国市場がこれまでにないほど収縮し、「火薬の詰まりすぎた地雷に火を放ち、長く準備されてきた全般的恐慌を爆発させるであろうし、それが外国に広がり、すぐに続いて大陸に政治革命が起こるであろう」と述べた。[83] もちろん、マルクスは革命の過程を決定論的に見たわけではなかったが、その完遂には恐慌が不可欠の前提条件だと確信していた。

十八世紀の初め以来、ヨーロッパでは商業恐慌と金融恐慌の先行しない重大な革命は一つもなかった。このことは、一七八九年の革命についても、一八四八年の革命についてもあてはまる。(…)商工業の全般的恐慌の結果としてでなければ、戦争も革命も、全ヨーロッパに掴み合いを始めさせることはできないであろう。そしてその恐慌の合図は、いつものように、世界市場におけるヨーロッパ産業の代表者たる、イギリスが与えることにならざるを得ない。[84]

この要点は、一八五三年九月の終わり頃に「政治上の動き――ヨーロッパにおける穀物不足」という記事でも強調されている。「デマゴーグの美辞麗句に満ちた演説も、外交官の無駄話も、事態を危機に追いやることはないが、いまや経済的な災厄と社会的激動とが近づきつつあり、これこそヨーロッパ革命の確かな先駆者となるに違いない（…）。一八四九年以来、商工業の好況が反革命の安眠するソファとなってきたのだ」[85]。

事態の進展をマルクスが楽観的に期待していた証拠は、エンゲルスとの手紙のやり取りにも見いだせる。例えば、やはり一八五三年九月のものだが、マルクスはこう書いている。「事態は素晴らしく進行している。フランスでは、もし金融バブルが破綻すれば、恐ろしいことになるだろう」[86]。しかし、恐慌は未だ発生しなかった。マルクスは、唯一の収入の源泉を逃さないように、ジャーナリストとしてのその他の活動に精を出した。

一八五三年十月から十二月の間、彼は「パーマストン卿」と題された連載記事を執筆した。そこでは、第三代パーマストン子爵であり、長い間外務大臣を務め、将来イギリス首相になるヘンリー・ジョン・テンプル（一七八四〜一八六五年）の外交政策が批判されている。この記事は、『ニューヨーク・トリビューン』紙だけでなく、イギリスのチャーティスト運動家たちが出版していた『ピープルズ・ペーパー』紙にも掲載された。一八五四年八月から十一月までの間に、スペインでの六月の市民および軍部の反乱を受けて、マルクスは「革命のスペイン」という次の連載を書いた。そこでは、スペインでのここ十年の主要な事件がまとめられており、分析対象とされている。一八五三年九月から翌年一月までの間に作られた、九冊の大部な抜粋ノートからもうかがえるように、これらの仕事をマルクスはとても真剣に捉えていた。九冊のノートのうち、最初の四冊は外交史を中心とし、「パーマストン卿」の元になっている。残りの五冊はスペインの政治・社会・文化史についての研究で、「革命のスペイン」の記事に役立っている[87]。

最終的に、一八五四年終わりから一八五五年初めごろのどこかで、マルクスの経済学研究が再開されている。しかし三年のブランクがあったために、マルクスは先に進む前に、以前の草稿を読み直すことにした。一八五五年の二月中旬に、エンゲルスに次のように手紙を書いている。「目のひどい炎症のために、四、五日間執筆を妨げられた。（…）私の目が悪くなったのは、自分の経済学ノートに目を通したためで、これは経済学を書き上げるためではないが、とにかく材料を自分のものにしていつでも原稿に取り入れられるようにしておくためだ」[88]。

この復習作業によって、『引用。貨幣の本質、信用の本質、恐慌』と名付けられた、二十ページの新たなメモが出来上がった。これは、それまでに作られていた抜粋ノートからさらに抜粋されたものである。トゥック、ミル、ステュアートといった論者の書物や、『エコノミスト』誌の記事を再読し、一八五〇年に勉強し始めた、貨幣・信用・恐慌についての主要な経済学者の理論をまとめ直したのである[89]。

同時に、マルクスは『ニューヨーク・トリビューン』紙に不況に関する記事をさらに寄稿した。一八五五年一月、「イギリスにおける商業恐慌」という記事で、満足げにこう書いている。「前兆的な徴候についてずっと以前にこの欄で記しておいたイギリスの商業恐慌は、いまやこの問題に関する最高の権威者たちによって、声高く公言された事実となっている」[90]。二ヶ月後の「イギリスの危機」という記事には、次のようにある。

もう二、三ヶ月経てば、恐慌は、一八四六年以来、おそらくは一八四二年以来、イギリスでかつてなかったほどの高さに達するであろう。その影響が労働者階級の間ではっきり感じられはじめるとき、六年間休眠状態にあったあの政治運動が、再び開始されるであろう。（…）そのときには、この国の現実に構想している二党派――中産階級と労働者階級、ブルジョワジーとプロレタリアート――が、真っ向から対峙することになろう。[91]

しかし、マルクスが「経済学」に関する仕事を再開させたと思われるまさにその頃、プライベートでの困難がまたもや計画の変更を余儀なくさせた。一八五五年四月、八歳の息子エドガーが亡くなり、深く心を痛めたマルクスは、エンゲルスにこう打ち明けている。「私はこれまでにいろいろ苦しい目に遭ってきたが、今度はじめて、本当の不幸が何であるかを知った。(…)私がこの何日かの間に経験したあらゆる恐ろしい苦痛の中で、常に私を支えてくれたものは、あなたと、あなたとの友情への思いだった。そして、私たちにはまだこの世の中で一緒になすべきことがある、という希望だった」[92]。

一八五五年の間じゅう、マルクスの健康状態と経済状態は壊滅的だった。その上、一月にエレノアが生まれたことで、一家はさらに大所帯になった。マルクスは、目と歯の不調やひどい咳についてしょっちゅうエンゲルスに不満をこぼしており、「体の具合が悪いと、頭もダメになる」[93]と感じていた。それに加え、一家の医者を務めていたフロイント[94]が、請求書の未払いでマルクスを訴えてくるという問題が重なった。これから逃がれるため、マルクスは九月中旬から十二月初旬まで、マンチェスターのエンゲルスのところにしばらく身を寄せ、家に戻ってからも何週間かは隠れていなければならなかった。「非常に幸運な事件」[95]によって、やっとこの問題は解決することになる。それは、イェニーの九〇歳のおじが亡くなって、百ポンドを相続できたからであった。

こうして、一八五六年の六月になってやっと、マルクスは経済学の仕事にもう一度取り組むことができるようになり、『ピープルズ・ペーパー』紙にクレディ・モビリエに関する記事をいくつか寄せた。クレディ・モビリエは、フランスの大手民間銀行で、マルクスが「現代の最も奇態な経済現象の一つ」[96]とみなしていたものである。一八五六年秋、一家の状況は少しばかり改善し、ソーホーの下宿から、ロンドンの北郊外、ケンティッシュ・タウンのグラフトン・テラス九番地に引っ越すことができた。新居は、賃料が安く、もっと質のいいアパートだった。彼らが一八六四年まで暮らすことになるこの家は、その頃開発されたばかりの地域に立っており、中心街に通ずる道が確保されておらず、夜は真っ暗になるところだった。しかしマルクス一家はようやく本当の家に、家族にとって「少なくとも尊厳の外見を保ち」[97]、最低限の必要が満たされる場所に住むことができるようになった。

一八五六年十月、マルクスはまた『ニューヨーク・トリビューン』紙に恐慌について書いた。一八五六年十月三日付の「ヨーロッパの貨幣恐慌」にて、「ヨーロッパの貨幣市場において、一八四七年のパニックに似た動き」[98]が生じていると述べている。十一月に出た「ヨーロッパの貨幣恐慌」という記事では、共産主義者は口を揃えて最悪の時期は脱したと予想していた時期に、マルクスはこう主張した。

ヨーロッパからの報道を見ると、投機および証券取引の最終的崩壊――大西洋の双方の側の人々が、避けえない審判の下るのを恐怖を抱きつつ待つように、本能的に予期していたところの――が、将来に引き延ばされたことは確からしい。とはいえ、そういう崩壊がやってくることは確かである。実際、現在の金融恐慌が帯びている慢性的性格は、この恐慌がいっそう激しい、いっそう破壊的な結末となることを予告しているものに過ぎない。恐慌が長く続けば続くほど、最後の総決算はますます悪いものとなるのである。[99]

この機を捉え、政敵への攻撃も忘れなかった。「ヨーロッパの貨幣恐慌」には、こう述べられている。

もし私たちがこの短期の貨幣パニックの効果と、マッツィーニやその他の連中の宣言の効果とを比較してみるならば、これら札付きの革命家たちの一八四九年以来の妄想の全歴史は、いっぺんにその神秘さを剥ぎ取られてしまうであろう。彼らは人民の経済生活について何一つ知るところがなく、また歴史の動きの現実の条件について何一つ分かっていない。そして新たな革命が勃発したときには、彼らはピラトゥス〈キリストの処刑に関わった古代ローマのユダヤ総督〉よりももっと大きな権利をもって、手を洗ってこう断言することができるであろう。自分たちは流血に対して潔白なのだ、と。[100]

しかしながら、一八五七年前半の国際市場は、いたって穏やかに推移した。三月まで、マルクスは「十八世紀の外交史の真相」（一八五六年）と題された連載記事を『フリー・プレス』という新聞に書いていた。この新聞は、反パーマストン派であった、保守党のデヴィッド・アーカート（一八〇五～一八四二年）が運営していたものである。この記事は、一八五六年初め、クリミア戦争の間から計画していた、外交史についての著作の冒頭部分になる予定だったが、その著作が完成されることはなかった。このときも、マルクスは研究材料を深く読み込み、一八五六年一月から一八五七年三月にかけて、十八世紀の国際政治に関する抜粋ノートを七冊作っている[101]。

最後に、七月に書かれた、フレデリック・バスティア（一八〇一～一八五〇年）の『経済的調和』（一八五〇年）とケアリの『経済学原理』（一八三七、八年）についての、短いながらも興味深い批判的コメントに触れておこう。この二冊を、マルクスは一八五一年に既に読んでおり、抜き書きを作っている。今回のコメントでは、この二人の経済学者の素朴さが指摘されている。片方は自由貿易支持者で、もう片方は保守主義者であるにもかかわらず、共に「諸々の生産関係の調和性」[102]と、それによるブルジョワ社会全体の調和性を主張しようとしているのである。このコメントはマルクスの死後、「バスティアとケアリ」というタイトルで出版される。こうした研究は、マルクスの経済学批判のうちでも、非常に生産的かつ知的に刺激的な時期、すなわち『要綱』の執筆へのプレリュードであった。

IV

『経済学批判要綱』の頃

1　一八五七年の金融恐慌と革命の時

一八五六年の間じゅう、マルクスは完全に経済学の研究を等閑にしていたが、国際金融恐慌の到来によって、この状況はガラッと変わった。深刻な不確実性のためにパニックが広がり、それによって倒産が相次ぐ中、再び行動する時がやってきたとマルクスは感じていた。不況が将来にわたって深まると予見したマルクスは、エンゲルスにこう書き送っている。「私たちがこのままずっと傍観しているというわけにはいかない」[1]。既に大きな期待にかられていたエンゲルスは、事態の行く末を次のように予想した。「今度はこれまでになかった最後の審判だ。ヨーロッパの全産業が壊滅する。(…)市場はみな供給過剰になり、全ての有産階級が巻き込まれる。ブルジョワジーの完全な破産、戦争、そして最高度の乱脈。私もまた、これらの一切が一八五七年には実現されるだろうと思う」[2]。

革命運動が退潮し、ヨーロッパの政治シーンに積極的に参加することができなかった十年間をくぐり抜けて、マルクスとエンゲルスは、将来に向けた自信を取り戻し、各所に連絡をとりはじめた。待望の革命の時は、今やもうすぐに見えた。それにあたって、マルクスには、とりわけ優先順位の高い仕事が待っていた。「経済学」の仕事を再開し、なるべく早くそれを完成させることである。

一八五七年、マルクスは、金融危機の国際的展開によって、ヨーロッパ中に新たな革命の時期が訪れつつあると考えた。一八四八年の民衆の暴動以来ずっと待ち望んでいたその時が、ついにやってくるように思われた。しかし、準備が整う前に事態が進展するのは望ましくない。そこで、「経済学」の研究を再開し、それを完成形に持っていくことにしたのである。

これまでの恐慌と異なり、今度の嵐はヨーロッパではなく、アメリカ合衆国で始まった。一八五七年の初めの数ヶ月間、ニューヨークの銀行は、預金が減少しているにもかかわらず、貸出量を増大させていた。その結果として投機活動が活発化し、経済状況を全般的に悪化させていった。オハイオ生命保険信託会社のニューヨーク支店が支払不能に陥ると、パニックが広がり、無数の破産を引き起こした。銀行システムは信頼性を失い、信用収縮がもたらされた。預金は枯渇し、支払いは一時停止された。

こうした事態の異常性を察知したマルクスは、すぐに仕事にとりかかった。一八五七年八月二三日、オハイオ生命が破綻し世間をパニックに陥れる前日、自らの「経済学」の「序説」を書き始めた。恐慌の勃発によって、ここ数年なかったマルクスのモチベーションは、いよいよ高められた。一八四八年の敗北の後、彼は政治的な挫折とつらい孤独の日々を、丸々十年間過ごした。しかし、恐慌の発生によって、新たな社会的反乱の局面に参加できる可能性が垣間見えてきた。マルクスにとって最も喫緊の課題は、革命を開始するにあたってとても重要な、経済現象の分析だった。そのためには、ずいぶん長い間温めていた著作を、なるべく早く書き上げ、出版しなければならなかった。

ニューヨークに端を発した恐慌は、瞬く間にアメリカ合衆国全土に広がり、数週間のうちに、ヨーロッパ、南アメリカ、そして東洋の世界市場の中心地全てを飲み込んだ。これは歴史上初めての、国際金融恐慌であった。こうした進展の知らせにマルクスは一層湧き立ち、爆発的な知的生産性を発揮した。一八五七年夏から一八五八年春までの期間は、マルクスの人生で最も多作な時期の一つであり、それまでの数年で書いた量を、数ヶ月で上回った。一八五七年十二月、彼はエンゲルスにこう伝えている。「私は毎晩、夜を徹して、狂ったように、経済学研究の取りまとめにかかっている。大洪水の来る前に、せめて要綱だけでもはっきりさせておこうと思ってね」[3]。

また、マルクスはこの機に乗じて、恐慌は不可避だという自分の予測がそんなに外れていなかったということを指摘した。というのも、「土曜日の『エコノミスト』は、一八五三年最後の数ヶ月、一八五四年全年を通じ、一八五五年秋、そして一八五六年の急変にあたり、ヨーロッパは常に迫り来る崩壊を間一髪でかわしてきたと主張していた」[4]からである。

マルクスの仕事ぶりは目覚ましく、その範囲は多岐にわたっていた。一八五七年八月から一八五八年五月にかけて、『要綱』[5]として知られる八冊のノートが作られた。他方で、『ニューヨーク・トリビューン』紙の通信員として、様々な事柄、特にヨーロッパの恐慌の進展についての記事をたくさん書いた。自分の経済状況を改善する必要から、『新アメリカ百科事典』の項目の執筆依頼を多数受諾したりもした。また、一八五七年十月から一八五八年二月の間には、『恐慌ノート』[6]と呼ばれる抜粋ノートを三冊作成している。これらを踏まえると、『要綱』にヘーゲルの『論理学』(一八一二〜一八一六年)の影響を見る、旧来のマルクス像を変える糸口が見えてくる。[7]というのも、当時のマルクスは、自らがずっと予言していた大規模恐慌に関連する出来事に、もっとずっと夢中になっていた。以前に作っていた抜粋ノートと異なり、この頃の成果は経済学者の著作からの要約ではなく、大量の記録から構成されている。それは、恐慌についての主要な事件、株式市場の動向、貿易動向、ヨーロッパやアメリカ合衆国など世界各所での大きな破産といったことについて、種々の日刊紙から収集されたものだった。十二月にエンゲルスに送った手紙を見てみると、マルクスの仕事ぶりがいかに激しかったかが伝わってくる。

私はものすごく勉強している。大抵、朝の四時までやる。勉強することが倍あるからだ。すなわち、一、経済学の要綱の仕上げ。(読者のために問題を根底まで掘り下げること、そして私個人としてはこの悪夢から解放されることがどうしても必要なのだ。)二、現在の恐慌。これについては――『ニューヨーク・トリビューン』に書く論説以外は――ノートを取るだけなのだが、これがしかし、相当時間を食うのだ。春あたりには二人で一緒に、この問題についてパンフレットを書くことを考えているのだが、これは私たちが相変わらず健在であり、再び現れたことをドイツの読者に再び告げるためだ。[8]

しかしながら、後者の構想は放棄され、『要綱』に全精力が注ぎ込まれることになった。

2 歴史と社会的個人

何から始めたらよいのだろうか？　一度始めたものの、これまで何度も妨げられてきた大規模かつ喫緊の課題である、経済学批判に着手するには、どうすればよいのだろう？　これが、この仕事を再開するにあたってマルクスが自問した最初の問いだった。答えを導くにあたっては、二つの状況が決定的な役割を果たした。まずマルクスは、いくつかの理論は妥当だとはいえ、経済学は現実を正しく把握し、説明するための認識的手続きを欠いていると思っていた。[9]また、書き始める前に、議論と説明順序を組み立てる必要があると感じてもいた。このため、マルクスは方法論により深く立ち入り、自らの研究の指針を立てることにした。その成果が、マルクスの全著作の中でも、最も広く議論されてきた草稿のうちの一つとなったのである。『要綱』の、いわゆる「序説」がそれである。そこでマルクスは、最も偉大な経済学者および哲学者のいくつかの考えと突き合わせながら、自らの思考の核心を再確認し、重要な理論認識に到達していく。

マルクスに、洗練された方法論の書を著す気はなかったことは確かである。彼は、読者以前に、自分のために、これから長く曲がりくねった理論の旅路に出るにあたって、何を指針とすべきかをはっきりさせようとしていたのである。これは、一八四〇年代半ばから書き溜めてきた、経済学研究の膨大な素材を見直す作業のためにも必要であった。だからこそ、理論的カテゴリの使い方と表現方法についての考察とともに、そこにはマルクスの思想の本質部分が多く含まれているのである。つまり、解決の見通しが立っていない問題が雑然と並べられているだけではなく、歴史認識に関わるものを中心に、要点をまとめ直すにあたってマルクスが不可欠だと思ったものが記されているのである。

このように、複数の必要性・目的が混在しており、執筆期間も短く（一週間に満たない）、何よりも暫定的な性格のメモだったために、この草稿は極めて複雑で、論争含みのものとなった。しかしその「序説」は、認識論的な問いに関してマルクスがこれまで書いたもののうち、最も充実した、詳細な文章である。それゆえこれは、マルクスの思想の理解にとって重要な参考資料であり[10]、かつ『要綱』全体を解釈するための鍵となってきた。

いつものように、マルクスの「序説」での議論は、自らの考えの展開と、論敵に対する批判との間を行き来している。その本文は四つの節に分かれている。

一、生産一般
二、生産、分配、交換及び消費の一般的関係
三、経済学の方法
四、生産手段（生産力）と生産関係、生産関係と交易関係、等[11]

最初の節は、研究領域を明示し、その歴史的位相をはっきりさせるための一文で始まる。「ここでの対象はまず物質的生産。社会のうちで生産している諸個人、それゆえ諸個人の社会的に規定された生産が、もちろん出発点である」。マルクスが対峙する相手は「十八世紀のロビンソン物語」[12]、すなわち経済人の範例としてのロビンソン・クルーソーの神話[13]である。これは、ブルジョワ時代に特有の現象を、人類草創期から存在したあらゆる他の社会に投影するものである。こうした考え方にあっては、生産の社会的性格は、資本主義に固有のものではなく、いかなる労働過程でも不変だとされる。同様にして、市民社会は、これまでずっと存在してきたものとして描出されることになる。しかし実際には、

それは十八世紀に出現したのであり、「個々人が、以前の歴史時代に彼を一定の限られた人間集団の付属物にしていた自然の紐帯などから解放されて現れる」ことを可能にする条件を生み出したのである[14]。

現実には、孤立した個人など、資本主義時代以前には全く存在していなかった。『要綱』の別の箇所でマルクスが述べているように、「人間は本源的には、類的存在、部族的存在、群棲動物として現れる」[15]。こうした集団的特性は、大地の領有の条件である。大地は、「労働手段をも労働材料をも、また共同体組織の本拠である居住地をも供給する大きな仕事場、武器庫である」[16]。こうした原始的な関係の下では、人間の活動は直接大地と結びついている。そこには「労働とその物質的前提との自然的統一」が見られ、個人は、自分自身に接するように、他人と共存している[17]。同様にして、それ以後の、農業を基礎とするあらゆる経済的形態においては、まだ交換価値ではなく使用価値を生み出すことが目的となっており[18]、「労働の客体的条件に対する」個人の関係性は、「共同体成員としての彼の定在によって媒介されている」。個人は常に、鎖の輪の一つでしかない[19]。これに関連して、マルクスは「序説」で次のように書いている。

> 私たちが歴史を遠く遡れば遡るほど、ますます個人は、それゆえまた生産する個人は、自立していないものとして、一つのいっそう大きい全体に属するものとして現れる。初めはまだ全く自然的な仕方で家族の中に、そして種族にまで拡大された家族の中に、のちには諸種族の対立と融合から生じる様々な諸形態の共同体の中に現れる[20]。

『資本論』第一巻でも、似たような考察がなされている。そこでは、「暗いヨーロッパの中世」について、「ここでは、独立した人の代わりに、誰もが依存し合っているのが見られる。農奴と領主、臣下と君主、俗人と聖職者といったように。人格的依存が、物質的生産の社会的関係をも、その上に立つ生活領域をも性格付けている」[21]と述べられる。そして、生産物の交換の起源を探るにあたって、マルクスは、それが異なる家族、部族、共同体が接するところで始まるということに触れる。「というのも、文化の初期には、私的個人ではなく、家族、部族などが自立的に相対するからである」[22]。それゆえ、その境界が、原始的な血縁関係の紐帯であれ、君主と臣下の中世的な関係であれ、諸個人は「狭隘な生産関係」のうちに、相互に結びつけられて存在している[23]。

古典派経済学者たちは、マルクスが自然法的な発想に伴う幻想とみなしたものを根拠に、こうした現実をひっくり返してしまっていた。とりわけアダム・スミスは、諸個人が存在しているだけでなく、社会の外側で生産活動までなしえたという原始状態を描いていた。例えば、狩人と羊飼いの部族において分業がなされると、職業も特化していくことになると考えられていたわけである。弓矢作り、あるいは木造家屋建設に熟達した人がいれば、その人は武器屋あるいは大工になる、といったように。そして、自分の労働生産物のうち消費しない部分を、他人の剰余と交換できるという見込みが、「各人を特定の職業に専念するように仕向け」[24]るとされるのである。デヴィッド・リカードウは、社会の初期段階での狩人と漁師の関係を、対象化された労働時間に基づく商品の所有者間の交換であるかのように見なしていた。彼もまた、時代錯誤を犯していたと言わざるを得ない[25]。

このように、スミスとリカードウは、自分たちが生きる社会の、高度に発達した産物、つまり孤立したブルジョワ的な個人を、自然の自発的な発露であるかのように描いていた。彼らの著作からは、神話的で、時を超越した個人が飛び出してくる。それは「自然によって定立された」個人であり、その社会的関係は不変で、その経済行動は没歴史的な人類学的性格を帯びているのである[26]。マルクスに言わせれば、新しい歴史的画期がもたらされるたびに、それを解釈する人々は、自らの時代の最も目立つ特徴を、太古の昔から存在していたものと錯覚してきたのである[27]。

それに対してマルクスは、「社会の外での個別化された個人の生産というのは（…）一緒に生活し、一緒に話をし合う諸個人なしでの言語の発展というのと全く同様に、不合理である」[28]と主張している。そして、十八世紀の孤立した個人を人間本性の祖型として描いた人々、それを「歴史的結果でなく、歴史的出発点と」みた人々に反対して、そのような個人は最も高度に発展した社会関係の下でのみ出現すると説いた[29]。マルクスは、人間が「ポリス的動物」で、社会的動物であるということを完全に否定したわけではないが、「社会の中でだけ自己を個別化することのできる動物」なのだと主張した[30]。したがって、市民社会は近代世界を伴ってはじめて成立したのだから、資本主義時代の自由な賃金労働者は、長い歴史的過程を経てはじめて出現したのである。賃金労働者は、実は、「一方では封建的社会形態の解体の産物、他方では十六世紀以来新たに発展した生産諸力の産物」なのである[31]。マルクスにとってあまりに明らかだと思われた点を再論する必要があったのは、ヘンリー・チャールズ・ケアリ、フレデリック・バスティア、そしてピエール゠ジョセフ・プルードンといった人々の著作が、ここ二〇年間この点を議論の俎上にのせていたからである[32]。

資本主義的個人の起源を素描し、近代の生産が「社会的発展の特定の段階、社会的諸個人による生産」にしか合致しないことを示したのち、マルクスは二つ目の理論的前提を指摘している。すなわち「生産一般」という概念に関して、経済学者が用いているごまかしを暴くことである。これは抽象の産物であり、現実のいかなる具体的段階にも存在しない。

もしその抽象が、何らかの歴史的現実を特徴づける諸規定と結びついていないとすれば、生産は、特定の識別的な現象ではなく、永久に自己を保ち続ける過程となる。それは、それ自身が明らかにする様々な形態の「本質的な差異」を覆い隠してしまう。これこそ、「現存の社会的関係の永遠性と調和性」を示そうとする経済学者たちが犯した過ちであった[33]。こうしたやり方に対して、生産は、各々の社会的・経済的構造を他から区別することを可能にする特徴であり、その発展の推進力をもたらすものであって、真に歴史的なものが何か、学問的に理解する手がかりを与えるものだ、というのが、マルクスの主張であった[34]。

生産の一般的要素の定義は「多様なものの組み合わせであり、さまざまな規定に分かれていく」が、そのうちのいくつかは「全ての時代にあるものであり、他のものはいくつかの時代に共通である」。とはいえ、そうした普遍的な構成要素の中には、必ず人間の労働と、自然によって与えられた素材とがある[35]。生産する主体と、労働を加える客体とがなければ、生産はおよそ成り立たないからである。しかし経済学者たちは、生産の一般的前提に三つ目を加える。それは「以前の労働生産物にしてあらかじめ蓄積されたもの」、すなわち資本である[36]。この最後の要素に対する批判は、経済学者の根本的な限界と思われるものを明らかにしようというマルクスにとって、決定的な重要性を持つ。また、人間の手が与えられても、労働の道具がなければ生産は不可能だということ、言い換えれば、原始的な人間の活動が繰り返されていても、蓄積された過去の労働がなければ生産は不可能だということ、これはマルクスには明らかなように思われた。しかし、資本は過去の労働であり、生産の道具だということは認めても、マルクスは、スミス、リカードウ、ジョン・ステュアート・ミルとは異なり、資本が常に存在していたとは結論しなかった。

「生産用具を資本にする経済的形態を全く見逃して、資本を、その素材的側面だけから生産用具として捉える」[37]という誤りに陥ると、「現実の諸々の区別を把握できない粗雑な理解力」しか持てず、「存在するのはただ一つの経済的関係だけなのであって、それが様々な名称を持っているに過ぎない」と思い込むことになってしまう[38]。

その証拠に、経済学者たちは、資本主義的生産様式の誕生以前の歴史的状況を、その独自な特徴とともに「資本の定在の諸結果」と捉えていた[39]。『要綱』でマルクスはこう述べている。

ブルジョワ経済学者たちは、資本を、永遠に変わらない、自然にかなった（歴史にかなった、ではない）生産形態とみなし（…）資本を正当化しようとして、資本の生成のための条件を資本の現在の実現のための条件だと言明する。すなわち、まだ非資本家としての資本家が――なぜなら彼はようやく資本家に生成しつつあるところなのだから――取得する際に必要な契機を、まさに資本家としての資本家が取得するのに必要な条件だと称するのである。[40]

歴史的視点から見てみると、マルクスと古典派経済学者たちとの間の重大な相違は、マルクスは「資本が世界を最初から開始したのではなく、資本は、生産と生産物を自己の過程に従属させるまえに、それらを目の前に見出した」[41]と考えるところにある。なぜなら、「新しい生産力と生産関係とは、無から発展してきたものでも、絵空事や、自分自身を措定する理念の胎内から発展してきたものでもなく、生産の既存の発展と、受け継がれた伝統的な所有関係の内部で、またそれらと対立しながら発展するもの」だからである。[42] 同様にして、生産主体が生産手段から切り離されている状況は、経済学者たちが黙殺する過程の結果である。この状況によって、資本家は抽象的労働をなしうる、無産の労働者を見つけることができる。つまり、これは資本と生きた労働の交換の必要条件であり、その過程は「資本および賃労働の生成史を形成する」ものである。[43]

『要綱』では、経済学者たちが歴史的な現実を自然的な現実として描いてしまうさまが、繰り返し批判されている。例えば、貨幣が歴史の産物だということは、マルクスにとっては自明である。「貨幣であるということは、金銀の自然的性質ではない」のであって、社会の発展の特定の一時期において獲得される規定性である。[44] 信用についても同じことが言える。マルクスに言わせれば、貸借は、高利貸しがそうであるように、多くの文明に共通の現象である。しかしそれが「信用を構成しないのは、もろもろの労働が産業的労働あるいは自由な賃労働を構成しないのと全く同様である。本質的な、発展した生産関係としては、信用は、歴史的にもまた、資本あるいは賃労働に基づく流通においてのみ現れる」[45]。価格や交換も古代社会に見られたものだが、「価格が次第に生産費用によって規定されるようになるのも、交換がすべての生産諸関係を包摂するのも、ブルジョワ社会において(…)はじめて十分に発展する」。「アダム・スミスがまぎれもない十八世紀的な様式で先史時代に措定し、歴史に先行させたところのものは、むしろ歴史の産物なのである」[46]。さらに、経済学者の歴史感覚の欠落を指弾するのとまさに同じやり方で、マルクスはプルードンその他の社会主義者を嘲笑した。彼らは、交換価値を生産する労働が、賃労働に発展することなしに存在しうるとか、交換価値が資本にならずに存在しうるとか、資本家のいない資本が存在しうる、といったことを考えていたからである[47]。

マルクスの主たる目的は、資本主義的生産様式の特殊歴史性を打ち出すことだった。つまり、『資本論』第三巻で再度言われているように、資本主義的生産様式が「絶対的な生産様式ではなく」「単に歴史的な一時的な」ものだということを示そうとしていたのである[48]。

こうした視点は、労働過程やその様々な特徴など、多くの問題を別の角度から論じるヒントになる。『要綱』においてマルクスは、「ブルジョワ経済学者たちは社会の一定の歴史的発展段階の諸観念のうちにしっかりと囲い込まれているので、労働の社会的力が対象化することとの必然性が、疎外の必然性と切り離すことのできないものに見えるのである」[49]と書いている。彼は、資本主義的生産様式に特殊な形態を、生産過程そのものにとって所与とするこうした見方に再三異議を唱えた。賃労働を、生産の特殊歴史的形態の関係ではなく、経済的存在としての人間の普遍的現実として描出するのは、搾取と疎外は超歴史的にあるもので、なくなることはないと言っているに等しいのである。

それゆえ、資本主義的生産の特性を見過ごすと、認識論的にも政治的にも影響が生じる。一方で、生産に関して、具体的・歴史的次元における理解を得ることが妨げられる。他方で、現状は変わらないし、変えることもできないとみることになる。そして、資本主義的生産は生産一般として、ブルジョワ的な社会関係は自然の人間関係として解されることになる。したがって、経済学者の諸理論へのマルクスの批判は、二重の価値を有する。現実の理解に際して、歴史的特徴づけが不可避であることが強調されるだけでなく、資本主義的生産様式は不変だというドグマに対抗する明確な政治目標が与えられる。また、資本主義的秩序の歴史性が示されることで、その過渡的性格と、その廃棄の可能性が証明されることにもなる。

3 ロンドンで貧苦にあえぐ

超人的な仕事を成し遂げるためのエネルギーを得るには、ある程度落ち着いた環境が必要だった。しかしマルクスのプライベートは、未だ極めて不安定で、全く余裕が無かった。転居に手元の資金を使い切ってしまい、初月の家賃を支払うのに困る有様だった。そこでマルクスは、当時マンチェスターで働いていたエンゲルスに、自分の苦難を報せた。「〔私には〕何の見通しもなく、家計の支出は増える一方の状態である。どこから手をつけてよいものやら私にはさっぱりわからないし、実際、五年前よりも絶望的な状況にある。私はこのひどい状況のどん底をもう味わったと思っていたが、そうではなかったのだ」[50]。これを読んだエンゲルスは、大きなショックを受けた。彼は、転居後マルクスはついに安寧を得たと思っていたからである。一八五七年一月には、クリスマスに父親からもらった金で馬を買い、趣味のキツネ狩りを楽しもうとしていたくらい、安心しきっていたのだった。しかしこの時も、そして生涯を通じても、エンゲルスはマルクスとその家族への支援を断ったことは一度もない〈実際には、エンゲルスの愛人の死の際に資金援助を断ったことがある〉。この度の苦難にも心を痛め、エンゲルスはマルクスに毎月五ポンドを送金し、苦しい時にはいつでも頼っていい、と励ましたのだった。

エンゲルスの役割は、決して金銭的な援助に止まるものではなかった。この頃のマルクスは孤独のうちに閉ざされていたが、エンゲルスとの大量の手紙のやり取りが、参照点となるべき知的な議論を交わす唯一の手段となっていた。エンゲルスへの手紙には、「あなたの意見を一番聞きたい」[51]とある。マルクスが失意のどん底にあったとき、それを打ち明けられるのもエンゲルスだけだった。「すぐに便りをくれ。あなたの手紙が、元気を取り戻すのに必要なんだ。今の私は、たまらなく嫌な状況にある」[52]。皮肉を言いたくなるときに、それを共有できる仲間も、エンゲルスだけだった。「掌を返せる人間が羨ましい。苛立ちと日常生活の些事を忘れ去るには、それは素晴らしい方法であるに違いない」[53]。

実際問題、状況はますます不安定になっていった。エンゲルスからの援助を除くと、マルクスの唯一の収入は、当時最大の発行部数を誇る英文紙『ニューヨーク・トリビューン』からの支払いだけだった。記事一件あたり二ポンドを受け取っていたが、恐慌がこのアメリカの日刊紙にも悪影響をもたらし、この契約も変更された。アメリカ人旅行家・著述家であるベイヤード・テイラー（一八二五～一八七八年）以外では、ヨーロッパの通信員でこのとき首を切られなかったのはマルクスだけだったが、仕事は一週間に記事二件から一件に減らされた。その上「景気のいいときには一文も割り増しをしてくれないのに」[54]、報酬は半分になってしまった。マルクスはこれを茶化してこう述べている。「この忌々しい恐慌によって私個人がもみくちゃにされているのは、運命の皮肉という感じがする」[55]。しかし、金融の崩壊を目撃できるのは、この上ない楽しみだったようだ。「あれほど『労働権』反対を喚いていた資本家たちが、いまではどこの国でも『公的な補助』を政府に要求し（…）つまり『利潤権』を一般の負担で主張している」[56]。自身に不安を抱えつつも、エンゲルスには「私自身財政的にはひどく困っているわけだが、それでも今度の事件ほど胸のすく思いをしたのは、一八四九年以来初めてだ」[57]と伝えている。

新しい編集プロジェクトが立ち上がり、絶望的な状況は少し緩和された。『ニューヨーク・トリビューン』紙の編集者チャールズ・ダナ（一八一九～一八九七年）が、『新アメリカ百科事典』の編集委員会にマルクスを招聘したのである。金に困っていたマルクスは、このオファーを受諾するが、研究により多くの時間を割くため、仕事のほとんどをエンゲルスに任せることになった。一八五七年七月から一八六〇年十一月まで続いたこの分業体制において、エンゲルスは軍事関連の項目（収入の大部分がこれによるもの）を書き、マルクスはいくつか伝記的な概要をまとめた。一ページあたり二ドルという支払いは非常に低額だったが、マルクスの破滅的な家計にはプラスになった。そのため、エンゲルスはできるだけ多くの項目をダナから受注するよう勧めた。「本物のカリフォルニアの金が代金として転げこむ限り、『本物の』学問をその程度送ってやるぐらいはお安いご用だ」[58]。マルクスも同じスタンスで記事を書いていた。「退屈なものにならないようやれる限り、できるだけ少なくならないようにしよう」[59]。

こうした努力も虚しく、マルクスの家計は全然改善しなかった。むしろあまりに悪化し、「飢えた狼」[60]のような債権者たちに追い回され、その年の寒い冬の間、燃料の石炭も調達できないほどであった。一八五八年一月、エンゲルスにこう書き送っている。「こんな状態が続くようなら、このままかつかつの暮らしを続けるよりは、いっそ何マイルも地下深くに横になっていたいぐらいだ。いつも他人に厄介をかけ、しかも自分は絶えずおよそくだらないことに煩わされている。こんなことは長く我慢できるわけがない」[61]。こうした状況下で、感傷的にもなったようである。「個人的には、私は想像しうる限りで最も苦悩の多い生活を送っているように思う。（…）総じて、普遍的志向をもった人々にとって、結婚をし、それによって私的な家庭生活のささやかな苦しみに我が身を投じることほど、愚かな行いはない」[62]。

貧困だけが、マルクスの憑き物ではなかった。苦しいときいつもそうであるように、その時もマルクスはいくつかの病気にかかっていた。一八五七年三月、夜に仕事をしすぎたせいで、目を痛めてしまった。四月には、歯痛が彼を襲った。五月には、肝臓をやられて「薬漬け」になってしまった。マルクスは衰弱し、三週間仕事をすることができなくなってしまった。エンゲルスには、こう伝えている。「他に大してすることもなかったから、私は時間を無駄にしないように、デンマーク語を修得した」。しかし「医者の約束したところによれば、私の症状も来週中には落ち着いてくるらしい。今のところ私はまだレモンのように黄ばんでいて、はるかに気難しくなっている」[63]という状態だった。

その後すぐ、マルクス一家にさらにひどい出来事が起きた。七月初旬、イェニーは最後となる子供を産んだが、その赤ん坊は非常に衰弱していて、出産直後に亡くなったのである。またもや子供に先立たれたマルクスは、エンゲルスにこう漏らしている。「これはそれ自体としては不幸なことではない。だが（…）このような結果をもたらした事情は、思い出すのがつらいばかりの性質のものでもある「その前に亡くなった息子エドガーのことかもしれない」。このようなテーマに立ち入るのは、書面では不可能だ」[64]。エンゲルスはこの文面に強く心を痛め、こう返信している。「そんな手紙を書くからには、よほどつらい思いをしているに違いない。子供の死を、あなたは冷静に耐え忍ぶことができるが、奥さんにはそれは無理な話だ」[65]。

こうした状況は、エンゲルスがひどい腺熱にかかって倒れたことで、さらに困難を増した。彼は、ひと夏の間じゅう仕事をすることができなくなった。それによって、マルクスは大きな障害にぶつかった。エンゲルスが、先の百科事典に執筆できなくなったからである。なんとか時間稼ぎをしなければならなくなったマルクスは、ニューヨークに原稿を送ったふりをし、郵送中に紛失したことにした。しかし、プレッシャーが和らぐことはなかった。インドでのセポイの反乱をめぐる動きが活発化すると、『ニューヨーク・トリビューン』紙は、軍事関連の記事は実はエンゲルスの手によるものだということを知らずに、専門家[66]の分析を欲しがった。マルクスは、一時的に「軍事部門」[67]を担当せざるを得なくなり、大胆にも、イギリス人たちは雨季がやってくるまでに退却しなければならないと論じた。この判断について、エンゲルスにはこう伝えた。「私は恥を晒すことになるかもしれない。だが、そうなったとしても、多少の弁証法を借りて何とかすることはできる。私はもちろん、逆の場合が生じても私の言い分が通るように、自分の意見を出しておいた」[68]。ただし、マルクスはこの紛争を過小評価したわけではない。様々な可能性を熟慮しつつ、「人間と貴金属の流出という犠牲をイギリス人に強いることになるインドこそ、今や私たちの最良の同盟者だ」[69]と述べている。

貧困、健康問題、そしてあらゆる種類の不自由。こうした悲劇的な環境で、『要綱』は書かれていた。これは、ブルジョワ的に落ち着いた環境に守られた、ゆとりのある思想家による研究の産物ではない。それとは対照的に、苦難にまみれながら、ある信念になんとか支えられて活力を得ていた、著述家の努力の賜物である。それは、恐慌が進展する中、自分の仕事が時代にとって必要になるという信念であった。

4 方法を求めて

その頃のマルクスは、根本的な方法論的問題に取り組むところから出発していた。現実を、思想でどう受け止めるべきなのだろうか？　社会を理解し、説明することのできる抽象的なモデルは、どのように作ればよいのだろうか？　こうした問題は、『要綱』の「序説」でも投げかけられている。「科学的叙述が現実の運動に対して持つ関係」[70]についてのそこでの文章は、方法に関する最終的な到達点ではない。そこでは、問題は不十分にしか理論化されておらず、多くの論点を素描しただけのものに終わっている。しかしここでの考察によって、マルクスに真剣に取り組む全ての論者と読者にとって、「序説」は文学的にみて面白いだけでなく、重要な理論的テキストとなったと言える。

それまでの他の偉大な思想家と同じように、マルクスもまず、どこから始めるべきか自問した。彼の場合には、経済学が分析の出発点として据えるべきところはどこか、という問いである。候補の一つは、「実在的なものと具体的なもの、つまり現実的な前提」あるいは「社会的生産行為全体の基礎および主体」から始めることであった。それはすなわち、人口である。[71] この道は、経済学の創始者であるウィリアム・ペティ（一六二三〜一六八七年）やピエール・ド・ボワギュベールが通った道であったが、マルクスは不十分であり、誤っていると判断した。人口のような曖昧な存在からスタートすると、全体について過度に一般化されたイメージが抱かれてしまう。階級分化（ブルジョワジー、地主、そしてプロレタリアート）を示すこともできない。こうした階級は、資本、土地所有、賃労働といった、それぞれの基礎についての理解がなければ区別することができないからである。そのような経験的なアプローチでは、国家のような具体的要素は、分業、貨幣、価値といったような抽象的規定のうちに解消されてしまうであろう。

十八世紀の経済学者たちが抽象的カテゴリの定義を終えるや否や、「労働、分業、欲求、交換価値のような単純なものから、国家、諸国民間の交換そして世界市場にまで上向していく経済学の諸体系が始まった」。この手順は、経済学ではスミスやリカードウが、哲学ではヘーゲルがとったものであり、「抽象的諸規定が思考の道を経て具体的なものの再生産に向かっていく」という命題にまとめられる。マルクスが「学的に正しい方法」としたのは、これであった。これらの正しい諸カテゴリでもって、「全体についての混沌とした表象としての人口ではなく、多くの諸規定と諸関連からなる豊かな総体としての人口に、最後に再び到達する後方への旅」が可能になる。[72]

ただ、「序説」を扱った一部の論者が述べていたのとは異なり[73]、マルクスのいう「学的に正しい方法」を、彼自身が続いて実行に移しているわけではない。[74] まずマルクスは、具体的なものを観念の次元で論理的に再構成することが、現実の忠実な再現になるという経済学者たちの考えを退けた。[75]「序説」で総合的に示されたこの手順は、確かにヘーゲルの方法に様々な要素を負っているが、大きな違いもある。先学のヘーゲルと同様、マルクスは「抽象的なものから具体的なものへ上向する方法は、思考が具体的なものを自己のものとする方式」であり、思考における現実の再構成は、最も単純で一般的な規定から始められるべきだと考えていた。さらに、ヘーゲルとマルクス双方にとって、具体的なものは「多数の諸規定の総括であり、したがって多様なものの統一」であった。マルクスにとって、具体的なものは「直観と表象との出発点」であることを常に心に留めておく必要があったとはいえ、それは、思考のうちでは「出発点としてではなく、総括の過程として、結果として」現れる。

しかし、こうした共通の基礎の先には、二人の違いが見えてくる。「ヘーゲルは、実在的なものを、思考の結果として把握するという幻想に陥った」のに対し、マルクスにとって「それは具体的なものそれ自体の成立過程では決してない」。マルクスによれば、ヘーゲル的な観念論においては「諸カテゴリの運動が現実的な生産行為として現れ、(…)それの成果が世界である」。そして「概念的に把握する思考が現実的な人間」であり、「概念的に把握された世界がそのものとしてはじめて現実的な世界である」。それは観念の中での現実世界だけでなく、構成的な過程として機能する。このようなヘーゲルに反対して、マルクスは「具体的な総体が思想の総体として、一つの思想の具体物として、実際のところ思考の、概念的に把握する行為の産物である」が、それは「思考しながら、自己自身を生み出してゆく概念の産物では決してない」と、繰り返し強調している。というのも、「実在的な主体は、相変わらず頭脳の外で、その自立性を保って存立し続ける。(…)それゆえ理論的方法の場合も、主体である社会が、前提としていつでも表象に思い浮かべられていなければならない」からである[76]。

「序説」では、もう一つ重要な問題が扱われている。これから書こうとする著作において、様々なカテゴリをどのような順番で展開していったらよいのだろうか。複雑なものが、単純なものを理解するための道具を備えているべきなのか否かという問いに対して、マルクスははっきりと肯定的に答えようとしている。

ブルジョワ社会は、最も発展した、最も複雑な歴史的生産組織である。それゆえ、それの諸関係を表現する諸カテゴリは、それの編制の理解は、同時に、全ての滅亡した社会諸形態の編制と生産諸関係との洞察を可能にする。ブルジョワ社会は、これらの社会諸形態の残片と諸要素とをもって築かれたものであり、そのうちの部分的にまだ克服されていない遺物が、その社会の中で余命を保っていたりもする。[77]

それゆえ、現在が、過去を再構築する手がかりになるのである。「人間の解剖は、猿の解剖のための一つの鍵である。（…）より低級な動物種類にあるより高級なものへの予兆は、このより高級なもの自体が既に知られている場合にだけ、理解することができる」[78]。しかし、このよく知られた見解は、進化論的な意味で理解されるべきではない。実際、マルクスは「最後の形態が過去の諸形態を自分自身に至る諸段階とみなす」[79]凡庸さに基づいた、「いわゆる歴史的進化」の発想を明確に退けている。進化論者は、最も単純なものから最も複雑な生物に至る、素朴な進化の過程を想定していたが、マルクスはそうした議論とは異なり、もっとずっと複雑な論理的方法をとった。彼が作り上げた歴史認識は、古代的、アジア的、封建的、資本主義的といった生産様式の遷移に特徴づけられる。そこでは、様々なカテゴリが帯びる位置や機能を、それらの様々な生産様式のうちに説明することが企図されていた。[80]過去の歴史的時期の経済を理解する手がかりを与えてくれるのは、ブルジョワ社会であるが、諸社会はそれぞれ大きく異なっているので、その手がかりは慎重に扱われなければならない。マルクスは、これは「全ての歴史的な区別を抹消して、全ての社会諸形態のうちにブルジョワ的諸関係を見てとるような経済学者たちの方式」[81]ではなされ得ないと、繰り返し強調していた。

マルクスは、『哲学の貧困』で用いていた、科学的カテゴリを年代順に見ていくアプローチをやめ、論理的方法に歴史的・経験的なチェックをかけるやり方を採用することにした。現在が過去を理解する手助けとなるなら、あるいは人間の構造が猿の構造を理解する手助けになるなら、分析は、最も成熟した段階である資本主義社会、より正確には、その社会で他のあらゆるものを圧倒している要素から始められなければならない。それはすなわち、資本である。「資本は一切を支配するブルジョワ社会の経済力である。それは出発点とも、また終結点ともならなければならない」[82]。

本質的には、正確に論理的な順序によるカテゴリの展開と、現実の歴史の動きは互いに一致しない。ただ、マルクスが『資本論』第三巻の草稿に記しているように、「もし事物の現象形態と本質とが直接に一致するなら、あらゆる科学は余計なものであろう」[83]。

この時点でマルクスは、ある結論に到達した。その際別れを告げたものには、様々なものがある。具体的な要素を抽象的な概念のうちに溶解していた、初期の経済学者の経験主義。現実についての思想を現実そのものに解消していた、古典派経済学者の方法。マルクスに言わせれば、思想に具体的なものを生み出す力を与えた、ヘーゲルを含む哲学的観念論。思想の諸形態と客観的現実とを厳密に付き合わせる認識論的思考。歴史主義、およびそれによって論理的なものを歴史的なものに溶融するやり方。そして最後に、本質的には「歴史の歩み」[84]が辿られているのだという、『哲学の貧困』での自分自身の考え方。具体的なものと思想との間に、一対一対応の関係を見出すのをやめることで、両者を区別し、思想の特性を認識しながら、それから独立した存在性を具体的なものに認めることができるようになった。そのため、カテゴリの展開順序は、現実の歴史過程の関係のうちに示されるものとは異なっていてよい[85]。認識的過程が、歴史のうちに起こった局面の単なる繰り返しに堕することのないように、抽象の過程と、複雑さの塊である社会を解釈できるカテゴリを用いる必要があった。その一方で、この目的に本当に資する抽象物は、一般的な論理的規定を具体的な歴史的関係から区別できるようにしつつも、常に様々な歴史的現実と比較されなければならない。それによってマルクスの歴史認識は、有効性と的確性を増した。論理的順序と実際の歴史的順序の対称性が棄却されれば、歴史的なものは、現実の理解にとって決定的になるとともに、論理的なものは、歴史を単調な出来事の年表とは違うものとして捉えることを可能にしてくれる[86]。

マルクスが作り上げた方法は、歴史のうちに示されてきたあらゆる生産様式の違いを理解するだけでなく、現在のうちに新たな生産様式の予兆となっている傾向を見定め、資本主義は不変だと宣言してきた人々の誤りを証明する道具ともなった。マルクス自身の研究は、認識論的にも、理論的動機に限定されてはいなかった。政治闘争に資するよう、世界を解釈する必要に常に突き動かされていたのである。

ここでの最後の重要なマルクスの考察は、ギリシャ芸術と現代社会の関係についてのごく簡単な考察から始まり、「物質的生産の発展の、芸術的発展との不均等な関係」[87]に焦点を当てた部分である。マルクス主義を掲げた多くの人々がのちに仮定していたように、生産と意識の形態との間にはパラレルな関係が強くあるとみるどころか、マルクスは、社会経済的な発展と芸術的な生産との間に直接的な関係性は全くないと強調している。

レオナール・シモンド・ド・シスモンディ『南欧文学史』（一八一三年）は、既に読まれており、一八五二年のノートに抜粋が作られていたが、そこでのいくつかの議論にマルクスはもう一度取り組み、「序説」ではこう書いている。「芸術の場合に知られていることは、その一定の全盛期は、決して社会の一般的発展に比例してはいないし、したがってまた物質的基礎の発展、いわば社会の組織の骨組みの発展にも比例してはいないということである」。例えば叙事詩のような、ある種の形式の芸術は、「芸術発展の未発展の段階でだけ可能である。もしもこのことが芸術それ自体の領域の内部で、様々の芸術種類の関係についてあることだとすれば、それが芸術の全領域の、社会の一般的発展との関係においてもそうだということは、もはやあまり不思議ではない」[88]。ギリシャ芸術はギリシャ神話、すなわち「無意識に芸術的な」社会的形態の現れを前提としている。しかし近代のような先進的な社会においては、人々は自然を、自分たちを超越した外的な力としてではなく、理性的に捉えるようになっている。そこでは神話は存在理由を喪失し、叙事詩はもはや詠まれなくなる。「アキレスを火薬や弾丸と共に考えることができるであろうか？　それとも一般に、『イーリアス』を印刷機（…）とともに考えることができるであろうか？　歌謡や英雄伝や詩人は、印刷器具の出現とともに必然的になくなり、それで叙事詩の必要条件は消滅していくのではなかろうか？」。[89]

物質的生産の諸形態がどのように知的創造物や知的活動と関連しているかということについて、マルクスはドグマ的なアプローチをとってはいない。そこに「不均等な関係」があるという認識は、社会全体における様々な領域の間に画一的な関係性を仮定する、シェーマティックな方法はとれないということを意味する。[90]「序説」執筆の二年後に出版された、『経済学批判』の「序言」にあるあの有名な命題――「物質的生活の生産様式は、社会的、政治的、精神的生活諸過程一般を制約する」[91]――も、決定論的な意味で解釈すべきではない。[92]これは、社会の上部構造の諸現象は人間の物質的存在の単なる反映だとする、「マルクス＝レーニン主義」の狭隘で凝り固まった読み方とは、はっきりと異なるものだと認識しておかなければならない。[93]

「序説」での方法論的な考察のほかに、マルクスは『要綱』を二つの章に分けている。前半の「貨幣に関する章」では、貨幣と価値が扱われており、後半の「資本に関する章」では、生産過程と資本の流通に焦点が当てられ、剰余価値の概念や資本主義的生産様式に先行する経済的諸形態といった、重要なテーマが論じられている。しかし、マルクスの多大な努力にもかかわらず、著作は完成しなかった。一八五八年二月終わり頃のラサールへの手紙には、このように記されている。

私は実は数ヶ月以来、最後の仕上げに取り掛かっている。だが、仕事は遅々として進まない。というのは、多年にわたって研究の主な目的としてきた対象が、最後にそれらの片をつけようとする段になると、いつもまた新しい側面を示して、新たによく考えるようせがむからだ。（…）さしあたり問題になっている仕事は、経済学的諸カテゴリの批判だ。言い換えれば、ブルジョワ経済学の体系を批判的に叙述することだ。それは同時に体系の叙述でもあり、また叙述によるその批判でもある。全部でどれだけの印刷ボーゲンになるかは、私には全然分からない。(…)私は今やっと、十五年間の研究の後で、仕事に着手できるまでになったが、ここで嵐のような外部の動きがおそらく邪魔しにくるような気がする。[94]

5 『要綱』を書きながら

マルクスは生涯、主たる経済的・政治的出来事に注意を払い続けた。一八五七年の秋、エンゲルスはまだ状況を楽観的に見ていた。「アメリカの暴落はすばらしいし、まだまだ終わらないだろう。(…)商業はこれでまた三、四年はおしまいだ。いよいよ私たちにチャンスがきた」[95]。そしてマルクスにハッパをかけている。「一八四八年に私たちは、いまこそ私たちの時代が来ると言ったし、またある意味ではそうなった。今度はしかし、私たちの時代が完全に来るし、今こそ命がけでやるときだ」[96]。他方、革命がもうすぐだということは全く疑わなかったものの、ヨーロッパ全体が恐慌に包まれてからでないと革命は起きない、と二人は考えていた。こうして、「騒ぎの年」の兆しは一八五八年まで持ち越されることになった[97]。

イェニー・フォン・ヴェストファーレンから、一家の友人であるコンラート・シュラム〔一八二二〜一八五八年〕に宛てられた手紙の中で書かれているように、全般的恐慌はマルクスに良い影響をもたらした。「モール〈マルクスの愛称〉がどんなにはりきっているかは、容易に想像できると思う。仕事をする能力も軽快さも、すっかり元通りになり、精神的にも生き生きと朗らかになっている」[98]。実際、マルクスは猛烈な知的活動の日々を過ごしていた。『ニューヨーク・トリビューン』紙への寄稿、『新アメリカ百科事典』の仕事、現在の恐慌についてのパンフレットを書くという未完の計画、そしてもちろん『要綱』。これらの作業を並行して進めていた。しかし、新たな活力をもってしても、これらの仕事全部はやはり過剰で、エンゲルスの手助けがまたもや不可欠になった。一八五八年初頭には、先の病気から回復してきたエンゲルスに、百科事典の項目の仕事に戻るようお願いをしている。

二、三日おきに数節をこなしてくれれば、あなたの深酒の歯止めになるのではないだろうか。私の知っている限りのマンチェスターの現状と、今時期の落ち着きのなさからして、深酒も止むを得ないとは思うが、褒められたものではない。(…)私は持てる時間を全て費やして、どうしても別の仕事を仕上げなければならない。たとえ、この頭上で家が潰れるようなことがあろうと![99]

エンゲルスは、マルクスの熱意のこもった忠告を聞き入れ、休みが明けたら「もっと静かに暮らしてたくさん仕事をしたいという気になってきた」[100]と伝えて、マルクスを安心させた。しかし、マルクスの最大の問題はやはり時間の不足であり、友に何度も不満をこぼしていた。「私は[大英]博物館に行くたびに、調べなければならないものがたくさんあるので、あっという間に時間が経ってしまう(現在は四時までしかやっていない)。それにあそこまでの道のりもある。多くの時間がそうやって失われていく」[101]。現実の困難に加え、理論的な問題もあった。「計算間違いにひどく手こずっている(…)。腰をしっかり据え、代数をやり直してみることにした。算術というのは私にはどうもいつも柄に合わなかったものだから。しかし、代数の方から回り道すれば、すぐにまた見当がつくようになるだろう」[102]。また、慎重すぎるあまりに『要綱』の執筆は遅れた。マルクスは、自らの命題の妥当性を確かめようと、新たな証拠を探し続けなければならないと考えていたからである。二月には、マルクスは自分の研究の進捗について、フェルディナント・ラサールに次のように伝えていた。

経済学の仕事がどうなっているか、あなたに伝えたい。著作を準備しているところだ。実は数ヶ月、最終版のテキストが私の手元にある。だが、仕事は遅々として進まない。というのは、多年にわたる研究の主な対象が、最後にそれらの片をつけようとする段になると、いつもまた新しい側面を示して、新たによく考えるようせがむからだ。

同じ手紙の中で、マルクスはここでも自分の運命を呪っている。一日の多くの時間を新聞記事に使わざるを得ず、「私は自分の時間の主人ではなくて、むしろ奴隷だ。私自身のためには夜しか残っていないのに、肝臓病の発作と再発とが度々起こって、仕事が妨げられる」[103]と不平を漏らしていた。病気がまたもやマルクスの身体を蝕んでいた。一八五八年一月には、三週間治療に臥せっていたとエンゲルスに報せている。「夜なべをやりすぎた。そのとき飲むものはレモネードだけなのだが、他方タバコをだいぶ吸うから」[104]。三月、マルクスは肝臓の調子が「またもやひどく悪くなった」。「夜は仕事が続き、昼は家庭の経済状態からくるつまらない厄介ごとが多くて、近頃は度々再発に悩まされている」[105]。四月には、またこう嘆いている。「私は胆嚢のせいで調子が悪く、今週は『〔ニューヨーク・〕トリビューン』の論説の他には、考えることも読むことも書くことも、何もすることができない。この論説はもちろん遅らせられない。というのは、私は破産を免れるために、できるだけ早く連中から金を引き出さなければならないから」[106]。

この時期のマルクスは、政治組織への関与や個人的な付き合いを完全に放棄していた。残ったわずかな友人への手紙では、「私は世捨て人のように暮らしている」[107]とか、「数人の知人にも滅多に会わない。全体としてはこれで損することはない」[108]などと書いている。エンゲルスの常日頃からの激励を除くと、景気後退とその世界中への伝播がマルクスの希望であり、仕事のやりがいになっていた。「一切を考え合わせると、恐慌は年とったモグラのように、せっせと土を掘り返していたわけだ〈水面下で準備工作を進めることの喩え。『ルイ・ボナパルトのブリュメール十八日』でも用いられている。シェイクスピアの『ハムレット』に元ネタがある〉」[109]。エンゲルスとのやりとりを見てみると、事態の進展がいかにマルクスを熱狂させたかが伝わってくる。一月に『マンチェスター・ガーディアン』に掲載されたパリからのニュースを読んだマルクスは、「予想よりも万事うまくいっているようだ」[110]と興奮気味に書き送っている。そして三月の終わりには、最近の状況について、「フランスでは騒ぎはだんだん素晴らしくなる。夏が平穏に過ぎることはなさそうだ」[111]とコメントしている。その一方で、数ヶ月前には、悲観たっぷりにこう書き記している。

結局、過去十年間の経験によって、「私は下劣な俗衆を憎み、これを遠ざける（odi profanum vulgus et arceo）」[112]ことがほとんど否応なしに処世訓になってしまうほど、大衆と個々人に対する、理性からの軽蔑が増幅せざるを得なかった。けれども全てこれは、最初の荒天によって一掃されるような俗物気質だ。[113]

五月には、ある程度の満足とともに、こう書いている。「全体としては今の時期は快適だ。歴史は明らかに再び新しい出発をしようとしているし、いたるところに見られる解体の兆候は、現存するものを保存しようとしない人にとっては誰であれ、喜ばしい」[114]。

エンゲルスも、同じように上機嫌であった。ナポレオン三世（一八〇八～一八七三年）を暗殺しようとしたイタリアの民主主義者フェリーチェ・オルシーニ（一八一九～一八五八年）の死刑執行の日に、大規模な労働者階級の抗議運動がパリで起こった。エンゲルスはこのことを、喜びをもってマルクスに伝えている。「大きな騒ぎがいよいよ迫ってきている今、このような点呼が行われ、十万の部隊がこれに答えるのを目の当たりにするのは、嬉しいことだ」[115]。革命的な展開がありうることを予想して、エンゲルスはフランス軍についてもかなり調べている。そして、勝利のためには、軍隊に秘密組織を作るか、一八四八年のときのように、ブルジョワジーがボナパルトに対抗してくれる必要があると、マルクスに忠告している。さらに、ハンガリーおよびイタリアの独立とスラヴ人の暴動が、古くからの保守反動主義の牙城であるオーストリアに激しく襲いかかり、それに加えて、反撃の広がりにつれ、恐慌があらゆる大都市と産業地域に波及するであろうとも予測している。言い換えると、「結局、激しい騒ぎにはなるであろう」ということを確信していたわけである[116]。そうした楽観的な見通しに支えられ、エンゲルスは乗馬を再開した。今度は新しい目標を立てており、マルクスへの手紙にはこうある。「私は昨日自分の馬と、土壁と生垣の飛びこえをやった。それは高さ五フィートほどあり、今までに飛び越した中で最高だった。(…)今度私たちがドイツに帰ったときには、プロイセンの騎兵隊の先頭に立って騎行したいものだ。連中が楽々とは私の後についてこられないようにしてやろう」[117]。それに対してマルクスは、自己満足だという返事をよこした。「あなたの乗馬術には感服している。ただ首を折るような飛び越しだけはやらないように。首をかけるべき、より重大な機会がまもなくやってくるのだから。あなたがドイツにとって最も必要とされる専門は、騎兵ではないと思う」[118]。

こうした情勢の中で、マルクスの生活にはさらなる問題が生じていた。三月、ラサールが、ベルリンからやってきたフランツ・ドゥンカー(一八一三〜一八七九年)という編集者が、分冊でマルクスの本を出版してもいいと言っているという報せを持ってきた。しかしこの良いニュースは、別の不安定要因に変貌してしまう。もはや何度目になるか分からない、エンゲルスへの病状報告の中で述べられているように、これは不安という、新たな問題の種になったのである。今度はイェニー・フォン・ヴェストファーレンが、こう書いている。「カールの胆嚢と肝臓はまた暴れている。(…)精神的な心配と興奮が、具合を悪くさせている。出版社と契約を結んでからというもの、仕事を完成することがどうしてもできないので、体調はますますひどく、悪くなってしまうばかりである」[119]。四月の間じゅう、マルクスはこれまでで最もひどい胆嚢の痛みに襲われ、全く仕事ができなかった。生活のために不可欠だったので、専ら『ニューヨーク・トリビューン』紙の記事数本に集中することにした。これは「秘書の勤め」[120]を果たしてくれた、妻に書き取ってもらわねばならなかった。自分でペンを執ることができるようになると、すぐにマルクスはエンゲルスに、音沙汰がなかったのは、端的に言って「書くことができなかった」からだと伝えた。これは「比喩的な意味だけでなく、文字通りの意味でも」あった。「仕事をしたいという不断の衝動にもかかわらず、それがかなわないという状態が、病気を悪化させた」とも書いている。マルクスの身体の具合は、まだとても悪かった。

仕事ができない。二、三時間書き物をすれば、二、三日は完全に休まなければならない。こんな状態が来週で終わることを、何が何でも期待している。よりによって今、こんな状態になるとは、こんなに間の悪いことはない。冬の間夜の仕事をやりすぎたらしい。「それゆえにこの涙（Hinc illae lacrimae）」というわけだ。[121]

マルクスは病気と戦おうとしたが、大量の薬を飲んでも全く改善しなかった。結局、一週間ほど転地をし、「全ての知的労働をしばらくの間やめる」[122]という医者のアドバイスに従うことにした。そこで彼は、エンゲルスの元へ訪れることにした。そのときには、「仕事を放ったらかしにすることにした」[123]と伝えている。しかし当然ながら、マンチェスターで過ごした二〇日間で、仕事は続けられることとなった。そこでマルクスは、「資本に関する章」と『要綱』の最後の部分を書き上げたのである。

6 ブルジョワ社会との戦い

ロンドンに戻ったら、マルクスは出版社に送る原稿を作らなければならないはずだった。しかし、既に遅れているにもかかわらず、まだ下書きを始められずにいた。またもや、マルクスの批判精神が、実際的な必要に打ち克ってしまったのである。エンゲルスへの手紙には次のようにあった。

私がいない間に、ロンドンではマクラレンの通貨の全歴史に関する本が出版されたが、この本は『エコノミスト』に載った摘要からみて第一級のものだ。この本はまだ図書館にはない。(…)もちろん、私は叙述に取りかかる前にこの本を読まねばならない。そこで、妻をシティの出版社に行かせた。ところが驚いたことに、それは九シリング六ペンスもした。これは我が家の軍資金の全金額を越える。そこで、この金額を郵便為替で送ってもらえると、大変ありがたいのだが。たぶん、この本の中に私にとって真新しいことは何もないだろうが、『エコノミスト』がその本をめぐってやっている大騒ぎを見ると、また私自身が読んだ抜粋によっても、これを知らないで先に進むことは、私の理論家としての良心が許さない。[124]

このくだりは非常に多くのことを伝えてくれる。『エコノミスト』誌に載った論評の、家族の平穏にとっての「危険性」。理論的な疑問に取り組むために、妻イェニーをシティに遣わしたこと。マルクスの貯金が、本を買うのにすら不足していること。すぐに何とかしてほしいという、マンチェスターにいる友へのいつものお願い。これほど当時のマルクスの生活、特に彼の「理論家としての良心」がなしうるところをよく伝える資料があるだろうか？

彼の難しい気性、身体の不調、そして貧困に加え、いつもの「敵」も、著作の完成をさらに遅らせる原因になっていた。身体の調子はさらに悪くなり、エンゲルスにこう訴えている。「マンチェスターにいたときにかかった病気が、再びこの夏中を通して慢性化したので、およそ筆をとるのが私にはとても苦痛だ」[125]。その上、この頃のマルクスは、「避けることのできない終局の破綻という名の怪物」[126]といつも隣り合わせでいなければならないような、耐え難い経済状況にあった。絶望にかられ、七月には、自分の置かれている極限状態を赤裸々に綴った手紙をエンゲルスに送っている。

今の情勢から何か抜け道が見つからないものか、一緒にじっくりと考えてみなければならない。というのは、絶対にこれ以上はやりきれなくなっているからだ。その直接の結果として、もう私は全く仕事ができなくなっている。一方では私は金を工面するための奔走と、無駄骨折りで、最良の時間をなくしているし、他方で私の抽象力は、おそらくますます衰えてきた体力のために、家庭の困苦に、もう耐えられなくなっているからだ。私の妻はこの惨状に神経をいらだたせている(…)。わずかばかりの収入も、来月には当てにできず、借金を減らすのにやっと足りるだけだというところをぐるぐる回っているのが現状だ(…)。そのため、四週間も経つと、困窮が再び増大するということにならざるを得ない。(…)私の不動産の競売では、周りに住む債権者たちを満足させ、どこか隠れ家へ、邪魔をされずに引っ越しを保障できるほど十分ではあるまい。これまでは、完全な破滅を免れるための唯一の手段として、見せかけの体面をぎりぎり維持してきた。私としては、結局再び、せめて一時間の安静でも手に入れ、自分の仕事に打ち込むことができるなら、ホワイト・チャペル［当時労働者階級の多くが住んでいたロンドンの郊外地区］に暮らすことを悪魔にでも頼みたいぐらいだ。しかし私の妻にとっては、今の彼女の状態では、そのような変化は危険な結果を伴うかもしれないし、育ち盛りの娘たちにとっても、ふさわしいことではないだろう。(…)私の知性は、最も下らぬ事でくたくたになっており、私の労働能力は破壊されている。最悪の敵に対してすら、私がもう八週間も、最大の憤りを込めて座り続けているこの泥沼を渡らせるのは忍びないほどだ。[127]

極めて困窮した状況にあっても、マルクスはそうした不安定な状況に打ち負かされることはなかった。自らの著作の完成を目標に掲げて、友のヨーゼフ・ヴァイデマイヤー（一八一八～一八六六年）にこう書き送っている。「私は、自分の目的を追い続けなければならないし、ブルジョワ社会のために金儲けの機械にされてしまうなどということになってはならない」[128]。

その一方で、恐慌は終わりに近づき、それとともに市場が機能を回復させてきていた[129]。実際、八月には、落胆したマルクスはエンゲルスにこう述べている。「世間は先週以来、またもや、忌々しいほど楽観的になった」[130]。それに対してエンゲルスは、商品の過剰生産がどのように吸収されていったか振り返りながら、「あんなに激しい洪水がこんなに急速に引いてしまうことは、いまだかつてなかったことだ」[131]と答えている。一八五六年の秋の間を通して二人を奮い立たせ、マルクスが『要綱』を書く原動力となっていた、革命はすぐそこという確信は、いまや苦い幻滅に取って代わられつつあった。「ここに戦争はない。全てがブルジョワ的だ」[132]。エンゲルスは、「イギリスのプロレタリアートがだんだんブルジョワ化していく」事態、すなわち彼の見るところによれば、世界で最も搾取の激しい国が「ブルジョワジーと並んで、ブルジョワ的プロレタリアート」[133]を擁する国へと変わっていく現象に憤っていた。それに対してマルクスは、どんなにちょっとした出来事にも最後まで寄りすがっていた。「世界貿易が好況に転じているにもかかわらず、(…) ロシアで革命が始まったことは、少なくとも喜ばしいことだ。というのも、私はペテルブルクへの『名士連』の招集を、その始まりと見ている」。ドイツにも期待がかけられている。「プロイセンにおける事態は、一八四七年におけるよりも悪い」。加えて、チェコのブルジョワジーによる国家独立のための闘争にも。「異常な動きがスラヴ人の間に、特にボヘミアにある。スラヴ人は反革命的ではあるが、しかしやはり運動の酸素を提供している」。最後には、裏切られたかのようにこう吐き捨ててもいる。「フランス人が、世界は自分たちを放っておいても『動く』ことを見るなら、それは彼らにはちょうどいい薬になるであろう」[134]。

しかし、恐慌は二人が確実だと予想したような、社会的・政治的結末をもたらさなかった。このことを、マルクスも認めなければならなかった。それでも、ヨーロッパに革命が起きるのは時間の問題であり、経済の変化が一体どんな世の中のシナリオをもたらすのかが、見据えられるべき課題だという考えは全く揺るがなかった。エンゲルスへの手紙には、直近の出来事に対する政治的な評価のようなものと、将来の見込みについての考察が開陳されている。

ブルジョワ社会が、二度目にその十六世紀を経験したことを、私たちは否定できない。第一回目の十六世紀が市民社会を生み出したように、今度はそれを墓場へ送ることを期待している。ブルジョワ社会の本来の任務は、世界市場を作り出すこと（少なくともその輪郭だけでも）であり、その基礎に根ざした生産を作り出すことだ。世界は丸いので、このことはカリフォルニアとオーストラリアの植民地化と、中国と日本の開国で終結するように思われる。私たちにとって難しい問題は次の問題だ。大陸において革命は切迫しており、そしてまたすぐに社会主義的特徴を帯びるだろう。この小さな隅におけるこの革命が、それよりもはるかに広大な地域においてブルジョワ社会の動きがまだ上昇的だからといって、必ずしも弾圧されるとは限らないのではないか？[135]

ここでの考え方には、マルクスの予想で最も重要な二つのものが含まれている。そのうち正しかったのは、同時代人の誰よりもはっきりと、資本主義の世界規模の発展を直観したところである。誤っていたのは、ヨーロッパでのプロレタリア革命の必然性を信じたところである。

マルクスからエンゲルスへの手紙には、進歩主義的な陣営の中での政治的な論敵に対する激しい批判が連ねられている。その多くは、マルクスが好んで槍玉に挙げる、フランスの社会主義思想を形作ったプルードンと一緒に標的にされた。彼らのことをマルクスは、共産主義が排除しなければならない「偽の兄弟」だとみなしていた。[136] 例えば、ラサールのこともしばしば敵だとみなしており、彼の新著『暗黒の人ヘラクレイトス』（一八五八年）を受け取ったときも、「拙劣なほら話」だとしている。[137] 一八五八年九月には、ジュゼッペ・マッツィーニが雑誌『思想と行動』に新しい綱領を発表した。マルクスは確信を持って、彼を「全く時代遅れのバカ」[138] と評している。一八四八、九年の敗北の原因を探る代わりに、マッツィーニは、革命を目指す亡命者の「政治的麻痺の治療のための秘薬の広告に身をやつしている」[139] というわけである。またマルクスは、一八四八、九年のフランクフルト国民議会のメンバーで、ドイツの民主派の代表格であったが、国外逃亡し政治活動から身を引いたユリウス・フレーベル（一八〇五〜一八九三年）を激しく批判している。「奴らはパンとチーズを見つけるやいなや、闘争にさよならするために、勝手な遁辞を求めているだけだ」[140]。おまけに、この上ない皮肉を込めて、ロンドンにいるドイツ系移民のリーダーの一人である、カール・ブリント（一八二六〜一九〇七年）の「革命運動」を嘲笑している。

ハンブルクの数名の知人に頼んで、彼は、手紙（彼の書いたもの）を、イギリスの諸新聞に送らせるのだが、そこには彼の匿名のパンフレットが喚起したセンセーションのことが語られている。そうすると次には、彼の友人たちがまた、イギリスの新聞がなんと大騒ぎしたか、等々のことを、ドイツの新聞に書くのだ。これが、実行家というものだろう。[141]

マルクスの政治活動は、違った性質のものであった。ブルジョワ社会との戦いを思いとどまることはなかったが、彼はまた、その戦いにおける自分の主たる役割について自覚的であり続けた。それは、経済学の徹底的な研究と、現下の経済状況に対する分析を通じた、資本主義的生産様式に対する批判を展開することであった。そのため、階級闘争が「低迷」する間は、政治的な競争が当時陥ってしまった、無駄な陰謀や個人的な策略からは距離をとり続け、最も見込みのあるところに力を注ぐことにしたのだった。「ケルン裁判以来、私はすっかり書斎に引っ込んでしまった。私にとって、自分の時間は、無駄な苦労やつまらない喧嘩に消耗するにはあまりに貴重だった」[142]。実際、押し寄せる無数の困難にもかかわらず、マルクスは研究を続け、一八五八年八月から十月の間に「貨幣に関する章」を『経済学批判。原初稿』へと入念に仕上げた後、一八五九年に『経済学批判』を刊行する。これは『要綱』がたたき台になった短い著作だったが、全く反響を呼ばなかった。

マルクスの一八五八年は、前年と同じように終わった。妻のイェニーはこう述懐している。「一八五八年は、私たちにとって良くも悪くもない年だった。変わらぬ日々がただ過ぎていく年だった。飲み食いをする、書き物をする、新聞を読む、散歩に出かける。これが私たちの生活の全てだった」[143]。毎日、毎月、毎年、マルクスは自らの大作に取り組み続けた。彼の決意と人格の強さ、そして自分の存在が何万という人々の解放のための運動に役立つという揺るぎない信念が、『要綱』の執筆という重労働に、マルクスを駆り立てたのである。

V

カール・フォークトとの論争

1 『フォークト君』

一八六〇年、マルクスはまたもや経済学の仕事を妨げられることになった。カール・フォークト（一八一七〜一八九五年）との激しい論争のためである。フォークトは、一八四八〜九年のフランクフルト国民議会における左翼の代表格で、当時亡命先のジェノヴァにて自然科学の大学教授の地位にあった。一八五九年の春、彼は、ボナパルティズム的な外交政策を概観した『ヨーロッパの現局面に関する研究』（一八五九年）というパンフレットを出版した[1]。同年六月、ナポレオン三世を支持するフォークトの陰謀を非難する匿名の小冊子が現れた。それによるとフォークトは、当時の政治的な事件をボナパルティストに有利に書くよう、ジャーナリストたちを買収しようとしているというのである。これは、のちにカール・ブリントという、ロンドンに移住していたドイツ人ジャーナリスト・著述家の手によるものと判明するが、それを取り上げた週刊誌『フォルク』は、マルクスとエンゲルスの仕業とみなした。アウグスブルクの日刊紙『アルゲマイネ・ツァイトゥング』も、これを報じた。フォークトは、このドイツの日刊紙を告訴する。ブリントが名を明かそうとしなかったために、『アルゲマイネ・ツァイトゥング』紙は、この告訴に対して反論することができなかった。結局名誉毀損は成立しなかったものの、フォークトは事件全体として実質的に勝利したわけである。こういった経緯で、『アルゲマイネ・ツァイトゥングとの闘い』（一八五九年）という、この事件についてのフォークトによる解説本において、マルクスが、労働者の裏切り者として糾弾されることになった。

マルクスは、彼の後に続いて彼のプロレタリア教理問答の口真似をするバカどもを笑いものにする。（…）彼の尊敬する唯一のものは貴族、しかも純粋で、意識的な貴族である。彼らを政権の座から追い出すために、彼は力を必要とするのだが、その力を彼はプロレタリアの中にのみ見出す。

それゆえに彼は、自分の体系を彼らに向くように、裁ち合わせて作っている。[2]

そこには、マルクスがフォークトに不利な企みを人々に吹き込んでいたとも書かれている。さらに、一八四八年の革命的な反乱に参加していた人々をゆすり、その名前を隠しておく対価として口止め料をせしめる集団「硫黄団」[3]のリーダーだとして非難されている。

私は包み隠さずに言うが、政治的陰謀でマルクスおよびその同志たちとなんらかの仕方で関わりあったものは皆、遅かれ早かれ警察の手に落ちる。その陰謀は初めから秘密警察に漏らされ、知らされていて、時至れりと思えるや、すぐさま警察によって孵化される（…）マルクス一派の首謀者たちは、もちろん手の届かないロンドンにいる。[4]

「硫黄団」とは「はじめはスイス、フランスおよびイギリスに散らばっていたが、次第にロンドンに集まり、その地でマルクスをあからさまな頭首と仰ぐ人々」[5]の集団だと説明されている。フォークトによると、「彼らのスローガンは『社会共和国、労働者独裁』であり、彼らの仕事は結社や陰謀を企むことである」[6]。このジェノヴァの大学教授は、こう警告している。

それは無頼の小集団の策動であって、彼らの全努力は次のことを目指しているのである。すなわち労働者を職から引き離し、陰謀と共産主義的策動に巻き込み、彼らが労働者が額に浮かべる汗で暮らした挙句の果てに、冷ややかに破滅させることである。今も再び、この小集団は可能なあらゆるやり方で各所の労働者協会を罠にかけようとしている。彼らが何を言おうとも、本当の目的は、労働者を利己的に搾取し、結局は運命のなすがままに放り出すことだと断言できる。[7]

実際には、フォークトの本が出るまで、マルクスはこの「硫黄団」について聞いたこともなかった。この集団の本当の顔について、ヨハン・フィリップ・ベッカー（一八〇九～一八八六年）という、一八四八年当時のドイツ人革命家による、忠実かつ正確な描写を見てみよう。

本質的にはただのならず者の集まりであるこの団体を、ひとは冗談半分に冷やかして硫黄団と呼んでいた。これは偶然に吹き溜まってきた仲間のクラブで、即席にできたものであり、会長も綱領も、規約も教義もなかった。秘密の組織とか、あるいは一般になんらかの系統的に追求すべき政治的その他の目的とかは全く念頭になく、ただ公然と、しかも極度におおっぴらに、あけすけに、彼らはむやみやたらと場当たり的な効果を狙っていた。マルクスとは何の関係もない。マルクスの方では、彼らの存在について何一つ知るはずのないことは確かである。その上、当時、彼らは社会的＝政治的見解において、マルクスとはひどくかけ離れていた（…）とっくに忘却の中に埋もれていた硫黄団が、十年間の微睡みのうちに、フォークト教授が自分の加害者と思い込んでいる連中に対する悪い評判を広めるために、教授によって再び点火されようとは、一体誰が想像したことだろうか。[8]

さらに、イギリスやフランスにも反響が広がり、ロンドンの『デイリー・テレグラフ』紙がフォークトの主張を報じた。マルクスは後に、このイギリスの新聞についての所感を書き表す機会に、報復を試みている。

ロンドンのすべての便所は、巧妙に隠された下水道によって、肉体的汚物をテムズ川に排泄する。

それと同様に世界の首都は、毎日鵞ペンの組織を通じて、その社会的汚物を全て紙製の一大中央下水溝、つまり『デイリー・テレグラフ』紙に吐き出す。テムズ川の水からはその清らかさを奪い、イギリスの国土からはその下肥を奪うこの無意味な浪費を、リービッヒ[9]が非難しているのは正当である。(…)紙製の中央下水溝に通じる門には、黒々と「ここでは悪臭を放つことが誰にも許される!(Hic quisquam faxit oletum!)」[10]と書き記されている。あるいはバイロンが詩的に美しく翻訳した言葉で言えば、こんな風である。「旅人よ、足を止めて——小便をしていきたまえ!」[11]

フォークトの本はドイツで大きな成功を収め、リベラル派の新聞でセンセーションを巻き起こした。「ブルジョワ新聞の歓声は、もちろん途方もなく大きい」[12]。ベルリンの『ナツィオナール・ツァイトゥンク』紙は、一八六〇年一月、二つの長い社説に要約を掲載した。この新聞を、マルクスは名誉毀損で訴えている。しかし王立プロイセン高等裁判所は、その記事は許容される批判の範囲を超えておらず、違法ではないとして、この申し立てを棄却した。この判決を皮肉って、マルクスはこうコメントしている。「ちょうどトルコ人がギリシャ人の頭を切り落としはするが、苦痛を与える意図は持たないのと同様である」[13]。

公廷で自らを弁護することを許されなかったマルクスは、フォークトから自分と「党の同志たち」に向けられた恥ずべき汚名を返上するには、「公然たる裁判による反駁の道が決定的に絶たれた今となっては、文筆による反駁がどうしても」[14]必要になったと考えた。

フォークトの文章には、完全な作り話が事実に巧妙に混ぜ込まれていて、亡命者たちの真実に関して、事情をよく知らない人々の間に疑念を抱かせる内容になっている。そこで、自らの名誉を挽回するには、反論をきちんと組み立てる必要があると感じたマルクスは、一八六〇年の二月下旬から、フォークトに抗議する本の材料を集め始めた。それにあたって彼は、フォークトに関する文献を可能な限り集めるために、一八四八年以来政治的な関係のあった活動家たちに宛てて、何通もの手紙を書いた。[15] フォークトは、いつも「個人の利益を労働者階級の利益のために」犠牲にしてきた、マルクスとその友人たちのことを、「労働者が額に浮かべる汗」によって暮らしてきたと罵った。それに応じて、マルクスは、自らの著作の最後で、その「恥知らずな無礼」をスカンクにたとえて書いている。

アメリカにはスカンクと呼ばれる小さい獣がいる。それは進退きわまった瞬間には、匂いで攻めるというたった一つの守り方を持っている。攻撃されると、そいつは身体のある特定の部分から一つの物質を放出する。その湿り気が諸君の服につきでもしたら、もうそれを火葬にでもするより他に救い道はない。もし、それがひょっとして諸君の皮膚に当たりでもしたら、諸君はしばらくの間あらゆる人間どもの集まりから追放されることだろう。その匂いはそれほど恐ろしく猛烈なので、猟犬が偶然に一匹のスカンクを駆り立てでもしたら、猟師は、狼か虎が追いかけてきたときよりも、もっと大騒ぎで、もっと怖がって逃げ出すくらいである。狼や虎に対しては火薬と弾丸が守ってくれるが、スカンクのお尻に対処する方法はない。[16]

喧嘩腰の文章を山ほど書き連ねる傍らで、主なヨーロッパ諸国の政治を説明し、ボナパルトの反動主義的役割をよりはっきりさせるために、マルクスは十七世紀から十九世紀にかけての政治と外交の歴史をひろく研究した。[17] その部分こそ、共産主義者同盟の歴史を再構築した部分[18]と並んで、この著作で最も重要な部分であり、現代の読者にとっても価値がある部分であることには疑いがない。他にも、マルクスのレトリックの技術を（再）発見できる楽しみはあるが。

とにかく、いつものように、彼の研究は「知らぬ間に」本のページ数を非常に増大させた。[19] その上、本を仕上げるのに必要な時間も増大していった。エンゲルスは、「いくらか浅薄になったとしても、適時に間に合うようにすべきである」[20]とマルクスを急かし、イェニー・マルクスに次のように書き送った。「私たちはいつも最高にみごとな仕事をやり遂げるが、それが折良い時期に当たらないような算段をして、そして全てが水泡に帰してしまう。(…)フォークトに対する三ボーゲン程度の即時回答を出す方が、後からどんなことをするよりも、結局はずっと値打ちがあるだろう。どうかできるだけ頑張って、出版社の件が即刻何とかなって、小冊子の仕事が最終的に片付くようにしてほしい」[21]。それでも、マルクスは九月までこの著作を引っ張った。

マルクスは、フォークトの考え方が、ボナパルティストのアラブ人ジャーナリスト、ダー・ダー・ロシャイドという同時代人と似通っていることを示唆して、本の名前を「ダー・ダー・フォークト」[22]にしようと思っていた。このアラブ人は、アルジェリア当局の命令でボナパルティズムのパンフレットをアラビア語に訳すにあたって、ナポレオン三世を「慈善の太陽、天空の栄光」[23]と称していた。マルクスにしてみれば、「ドイツのダー・ダー」[24]というあだ名は、まさしくフォークトにぴったりというわけである。しかしエンゲルスが、もっと穏当な『フォークト君』というタイトルにするよう、マルクスを説得した。

どこで出版するかも問題だった。エンゲルスは、ドイツで出版するよう強く勧めた。「あなたのパンフレットをロンドンで印刷するということは、どうしても避けなければならない。(…)私たちは、亡命者の著作でもう何回も惨めな経験をしてきた。いつも同じように効果が出ず、いつも資金と労力をドブに捨て、それに腹を立ててきた」[25]。しかし、ドイツに出版を引き受けてくれるところはなく、費用をまかなうための募金を集めてやっと、ロンドンのパッチという出版社から本を出すところに漕ぎ着けるという有様だった。エンゲルスは、「ドイツでの印刷が望ましかったし、そうしなければならなかった。ドイツの出版社の方が、私たちを黙殺しようという陰謀を打ち破るには効果的だ」[26]と振り返っている。

フォークトからの非難に対する反論に、マルクスは丸一年を費やした。ベルリンのドゥンカー社との契約では、『経済学批判』（一八五九年）に続いて経済学の研究を進めなければならなかったにもかかわらず、それは完全に等閑に付されることとなった。その仕事が始まる前から、エンゲルスはその「危険性」を見越していた。一八六〇年一月には、経済学の著作だけに集中するよう、マルクスを説得しようとしている。エンゲルスは、それこそが当時の論敵を打ち負かし、反資本主義の理論を進歩させる唯一の道具だと見ていたのである。

思うに、フォークトやその同類に対抗して、私たちが公衆の間に足場を維持するためには、科学的に行動しなければならない。（…）私たちの党もよく分かっているように、直接に政治的・論戦的にドイツ国内で行動するということは、全く不可能だ。それでは、何が残っているだろうか？口をつぐんでいるか、ただ亡命者やアメリカ在住のドイツ人に分かるだけで、ドイツ国内ではどこでも知られないような努力をするか、それとも、あなたが第一分冊〔『経済学批判』のこと〕でやり始め、私が『ポーとライン』でやり始めたようなやり方で続けていくか、そのどちらかだ。（…）あなたの第二分冊が早く出るということが、もちろん特別に最も重要なことだ。願わくば、その仕事を続けるのを、フォークトの件で妨げられないようにしてほしいものだ。最後に、とにかくあなた自身の仕事に対してもう少しばかり良心的でなくなることだ。そうしても、そこらの連中にはまだまだ十分すぎる。それが書かれて、出版されることが肝要である。あなたの目につくような弱点は、連中にはとうてい見つけられない。そして、激動の時代が始まったとき、まだ資本一般を書き上げないうちに、仕事全体が中断されたら、あなたは一体どうするつもりなのか？　その間にありとあらゆる他の妨害が起きるということは、私も非常によく知っている。だが、主な遅延の原因は、常にあなた自身の躊躇にあるということも、私には分かっている。とにかく、この本が出るということは、それがその種の思案のために全然出ないということになるよりも、結局はましである。[27]

こうした強い諫言をよそに、この問題についてのマルクスの熱意は、親しい人々にも伝染した。妻のイェニーは、『フォークト君』は「尽きることのない楽しみと喜び」の源だと評した。ラサールは「あらゆる点において偉大な業績」[28]だと讃え、ヴィルヘルム・ヴォルフは「最初から終わりまで傑作だ」[29]と述べている。エンゲルスですら、この本は「あなたがこれまでに書いた中で、最良の論難書」[30]だと褒めそやしたのである。

『フォークト君』に収録されている手紙に見られるように、マルクスの知り合いの多くは、この本にかかずらうのはやめた方がよいと説得しようとした。ロシア人ジャーナリストのニコライ・イヴァノヴィッチ・サゾノフ（一八一五～一八六二年）は、次のように訴えている。

こんなあさましい、つまらないことに関わるのはやめるべきである。真面目な人間、良心的な人間は、皆あなたの味方である。しかしそういう人たちは、役にも立たない論争ではなく、別の何かをあなたに期待している。できるだけ早く、あなたの立派な著作の続きを勉強させてもらえるのを、期待しているのである。（…）どうか健康でいてほしい。そして、これまでどおり、世間を啓蒙する仕事を続けてほしい。つまらないバカげた事柄や、くだらない卑劣な事件には関わり合いにならずに。[31]

一八四九年のハンガリーの革命政府のリーダーで、内務大臣を務めたバルトロメウス・セメレ（一八一二～一八六九年）は、「あなたがこんなおしゃべりに関わり合いになって、一体何の意味があろうか」[32]

と首をかしげた。さらには、教師・政治活動家ペーター・イマントは、こう述べてマルクスを思いとどまらせようとした。「私だったら、このことについて書かなくちゃならんなどという刑罰は御免被りたいし、あなたがこんな汚水に手を突っ込むことができるとは、全くあきれ返ってしまう」[33]。

マルクスの主な伝記作家たちは一様に、この著作は時間とエネルギーのひどい無駄遣いだったとみなしている[34]。その最も驚くべき特徴の一つは、文章中にて頻繁に文学作品が参照されているところである。ペドロ・カルデロン・デ・ラ・バルカ（一六〇〇～一六八一年）、ウィリアム・シェイクスピア（一五六四～一六一六年）、ダンテ・アリギエーリ（一二六五～一三二一年）、アレキサンダー・ポープ（一六八八～一七四四年）、キケロ（前一〇六～四三年）、マッテーオ・マリーア・ボイアルド（一四四一～一四九四年）、ヨハン・フィッシャルト（一五四五～一五九一年）、ローレンス・スターン（一七一三～一七六八年）といった作家に加え、中高ドイツ語の様々な作品が登場する。その他には、ウェルギリウス（前七〇～一九年）、聖書の登場人物、ヨハン・C・F・シラー（一七五九～一八〇五年）、ジョージ・G・バイロン（一七八八～一八二四年）、ヴィクトル・ユーゴー（一八〇二～一八八五年）や、もちろんマルクスの大好きだったミゲル・デ・セルバンテス（一五四七～一六一六年）、ヴォルテール、ヴォルフガング・ゲーテ、ハインリッヒ・ハイネやオノレ・ド・バルザックも使われている[35]。これらを本文の中に組み込むのに、マルクスの貴重な時間が費やされた。しかしながらこうした引用は、フォークトに対する自らの文化的水準の高さを示そうという意図にも、皮肉を通じてパンフレットをより面白い読み物にしようという試みにも、資することはなかった。

ここには、マルクスの性格の根本的な特徴が二つ反映されている。第一に、マルクスが生涯を通じて、著作のスタイルや構成に非常に重きを置いており、それは『フォークト君』のようなマイナーな、あるいは単なる論争の書においてさえ、そうだったということである。マルクスは非常に多くの著作としょっちゅうぶつかり合っていたが、彼の怒りはいつもその凡庸さ、拙劣な形式、不正確で文法的に誤った構文、非論理的な表現、その他多くの誤りにも向けられていた[36]。それゆえ、内容についての争いを措いても、論争相手の著作の本質的な俗悪さと質の低さを痛罵し、自分の著作の正しさだけでなく、その最高の書き方をも見せつけようとしていたのである。

第二の典型的な特徴は、『フォークト君』に向けた準備作業の全体的な印象にも見られるように、マルクスが主要な論敵に対して向けた攻撃性と露骨な敵意である。相手が哲学者であれ、経済学者であれ、政敵であれ、マルクスは相手を完膚なきまでに打ち砕こうとした。そのスタイルは、バウアー、シュティルナー、プルードン、フォークト、ラサール、バクーニンといった人々との論争に見てとることができる。そして、あらゆる手を尽くして相手の主張の無根拠さを示し、自らの意見に屈服させようとした。こうした衝動に突き動かされ、マルクスは論敵を山のような批判によって押しつぶそうとした。自分の経済学批判の計画をも忘れてしまうほどにこの怒りにとらわれたときには、ゲオルク・ヴィルヘルム・フリードリッヒ・ヘーゲル、デヴィッド・リカードウや、歴史的事実を引用する「だけ」では飽き足らず、アイスキュロス（前五二五～四五六年）、ダンテ・アリギエーリ、ウィリアム・シェイクスピア、ゴットホルト・エフライム・レッシングといった作家をも動員したのである。『フォークト君』は、マルクスの性格のこれら二つの要素が運命的に重なった作品だと言える。それらがここに端的に現れたのは、フォークトが、彼が非常に嫌った表現上のいい加減さをあけすけにしていた典型例であり、かつ嘘によって彼の政治履歴を損ない、信用を失墜させようという敵を叩きのめそうという、マルクスの意思が働いたからであった。

この本で、マルクスはセンセーションを巻き起こそうとし、ドイツの論壇で話題にさせようとあらゆる手を試みた。しかし、新聞も、フォークト自身も、全く一顧だにしなかった。「犬どもは（…）あれを黙殺しようとしている」[37]。また「目下印刷中の、非常に短縮したフランス訳本の発行」[38]も、検閲に引っかかり、禁書リストに入れられてしまったため、実現しなかった。マルクスとエンゲルスの存命中には、『フォークト君』の別の版が出ることはなく、そのうちのいくつかの文章が転載されただけだった。

2 貧困・病気との戦い

マルクスの仕事を遅らせ、プライベートを著しく困難にさせたのは、二つの永久かつ不倶戴天の敵、すなわち貧困と病気であった。事実、この時期の彼の経済状況は本当に絶望的だった。大勢の債権者や裁判所の役人の声が戸口にひしめき、査定売却人による差し押さえの影にいつもつきまとわれていた。マルクスはエンゲルスにこうこぼしている。「ここでこれからどうやりくりすればいいか、僕には分からない。税金も学校も家も雑貨屋も肉屋も神も悪魔も、これ以上猶予してはくれない」[39]。一八六一年の終わりには、状況はますます悪化した。いつも助けの手を差し伸べてくれる友・エンゲルスの「並々ならぬ友情に」[40]深い感謝の意を示しながらも、それに頼る以外には生き残る術がなくなったマルクスは、「差し押さえられていない物を全て」[41]質に入れざるを得なくなった。いつものように、エンゲルスにこう書き送っている。「もし僕がこんな悲惨な状態から免れて、家族が惨めな労苦に圧しひしがれるのを見ることがなければ、あんなに長く度々『[ニューヨーク・]トリュビューン』紙上で予言した、十二月団員的財政制度の破綻で、どれだけ歓喜したことだろうか」[42]。そして十二月末に新年の挨拶を送るときには、「新年も旧年と同じ感じだとするなら、私は願い下げだ」[43]と書き添えている。

不穏な家計の問題に続いて、すぐさま健康問題が発生し、それがまた家計の問題をさらに悪化させた。妻イェニーは何週間もひどい憂鬱に悩まされていたが、それで身体まで弱り、一八六〇年末に天然痘にかかってしまう。これは命の危険を伴った。病気の間、そして回復の途上にあるときもずっと、マルクスはベッドの隣におり、イェニーが危険な状態を脱するまで、仕事から離れていた。エンゲルスへの手紙にあるように、この間、仕事などは問題外だった。「私に必要な心の安らぎを維持させることのできる唯一の娯楽は、数学だ」[44]。彼の人生における、知的情熱の激しさを物語る一例といえよう。さらには数日後、「恐ろしい歯痛」が襲ってきたと書いている。抜歯後、歯科医が過って破片を口の中に残してしまい、顔が「痛んで腫れ上がり、首まで半分腫れる」ことになってしまった。これはマルクスにどういう影響を与えたのだろうか？　なんと、ストイックにも、このような答えを残している。「この肉体的な圧迫は非常に思考不能を、したがってまた抽象力を促進する。ヘーゲルが言っているように、純粋思考または純粋存在または無は同一だからだ」[45]。こうした問題を抱えながらも、その数週間をマルクスは読書の機会に充てた。そのとき読んだ本の中に、一年前に出版されたばかりの、チャールズ・ダーウィン（一八〇九〜一八八二年）『種の起源』（一八五九年）がある。マルクスがエンゲルスに送った手紙には、のちに多くの学者および社会主義者の間で議論を巻き起こすことになる、その本についてのコメントが書かれていた。「これは、大雑把に英語で述べられたものだとはいえ、私たちの見解のための博物学的な基礎を含んでいる本だ」[46]。

こうした時期を経たのち、一八六一年の初めには、その前の夏にかかった肝臓の炎症のために、マルクスはさらに調子を崩す。「私はヨブ〈旧約聖書の登場人物〉のように、それほど敬虔ではないにしても、悩まされている」[47]。特に前かがみになると痛みが激しく、執筆ができなくなってしまった。そこで、「仕事をするにはあまりにも不快な状態」[48]を乗り越えるべく、また文学の世界に避難することにした。「夜は気晴らしのためにアッピアヌスのローマの内乱を、ギリシャ語の原書で読んだ。非常に価値のある本だ。（…）スパルタクスは、全古代史が誇るべき最も素晴らしい男として登場する。偉大な将軍（ガリバルディではない）で、性格は高貴にして、古代のプロレタリアートの真の代表者だ」[49]。

3 「経済学」を待たせる一方……

一八六一年の二月末に病気から回復したマルクスは、家計の問題への解決策を求めて、オランダのザルトボメルに向かった。そこで彼は、叔父のリオン・フィリップス（一七九四～一八六六年）から援助を引き出した。リオン・フィリップスは実業家で、のちにランプ工場を創業し、世界有数の電機メーカーの礎を築くことになる人物の父親である。その彼が、母親の遺産相続予定分から、マルクスに一六〇ポンド・スターリングを前払いしてやろうと言ってくれたのである。ここからマルクスはこっそりとドイツに行き、ベルリンで四週間ラサールの歓待を受けた。ラサールは、二人で「党」を創立しようと繰り返し協力を持ちかけてきていた。そしてちょうどそのとき、一八六一年一月の恩赦によって、一八四九年に追放されて以来失効していた、プロイセンの市民権を回復し、ベルリンに移るチャンスがマルクスに訪れたのである。しかしマルクスは、ラサールに疑いの目を向けており、彼の計画を真剣に考えたことはなかった。[50] 旅行から戻ると、エンゲルスへの手紙の中で、このドイツのインテリ活動家をこのように表現した。

ラサールは、ある種の学者仲間で彼の『ヘラクレイトス』によって得ている名声や、別の取り巻き連中の間で上等なワインや料理によって得ている名声のために目がくらんでいるので、自分が大衆の中で評判が悪いということは、もちろん分かっていない。その上彼は手に負えない。「思弁的概念」への没頭（この男は自乗された新たなヘーゲル哲学を実際に夢想し、それを書こうとしている）、古いフランス自由主義への感染、横柄な書き方、出しゃばり、無策等々。厳格な規律の下に置かれれば、ラサールは、編集員の一人として、職務を全うすることができるかもしれない。そうでなければ、私たちにとってのただの恥さらしだ。[51]

エンゲルスの評価も劣らず厳しかった。「あの男はどうしようもない」[52]。いずれにせよ、マルクスの市民権請求は早々と棄却された。イギリスに帰化もしなかったため、マルクスは残りの人生を無国籍で過ごすことになる。

マルクスの手紙からは、このときのドイツ滞在について興味深い記述を得ることができる。そこには、マルクスの性格が表れている。彼をもてなしたラサールとその連れ添い、ゾフィー・フォン・ハッツフェルト伯爵夫人（一八〇五～一八八一年）は、全力を尽くしてマルクスのために様々なイベントを手配した。しかしマルクスの手紙には、いかに彼が嫌な気分を味わわされたかが綴られている。そこでは、ベルリンで過ごした最初の日々について、上流社会に辟易する様子が簡潔に述べられている。火曜日の晩には、「プロイセン風の自己賛美に満ちたベルリンの一喜劇」を観に行ったが、「胸糞悪いものだった」。水曜日には、オペラ劇場で三時間「実に死ぬほど退屈」なバレエを見せつけられ、そればかりか、「口にするのもおぞましいことに」[53]、国王その人、つまり「『美男子ヴィルヘルム』のすぐそばの桟敷に連れていかれた」[54]。木曜日には、ラサールが午餐会を主催し、「セレブ達」が集まった。その機会に喜ぶなどもってのほかで、マルクスはテーブルで隣になった文芸編集者ルドミラ・アッシング（一八二一～一八八〇年）を次のように評している。「彼女は、私が生まれてから見たこともない怪物で、ぞっとするようなユダヤ風の顔つきで、うすい鼻がするどく突き出ていて、いつも微笑を浮かべながら、歯をむき出しにし、たえず詩的な散文で話をし、常に何か並外れたことを言おうとして、感激をひけらかし、感に堪えないときには、聞いている人たちに唾を吐きかける」[55]。またカール・ジーベル（一八三六～一八六八年）という、ライン地方の詩人で、エンゲルスの遠縁の人物には、こう書き送っている。「私は退屈しきっている。ある種の名士として待遇されており、たくさんの職業的に「理知的な」紳士淑女諸君に会わねばならない。これはひどい」[56]。そして後には、ラサールに、自分にとってロンドンという大都市には「並外れた魅力」[57]がある、たとえ「ほとんど隠者のように」[58]暮らすことを甘受したとしても、と告白することにならざるを得なかったのだった。マルクスは、エルバーフェルト、ブレーメン、ケルン、故郷のトリーアを訪れ、それからまたオランダを経由して、四月末に帰宅した。

家で待っていたのは「経済学」の仕事だった。一八五九年六月、マルクスは『経済学批判』の第一分冊を上梓し、第二分冊をなるべく早く続けて出そうと思っていた。一八六〇年九月にはラサールに「第二部はイースターまでには出版できるだろうと思う」[59]と述べるなど、いつものことながら、マルクスは楽観的だった。しかし、様々な出来事が重なって、研究に戻ることができるまでに二年の歳月が流れていた。マルクスは、この状況に非常に苛立っていた。七月のエンゲルスへの手紙には、不満が見て取れる。「望んでいたほどのスピードでは仕事がはかどっていない。家庭の面倒ごとがたくさんあるからだ」[60]。十二月には、「私の本は進行してはいるが、しかし徐々にだ。こういう理論的なものを、こんな状態の元で急速に仕上げるということは、じっさい不可能である。とはいえ、それは第一部に比べればずっと平易になり、方法ははるかにより隠されたものになる」[61]と述べている。

4 ジャーナリスト活動と国際政治

一八六一年の終わり頃に、マルクスは『ニューヨーク・トリビューン』紙の仕事を再開し、また『プレッセ』紙にも寄稿した。『プレッセ』は、ドイツ語圏で最も人気のあるウィーンのリベラル派の日刊紙で、三万人の購読者を抱え、オーストリア最大の新聞であった。この時期の記事のほとんどは、アメリカ南北戦争に関するものである。マルクスは、この戦争では「今までに実現された人民自治の最高の形態が、人間奴隷の歴史上最も悲惨な形態に戦いを挑んでいる」[62]と描写している。この解釈は、何にも増して、ジュゼッペ・ガリバルディ(一八〇七～一八八二年)とマルクスとの間に大きな溝が横たわっていることを鮮明にするものであった。ガリバルディは、この戦争はただの権力闘争で、奴隷解放とは何の関係もないと感じて、北軍からの司令官のポストへのオファーを断っていた。この点と、彼が両軍を和解させようと試みたことについて、マルクスはエンゲルスにこうコメントしている。「愚かなガリバルディは、ヤンキーへの協調書簡によって恥さらしをやった」[63]。

さらに、マルクスはそれらの記事の中で、南北戦争がイングランドに与える経済的影響についても分析してみせた。イギリス社会で流布していた見解に触れつつ、特に商業の発達や金融の状態を検討している。この点に関しては、ラサールへの手紙に興味深い言及がある。「イギリスの公式筋の新聞はすべて、もちろん奴隷所有者に味方している。奴隷貿易反対の博愛主義で、世界を悩ませたその同じ連中が、である。ともあれ、木綿、木綿なのだ!」[64]。

ラサールへの手紙ではいつも、マルクスは当時最も関心を寄せていた政治テーマの一つに関して様々な考察を披瀝している。そのテーマとは、ロシアとその協力者であるヘンリー・パーマストン(一七八四～一八六五年)、およびルイ・ボナパルト(一七七八～一八四六年)に対する激しい批判である。特に、マルクスはラサールに、自分たちの「党」と、デヴィッド・アーカートというロマン主義的なトーリー党の政治家の見解が、この問題に関して軌を一にすることの正当性を説得しようとしていた。アーカートは、反ロシアそして反ホイッグ党という目的のために、イギリスのチャーティストの機関誌に掲載されたパーマストン批判のマルクスの記事を再出版するということまでやっていた。彼について、マルクスはこう書いている。

彼は主観的に反動的なのだ。(…)このことは、彼のつかさどる対外政策上の動きが、客観的に革命的であることを妨げるものではない。(…)私にとっては全くどうでもいいことだ。言うなれば、ロシアに対する戦争という場合、あなたの従兵が黒赤金〈ドイツの国旗の色〉の動機から鉄砲を打とうと、革命的な動機から鉄砲を打とうと、そんなことはあなたにとってどうでもいいのと同じように。[65]

続いてこう述べられる。「対外政策の上では『反動的』だとか『革命的』だとかいう空文句が、何の役にも立たないのは自明だ」[66]。

マルクスが初めて写真を撮ったのは、一八六一年だとされている[67]。前に置いてある椅子に、手を添えて立っている写真である。頭は既に薄くなってきており白髪だが、髭は濃く真っ黒である。硬い表情からは、それまでに経験し、味わってきた敗北と多くの困難の苦さが滲み出ているが、同時に彼の生涯を特徴づける揺るぎない精神も感じられる。しかしそんな彼でも、不安や憂鬱感からは逃れられなかった。その写真が撮られた時期に、彼はこう書いている。「すべてに関して不安定な状態にあるため、たいそう不機嫌になっている私は、それをまぎらすために、トゥキディデス（前四六〇～四〇〇年）を読んでいる。この古代人は、少なくとも常に新しい」[68]。

カール・マルクス／ロンドンにて、1861年4月

カール・マルクスと彼の娘ジェニー／マーゲイトにて、1866年3月

カール・マルクスと彼の娘ジェニー／ロンドンにて、1869年

VI

『資本論』――未完の批判

1　剰余価値の諸理論に対する批判的分析

一八六一年の八月、マルクスは再び経済学批判に身を投じた。その仕事ぶりは、一八六三年六月までに、貨幣の資本への転化、商業資本、そしてこれまでの経済学者が剰余価値を説明しようとしてきた様々な理論に関する二三冊の分厚いノートを埋めつくすまでに至った[1]。目的は、計画の第一分冊ということになっていた『経済学批判』を完成させることであった。一八五九年に出版されたこの本では、短い第一章「商品」にて使用価値と交換価値が区別され、長めの第二章「貨幣または単純流通」にて価値尺度としての貨幣の諸理論が取り扱われていた。その序言では、こう宣言されていた。「私はブルジョワ経済の体制を次の順序で考察する。すなわち、資本、土地所有、賃労働、国家、外国貿易、世界市場」[2]。

二年後になっても、マルクスの計画は変わっていなかった。彼はまだ、六冊の本を、一冊ずつ一八五九年にリストアップしたテーマそれぞれにあてて書くつもりでいた[3]。一八六八年の夏から一八六二年の三月にかけては、出版計画のうちの第三章になる予定の、新しい章「資本に関する章」に取り組んだ。一八六三年の終わりまでに作った二三冊のノートのうち、最初の五冊の準備草稿では、資本の生産過程、特に(一)貨幣の資本への転化、(二)絶対的剰余価値、(三)相対的剰余価値が考察されている[4]。こうしたテーマのうちいくつかは、既に『要綱』でも検討されていたが、ここではより分析的で、詳細かつ正確な研究がなされ始めていた。

長年重くのしかかっていた経済問題がいっとき和らいで、マルクスは研究により多くの時間を割き、理論的に大きく前進することができた。一八六一年十月の終わり頃、エンゲルスに「ついに事態はすっかり片付いて、私は少なくとも再び足元に堅固な地盤を得ることになった」と書き送っている。『ニューヨーク・トリビューン』紙への寄稿によって、「毎週二ポンド」[5]を確保していたほか、『プレッセ』

紙とも契約を交わしていた。それまで何年も、「差し押さえられていないものは全て質に入れてしまい」、彼の妻も本当に苦しめられてきた。しかしこの「二重の契約」によって、「家庭の慌ただしさに幕を下ろし」、「あの本を完成させる」見込みが立ったという。

しかしながら、十二月には、肉屋やパン屋へツケで支払わねばならず、様々な債権者への借金は百ポンドにのぼる、とエンゲルスに吐露するようになる[6]。こうした心配のために、研究は滞るようになっていく。「理論的なものをこんな状況のもとで急速に仕上げるということは、じっさい不可能だ」。それでも、エンゲルスにはこう伝えてもいた。「第一部に比べればずっと平易になり、方法ははるかにより後景に退いたものになる」[7]。

こうした危機的状況に対処すべく、マルクスは母親やその他の親戚、詩人のカール・ジーベルから金を借りようとした。その後十二月にエンゲルスに送った手紙では、こうした試みは、エンゲルスにいつも「金を無心する」のをやめるためだと説明されている。いずれにせよ、それは不毛な試みに終わった。『プレッセ』紙との契約も、この新聞がマルクスの送った原稿を半分しか掲載せず、したがって支払いも半分だったため、状況改善に資することはなかった。

事態はさらに悪い方向へと向かった。『ニューヨーク・トリビューン』紙が、南北戦争に伴う収支の悪化に見舞われ、外国の通信員の数を減らさねばならなくなったのである。同紙へのマルクスの寄稿は、一八六二年三月十日をもって終わる。それからというもの、彼は一八五一年の夏以来の主たる収入源なしにやっていかねばならなくなった。その月には、マルクスの家の大家が、滞納された家賃を請求してきた。エンゲルスへの手紙によると、マルクスは「あらゆる人々から告訴される」[8]と脅されたという。それにはこう続けられている。「私の本は整然とは進んでいない。というのは、家庭的な障害によってしばしば何週間も仕事が圧迫される、つまり停止されるからだ」[9]。

この頃、マルクスは新たな研究領域に立ち入り始めていた。のちに『剰余価値学説史』として知られるようになる草稿群の執筆に入っていたのである[10]。これは、長い第三章「資本一般」の第五番目[11]にして最後の部分になる予定だった。ノート十冊以上にわたって、マルクスは主たる経済学者たちがいかに剰余価値の問題を扱ってきたかを、詳細に分析している。基本的なコンセプトはこうだった。「すべての経済学者が共通にもっている欠陥は、彼らが剰余価値を純粋に剰余価値そのものとしてではなく、利潤および地代という特殊な諸形態において考察していることである」[12]。

その第六ノートは、重農主義者批判から始まっている。まずマルクスは、彼らを「近代の経済学の本来の父」[13]であるとしている。彼らは、「資本主義的生産の分析のための基礎をすえた」[14]人々であるとされる。剰余価値の源泉を「流通の部面」、すなわち重商主義者が考えたような貨幣の生産性ではなく、「生産の部面」に求めたからである。重農主義者は「剰余価値を創造する労働だけが生産的であるという基本的命題」[15]を理解していた。他方で、「農業労働」が「唯一の生産的労働」[16]だと誤認していた彼らは、「地代」を「剰余価値の唯一の形態」[17]だとしていた。重農主義者は、土地の生産性によって、人間は「自身の生活を維持するのにやっと足りる程度」[18]以上の生産が可能になるという考えにとどまっていた。その理論に従えば、剰余価値は「自然の贈りもの」[19]として現れることになってしまう。

第六ノートの後半と、第七、八、九ノートの多くの部分は、アダム・スミスの検討に当てられている。スミスは、「剰余価値をつくりだすのは、一定種類の現実的労働——農業労働——だけである」[20]という重農主義者の誤った考えを退けた。事実、マルクスの目には、スミスの最も偉大な点は、まさにブルジョワ社会の労働過程において、資本家が「生きている労働の一部分を無償で取得する、すなわち支払うことなしに取得する」[21]こと、あるいは「(労働者の立場からは)より多い労働がより少ない労働と、(資本家の立場からは)より少ない労働がより多い労働と、交換される」[22]ことを理解していたところにあると映った。しかしスミスの限界は、「剰余価値そのもの」を、「それが利潤や地代として受け取るところの特殊な諸形態」[23]から区別しなかったところにある。スミスは、剰余価値を生み出す資本部分との関係ではなく、資本家が原材料を買うために支出した部分も含めた「前貸資本の総価値を越える超過分」[24]として剰余価値を計算していた。

マルクスは、一八六二年四月にマンチェスターでエンゲルスと過ごした三週間のうちに、こうした考えを文章にしていった。家に戻るときに、ラサールにこう書き送っている。

私の本が二ヶ月経たぬうちにできることはあるまい。昨年中は、餓死しないために全くお恥ずかしい売り物を作らなければならず、しばしば何ヶ月もこの「仕事」は一行も進められなかった。おまけに私の性分として、何か自分の書き上げたものを一月してから見ると、どうも不満になって、また全面的に書き直したりしてしまう。[25]

マルクスは根気強く仕事を続け、六月初旬にはジェルマン・ガルニエやチャールズ・ガニル(一七五八～一八三六年)といったその他の経済学者にまで研究を進めた。それから、生産的および不生産的労働の問題に立ち入っていき、またスミスに焦点を当てる。スミスには明瞭でない点もあるが、彼はその二つの概念の区別を引き出していた。資本家の観点からすれば、生産的労働とは、

賃労働のことであって、これは、資本の可変的部分(賃金に投下される資本部分)と交換されて、資本のこの部分(またはそれ自身の労働能力の価値)を再生産するだけではなく、そのうえに資本家のための剰余価値をも生産する。このことによってのみ、商品または貨幣は、資本に転化され、資本として生産されるのである。資本を生産する賃労働だけが生産的である。[26]

他方、不生産的労働とは、「資本とではなくて、直接に収入と、つまり賃金または利潤と交換される

労働」[27]とされる。スミスによれば、王侯や、彼らの周囲の法律・軍事役人の活動は価値を生まず、その点では家庭の使用人の仕事と同類だという。マルクスは、これは「まだ革命的な」、未だ「全社会、国家、等々を自分に従属させていないブルジョワジー」の言葉であると指摘する。

これらの超越的な古く尊い職業、すなわち主権者、裁判官、将校、牧師等々、ならびに彼らがつくりだす古いイデオロギー的諸身分の総体、すなわち彼らの学者、教師および牧師は、経済的には、ブルジョワジーおよび不労の富つまり土地貴族や不労資本家によって扶養されている彼ら自身の従者や遊び相手の群れと同一視されている。[28]

第十ノートでは、フランソワ・ケネー（一六九四〜一七七四年）の『経済表』が熱心に研究されている。[29]マルクスは、これを「最高の天才的な、疑いもなく最も天才的な着想であったし、今までに経済学がそのおかげをこうむってきた着想であった」と、高く称賛した。[30]

その一方、マルクスの経済状況は絶望的なままだった。六月中旬のエンゲルスへの手紙には、「妻は、子供達と一緒に墓に入ってしまいたいと毎日私に言ってくる。私には妻を責めることはできない。なぜなら、この境遇を耐えなければならない屈辱、苦悩、恐怖は、実際筆舌に尽くしがたいから」。既に四月には、一家はちょっと前に質屋から取り戻したばかりの所有物をみな、また質に入れなければならなくなっていた。あまりに切羽詰まって、イェニーは夫の書棚から本を売る決心をするほどだった。もっとも、買い手を見つけることはできなかったが。

しかし、マルクスは「非常に良く仕事をする」ことができ、六月半ばにはエンゲルスに満足げにこう語っている。「変な話だが、私の頭は周囲のあらゆる惨めさの中で、この数年来になく良く回転している」[31]。研究は進み、第十一、十二、十三ノートが夏の間に出来上がる。ここでは、出版に向けて準備中のテキストに「もう一章」[32]として追加することにしていた、地代の理論が扱われた。ヨハン・ロードベルトゥス（一八〇五～一八七五年）の考えを批判的に検討したのち、デヴィッド・リカードウの原理が詳しく分析されている。リカードウは絶対地代の存在を否定し、土地の豊度と位置で決まる差額地代しか認めなかった。絶対地代は「価値が一定量の労働時間に等しいという概念」と矛盾するため、リカードウの理論において、余計なもの以外の何物でもなくなってしまうからである。[33]また絶対地代の存在を認めれば、農産物は常に超過利潤を含んで売られるということをも認めなければならなくなる。[34]それに対し、マルクスの絶対地代の概念においては、「ある種の歴史的事情のもとでは、土地所有は実際に、原材料の価格を高くする」[35]ということが主張されている。

このエンゲルスへの手紙の中では、「理論的な仕事をこんなに進めることができたのは」「真の奇跡である」と述べられている。[36]マルクスの家の大家は、管財人の下へ突き出すぞとまた脅しをかけてきており、借用書を持った物売りたちは食料を取り上げ、法的措置をとることを口にしていた。またもやエンゲルスに援助を求めざるを得なくなったマルクスは、妻と子供がいさえしなければ、「絶えず［あなたの］財布を圧迫するよりも、ずっと、普通の下宿に引っ越すことの方を選ぶのだが」と打ち明けている。[37]

九月のことである。次の年に「鉄道事務所」に職を得られるかもしれないと、マルクスはエンゲルスに書き送っている。[38]十二月には、ルートヴィヒ・クーゲルマン（一八二八～一九〇二年）に、あまりにも状況が悪いので「『実務家』になろうと決心」したとも伝えている。しかし、これは成就しなかった。いつもの皮肉な調子で、「幸か不幸か、私の悪筆が理由で、その地位にはつけなかった」と述べている。[39]その一方、十一月初旬には、フェルディナント・ラサールに「六週間ほど」仕事を中断せざるを得なかったが、「妨げられながらも仕事を続けてはいる」と書いている。そして「しかし」と続け、「だんだんと終わりつつある」とも。[40]

この間に、マルクスは第十四、十五ノートと二冊のノートをさらに作っていた。ここでは、様々な理論経済学者たちに対する批判的分析がなされている。剰余価値は「売り手が商品をその価値よりも高く売ることから」生ずるとしたトーマス・ロバート・マルサスは、過去の経済理論へと逆戻りしたと評されている。というのも、それでは商品交換から利潤が発生することになるからである。[41]またジェームズ・ミルは、剰余価値と利潤の概念を理解できていないと糾弾されている。サミュエル・ベイリー（一七九一～一八七〇年）は、内在的価値尺度と商品の価値とを区別できず、混乱に陥っているとされ、ジョン・ステュアート・ミルは「剰余価値率と利潤率」とが異なる値を持つことを認識していないとされる。[42]利潤率は、賃金水準だけでなく、それに還元できない他の要因にも左右されるのである。

マルクスは、例えば社会主義者のトーマス・ホジスキンなど、リカードウの理論に反対した経済学者たちにも大いに注目していた。最後には、『収入とその諸源泉』（出版年不明）という、匿名の著作が取り扱われている。マルクスは、「支配的な層の、資本家たちの、立場」を「教義的」かつ「弁護論的な」言葉に翻訳しているこの本は「俗流経済学」の完璧な見本だと断じた。[43]ここで、過去の主要な経済学者が提出してきた剰余価値についての諸理論の分析は終えられ、商業資本、すなわち剰余価値を生み出さず、それを分配する資本の研究に入る。[44]「利子生み資本」に対する非難は「社会主義として膨れ上がっている」が、「現実の資本主義的生産には手を触れずに」「その諸結果の一つだけを攻撃する」「改革者的な知恵」に構っている時間はマルクスにはなかった。それに対して、こう述べられる。

利子生み資本としての資本の完全な物化、転倒、倒錯状態――といってもそこにはただ資本主義的生産の内的な性質、その倒錯状態が最も明瞭な形態で現れているだけなのだが――、それは「複利」を生むものとしての資本である。そこでは資本は一個のモロク神として現れるのであって、このモロク神は、全世界を自分のための当然の犠牲として要求するとはいえ、奇異な運命のために、彼の本性そのものから生ずる彼の正当な要求が決して満たされることなく、絶えず妨害される。[45]

同じ調子で、このようにも述べられている。

こうして、利潤ではなくて、利子が、資本そのものから（…）流出する資本の価値創造物として現れ、したがって、資本によって独自に創造される収入として現れる。それだから、それは俗流経済学者たちによってもこの形態で把握されるのである。（…）いっさいの媒介は消え去り、そして資本の物神的姿態は資本物神の観念とともに完成している。この形態が必然的に生まれるのは、資本の法律的な所有がその経済的所有から切り離され、利潤の一部分の取得が、利子の名の下に、生産過程から全く切り離された資本それ自体または資本所有者のもとに流れ込むということによってである。資本を価値の、価値創造の、独立な源泉として説明しようとする俗流経済学者にとっては、当然、この形態は掘り出し物である。この形態では利潤の源泉はもはや判別できなくなっていて、資本主義的な過程の結果が――この過程から切り離されて――独立な定在を得ている。M-C-M'にはまだ媒介が含まれている。M-M'は、資本の無概念的な形態であり、生産関係の最高度の転倒と物化なのである。[46]

商業資本研究の次には、一八六一～六三年の経済学草稿の第三段階とも見うるところへ移っていった。これは一八六二年の十二月に、「第三章」[47]とされる第十六ノートの「資本と利潤」の編から開始された。ここでマルクスは、剰余価値と利潤の区別の概要を素描している。第十七ノートも、同じく十二月に作られているが、ここでは（第十五ノートでの考察に従いつつ）[48]商業資本や資本主義的再生産における貨幣還流の問題に立ち戻っている。年末には、「第二部」あるいは「第一分冊の続き」は、「約三

○印刷ボーゲン」に相当する草稿であり、「いまやっとできあがった」とクーゲルマンに進捗報告をしている。そして『経済学批判』での最初の計画から四年にして、ここで予定された著作の構造が見直される。マルクスは、『資本論』という言葉をここで初めてタイトルに使うことを決め、一八五九年に使っていたタイトルは「ただの副題」になると、クーゲルマンに告げている。[49] そのほかの点は、元の計画通りに進められていた。マルクスが書こうとしていたのは、「第一部の第三章、すなわち資本一般」だった。[50] 最終準備段階に入ったその巻は、「イギリス人が『経済学原理』と呼ぶもの」を含むとされていた。一八五九年の分冊で既に書いたものとともに、それはマルクスの経済理論の「真髄」をなす。それゆえ、クーゲルマンにはこう伝えられる。この公開しようとしている部分をベースにすれば、「これに続くものの展開は（例えば社会の様々な経済構造に対する様々な国家形態の関係などを除けば）他の人でも容易に成し遂げられるだろう」。

マルクスは、原稿の「清書」[51] は新年には出来上がり、それを自分でドイツに持っていこうと思っていた。それから、「資本、競争および信用の叙述を完成」することにしていた。同じクーゲルマンへの手紙の中で、一八五九年に出版された著作の書きぶりと、その時準備中だった著作のそれとを比べてもいる。「第一分冊での叙述の仕方は全く一般向きではなかった。これは部分的には対象の抽象的性格（…）のせいである。今度書くところは、より具体的な関係を論じているため、もっとわかりやすい」。違いを説明するため、ほとんど弁解のように、こう続けている。

科学を革命しようとする科学的試みが、実際一般向きであるわけがない。しかし、ひとたび科学的土台が置かれれば、一般向きにすることは容易である。時代がもう少し激しくなれば、これらの対象を一般向きに叙述するために必要な色合いを再び選ぶこともできるだろう。[52]

数日後、新年を迎えたマルクスは、著作の構成項目をより詳しく挙げていった。第十八ノートに示された計画では、「第一編」である「資本の生産過程」は次のように分けられるとされている。

一、序説。商品。貨幣。二、貨幣の資本への転化。三、絶対的剰余価値。(…)四、相対的剰余価値。(…)五、絶対的剰余価値と相対的剰余価値との結合。(…)六、剰余価値の資本への再転化。本源的蓄積。ウェイクフィールドの植民理論。七、生産過程の結果(…)八、剰余価値に関する諸学説。九、生産的労働と不生産的労働とに関する諸学説。[53]

第一巻だけにとどまらず、著作の「第三編」になる予定だった「資本と利潤」の計画も立てている。ここでは、『資本論』第三巻に含まれることになるテーマが既に示されており、次のように分かれるとされていた。

一、剰余価値の利潤への転化。剰余価値率と区別された利潤率。二、利潤の平均利潤への転化。(…)三、利潤及び生産価格に関するアダム・スミスとリカードウの学説。四、地代。(…)五、いわゆるリカードウ地代法則の歴史。六、利潤率低下の法則。七、利潤に関する諸学説。(…)八、産業利潤と利子とへの利潤の分裂。(…)九、収入とその諸源泉。(…)十、資本主義的生産の総過程における貨幣の還流運動。十一、俗流経済学。十二、結び。資本と賃労働。[54]

一八六三年一月に作られた第十八ノートでは、商人資本の分析も続けられている。ジョージ・ラムゼー(一八五五~一九三五年)、アントワーヌ=エリゼ・シェルビュリエ(一七九七~一八六九年)やリチャード・ジョーンズを渉猟しつつ、様々な経済学者たちによる剰余価値の説明方法に、マルクスはコメントを挿入していっている。

この頃のマルクスの家計はやはり逼迫し続けており、むしろ一八六三年の初め頃からは悪化しつつあった。エンゲルスへの手紙にはこう書かれている。「フランスとドイツで金を調達する試みは失敗し、誰も食料を掛けで売ってはくれなくなり、「子どもたちは外出するための服も靴も持っていない」[55]。二週間後、マルクスは奈落の淵に立たされることになる。別のエンゲルスへの手紙では、生活を共にしてきた家族たちに、こうするのが避けられないと伝えたと述べられている。「上の方の二人の子供はカニンガム家の計らいによって家庭教師の職に就けるだろう。レンヒェン〈マルクス家のメイド、ヘレーネ・デムートの愛称〉は他の勤めに就くはずだ。私は、妻とトゥッシヒェン〈エレノアの愛称〉を連れて、往年ヴォルフが家族と一緒に住んでいたのと同じ貸アパートに移る」[56]。同じ頃、マルクスにまた新しい健康問題が発生した。二月前半は、「読書・書き物・喫煙は全て厳禁」とされた。「一種の眼炎にかかって、それが頭部神経のひどく不快な興奮と結びついていた」。月の半ばになってようやく執筆に戻ることができたが、それまでの長い休息の間、不安のあまり「盲目状態か錯乱状態の時にやるかもしれないような種々雑多な心理的夢想にふけっていた」とエンゲルスに書き送っている[57]。しかし目の病気から治って一週間ちょっとで、肝臓の不調に苛まれた。この病気には、これから長いこと苦しめられることになる。かかりつけのアレン医師のところに行けば、全ての仕事の中断という「十分な治療」を施されることになるので、マルクスは、もっと簡単な「家庭薬」をエドュアルト・グンペルト医師から出してもらえないか、聞いてみてほしいとエンゲルスに頼んでいる[58]。

この間、機械制について研究した少しの時期を除き、マルクスは経済学の綿密な研究を手控えざるを得なかった。しかし三月には、「怠けていた時間を取り戻す」決意を固める[59]。そして、蓄積、資本への労働の実質的および形式的包摂、資本と労働の生産性について扱った、二〇番目と二一番目の二冊のノートが作られる。これらの議論は、剰余価値という、当時の彼の研究のメインテーマと関連していた。

五月の終わり頃のエンゲルスへの手紙には、前の週に大英博物館でポーランド問題[60]についての研究もやった、とある。「私がやったのは、一つは、ロシア＝プロイセン＝ポーランド事件における私の知識の欠落（外交的、歴史的なこと）を埋めることと、もう一つは、経済学で私が取り扱った部分に関する各種の文献史的なものを読んで抜粋を作ることとだった」[61]。五月と六月に書かれたこれらのメモは、AからHの記号がつけられた八冊のノートに書きつけられている。そこには、十八世紀と十九世紀の経済学研究をまとめた何百ページもの文章が連ねられている[62]。

エンゲルスへの手紙には、「比較的また仕事ができる」気がしてきたから、マルクスは「重荷を片付ける」決心をし、「経済学を印刷のために清書する（そして最後の磨きをかける）」ことにしたと書かれている。しかし、依然として「肝臓はひどく腫れて」おり[63]、「硫黄を大量に摂取した」にもかかわらず、まだ「あまり心地よい気はしていない」という[64]。いずれにせよ、マルクスは大英博物館に再び通い、六月中旬には「経済学の仕事に一日十時間」かけている、とエンゲルスに告げている。これは、剰余価値の資本への再転化を分析するにあたり、第二二ノートでケネーの『経済表』を再構成している時期に相当する[65]。一八六一年に始まったこのノートの作成は、次の第二三ノートで終わりを迎える。この最後のノートには、主にメモや補足的なコメントが書き込まれている。

二年間の激しい仕事を終え、主たる経済学の理論家を深く批判的に検討した結果、生涯の主要著作を完成させようという気持ちが、マルクスの中でこれまでになく高まった。概念や議論の展開には、解決していない問題がまだ多く残っていたが、歴史的な部分を完成させたことで、ついに理論問題に向かい合わなければならないときがやってきたのである。

2 三巻本の執筆

マルクスは歯を食いしばり、新たな段階に入っていった。一八六三年の夏、自らの代表作となるべきものの著述に取り掛かり始めた[66]。それから一八六五年十二月までの期間、マルクスはその第一巻、第三巻の大部分（資本主義的生産の完成した過程についての唯一の説明）[67]、それから第二巻の最初のバージョン（資本の流通過程についての最初の一般的な著述）と、順々に草稿を準備し、様々な箇所について最も詳細なバージョンを作成する作業に没頭した。一八五九年の『経済学批判』の「序言」に示された六部プランに即して言うと、マルクスは元々第二部と第三部で扱うとしていた地代と賃金に関するテーマの多くを取り入れている。一八六三年八月中旬、マルクスは最新の進捗状況をエンゲルスに知らせている。

私の仕事（印刷のための原稿）は、ある点ではうまく進行している。最後の完成稿では、私の考えでは、かなり一般向きの形をとるだろう。（…）その一方で、私は一日中書いているにもかかわらず、ずっと押さえ込まれてきた私自身の焦りに応ずるほどには早くは進んでいない。いずれにせよ、それは第一号よりは百パーセント分かりやすくなるだろう。[68]

マルクスは秋まで猛烈なペースを保ち、第一巻の執筆に集中した。しかしその結果として、彼の健康は急速に蝕まれていき、十一月には妻が「ひどい病気」と呼ぶ状態を呈するようになる。この病気と、彼は生涯戦い続けなければならなくなる。それは吹き出物の一種で[69]、身体中のいたるところに膿瘍と深刻かつ不快なできものを生み出す、厄介な感染症だった。

大きな吹き出物の痕にできるひどい潰瘍のために、マルクスは手術を受けなければならず、「一時命の危険に晒された」。のちに妻が振り返ったところによると、危険な状態が「四週間」続き、マルクスは激しい痛みに常に襲われ、心労とあらゆる種類の精神的苦痛に苛まれたという。というのも、一家の財政状況は「奈落の淵に」あったからである[70]。

十二月の初め、回復の途上にあったとき、マルクスはエンゲルスに「棺桶に片足をつっこんだ」と言っている[71]。その二日後には、自分の身体の具合は「小説のいい題材」なのではないかと思い至ったという。前から見ると、自分は「内側の男をポートワイン、ボルドーワイン、黒ビールやたっぷりの肉塊で楽しませている」ように見える。しかし「背中には外側の男がいて、恐ろしい吹き出物がある」ような男[72]。

そんな中、マルクスの母親が亡くなり、遺産整理のためにドイツに行かなければならなくなる。その旅路のうちに彼の健康はまた悪化し、帰りにオランダのザルトボメルにいる叔父リオン・フィリップスのところに数ヶ月滞在せざるを得なくなる。このときには、今までで最も大きな吹き出物が右足にでき、喉と背中にもひどいできものができていた。その痛みは非常に激しく、夜も寝られないほどであった。一八六四年一月後半のエンゲルスへの手紙には、「本物のラザロ〈新約聖書の登場人物〉のように、隅々から同時に打たれている」かのようだとある[73]。

ロンドンに戻った後も、感染症と皮膚の問題はマルクスの身体を春先まで冒し続けた。やっと計画していた仕事が再開できるようになったのは、四月も中旬にさしかかろうという頃だった。既に五か月以上、仕事は中断されたままになっていた。そのときには、マルクスはやはり第一巻に集中しようとしていた。いわゆる「直接的生産の諸結果」という、最初のバージョンで唯一残っている部分が書かれたのは、まさにこの頃のようである。

五月の終わりになる頃には、身体にまた新しい膿ができて、筆舌に尽くし難い苦痛を生じさせた。何を犠牲にしても執筆を続けようとして、またもやアレン医師とその「いつもの治療法」をマルクスは嫌がった。とにかく「やり遂げなければならない」仕事の妨げになるからである。マルクスは、いつも「どこか具合が悪い」と感じていて、不安をマンチェスターにいる友に打ち明けている。「より困難な論題を取り扱うために私がしなければならなかった大決心も、このどこかが悪いという感覚の一因となっている。このスピノザ学派的な表現を許してほしい」[74]。

夏になっても、彼の健康状態に変化はなかった。七月の初めの数日は、インフルエンザに倒れ執筆ができなくなった[75]。二週間後には、陰茎にかなりひどい傷を負って、十日間起き上がることができなかった。七月の最終週から八月の初めの十日間、ラムズゲートでの家族との療養を経てようやく、仕事に取りかかれるようになった。マルクスは新たに、第三巻の執筆に入った。その第二編「利潤の平均利潤への転化」、それから第一編「剰余価値の利潤への転化」(この部分の完成は恐らく一八六四年十月の終わりから十一月の初めの間である)が、この時に書かれている。この頃、マルクスは国際労働者協会の会合にまめに参加しており、十月に『創立宣言』や『規程』を執筆している。その月には、共産主義者同盟のメンバーだったゾーリンゲンの金属加工労働者カール・クリングス(一八二八~没年不詳)に手紙を書き、自らの不遇な状況と遅れが避けられなかった理由を伝えている。

私は昨年中ずっと病気だった(吹き出物や膿ができて)。それがなければ、経済学に関する私の著作『資本論』はとっくに出ていた。今度こそ、二、三ヶ月のうちにそれを仕上げて、ブルジョワジーに対し理論的に打撃を与え、彼らが二度と立ち上がれないようにしてやろうと思っている。(…)私が、今でも労働者階級の忠実な擁護者だということを信じてほしい。[76]

インターナショナルの務めによる中断の後に、マルクスは仕事を再開し、「利潤率の傾向的低落の法則」と題された第三巻の第三編を書いた。この仕事の間には、また病気が彼を襲った。十一月に「また別の吹き出物が右胸の下にでき」[77]、一週間床に臥せることになった。その後も、「書こうとして前かがみになる」[78]のはつらい状態が続いた。翌月、右半身に新しい吹き出物ができる感覚があり、それを自分で治すことにした。エンゲルスには、アレン医師に見てもらうのをためらっていると伝えている。アレン医師には、ずっとヒ素療法に頼っていることを伝えていない上に、「吹き出物の存在を隠していた」ことを「ひどく非難」されると思ったからである[79]。

一八六五年の一月から五月にかけては、第二巻に没頭した。草稿は三つの章に分かれていたが、エンゲルスが一八八五年に出版したバージョンでは編になっていた。第一章「資本の諸変態」、第二章「資本の回転」、そして第三章が「流通と再生産」である。ここでは、新しい概念が提起され、第一巻と第三巻の理論のいくつかが関連づけられている。

新年になっても、吹き出物はマルクスを苦しめ続け、二月中旬にまたその牙を向けた。エンゲルスへの手紙によると、今度は昨年とは違い、「労働能力はやられていない」ので「完璧に仕事ができ」た。しかし、それは楽観的すぎた[80]。三月初旬になると、「あちこちと敏感で『厄介な』ところを持病で悩まされており、腰掛けているのが難儀だ」という状態に陥った[81]。その月の中旬まで治らなかった「吹き出物」に加えて、インターナショナルも「多大な時間」を食った。それで時には「朝の四時になってやっと床に就ける」というようなことになっても、著書の仕事を止めはしなかった[82]。

それから完成までの最後の一踏ん張りは、出版社との契約だった。共産主義者同盟の頃からの旧知の同志であるヴィルヘルム・シュトローン（生没年不詳）の仲介のおかげで、ハンブルクのオットー・マイスナー（一八二九～一九〇二年）から、「書籍『資本論——経済学批判』」の出版について合意するという旨の、三月二一日付の手紙が届く。そこには、「およそ五〇折[83]で、二冊本」になるとあった[84]。

時間はあまりなかった。四月にはまた、エンゲルスに「夜遅くまでの仕事や（…）、服用した薬草のために（…）、濡れ雑巾のようにぐったりしている」と書き送っている[85]。五月中旬、「いやなできものが」左股に、「人には言えないところの近くに」できた[86]。一週間後になっても、そのできものは「まだ治っていない」が、運良く「それは局部的に私を悩ますだけで、頭を乱してはいない」。マルクスは、「仕事のできる時間」をうまく利用し、「馬のように仕事をしている」とエンゲルスに伝えている[87]。

五月の最終週から六月の終わりまでの間には、『賃金、価格および利潤』という短い本を書いた[88]。そこでマルクスは、賃金上昇は労働者階級にとって好ましいものではなく、労働組合が賃上げを要求するのは実は有害だという、ジョン・ウェストン（生没年不詳）の説に反論している。その根拠として、「賃金の一般的騰貴は一般的利潤率の低落を生ぜしめるが、諸商品の平均価格またはそれらの価値には影響しない」ことが示されている[89]。

同じ頃、マルクスは「商品資本および貨幣資本の商品取引資本および貨幣取引資本への（商人資本への）転化」と題された、第三巻第四編の執筆もしている。一八六五年末には、エンゲルスに新しい進捗報告がなされている。

理論的な部分（はじめの三巻）を完成させるためには、まだ三つの章を書かなければならない。それからさらに第四巻、歴史的――文献的な巻を書かなければならないのだが、これは私にとっては相対的に最も容易な部分である。というのは、問題は全てはじめの三巻の中で解決されていて、この最後の巻はむしろ歴史的な形での繰り返しだからである。しかし、私は、全体が目の前に出来上がっていないうちに、どれかを送り出してしまう決心がつきかねる。たとえどんな欠陥があろうとも、私の著書の長所は、それが一つの芸術的な全体をなしているということである。そしてそれは、ただ、全体が目の前に出来上がっていないうちは決して印刷をさせないという私のやり方によってのみ、達成されうる[90]。

避けがたい遅れと不都合な出来事の連続で、この仕事のやり方を見直さざるを得なくなっても、マルクスは、すぐに出版できるよう、第一巻の原稿をまずは完成させる方が有益なのか、それとも著作の全体をなす全ての巻を書き終える方がよいのか、自問していた。エンゲルスへの別の手紙では、「問題のポイント」は、「草稿の一部分を清書して本屋に送るか、それともまず全体を書き上げるか」ということだと述べられている。マルクスは、後者の方がよいと思っていたが、第一巻以外の巻の仕事も無駄ではないと、エンゲルスに改めて確約している。

［事情を考慮すれば］この仕事は、何の芸術的な顧慮もしなかったとしても、誰がなしうるよりも早く進められた。その上、私には六〇印刷ボーゲン[91]という上限が定められているのだから、全体を目の前において、定められた限界の中で、個々の部分が一様にバランスのとれるようにするためには、どれだけ圧縮し削除すればよいかを把握しておくことがどうしても必要である。[92]

マルクスは、「できるだけ早く完成させるために全力を尽くしている」と強調した。これは彼に「夢魔のようにのしかかっていた」。「何も他のことは」できず、新たな政治的な騒乱がはじまってしまう前に、マルクスはそこから抜け出したかったのである。「時勢はいつまでも今のように平穏ではなかろうということは、私も承知している」[93]。

結局第一巻の完成を先行させることにしたものの、マルクスは、第三巻で途中までやったことをそのままにしておきたくはなかった。一八六五年の七月から十二月までの間に、断片的な形ではあるが、第五編（「利子と企業利得への利潤の分裂。利子生み資本」）、第六編（「超過利潤の地代への転化」）、第七編（「諸収入とその源泉」）を作り上げた[94]。したがって、マルクスが一八六四年の夏から一八六五年末までに作った第三巻の構成は、剰余価値に関する諸理論についての草稿の第十八ノートに含まれていた、一八六三年一月の十二箇条の計画とよく似ていたと言える。

このときのマルクスの仕事の進捗は、家計の困難が軽減されていたことにもよるが、それは長続きしなかった。一年かそこらでその問題は再燃し、夏には健康も再度悪化し出した。それに加えて、ロンドンでの最初の会議を控えて、九月にはインターナショナルの仕事が特に忙しくなった。十月、マルクスはマンチェスターのエンゲルスを訪れたが、ロンドンに戻ってくると、さらにひどい出来事が彼を待ち受けていた。娘のラウラが病気で倒れ、大家が家族を追い出し管財人の元に突き出すとまた脅しをかけてきていた。そして「その他あらゆる下賤なやつら」からの「脅迫状」が届き始めていた。エンゲルスへの手紙には、妻のイェニーが「あまりにも心細そう」なので、マルクスも「本当のことを説明して聞かせる勇気が出ず」「実際どうすればいいかも分からない」とある[95]。唯一の「吉報」は、フランクフルトにいた七三歳のおばが亡くなったことだった。遺産の分け前を少し期待できそうだったからである。

3 第一巻の完成

一八六六年の初め、マルクスは『資本論』第一巻の新しい草稿に取り掛かり始めた。一月中旬には、ヴィルヘルム・リープクネヒト（一八二六〜一九〇〇年）に近況を知らせている。「(…) 病気、色々な災難による不運、インターナショナルに忙殺されていることなどが、私の原稿の清書のための自由な時間を寸刻に至るまで奪ってしまう」。それでも、終わりには近づいていると感じており、「第一巻は、三月には印刷しに出版社に持っていけるだろう」と言っている。さらに、その「二冊」は「同時に刊行される」とも付け加えている[96]。同じ日にクーゲルマンに送られた手紙では、「毎日十二時間その清書に没頭している」と書かれている[97]。それでも、ハンブルクの出版社に持っていけるのは二ヶ月後なのである。

しかし、この予告に反して、吹き出物や体調不良と戦っているうちに丸一年が過ぎてしまう。一月末に、妻イェニーは、古くから親しい同志ヨハン・フィリップ・ベッカーに、夫が「以前にもかかった、危険で痛みの激しい病気のためにまた寝込んでいる」と知らせている。今回は、「始めたばかりの著作のための清書」を中断されてしまい、マルクスは今までになく「落ち込んで」いた。「この新たな発病の原因は、ひとえに過労と継続的な徹夜」だと、彼女は見ていた[98]。

それからわずか数日後、激痛がマルクスを襲い、彼は危うく命を落としかけた。書き物をできるほどに回復すると、エンゲルスに次のように打ち明けている。

今度は命に関わるものだった。家族は、それがどれほど重大だったか知らなかった。もしこれがもう三度か四度も同じように繰り返されるなら、死んでしまうだろう。驚くほど痩せてしまい、心は無事なのだが、足腰がまだ忌々しいほどに弱っている。医者たちは、この再発の主要な原因は夜に仕事をしすぎるからだと言っているが、その通りだと思う。しかし私は、このような不摂生をせざるを得ない原因を先生たちに知らせることはできない。それは全く無益なことであろう。目下のところ、まだ体のあちこちに小さなものができていて痛いが、全く危険ではなくなった[99]。

このようなことがあっても、マルクスの視線は主として目の前の仕事の方に注がれていた。

私にとって最も不愉快だったのは、肝臓病が治った一月一日以来、素晴らしく進捗していた仕事が中断されることだった。「座ること」はもちろん問題外だった。(…)昼のうちの短い間だけだったとはいえ、なんとか進めてきた。本来の理論的な部分に進展はなかった。それには頭脳が衰えすぎていた。そのため「労働日」に関する編を歴史的に拡大したのだが、これは私の最初のプランにはないものだった。[100]

この手紙は、この頃のマルクスの生活を簡潔に言い表したフレーズで締めくくられている。「著作に全ての執筆時間を振り向けている」[101]。一八六六年よりもこれが当てはまる年はあるまい。エンゲルスはこの状況を深刻に受け止めた。最悪の事態を恐れ、これまで通りのやり方を改めるように迫っている。

いよいよ本当にきちんとした処置をして、その厄介な吹き出物を完治させなければならない。たとえそのために本がさらに三ヶ月遅れたとしても。病状はあまりに深刻すぎるし、あなた自身の言うように、理論的な仕事をするには頭脳の具合がよくないのなら、とにかく高級な理論から少しは離れて頭を休ませるべきだ。しばらくは夜に仕事するのをやめて、もう少し規則正しい生活を送らなければならない。[102]

エンゲルスがすぐにグンペルト医師に相談したところ、もう一度ヒ素を服用すべきということだった。ただ、エンゲルスは本の完成についても提案をしている。『資本論』全体を、その一部を先に出版することなしに書き上げるという、全く現実的でないアイデアをマルクスに何とか諦めさせようと、こう尋ねている。「第一巻をまず印刷に回して、第二巻を数ヶ月後にすることはできないだろうか？」[103]。あらゆる事態を考慮し、エンゲルスは最後に賢明な判断を下している。「あなたの本の最後の数章が完成しても、もし何らかの事件の不意打ちを食らって、第一巻さえも印刷できなかったら、全部水の泡だろう」。

マルクスは、真面目な調子とふざけた調子を行ったり来たりしながら、エンゲルスの懸念に逐一答えた。「使用法つきの処方箋を送るよう、グンペルトに口頭か手紙で伝えてほしい。私は彼を信頼しているのだから、彼はその信頼に応えて、「経済学」のためにも、職業上のエチケットを無視して、マンチェスターから私を治療してもらいたい」[104]。本の計画については、次のように述べられている。

この「忌々しい」本については、現在のところこうなっている。それは十二月末にできあがった。地代に関する論述、つまり最後から二番目の章だけでも、今の草稿では、ほとんど一冊の本をなしている[105]。私は昼間は博物館に行き、夜に書いた。ドイツにおける新しい農芸化学、ことにリービッヒやシェーンバインは、この問題に関しては全ての経済学者をひっくるめた以上に重要である。他方、私が近頃この点を取り扱い始めてから、フランス人たちによってこれについて提供された大量の材料がある。それらを私は読破せねばならなかった。地代に関する私の理論研究は二年前に終わっている。そして、ちょうどこの間に多くのことがなしとげられ、それらは完全に私の理論を確証していた。日本についての解明も（普段は私は、職業上仕方のないとき以外は、旅行記を読むようなことは概してないのだが）、この点では重要だった。そのために、イギリスの工場主のやつらが一八四八～五〇年に同一人に対して適用したような「交替制」を、私は自らに適用した[106]。

昼は図書館で最新の知見に遅れをとらないよう勉強し、夜は原稿に取り掛かる。これが、本の完成に向けて全てのエネルギーを注ぎ込むべく、マルクスが自らに課した過酷な日課であった。本について、エンゲルスにはこう伝えられている。「できあがったとはいえ、原稿は、その現在の形では途方もなく長大で、私以外の誰のためにも、あなたのためにさえも、出版できるようなものではない」。それから、ここ数週間の状況が述べられている。

私は清書と文体の調整をちょうど一月一日から始めた。それは滞りなく進捗した。というのも、多くの産みの苦しみの後で、生まれた子供を舐め回してきれいにするのは、私にとっても当然ながら楽しみだったからである。ところが、そうするうちにまたもや吹き出物ができて、仕事を進めることができなくなり、計画上は既にできあがっていた部分に、よりたくさんの事実を盛り込むことしかできなくなった。[107]

最終的にマルクスは、出版スケジュールを分割するというエンゲルスのアドバイスを受け入れた。「私もあなたの意見に賛成で、第一巻が出来上がり次第、マイスナーのところに持って行こう」。「しかし」と彼は続ける、「完成させるためには、まず座ることができないといけない」[108]。

実際には、マルクスの健康は悪化し続けていた。二月も終わりに近づく頃に、身体に二つの大きな吹き出物が新しくできて、彼はそれを自力で処置しようとした。エンゲルスへの手紙によると、マルクスは「鋭利なカミソリ」を使って「上の方のやつ」を自分で切開した。「臭い血が流れ出した(…)というより、噴出した」。「多少の治療」は必要なものの、それでその吹き出物は「葬られた」と彼は判断している。「下の方のやつ」については、「悪性になり、私の手には負えない。(…)この実に不愉快なやつが進行した場合には、アレンにきてもらうしかない。というのは、自分の目で見て治療することができない場所にできているからだ」[109]。

このような痛ましい便りを読んで、エンゲルスはこれまでにない激しさで友を詰った。「そんな慢性的にでき続ける吹き出物に、いつまでも耐えられる人間はいない。結局、吹き出物が悪化するあまり、あなたも息の根を止められるより他なくなる。そうなったら、あなたの本と家族はどうなってしまうだろうか」[110]。エンゲルスは、マルクスをいくらか安心させようとして、どんな金銭的な犠牲も払う覚悟があると伝えた。そして「頭を冷やす」ように嘆願しつつ、とにかく完全に休むよう提案している。

病気から回復してもらう、という私とあなたの家族の唯一の願いを叶えさせてほしい。もしあなたの身に何かあったら、全ての運動はどうなってしまうだろうか。だから、あなたがどのように行動するかが問題にならざるを得ないのである。私は、この件からあなたを脱出させるまでは、昼も夜も気が休まらない。あなたからの便りのない日はいつも不安で、また病気が悪化しているのではないかと想像してしまう。注意。本来切開しなければならないはずの吹き出物を、放置しておくようなことは二度としてはならない。それは極めて危険だ。[111]

最終的に、マルクスは自分自身をなだめすかして、仕事から少し離れることにした。三月十五日に、ケントの海沿いのリゾート地・マーゲートへと旅行し、その十日目に自身の状況について知らせている。「何も読みもしなければ書きもしない。日中に三回ヒ素を摂取するためだけに、食事と散歩の時間を調整しなければならない。(…)ここでは人付き合いも、もちろんない。ディー河の水車屋[112]とともに、『わしは誰のことも気にかけないし、誰もわしのことは気にかけない』と歌っていられる」[113]。

四月のはじめごろには、友のクーゲルマンに「だいぶ回復した」と書き送っている。しかしこの中断のせいで、「さらに二ヶ月以上」もの時間が完全に失われ、本の完成は「またしても遠のいた」と、不満をもらしている[114]。ロンドンに戻ってからも、リウマチやその他の問題の発生のために、さらに数週間は仕事が再開できなかった。マルクスの身体は、未だ傷つき損なわれていた。六月のはじめごろのエンゲルスに宛てた手紙では、「幸いにして吹き出物は全く再発していない」[115]ものの、仕事が「身体の状態のせいで思わしく進捗していない」ことに苛立っている[116]。

七月、マルクスは日常茶飯事となった三つの敵と向き合わなければならなくなる。家賃の滞納という、リウィウス〈古代ローマの歴史家〉のいわゆる「遅延による危険」と、発生しつつあった新たな吹き出物と、肝臓の病の三つである。八月には、健康の状態は「毎日一進一退を繰り返している」が、概ね良好だとエンゲルスに書き送っている。結局、「仕事が再開できるという気分がかなり効いた」のだった[117]。ただ、「あちこちに吹き出物の兆候が新しく出てきて」おり、それらは仕事をすぐに中断させる必要なく「消えていっている」ものの、「仕事の時間がひどく限られる」ことにならざるを得なくなっていた[118]。同日のクーゲルマンへの手紙では、こう述べられていた。「十月より前に第一巻（現状三巻になる見込み）の原稿をハンブルクに持っていけるとは思っていない。身体にすぐさま差し障りが出ることなく生産的に仕事をできるのは、一日のうちごくわずかな時間だけである」[119]。

このときも、マルクスは楽観的に過ぎた。悪い出来事が絶えることなく続き、マルクスは毎日のように必死でそれらと戦わねばならなかったため、またもや著作の完成は妨げられた。さらに、質屋から僅かな金を得る方法や、約束手形の悪循環から抜け出す方法を探し求めて、貴重な時間が失われていった。

十月中旬のクーゲルマンへの手紙では、長期にわたる病気と、それによって生じた費用のために、これ以上「債権者を抑え込む」ことはできず、一家は「耳元で崩壊しようとしている」と、マルクスは恐怖心を露わにしている[120]。それゆえ、十月になっても、原稿を終わらせにかかることはできなかった。クーゲルマンに現状を示し、遅れの理由を説明しようとして、マルクスは心に思い描いている計画を書き表している。

私の事情（身体や日常生活のための絶え間ない中断）のために、最初にもくろんでいたように二巻を一度にではなく、まず第一巻を出さなければならないことになった。それからまた、今度は三巻本になるだろう。それゆえ、この著作全体は次のように分かれる。

第一部　資本の生産過程
第二部　資本の流通過程
第三部　総過程の構造
第四部　理論の歴史について
第一巻はじめの二部を含む。第三部が第二巻を、第四部が第三巻を占めることになると思う。[121]

一八五九年に出版された『経済学批判』以来取り組んできた仕事を振り返りながら、マルクスはこう続けている。

第一部ではまた最初から始めること、すなわちドゥンカー社から出た私の著作を、商品と貨幣とに関する一つの章に要約することが必要だと思っている。それを必要と考えたのは、万全を期すためだけではない。頭の切れる人々さえこの問題を完全に正しくは理解できず、したがって最初の叙述、特に商品の分析には何か欠点があったに違いないからである。[122]

十一月も、赤貧に見舞われ続けた。抜き差しならぬひどい毎日について、エンゲルスにはこう打ち明けている。「この手のあらゆる物事のために頻繁に仕事を中断させられたばかりでなく、昼間取られた時間を夜に取り戻そうとしたために、陰茎のそばに大きな吹き出物を作ってしまった」[123]。しかし、「この夏と秋には、理論の中身ではなく、身体や日常生活の事情が遅れの真の原因だった」と言い募ってもいる。体調が良ければ、本を完成することができたということであろう。エンゲルスへの手紙には、「最初に吹き出物の切開をしてから」三年が経っており、その間吹き出物から逃れられた日は「わずかな期間しか」なかった、ともある[124]。さらに、日々の貧困との戦いに時間とエネルギーをあまりにも多く費やすことを余儀なくされ、十二月にはこうもらしている。「普通の個人が、商人と同じように体裁よく自分の収支計算表を破産裁判所に提出することができればよかったのに」[125]。

冬の間ずっと状況に変化は見られず、一八六七年の二月の終わり頃には、(可能な限りの物をマルクスにいつも送ってくれていた) マンチェスターの友に、こう書いている。「食料品屋に少なくとも五ポンド支払わないと、土曜日 (明後日) には管財人が派遣されてくる。(…) もしあんなにひどく追い回されることがなかったならば、仕事は今日にでも終わったはずであろう」[126]。

一八六七年二月末、マルクスは、本が完成したという、待望の知らせをようやっとエンゲルスの下に届けることができた。それをドイツに持っていかなければならなかったが、「質屋に住み込んでいる服や時計」[127]を取り戻すために、また友に頼らざるを得なかった。そうしなければ出発できなかったのである。

ハンブルクに着くと、マイスナーから提案された新しい計画について、エンゲルスと相談している。

マイスナーは、今ではこの本を三巻本にして発行したいとしている。つまり彼は、私が意図していたように、最後の巻 (歴史的・文献的な部分) を圧縮することには反対なのである。出版社としては、(…) まさにこの部分にこそ最も大きな期待をかけているそうだ。私は、その点はあなたに任せる、と答えておいた。[128]

数日後、ベッカーにも同じようなことを伝えている。「著作は全体で三巻になるだろう。タイトルは『資本論　経済学批判』である。第一巻には、第一部「資本の生産過程」が収録される。これは間違いなく、これまでブルジョワ (土地所有者を含めて) の頭に投げつけられたことのない、最も恐ろしい爆弾になる」[129]。ハンブルクで数日過ごしたのち、マルクスはハノーファーに赴いた。書簡だけのやりとりを数年続けたのち、ついにここでマルクスはクーゲルマンと対面し、彼のところに滞在した。マイスナーが校正を手伝ってほしいと言ってきたときのために、マルクスはそこで待機していたのである。エンゲルスには、身体は「異常なほどに回復した」と書き送っている。「古い病気の痕跡」や「肝臓の問題」もなく、「何より気分がいい」[130]。マンチェスターからはこのような返事が届いた。

私はいつも、あなたをあんなに長く苦しめてきた、この忌々しい本が、あなたの全ての不運の根源だった気がしていた。それを振り落とさない限り、決してあなたはそこから脱出することはなく、またそうすることもできないだろう、と。このいつまでも未完成な本のせいで、あなたは肉体的にも精神的にも財政的にも、重く押さえつけられてきた。その悪夢を振り払ったあなたは、生まれ変わったように感じていることが、私には非常によく分かる。[131]

マルクスは、自分の本がまもなく出版されることを他の人に伝えたがった。ニューヨークで労働者運動を組織する活動に関わっていたインターナショナルのメンバーで、ドイツ人社会主義者のジークフリート・マイヤー(一八四〇〜一八七二年)には、「第一巻は「資本の生産過程」を収録している。(…)第二巻では理論の続きと結論を述べ、第三巻では十七世紀中葉以降の経済学の歴史を述べる」[132]と書き送っている。

六月中旬、エンゲルスも出版に向けたテキストの修正に加わった。彼は、一八五九年の『経済学批判』と比べて、「弁証法的展開の鋭さという点での進歩は非常に大きい」[133]と評した。マルクスはこの評価に励まされたようで、「あなたが満足してくれることが、世間のいかなる物言いよりも私にとっては重要だ」[134]と述べている。しかしエンゲルスは、価値形態の説明は抽象的すぎて、普通の読者には十分明快ではないとコメントした。また、まさにこの重要な部分に「吹き出物の痕跡がまざまざと残っている」と残念がった[135]。マルクスはこれに答えて、この苦痛の原因をこう詰っている。「ブルジョワジーが死に絶える日まで、私の吹き出物のことを忘れないと願いたい」[136]。そして、価値形態の概念をより分かりやすく説明するため、付録をつける必要を認めた。この二〇ページほどの追加部分は、六月末に完成した。

マルクスは、一八六七年八月一日の午前二時に校正を終わらせた。その数分後、マンチェスターにいる友にこう書き送っている。「親愛なるフレッド。ちょうどいま最後のボーゲンの校正を終えた（…）。つまり、この巻は完成した。これができたのは、まぎれもなくあなたのおかげだ。（…）感謝に満ちた抱擁を、あなたに捧げる」[137]。数日後の別のエンゲルスへの手紙では、マルクスが自著の二つの軸だとみなしていたものが要約されている。「（一）（これは事実の一切の理解の基礎である）まさに第一章で強調されているような、使用価値で表されるか、交換価値で表されるかという労働の二重性。（二）剰余価値を利潤や利子や地代などというその特殊な形態から独立に取り扱っているということ」[138]。

『資本論』の発売日は、一八六七年九月十四日だった[139]。最後の修正を経て、目次は次のようになった。

序文

一　商品と貨幣

二　貨幣の資本への転化

三　絶対的剰余価値の生産

四　相対的剰余価値の生産

五　絶対的および相対的剰余価値の生産

六　資本の蓄積過程

第一部付録一　価値形態[140]

ここまで長期にわたって修正され、最後に追加もなされたにもかかわらず、この著作の構成はこれからまたかなり拡張され、本文にもさらなる種々の修正が施されることになる。それゆえ、第一巻には、出版以後もマルクスのエネルギーが多く注ぎ込まれ続けることになったのである。

4　決定版を追究して

一八六七年十月、マルクスは第二巻の作業に戻った。しかしそれによって、肝臓の痛み、不眠症、「陰茎の近くに二つの小さな吹き出物」ができるなどといった、病気が繰り返されることとなった。「外から入る邪魔」や「家庭環境の悪化」も止むことはなかった。エンゲルスに対して述べた「私の病気はいつも心の問題から発生する」[141]という洞見には、そのつらさがはっきりと浮かび上がっている。いつものように、友は助けの手を差し伸べ、できる限りのお金を、それが「吹き出物を消し去ってくれる」ことを願う言葉を書き添えて送った[142]。しかしその願いも虚しく、マルクスは十一月終わり頃、「私の健康状態は非常に悪化し、ほとんど仕事どころではない」と書き送っている[143]。

年が明け、一八六八年になっても、前の年から状況は変わらなかった。一月の最初の週の間じゅう、マルクスは手紙を書くことすらできなかった。妻のイェニーは、ベッカーにこう打ち明けている。「かわいそうに夫は、またもや昔からの、重く苦しい、そして度重なる再発により危険を増してきている病気に手足を縛られて臥せっている」[144]。数日後には、娘のラウラがエンゲルスに次のように書き送った。「モールはまたもや旧敵の吹き出物に襲われ、一番新しいものができて以来、座る姿勢をとるとひどく具合が悪いと言っている」[145]。その月の終わりになると、マルクスはやっと再び筆を取ることができるようになり、エンゲルスに「二、三週間は」今後「全く仕事ができない」と伝えている。続けて、「もし三つ目のやつができたらと思うと」「身の毛がよだつ」とも[146]。

マルクスの健康状態はなかなか安定しなかった。三月末には、エンゲルスに、身体の具合を考えると「しばらく完全に仕事をしたり考え事をしたりするのはやめた方がいい」と報告している。しかし「ぶらぶらする資力が」あったとしても、そうすることは「難しいだろう」とも述べている[147]。こうした新たな問題は、一八六五年前半の頃から約三年の休止を経て、ちょうど第二巻の二つ目のバージョンに取り掛かり始めたときに発生していた。マルクスは、春の間に最初の二章を完成させ[148]、それから一八六八年の終わりまでかけて、剰余価値と利潤率の関係、利潤率の法則、資本の変態といったことに関する準備草稿を作った[149]。

一八六八年四月の末に、マルクスは、特に「利潤率の展開方法」について詳しく述べた、著作の新しい計画をエンゲルスに送っている[150]。その手紙の中で、第二巻は、第一巻で「展開された前提を基礎に資本の流通過程」を説明するものだということが明示されている。マルクスは、できるだけ十全な方法で、固定資本、流動資本、資本の回転に関する「形態的な規定」を明らかにし、それによって「異なる資本および資本部分と収入（m部分）の社会的な絡み合い」を分析したい、としていたのである。そして第三巻では、「剰余価値の様々な形態や異なった構成部分への転化」が考察される、と述べられていた[151]。

しかし、五月には健康問題が再燃し、音信不通となった。その後のエンゲルスへの手紙には、「陰嚢にできた二つの吹き出物は、おそらくスラ〈古代ローマの軍人〉さえも腹立たしい気分にさせたことだろう」[152]と説明されている。八月の第二週のクーゲルマンへの手紙には、一八六九年の「九月末」までには著作全部を終わらせたいとある[153]。しかし秋には吹き出物が発生し、一八六九年の春、まだ第二巻の第三章に取り組んでいるときに[154]、肝臓もさらに悪くなっていった。こうした不調がその後の年月も慢性化して続き、第二巻をますます完成から遠ざけていった。

この遅れには理論的な理由も絡んでいた。一八六八年秋から一八六九年春にかけて、資本主義の最新の展開を知ろうとして、マルクスは『マネー・マーケット・レビュー』誌、『エコノミスト』誌やその他の出版物に掲載された金融や貨幣市場に関する文章からの抜粋を山のように集めた[155]。さらに、一八六九年の秋には、ロシアの変化に関する新しい(が、実際にはあまり重要でない)著作の存在に気づき、自分でそれを研究すべくロシア語を勉強する決意を固めた。彼は、この新しい関心領域へと、いつもの熱意を携えて突き進んだ。一八七〇年の初め頃、イェニーはエンゲルスにこう伝えている。「体を大事にいたわるどころか、[夫は]狂ったような勢いでロシア語を勉強し、ほとんど外出せず、食事も不規則である。もうかなり腫れ上がり硬くなってはじめて、脇の下の吹き出物を見せてきた」[156]。エンゲルスは急いで友に手紙をしたため、「第二巻のためには」「ライフスタイルを変える」必要があると説得しようとした。そうしなければ、「そのような中断が絶え間なく繰り返され」、本が完成することはないだろう、と[157]。

この予言は的中した。夏の初め頃、その前の数ヶ月の出来事をまとめて、クーゲルマンにこう伝えている。仕事は「病気のために冬のあいだは中断され」ており、また「ロシアの土地所有関係を一次資料で勉強する必要があるため、ロシア語を猛勉強しなければならないのである」[158]、と。

こうした中断と、パリ・コミューンの誕生に続くインターナショナルでの激しい政治活動の期間を経て、マルクスは第一巻の新しい版の仕事に着手する。価値論の展開方法に満足していなかった彼は、一八七一年十二月と一八六七年一月のあいだに一八六七年版の付録を書き換え、そのために第一章自体が書き直されることになった[159]。このとき、いくつかの追記がなされたほか、著作全体の構成も修正されている[160]。

フランス語への翻訳に際しても、修正と書き換えが施されている。一八七二年三月から、マルクスは草稿の修正をはじめ、一八七二年から一八七五年の間に分冊で出版社にそれを送った[161]。修正をしていく中で、特に資本の蓄積に関する編に対して、元々の文章にもさらなる変更が加えられていった。それゆえ、フランス語版の後書を書くにあたって、マルクスはこれに「原本とはまったく別な一つの科学的価値」を与えると言って憚らなかったのである[162]。

健康状態が芳しくなかったため、また分野によってはさらに知識を広げる必要があったために、以前の激しさではなかったものの、マルクスは最期の時を迎えるまで『資本論』に関する仕事を続けた。一八七五年には、「数学的に展開された剰余価値率と利潤率との間の関係」と題された第三巻の草稿を書き上げているし[163]、一八七六年十月から一八八一年初旬にかけて、第二巻の原稿を新たに書き下ろしている[164]。手紙を読んでみると、絶えることのない研究の結果を消化することができさえすれば、第一巻をアップデートしたいという意向も垣間見える[165]。

マルクスが自身の代表作をどれだけの批判精神をもって作り上げたかを顧みれば、彼の敵対者や自称弟子たちの多くが描いてきたようなドクマティックな人間像から、マルクスは程遠かったことが分かる。未完に終わったものの[166]、決定的かつ理論的な概念でもって資本主義的生産様式を批判しようと試みる者は、今日でもなお、マルクスの『資本論』を読まずに済ますことはできないのである。

VII

国際労働者協会の創立

1 うってつけの人材

一八六四年九月二八日、ロンドンの中心部にあるセント・マーティンズ・ホールは、約二千人の労働者で溢れかえっていた。彼らは会議に出席するためにやってきたイギリスの労働組合の指導者や大陸の小グループの労働者であった。事前の通知では、「パリの労働者によって組織された代表団」によって、「イギリスの同胞からの呼びかけへの返信が配信され、人民の相互理解を深めるための計画が提出されるだろう」と案内されていた[1]。実際、フランスとイギリスの複数の組織は前年一八六三年七月にロンドンで会合を持ち、ツァーリの占領政策に対するポーランド人民との連帯を表明し、さらには労働者階級の運動の重要目標についての見解も発表していた。著名な組合指導者のジョージ・オジャー（一八一三〜一八七七年）が『イギリスの労働者からフランスの労働者への呼びかけ』を起草し、それが隔週紙『ビー・ハイヴ』に発表された。そこでは次のように述べられている。

人民の友愛は労働の大義のために不可欠であり、我々が、煩労の時間を減らし、あるいは、労働の価格を引き上げることで、社会的状況を改善しようとする時にはいつでも、雇用主は、フランス人、ドイツ人、ベルギー人その他の人々の賃金率を引き下げて働かせることで我々を脅かしている。我々を痛めつける大陸の同胞の一部分の願望からではなく、全ての国の勤労者階級間の定期的かつ体系的な交流の要望を通じて、これが行われたと言わなければならない。我々の目標は、低い賃金をより良い報酬を受け取っている人々とできるだけ近い水準に引き上げ、我々同士を競わせさせないようにすることである。そうすることで、雇用主の強欲的な交渉によって、最低限の状態に押し下げることを許さないことである[2]。

このイニシアティブの主催者は、それがすぐ後にどんなことにつながるのかということを想像していなかった——予見できるはずもなかった。彼らのアイデアは労働者に影響を与える主要な問題について検証し議論するための国際フォーラムを構築することであったが、ここには労働組合と労働者階級の政治行動の調整を行うための実際の組織を創設するということは含まれていなかった。同様に、彼らのイデオロギーには、階級対立と明確な政治目標の設定というよりも、人民の友愛と世界平和の重要性といった、一般的で人道主義的な要素が初めに浸透していた。これらの限界によって、セント・マーティンズ・ホールの集会は、実際には詰めの甘い、ぼんやりとした民主的なイニシアティブの一つに過ぎなかったかもしれない。しかし、現実には、それはその後の改革家と革命家が参照するようになる労働運動の全組織のプロトタイプを生みだした。それこそが、国際労働者協会である[3]。

それはすぐにヨーロッパ中の情熱を喚起した。階級の連帯という理念が共有され、世界変革という最もラディカルな目標に向けた闘争に多くの男女を引き込んだ。一八六八年にブリュッセルで開催されたインターナショナル第三回大会では、『タイムズ』の論説委員がこの企画の射程を正確に規定している。

> そこで（…）企図されていることは単なる改善ではなく、ただ一国のというよりはむしろ人類そのものの再生である。確かに、このような最も広範な目標は、恐らくキリスト教会という例外を除けば、どのような機関によっても目指されたことのなかったものである。簡単に言って、これが国際労働者協会の綱領である[4]。

インターナショナルは、労働運動のおかげで、資本主義的生産様式のメカニズムの明快な理解を得ることができるようになり、自分たちの強さに気づき、新しく、より高度な闘争形態を発展させることができるようになった。この組織はヨーロッパの国境を越えて共感を生み、ブエノスアイレスの職人やカルカッタの初期の労働者協同組合だけでなく、オーストラリアとニュージーランドの労働者のグループの間にも、異なる世界が可能なのだという希望を生みだした。

逆に、この創立のニュースは支配階級の恐怖心を呼び覚ました。労働者が歴史の中で積極的な役割を果たすことを切望するという思想は、彼らを体の底から震え上がらせた。そして、多くの政府がインターナショナルを撲滅するという目標を定め、その為にはどのような手段も辞さなかった。

インターナショナルを創立した労働者組織は多種多様であった。中心的な駆動力はイギリスの労働組合主義であり、そこでの指導者は、ほとんど全てが改良主義者の地平にあり、主な関心事は経済問題であった。彼らは労働者の状態を改善するために闘ったが、資本主義に疑問を呈することはなかった。したがって、インターナショナルが彼らの目標を達成する可能性を持つ手段なのだと気づいたのは、ストライキの際に海外からの人手の移入を阻止できるということによってであった。

組織の他の重要な力は相互主義者であった。彼らはフランスで長い間支配的であり、またベルギーやフランス語圏のスイスでも力を持っていた。ピエール＝ジョセフ・プルードンの理論に従って、彼らは労働者階級の政治的紛争や闘争手段としてのストライキに反対しただけでなく、女性の解放にも反対するという保守的立場を貫いた。連合主義の線に沿った協同組合体制を支持し、信用への平等なアクセスによって資本主義を変革することができると主張した。したがって、最終的には、彼らはインターナショナルの右派を構成したといってよい。

多数派を形成したこれらの二つの構成要素の他にも、色彩の異なるものがあった。第三の重要なものは共産主義者であった。彼らはマルクスを取り巻くグループであったが、ドイツとスイスのいくつかの都市やロンドンで活動して、限られた影響力しか持たない小グループであった。彼らは反資本主義者であった。すなわち、彼らは現存の生産体制に反対し、それを転覆するための政治的行動の必要性を訴えていた。

創立当時、インターナショナルの構成員には、漠然とした民主主義の思想に触発された東ヨーロッパの亡命者のグループなど、社会主義の伝統とは全く関係のない要素が含まれていた。その中にはジュゼッペ・マッツィーニ（一八〇五～一八七二年）の支持者がいたが、彼らは専ら国民的な要求に合わせた階級横断的な構想を持ち、これは抑圧された人民の解放のための一般的な訴えとしてインターナショナルにとって有益であると考えられた[5]。

この状況は、インターナショナルに加わったフランス、ベルギー、スイスの労働者グループによって、ユートピア的な啓示のような多様な混乱した理論が持ち込まれたことによって一層複雑になっていた。フェルディナンド・ラサールの支持者の率いる政党であるドイツ労働者協会は、インターナショナルには決して参加しなかったが、その周辺をうろうろしていた。彼らは労働組合主義に敵対し、政治行動を一国的な範囲に限定して構想した。

複雑な文化的背景と政治結社・労働組合の経験を持つこれらの全てのグループは、発生期のインターナショナルに自分たちの痕跡を刻んだ。連邦制に基づいていたために、一般的枠組みを構築し、広範な組織を共に維持するということはまったく骨の折れる仕事であった。さらに、共通の綱領が合意された後でも、それぞれの傾向は、それが支配的であった地方の支部で（ときには遠心的に）影響力を発揮し続けた。

それぞれのアプローチから著しく距離のあるこれらの全ての潮流を、同じ組織に所属するものとして、綱領を軸にしっかり共存させえたのは、マルクスの偉大な業績であった。彼の政治的才能は、非和解的に見えるものを和解させることができ、インターナショナルが、それまでの多くの労働者の協同組合と同じように、忘却への道をたどらないようにすることができた[6]。インターナショナルに明確な目標を与えたのはマルクスであったし、排他的ではなく、しかもしっかりとした階級的基礎の下で、あらゆる党派主義を乗り越え、大衆的な性格を獲得した政治綱領を成就させたのもマルクスである。総評議会の政治的な精神はいつもマルクスであった。彼は主要な決議案を起草し、全ての大会報告書を準備した（一八六七年のローザンヌ大会を除く。このとき彼は『資本論』の校正に全精力を傾けていた）。ドイツ人労働者の指導者であったヨハン・ゲオルグ・エカリウス（一八一八～一八八九年）がかつて語ったように、まさしく彼は「うってつけの人材」[7]であった。

マルクスをインターナショナルの創立者として描いた、後の作り話とは対照的に、彼はセント・マーティンズ・ホールの会議の主催者でさえなかった。彼は、友人のエンゲルスへの手紙で想起しているように「私は壇上のだんまり役として」列席した。彼は参加の動機を次のように説明している。

今回はロンドン側からもパリ側からもほんとうの「有力者たち」が顔を連ねることを私は知っていたのだ。だからこそ、このような招待はいっさい断わるという私の平素の原則から外れる決意をしたのだ。（…）集会は、息詰まるほど満員だった（なぜなら、現在明らかに労働者階級の復活が起こっているからだ。）（…）「国際労働者協会」創立の決議がなされたが、ドイツ、イタリア、フランス、イギリスの各労働者協会の「仲介」をするべき総評議会はロンドンに置かれることになった。同じく、一八六五年に労働者総大会がベルギーに招集されることになった。[8]

見込みのない始まりだったにもかかわらず、マルクスは直ちにこの会議の可能性を理解し、新しい組織がその使命を確実に果たせるように懸命に働いた。少なくとも小さなサークルの中では彼の名前に結びつけられていた名声のおかげで、彼は三四名の常任委員会に任命され[9]、すぐにインターナショナルの『暫定規約』と『創立宣言』の執筆を任されるという信頼を獲得した。マルクスは彼の不在中に起草された「駄文から何かを作り出すことは到底できない」ということを理解し、「できればこの駄文をただの一行もそのまま残しておくべきではないと固く決心していた」[10]。
マルクスが書いた二つの文書では、経済闘争と政治闘争が互いに固く結びつけられ、国際的思考と国際的行動は不可避的な選択であると述べられている[11]。
『創立宣言』では次のように言及されている。

どこでも、上層階級の人間が社会的階段を登っていくのと少なくとも同じ割合で、労働者階級の大多数者はさらに一段と低く沈んでいった。機械の改良も、科学の生産への応用も、交通機関の新機軸も、新しい植民地も、海外移住も、市場の開発も、自由貿易も、あるいはこれら全てを合わせたものも、勤労大衆の貧困をなくすことはできず、労働の生産力の新たな発展は、現在の欠陥のある基礎の上では、常に社会的対比を深くし、社会的敵対を鋭くする結果とならざるをえないということ、このことは、いまやヨーロッパのあらゆる国で、偏見を持たない全ての人にとって明白な真理となっており、他人を痴人の楽園に閉じ込めることを利益とする人間だけがこれを否定しているのである。この目くるめくばかりの経済的進歩の時代にあって、イギリス帝国の首都で、餓死がほとんど日常事の地位を占めるにいたった。商工業恐慌とよばれる社会的病疫がいっそう頻繁に繰り返されるようになり、その範囲がいっそう広くなり、その結果がいっそう致命的になったことが、世界史上のこの時代の特徴である。

労働者は「土地の貴族と資本の貴族は、彼らの経済的独占を守り永久化するために、彼らの政治的特権を利用することを常とする。今後も彼らは、労働の解放を促すことはおろか、労働の解放の道にあらゆる障害を横たえることをやめないであろう」ということを明言すべきであった。したがって、「政治権力を獲得することが、労働者階級の偉大な義務となった」[12]。

インターナショナルが国際的な統合機能を発達させたのは専らマルクスの能力のおかげであった。それは完全には独立していない指導部の下で、彼ら自身の自律性の重要さを自覚させる共通の闘争プログラムにおいて、多様な国民的文脈を統合するというものである[13]。連帯の維持は、特にマルクスの反資本主義は組織の内部で支配的な政治的立場とはなっていなかったために、ときに非常に困難であった。彼はエンゲルスに宛てた手紙で「非常に厄介」なことは、「我々の見解を労働運動の現在の立場に受け入れられるような形で表すように取り計らうことだった。(…)再び目覚めた運動が以前の大胆な言葉遣いを受け入れるようになるまでには、時間がかかるのだ。実質を強くし体裁をおだやかにするのは、やむをえない」と述べている[14]。しかし、インターナショナルがどのように選挙を利用することができるかについてのマルクスの考えは違っていた。創立の数ヶ月後に、彼は、議会選挙に立候補していたイギリスの急進主義者エドモンド・ビールズ(一八〇三〜一八八一年)を引き合いに出して、「我々は議会へのちっぽけな野心のための踏み台になるわけにはゆかない」と書いている[15]。

しかし、時間の経過と共に、部分的には彼自身の粘り強さによって、また部分的には時々の分裂を経て、マルクスの思想は支配的な教義となっていった[16]。それは困難な道のりであったが、数年間に亘る闘争を経て、政治的技巧の努力は大いに報われた。労働者の動員の特徴、パリ・コミューンの反体制的な挑戦、そのような大規模かつ複雑な組織をまとめる前例のない仕事、様々な理論的・政治的課題をめぐる労働運動の諸傾向に対する逐次的な論争。こうしたあらゆるものが、一八四八年革命の敗北と最も進歩的な勢力の衰退以来、彼の関心を引きつけていた経済学の限界を超えるよう、マルクスを駆り立てた。彼は自身の思想を発展させ、時には修正させるような刺激を受け、議論のためにかつての結論を問い直して新たな疑問を提起し、特に共産主義社会の広範な輪郭を描くことで資本主義の批判を研ぎすましていった。それに対して、ソヴィエトの正統な見解では、マルクスのインターナショナルでの役割は、彼の研究の枠内で既に鍛えられていた政治理論を歴史の段階に応じて機械的に適用していったというものである。こうして、現実から完全に切断されるのである[17]。

2 組織の発展と成長

インターナショナルは、その生涯とその後の数十年間に、巨大で、財政的に強固な組織であると描かれた。不完全な情報によっていたとか、指導者の中には現状を誇張していたものがいたとか、敵対者が残酷な弾圧を正当化するための口実を探していたとかの理由によって、構成員の規模は常に誇張されていた。一八七〇年六月にフランスの指導者を召喚した検察官は、その組織にはヨーロッパに八〇〇万人以上の構成員がいると述べた[18]。一年後のパリ・コミューンの敗北後に『タイムズ』は全部で二五〇〇万人であると見積もっている。保守派の陣営で研究をする主要人物であったオスカール・テステュ（一八四〇〜没年不詳）は、これが五〇〇〇万人以上に増えるだろうと予測した[19]。

イギリスでも、製鉄労働者を除いて、インターナショナルは産業プロレタリアートの間では疎遠な存在であった[20]。少なくとも、南ヨーロッパでの組織の拡大後にあっても、そこでは多数派を形成していなかった。もう一つの大きな制約は、初回の大会の立ち上げに始まるマルクスの努力にもかかわらず、不熟練労働者を引きつけることができなかったことだった[21]。この点については『個々の問題についての暫定中央評議会代議員への指示』が明快である。

彼ら［労働組合］は、当初の目的とは別に、完全なる解放という広範な関心の下で労働者階級のセンターを自発的に組織するということを今こそ学ばなければならない。彼らはその方向に向かうあらゆる社会運動と政治運動を支援しなければならない。全労働者階級の擁護者および代表者を自認し、そうして行動するならば、彼らは非組合員を彼らの隊列に加えることに失敗することはない。彼らは極めて不利な状況によって無力化された農業労働者のような、最低の支払いで取引されている人々の利害を注意深く見守らなければならない。彼らは、狭隘で利己的なもののためにではなく、虐げられた数百万の人々を解放することを目指して尽力していることを世界中の人々に確信させなければならない。[22]

しかし、イギリスでも、インターナショナルは雇用労働者の組織であった。失業者は決してその一部を構成することがなかった。その指導者の出自はこのことを反映し、数人を除いて、職人か知識労働者の背景を持っていた。

インターナショナルの財産も同様に複雑である。信じれらないくらいの自由に使える財産のうわさ話があったが[23]、実際の財政は慢性的に不安定であった。集金額は年に数十ポンドを超えず[24]、事務局長に対する週四シリングの賃金と滞納のためにしばしば立ち退きを迫られていた事務所の賃料をかろうじて支払える程度であった。

インターナショナルの重要な政治組織上の文書の一つでは、マルクスはその機能を次のように要約している。「国際労働者協会の任務は労働者階級の自生的な運動を統合し一般化することであって、いかなる空論的な学説をも指示したり強要したりするものではない」[25]。

連合と地方組織にはかなりの自律性が担保されていたにもかかわらず、インターナショナルは常に政治的指導部の地位を保持していた。総評議会は様々な傾向を統合し、組織全体のための指針を公布した。一八六四年一〇月から一八七二年八月までの間に、それは実に規則正しく三八六回開催された。評議会が水曜日の夕方に会議を開いたパイプとタバコの煙が充満した部屋では、評議員は、労働条件、新しい機械の効果、ストライキの支援、労働組合の役割と重要性、アイルランド問題、様々な外交政策上の問題、そしてもちろん、いかにして将来社会を建設するかといった広範な課題について議論した。また、総評議会は、通信、手紙、現在の目標のための決議、特別な宣言、特定の状況下での演説と訴えといったインターナショナルの文書作成についても責任を負っていた[26]。

イギリスはインターナショナルへの加盟を申請した最初の国だった。それが加盟して最初の年に、総評議会は協会の原則を公表するための重大な活動を開始した。これは一八六五年二月に設立された選挙のリフォーム・リーグ〈成人男子選挙権を求める政治団体〉に属する組織であったことから、純粋に経済的な問題を超えてその視野を広げる助けとなった。

フランスでは、インターナショナルは一八六五年一月に姿を現し、その最初の会合はパリで開かれた。他の主要なセンターはすぐ後にリヨンとカーンに現れた。しかしその力は限られたままであった。フランスのインターナショナルの支持者はそのほとんどがプルードンの相互主義論を支持していたにもかかわらず、九月二五日から二九日にロンドンで開催された第一回の大会で二番目に大きな組織となった。その大会には、ドイツ、ポーランド、イタリアからの僅かな代議員のほか、イギリス、フランス、スイス、ベルギーから三〇名の代表者が出席した。元々の計画は総会を開催することであった。しかしマルクスは「機はまだ熟していない」と感じ[27]、依然として未熟な政治構造の下では「恥さらしになるだけだ」とエンゲルスへの手紙の中で述べた[28]。一八六五年九月のロンドン大会に集まった代議員は、とくに組織レベルでのインターナショナルが取った最初の手続きについて情報を提供した。そして、この大会は翌年の第一回会議を呼びかけ、そこで議論される主要なテーマを決定した。

これに基づいて、マルクスは議事案を起こし、インターナショナル・スイス支部の通信員のヘルマン・ユング（一八三〇〜一九〇一年）への手紙の要点を引用している。

一　協会に関する諸問題。（一）協会の組織に関する諸問題。（二）協会員のための共済組合の設立。——協会員の遺児に対する精神的支援と物質的援助。

二　社会的諸問題。(一) 協同組合活動。(二) 労働時間の制限。(三) 婦人労働と児童労働。(四) 労働組合。その過去、現在、未来。(五) 労資の闘争における、国際協会の仲介による協力事業。(六) 国際的信用。国際的信用機関の設立、その形態と活動方式。(七) 直接税と間接税。(八) 常備軍と生産に対するその関係。

三　国際政治。諸民族の自決の権利を実現することによってヨーロッパにおけるモスクワの影響を除去する必要性、並びに民主主義的および社会的な基礎の上に立つポーランドの再興について。

四　哲学上の問題。宗教的理念と、社会的、政治的および知的発展に対するその関係。[29]

この二回の集会の間、インターナショナルはヨーロッパで拡大を続け、ベルギーとフランス語圏スイスの最初の重要な中核を確立した。ドイツの政治結社が他国の組織と定期的に接触することを禁じたプロイセン結合法は、インターナショナルがドイツ連邦内に支部を開設することができないということを意味していた。一八六三年創設の、ラサール派のヨハン・バプティスト・シュヴァイツァー（一八三三～一八七五年）に率いられた歴史上初めての労働者党である全ドイツ労働者協会は[30]、オットー・フォン・ビスマルク（一八一五～一八九八年）とのどっちつかずの対話路線を敷いており、インターナショナルができて最初の数年間はほとんど全く関心を示さなかった。そのような無関心は、マルクスと政治的に親密であったウィルヘルム・リープクネヒトにも共有されていた。ヨハン・フィリップ・ベッカー（一八〇九～一八八六年）は、ジュネーブに本拠を置く「ドイツ語圏のグループ」を通じてこのような困難を乗り越えようとした。

リープクネヒトは労働運動の闘争にとっての国際性の中心的意義を理解していなかったが、マルクスとフォン・シュヴァイツァーには深刻な理論的・政治的相違があった。一八六五年二月、彼は、ラサール派が歓迎した「協同社会のためのプロイセンの帝政の支援」は「経済的手段としては無価値であるが、同時にそれは労働者階級を堕落させ、運動を骨抜きにする後見制度を拡張する役割を果たした」とシュヴァイツァーに書いている。マルクスは労働者と君主制の同盟可能性を否定し続けた。

プロイセンのブルジョワ政党が、『新時代』と共に摂政殿下の恩寵によって政府が自分の懐に転がり込んでくるものと真面目に信ずることによって、とりわけ物笑いの種になり、今日の哀れな状態を招来したように、労働者党も、もしビスマルク時代とかその他のなんらかのプロイセン時代によって王様の恩寵のおかげで金のリンゴが自分の口に転がり込んでくるものと思い込むならば、もっとずっとひどい物笑いの種になるだろう。あるプロイセン政府の社会主義的な干渉というラサールの忌まわしい幻想に対する幻滅が現れるであろうということには、少しも疑問の余地はない。事物の論理がものを言うだろう。しかし、労働者党の誇りは、このような幻想の空虚さが経験によってはじけるより前に、そのような幻想を退ける、ということを要求する。労働者階級は革命的であり、さもなければなにものでもないのである。[31]

国家社会主義批判はこの時期のマルクスの政治的考察における共通テーマであった。シュヴァイツァーに手紙を送った数日後に、彼は、ドイツにおけるラサール派の位置が、一八四七年に強く反対した『自由主義的ブルジョワジー』に対する『政府』と『プロレタリアート』の同盟」に似ていることをエンゲルスに示唆した。[32]

ロンドンの総評議会の活動は、インターナショナルのさらなる強化にとって決定的であった。一八六六年の春、ロンドン合同仕立人組合のストライキ参加者を支援して、労働者の闘争に初めて積極的な役割を果たし、五つの仕立人組合のストライキを成功裡に導き、約五〇〇〇人の労働者が所属する各組合がインターナショナルへの加盟を決定した。外の争議での前向きな結果はいくつかの小規模な組合を引きつけ、最初の大会までに一七組合が加盟し、新規加入者は二万五千人となった。インターナショナルは、労働組合の組織をその隊列に並ばせるという比類なく困難な課題に、初めて成功した最初の協会であった。[33]

とはいえ、あらゆることが順調にいったわけでなかった。総評議会で頻繁に起きた政治的対立は、マルクスが健康上の理由で数回欠席したことも手伝って、ルイジ・ヴォルフ（生年不詳～一八七一年）に率いられたマッツィーニ派とマルクスとの戦いを再燃させた。マルクスはいつも彼らの敵意に気づいていて、一八六五年一二月、彼はエンゲルスに「もし私が明日にでも引退すれば（…）ブルジョワ分子が支配権を握るだろう」と手紙に書いた。[34]

一八六六年三月、とりわけ好ましくない時機に、彼は次のように付け加えた。『「インターナショナルの評議会』（…）は一切が雑然と入り乱れて行われており、そして、いもしない『専制君主』に対して革命を起こそうという強い欲望が現れているが、同時にまた全事業を台無しにしようという強い欲望も現れているのだ」[35]。同じ月に、彼はいとこのアントアネッテ・フィリップスに次のように書いた。

ところでマッツィーニは、私が国際協会の評議会を長い間どうしても欠席せざるを得なかった間に、私の指導権に対して一種の謀反を企もうと、色々画策していた。「指導権」は決して好ましいことではないし、また私がそれを熱望したわけでもない。私はあなたのお父さんが（…）言った言葉、「ろば追いは必ずろばに憎まれる」、をいつも心に銘記している。しかし、自分が重要だと見なす事業に一度全身を投入したからには、私は「落ち着いておれない」人間でもあるので、もちろん、退却はしたくない。自由思想と社会主義の徹底的な憎悪者であるマッツィーニは、我が協会の進歩を激しい嫉妬を持って見守っていた。[36]

一八六六年九月三日から八日まで、ジュネーブ市にてインターナショナル第一回大会が開催され、イギリス、フランス、ドイツ、スイスから六〇名の代議員を集めた。協会は、創立からの二年間の非常に優良なバランスシートを説明し、一〇〇以上の労働組合と政治団体を一員に加えた。大会に参加している人びとは本質的に二つのブロックに分かれていた。第一のブロックは、イギリスの代表者、少数のドイツ人、大多数のスイス人から構成され、マルクス(ジュネーブ大会には出席していなかった)が起草した総評議会の指示に従った。第二のブロックは、フランスの代表者、フランス語圏のスイス人の一部で、相互主義者で構成されていた。このときのインターナショナルでは、実際のところ穏健な立場が一般的であったし、パリのアンリ・トラン(一八二八〜一八九七年)に率いられた相互主義者は、労働者が同時に生産者、資本家、消費者になる社会を構想していた。彼らは無償信用の供与を社会の移行のための決定的な手段であるとみなした。彼らは、女性労働を倫理的・社会的観点から不適切であると考え、また、労働者と雇用主との私的な関係を脅かし、既存の体制を強化してしまうという理由から労働日を八時間に短縮する法律を含む、労働関係に対する国家の介入に反対した。

マルクスが準備した決議に従って、総評議会の指導者たちは、大会において数的に優位にあった相互主義の代表団を排斥し、国家介入に有利な得票を得た。後者の問題は『暫定中央評議会代議員への指示』の「未成年者と子どもの労働(両性)」に関連して、マルクスは明瞭に綴っている。

これは社会的理性を社会的な力に転化することによってしか成し遂げられないことであり、そして現在の事情の下では、国家権力によって施行される一般的法律による以外には、この転化を実現する方法は存在しない。このような法律を実施させても、労働者階級は政府の権力を強めることにはならない。それどころか、労働者階級は、現在彼ら自身に対して行使されているこの権力を、彼ら自身の道具に転化するのである。労働者階級は、数多くのばらばらな個人的努力によっては、どれだけ多くの努力を払って獲得しようとしても無駄なものを、一般的な一行為によって成し遂げるのである。[37]

したがって、プルードンとその支持者が強く信じているように、ブルジョワ社会を強化することは全くなく、それらの改良主義的要求は労働者階級の解放のための不可欠な出発点なのである。

さらに、マルクスがジュネーブ大会で執筆した『指示』は、相互主義者だけでなく、イギリスのロバート・オウエンとドイツのラサールが取っていた立場にも反対して、労働組合の基本的な機能を強調している。[38]

労働組合のこのような活動は、正当であるばかりか、必要でもある。現在の生産制度が続くかぎり、この活動なしにすますことはできない。反対に、この活動は、あらゆる国に労働組合を結成し、それを結合することによって、普遍化されなければならない。他方では、労働組合は、自らそれと自覚せずに、労働者階級の組織化の中心となってきた。それはちょうど中世の都市やコミューンが中間階級の組織化の中心となったのと同じである。労働組合は、資本と労働の間のゲリラ戦にとって必要であるとすれば、賃労働と資本支配の制度そのものを廃止するための組織された道具としては、さらにいっそう重要である。

同じ文書で、マルクスは既存の労働組合に対する批判を怠らなかった。彼らは「資本に対する局地的な、当面の闘争にあまりにも没頭しきっていて、賃金奴隷制そのものに反対して行動する自分の力をまだ十分に理解していない。このため、労働組合は、一般的な社会運動や政治運動からあまりにも遠ざかっていた」[39]。

彼は、その少し前に、六月二〇日から二七日に開催された総評議会での演説において、次のように述べていた。この内容は、死後に『価値、価格及び利潤』として出版されている。

労働者階級は日々の闘争の究極的な作用を自ら誇張してはならない。彼らはその結果と闘っていることを忘れてはならないが、その結果の原因と闘っているのではない。彼らは下方への運動を遅らせるが、その向きを変えることはない。彼らは病弊を治しているのではなく、緩和剤を投与しているのである。それゆえ、彼らは、決して止むことのない資本の侵食や市場の変動から絶え間なく沸き起こってくる不可避的なゲリラ戦に排他的に吸収されるべきではない。現体制が、あらゆる不幸を彼らに押しつけながらも、社会の経済的再構築に必要な物質的条件と社会形態をも同時に生みだしているのだということを彼らは理解しなければならない。「公正な日労働のための公正な日賃金を！」という保守派の標語の代わりに、彼らは自分たちの横断幕に「賃金制度の廃止！」という革命的な合言葉を記さなければならない。[40]

大会で採択された主要決議の一つは、労働者階級を資本の束縛から解放するために不可欠であるとマルクスが考えた措置、すなわち、労働日の短縮に関わるものであった。

労働日の制限は、それなしには、いっそう進んだ改善や解放の試みがすべて失敗に終わらざるをえない先決条件である。それは、労働者階級、すなわち各国民中の多数の健康と体力を回復するためにも、またこの労働者階級に、知的発達を遂げ、社交や社会・政治活動に携わる可能性を保障するためにも、ぜひとも必要である。[41]

代議員たちが予見していたように、「八時間労働への労働日の法的制限」という彼らの要求は、遂には「全世界の労働者階級の共通のプラットフォーム」になるだろう。

この大会の結果に関するマルクスのコメントは概して肯定的である。彼はハノーファーの友人ルートヴィヒ・クーゲルマンにこう書いていた。

しかし、(…)大会は全体として私の予想以上にうまくった。(…)私は行くことができず、(…)ロンドンの代議員たちの綱領を書いてやった。私はわざとそれを、労働者の直接的な相互理解と協力が可能であり、階級闘争と労働者を階級に組織することの欲求に直接に栄養と刺激とを与えるような項目に限定した。パリの諸君は極めて無内容なプルードン流の空文句で頭が一杯になっていた。彼らは学問についておしゃべりをするが、何も学んではいないのだ。彼らは革命的行動、すなわち階級闘争そのものから生じる行動を全て退け、また、集中的、社会的な運動、従ってまた政治的手段(たとえば法律によって労働日を短縮すること)によって実現できる運動を全て退けている。これらの諸君は、自由、反政府主義あるいは反権威的個人主義という口実の下に――彼らは一六年このかた最も憐れむべき専制を易々として耐え忍んできたし、今も耐え忍んでいる!――実際には月並なブルジョワ経済を、ただプルードン流に理想化してお説教しているのだ! プルードンがとてつもない禍を引き起こしたのだ。空想主義者に対する彼の偽の批判と偽の反対(…)(プルードン自身は一個の俗物的空想主義者に過ぎない)が、まず「才気溢れる青年たち」つまり学生たちを、ついで労働者、とくに(…)パリの労働者を捉えて、籠絡した。(…)私は報告書の中で密かに彼らをやっつけるつもりである。[42]

一八六六年の後半から、多くのヨーロッパ諸国でストライキが激化した。広範な労働者大衆によって組織され、彼らは自分たちの置かれた状況の自覚を促し、新たな重要な闘争の波を起こすための中核を形成した。この結集は、インターナショナルと接触し協力するようになる時期に先駆けて、彼らを支持する宣言と連帯の呼びかけを行い、ストライキ資金調達の組織化、労働者の抵抗を弱めようとするボスたちの企みとの戦いに役立った。

この時期の実践的な役割のために、労働者は、インターナショナルという組織が、自分たちの利益を守るということを認識し始めたので、いくつかの場合にはメンバーになりたいと言ってきた[43]。民族、言語、政治文化の差異に捕われた全ての困難を克服するために、インターナショナルは幅広い組織と自生的な闘争とを横断する調整と統一を達成した。その最大のメリットは、当初の目標と戦略が抱えていた部分的な性格を決定的に乗り越えて行動し、国際的な協力と階級的な連帯の絶対的必要性を示したことだった。

他方、イギリスでは、労働運動は制度化の過程を経験していた。改正選挙法は、リフォーム・リーグが最初に加わった戦いの結果、一〇〇万人以上のイギリスの労働者に選挙権が拡大した。続いて労働組合の合法化が迫害と抑圧の危険を終わらせ、第四身分が社会の真っ当な存在になり、その結果、国の実利的な統治者は改革の道を継続し、労働者階級はフランスのそれとは異なり、平和的変革という未来への希望を心に留めていたために、帰属意識が高まっていた[44]。大陸の状況は全く異なっていた。ドイツ連邦では、集団的な賃金交渉は実質的には存在していなかった。ベルギーでは、ストライキはまるで戦争でも起こしているかのように鎮圧され、スイスでは体制の秩序が依然として彼らを容認しようとしない異常な状態にあった。フランスでは、一八六四年に合法化されたが、最初の労働組合は厳しい制限の下での活動を余儀なくされていた。

フランス——全ヨーロッパの労働運動にとって重要であるとみなされる国——における理論的・政

治的進歩の欠如はこの時期のマルクスの主要な関心事であった。一八六六年六月の前半に彼はエンゲルスに次のように書いている。「だがプルードン信者（私の当地での非常に良い友人のラファルグやロンゲもこれに属する）……によれば、フランスの諸氏が『貧困と無知』をなくしてしまうまで、全ヨーロッパは静かに腰を下ろしていなければならない」[45]。二週間後、彼は、総評議会でまみえた「『青年フランス』の（非労働者）代表者たち」のグループについて、彼らが「民族性も国民そのものもすべて『時代遅れの偏見』だ、ということを露骨に明言していた」と言及した。マルクスは、この時期の政治制度が――「小さな『グループ』または『コミューン』に分解するべき」であり、「それらは再びひとつの『連合』を形成するが、国家を形成しはしない」――というアイディアについて「プルードン化したシュティルナー主義」だと述べた。彼はこのような「人類の『個性化』と『相互扶助』」が「他のすべての諸国における歴史が停止し、全世界はフランス人たちが成熟して社会革命を行うまで待つことによって」成し遂げられるべきだと揶揄した。「そのとき彼らは我々に実験を示してくれるだろう。そして、その他の世界は、彼らの実例の力に圧倒されて、同じことをするのだろう」――「フーリエが彼のファランステール・モデルから期待したものとまったく同じだ」。ついでながらマルクスは、「民族性の否定」は、多くのフランス人民にとって「フランスという模範国民への諸国民の吸収を暗に意味しているようだ」と鋭く指摘してもいる[46]。

これが一八六七年九月二日から八日に開催されたローザンヌ大会の背景であり、そこには六カ国（ベルギーとイタリアからそれぞれ一名ずつ）から六四名の代議員が出席した。インターナショナルは、継続的に幅広く拡大していく中で生まれた新しい力を結集した。マルクス自身は『資本論』の校正に忙しく、準備文書が起草されたときと実際に大会が開催されたときの両方とも総評議会を欠席した[47]。その結果は――例えば、組織の成長に関する味気ない報告とプルードン主義者のテーマ（協同組合運動と代替的な信用の利用といった）は、特に相互主義者に代表されるものと親和的であることから確かに感じられた。

エンゲルスはマルクスに自らの懸念を次のように表明している。「今度の大会は、実際には、フランス人たちによって洗い流されたように思われる。プルードン派の決議の数がどう考えても全く多すぎる」[48]。これに対して、彼の友人は彼に次のように述べて安心させた。「これは全て大したことではない。肝要なことは大会の開催であって、そこで起きていることではないのだ。我々は一般報告の中で、パリの知ったかぶりの連中をしたたかにからかうだろう」[49]。これは後に現実のものとなる――つまり、二つの傾向の間の対立は単に延期されただけだったのである。

3 相互主義者の敗北

インターナショナルの最初期から、プルードン思想はフランス、フランス語圏スイス、ワロン地域、ブリュッセル市で支配的であった。とくに、彼の弟子トランとエルネスト・エドワード・フリブール(生没年不詳)は一八六四年の創立集会、一八六五年のロンドン大会、そして、ジュネーブとローザンヌの会議での地位を確立することに成功した。

四年の間、相互主義者はインターナショナルの最も穏健な勢力だった。多数派であったイギリスの労働組合は、マルクスの反資本主義を共有しなかったが、プルードン支持者が活動した組織の方針をそのまま引き継いだわけでもなかった。

フランスのアナーキストの理論に基づいて、相互主義者は、労働者の経済的解放が生産者協同組合と中央人民銀行の設立を通じて達成されると主張した。彼らはいかなる分野においても国家介入に断固として反対し、土地と生産手段の社会化とストライキという武器の使用に反対した。

マルクスは、インターナショナルにおけるプルードンの影響力を低下させるための長い闘いで、間違いなく重要な役割を演じた。彼の思想は指導者の理論的成長の基礎となるものであり、彼は組織内の主要な対立に勝利することで彼らに意見を述べる比類なき能力を示した。例えば、協同組合について、一八六六年の『個別の問題についての暫定中央評議会代議員への指示』の中で次のように言及していた。「社会的生産を自由な協同労働の一つの巨大な調和的な体制に転換するためには、一般的な社会変革が必要である。そして、一般的な社会的条件の変化は、組織化された社会的諸力の移譲、要するに、国家権力を資本家と地主の手中から生産者の手中に移譲する以外の方法によっては決して実現されない」。労働者に「協同組合商店よりは、むしろ協同組合的生産に携わること」を勧めるのは、「前者は現在の経済体制の表層に触れるだけであるが、後者は土台を攻撃する」ためである[50]。

しかし、労働者自身は既にプルードンの教義を脇に置いていた。それは相互主義者の思想の誤りを彼らに確認させるストライキの拡散によるものだった。プロレタリアの闘争は、ストライキが現在の状態を改善するための即時的手段として必要であり、未来社会の構築に不可欠な階級意識を高めるということを示した。権利と社会的正義を要求して資本主義的生産を停止し、インターナショナルの力の配置と、より重要な社会全体の力の配置を変えたのは、実生活の中にいる男女だった。インターナショナルのフランスの指導者に対して——いかなる理論的な議論よりも強力に——土地と産業の社会化の必要性を説得したのは、パリの銅細工労働者、ルーアンとリヨンの織布労働者、サンエチエンヌの炭鉱労働者であった。労働運動は、プルードンに対して、社会問題と政治問題は切り離せないということを示したのだった[51]。

一八六八年九月六日から一三日に開催されたブリュッセル大会は、フランス、イギリス、スイス、ドイツ、スペイン(一名)、ベルギー(五五名)から九九名の代議員が参加し、最終的に相互主義者の一翼を切り取った。大会は、生産手段の社会化に関するデ・パープの提案が承認されたときに山場を迎えた——それは単なる特定の知識人の著作の中においてではなく、重要な移行組織の計画として、社会主義の経済的基礎を定義するための決定的な一歩であった。鉱山と運輸に関して、大会は次のように宣言した。

一　採石場、炭鉱、その他の鉱山、並びに鉄道は、国家によって代表される共同体に帰属するということが社会の通常状態にならなければならない。国家自身は正義の法に服さなければならない。

二　採石場、炭鉱、その他の鉱山、並びに鉄道は、現在の資本家の会社にではなく、合理的かつ科学的な鉄道等々の労働を保証する契約を社会と結んでいる労働者の会社に、作業費用にできるだけ近い価格で国家によって貸出される。同じ契約では、独占権の再締結の可能性を提示するために、会社の口座を確認する権利を国家に留保するべきである。第二の契約では、同僚の労働者に対して会社の各構成員の相互的な権利を保証すべきである。

不動産については次のことが承認された。

現代社会の経済発展は、耕作可能な土地を社会の共有財産に転換する必要性を生み出した。それは鉱山や鉄道と類似の条件下で、農業会社は国家のために土壌を貸出す必要があるということである。

運河、道路、電信にも同様の考え方が適用された。「道路と他の交通手段は共通の社会的方向性を必要としていることを考慮すると、大会はそれらが社会の共有財産であるべきだと考える」。最後に、環境について興味深い論点が指摘された。

私人への森林の権利放棄が泉の保全のために必要な森を破壊し、それによって、良質な土壌と人口の健康と生活が損なわれることを考慮すると、大会は森林が社会の共有財産であるべきだと考える。[52]

その後、ブリュッセルでは、インターナショナルは国家の権威による生産手段の社会化について、最初の明確な声明を発表した。[53]これは総評議会の重要な勝利であった。主要な労働者の組織の政治綱領における社会主義的原則が初めて登場したのである。

さらに、大会は戦争の問題についても議論した。ベッカーの動議について、マルクスは後に大会決議の要約を発表した。

労働者だけでは、経済的、政治的、個人的、国家的な、あらゆる戦争を最終的に廃絶することができない、ということに明らかに論理的な利害関係を持っている。なぜなら、彼らは勝者の側にいるか敗者の側にいるかに関わりなく、結局は、交戦国間の勘定を精算するために自分たちの血と労働で支払わなければならないのが常だからである。[54]

労働者はすべての戦争を「市民戦争」と扱うように求められた。[55]デ・パープはゼネストの利用を提案した[56]――この提案をマルクスは「戯言」に過ぎないと退けたが[57]、実際には単なる経済闘争を超えて階級意識を形成する傾向があった。

マルクスはエンゲルスに対して、このときの大会の評決について、概ね肯定的な見解を表明している。「[フレデリック・]レスナー（一八二五～一九一〇年）は次のように言っている。我々は大会ではほんの僅かの代議員であんなに多くを貫徹し、大会はほとんど全くベルギー人（フランス人を加えて）だったのにそれができた、ということは、全ての決定的な点でベルギーの労働者たちが、彼らのブリュッセルの指導者たちを無視して、ロンドンと一致した、という事情のおかげだ、と」[58]。

大会に代議員を送ることの困難はロンドンの組織が処分できる資金の不足に原因があった。マルクスは一八六九年の夏にエンゲルスに興奮気味にこの問題を語った。

昨日は総評議会の悲喜劇的な会議があった。会員証や家賃や遅れている書記給与等の督促状。要するにインターナショナルな破産で、どうすれば我々が［次の大会に］一人の代議員を送ることができるかも、未だに分からないような状態なのだ。（…）つまり、事の次第はこうなのだ。地方委員会は（中央委員会も含めて）、総評議会のためにいくらかを残しておくには、余りにも多くを支出しすぎ、自分たちの全国的または地方的必要のために自分たちの仲間から余りにもひどく取り立てすぎているのだ。金さえあれば、それはいつでも、スペイン人たちへのたわけた呼びかけを印刷するなどのためやその他のばかげたことのためなのだ。我々は次回の大会に対しては書面なり口頭なりで次のように声明することを余儀なくされるだろう。すなわち、我々は総評議会をこのまま続けてやっていくことはできないということ。しかし、彼らが我々に後継者を与えてくれる前に、どうか我々の負債を支払ってもらいたいのであって、この負債は、もし大抵の我々の書記が通信費を自身で負担しなかったら、もっと遥かに高くなったであろう、ということ。もし私が、我々を馬鹿げたことに巻き込まないような人々がどこかにいるのを見つけさえすれば、私は中央評議会がここからよそへ移されるのを最大の満足を持って見るだろう。こんなことはうんざりだ。[59]

これらの問題は一八六九年には既に浮上していたものであり、インターナショナルの生涯を通じて例外的な事態ではなくむしろ常態であった。一八七〇年の春に、マルクスはリープクネヒトと共にドイツ社会民主労働党の創立者の一人であるウィルヘルム・ブレイク（一八四二～一八八〇年）に皮肉を書いた。「慰めまでに申し上げると、総評議会の財産もゼロを下回り、マイナスの数字が絶えず増えている」[60]。

一八六八年九月、マルクスは国家社会主義の問題に回帰した。エンゲルスへの手紙の中で、彼はフォン・シュヴァイツァーが「ラサールの発案の総括」として、全ドイツ労働者協会の先月開催されたハンブルク大会で述べた――つまり、生産組合の設立のための国家信用――なるものは、「ルイ・フィリップ（一七七三～一八五〇年）〈オルレアン朝のフランス国王〉の時代」に引き戻すフィリップ・ビュシェ（一七九六～一八五〇年）に触発された「フランスのカトリック社会主義の綱領の丸写しなのだ」と[61]。

その代わりに、政府に対する強い反対は社会闘争のためには良かったといえよう。「ドイツの労働者階級にとっては、彼らが官憲のお許しの下に扇動活動をするのをやめることが、最大の必要事だ。このように官僚的に訓練された連中は、『自助』の全課程を卒業しなければならない」[62]。

シュヴァイツァーへの手紙で、マルクスはラサール派の傾向との相違について多くの紙幅を取った。最初の問題は「自助に対する国家の援助」戦略への反対だった。それはカトリック社会主義の指導者のビュシェがフランスの真の労働運動に反対して用いていたものであるが、ラサール自身が後に「プロイセンの君主制への譲歩、プロイセンの反動（封建党）への譲歩、さらには聖職者への譲歩」をも行ったこととの基礎となった。マルクスにとって、労働者の闘争は自由で独立していることが不可欠であった。「主要には、〔労働者が〕独りで歩けるように教えることである」。特にドイツでは、「彼〈労働者〉は子どもの頃から官僚的に規制されている」ので、官僚の権威を信じている。

同意できない他の重要な領域はラサールとその支持者の理論的・政治的な硬直性に関わるものである。マルクスは長年交流のある同志を批判し「大衆の苦しみは何でも、これ一つでという万能薬がポケットに入っているように言い立てる男は誰でもそうだが、〔ラサールの〕宣伝に宗教的な宗派的性格を帯びさせた」。そして宗派の創立者となることで、「彼はまた、ドイツ並びに外国での以前の運動との当然の関連を、全て否定することになる」。ラサールはプルードンと同じ誤り、「すなわち自分の宣伝の現実的基礎を階級運動の現実の要素から探すのではなく、ある一定の、空論による処方に従って階級運動の経過を指定しようとする誤りに陥った」。マルクスにとって「宗派〈セクト〉というのは、その存在理由および名誉を階級運動との共通点の中に求めず、宗派運動と階級運動とを区別する、特別な合言葉の中に求める」ものなのだ。[63] とはいえ、この種の政治に対する彼の反対は明確ではなかったかもしれない。

国家社会主義に対する戦いの中で、マルクスはリープクネヒトにも問題を提起した。一八六九年夏の帝国議会での演説の後で、マルクスはエンゲルスに次のようにコメントした。「こいつは未来の『民主主義の国家』を信じているのだ！　それは内心では立憲的なイギリスであり、あるいはブルジョワ的な合衆国であり、あるいは惨めなスイスであるのだ。革命的な政策については『こいつ』は何も感知してはいないのだ」[64]。

しかし、論争や対立の他にも、非常に前向きな進展があった。一八六八年の後半に、マルクスはクーゲルマンに、最近のアメリカの労働組合の大きな前進を報告した。そこでは「女性労働者が完全に同等に扱われている」。対照的に、マルクスは「イギリス人、だがフランス人はまた遥かに辺境であるとの誇りは免れない。いくらかでも歴史を知っている者なら誰でも、大きな社会的変革は婦人を発酵剤にしてしか起こりえないことも知っている。社会の進歩は美しき性の社会的地位を尺度として、正確に測ることができるものなのだ」と嘆いた。[65]

最後に、マルクスは多様性についてまったく憂慮していなかった。彼はよく気づいていた。「同じ国における色々な労働者の部分の発展段階も、違った諸国における労働者階級の発展段階も、必然的に非常に違っているのだから、必然的に現実の運動も非常に違った理論的な諸形態において表現される、と」。彼の見解では「国際労働者協会の生みだす行動の共通性、あらゆる国々における諸支部の色々な機関紙による思想交換、最後に総大会における直接の討論は、徐々に一般的な労働運動のために共通の理論的綱領を作り出していくであろう」というものだった。[66]

一八六八年のブリュッセル大会でインターナショナルの集権主義者の番が回ってきたのだとすると、一八六九年九月五日から一二日のバーゼル大会はこれを強固にし、プルードン主義を母国フランスからも根絶した。フランスの代議員も「社会は土地の個人的所有を廃止しそれを共同体の一部にする権利を持っている」という宣言を支持した。[67] バーゼル以降のフランスはもはや相互主義者の地ではなくなっていた。マルクスは安堵して娘のローラ・ラファルグに手紙を書くことができた。

バーゼル大会が済み、しかも比較的うまい具合にいって喜んでいる。「色々と弱点を抱えた」党が、今度のように賑々しく公の場に出るとなると、私はいつもやきもきする。役者はどれをとっても高い原則を持ってはいなかったけれど、上層階級の愚かさが労働者階級のへまを救ってくれている。[68]

バーゼル大会には、ミハエル・バクーニンが代議員として議事に参加していたという理由からも興味深い。彼は、平和[69]自由連盟の指導権を獲得することに失敗したため、一八六八年九月にジェノバで国際社会民主同盟を設立し、一二月にはインターナショナルに加入を申請した。一八六八年一二月二二日のマルクスへの手紙の中で彼は次のように書いた。

あなたは、私が友人であり続けるのかと尋ねた。もちろん、いやむしろこれまで以上にそうだとも、親愛なるマルクス。というのも、あなたは我々に従い、またあなたも我々を誘って、経済革命という正道を歩もうとしているし、私たちのうちから、国家的または専ら政治的なやり方へと堕する人々を非難している。それがいかに正しいことかということを、私はこれまで以上に理解しているからだ。今、私はあなた自身が二〇年以上も前に開始したことをやっている。(…)今や、あなたが他の人々とともに立ち上げたインターナショナルこそ、私の故郷である。もう分かるだろう。親愛なる友よ。私はあなたの弟子であり、そのことを誇りに思っているのだ。[70]

国際社会民主同盟は他の並行的で国際的な構造と連携し続けていたし、その目的の一つ——「諸階級の平等化」[71]——は、インターナショナルの根幹をなす諸階級の廃止とは根本的に異なっていたため、総評議会は当初バクーニンの要求を断った。しかし、そのすぐ後に、同盟は綱領を修正し、各支部のネットワークにけりを付けることに合意した。[72] いずれにせよ、そのようなネットワークの存在は、バクーニンの思い込みでしかなかったのである。それによって、一八六九年七月二八日、ジェノバ支部の一〇四名のメンバーがインターナショナルに承認された。[73] マルクスはバクーニンをよく知っていたが、彼はこの歩みの帰結を過小評価していた。著名なロシアの革命家の影響力は、スイス、スペイン、フランスのいくつかの支部(パリ・コミューン後に、イタリアにあったものと同じように)、そしてバーゼル大会は、彼のカリスマ性と力強い語り口によって、審議の結果に影響を及ぼしていた。例えば、相続権に関する投票は、代議員が総評議会の提案を拒否した最初の出来事であった。[74] 最終的に相互主義者を打ち負かし、プルードンの亡霊を永眠させたマルクスは——集権主義的アナーキズム——という新しい潮流を形成し組織の支配権を狙っていた、よりタフなライバルと今また対峙しなければならなかった。

VIII

一八七一年——パリの革命

1 アイルランドの自由のための闘争

一八六〇年代後半から一八七〇年代初頭というのは社会的な衝突が頻回に起きた期間であった。抗議行動に参加した多くの労働者は、評判が高まっていたインターナショナルと連絡を取ることを決め、闘争の支援を求めた。一八六九年には、ヨーロッパ全土でのインターナショナルの著しい拡大が見られた。しかし、この点でイギリスは例外的であった。労働組合の指導者は完全にマルクスを支持し相互主義者と対立したが、彼らには理論的考察[1]を行う時間がほとんどなく、革命的情熱を正しく成長させることができなかった。これが総評議会から独立したイギリス連合を創立することに、長い間マルクスが反対した理由であった。

同じ時期に、イングランドにアイルランド労働者のいくつかの支部が生まれ、総評議会のアイルランド担当書記として労働者の指導者であるジョン・マクドネル（一八四五〜一九〇六年）が任命された。一一月一六日の会議で、マルクスは「アイルランド人民が大赦運動を進めている。勇敢で、断固とした高邁な態度に敬意」を表明するインターナショナルの決議を提案した[2]。この数日前に、マルクスはエンゲルスへの手紙の中で「アイルランドでの最近の色々な集会」をどんなに楽しんでいるかを伝え、そこでは「牧師たちが襟首を捕まえられて演壇から遠ざけられた」と書いた[3]。

マルクスは、アイルランド問題を徹底的に分析しながら、インターナショナルが単なる「人道主義」の立場に留まらないで急進主義を採用していくために――イギリスの労働者の指導者の懐疑論との――政治的な闘争を継続した。彼はまたそれまでの考え方を改める重要な転換点を迎えた。彼は友人のルートヴィヒ・クーゲルマンに次のよう書いた。

私がますます確信を深めていること――そしてイングランドの労働者階級にこの確信をたたき込

みたいだけのことなのだ――それはイギリスの労働者階級がこのイギリスで何か決定的なことをなしうるためには、アイルランドに対する態度をきっぱりと支配階級に対する態度から切り離し、さらにアイルランド人と協同して事を進めるに留まらず、一八〇一年の合併を解消し、これに代わって自由な連邦という関係を樹立するために主導権を握るようにさえしなければならないのである。これはアイルランドに対する同情ということではなく、イギリスのプロレタリアートの利害に基づいた要求として進めなければならない。そうしないならば、イギリス人民はいつまでも支配階級に手綱を握られたままになる。なぜならば、イギリス人民は支配階級と手を組んでアイルランドに対抗する他なくなるためである。イギリスの労働者階級の全ての運動は、イギリス内の労働者階級のかなりの部分をアイルランド人が占めていることで、彼らとの軋轢のために半身不随のままになっている。この国での解放の第一の条件――イギリス人による土地寡頭制の打倒――は未だ達成されていない。それは彼らが強固な陣地で固めた前哨をアイルランドに維持している限り、イギリスの陣地を攻略することはできないためである。ところが、ひとたびアイルランド人民が自ら事を決することができ、立法と統治を自ら行うようになると、つまり、ひとたびアイルランドが自治権を獲得しさえすれば、アイルランドでの土地貴族（その大部分は、イギリスの地主と同一人物である）の絶滅は、イギリスでよりも遥かに容易である（…）それは、アイルランドではこれがただ経済問題であるというだけではなく、同時に民族問題であり、アイルランドの地主が（…）死ぬほど憎い民族抑圧者だからである。[4]

マルクスは、一八七〇年三月二八日に送付していたインターナショナルの重要な「非公開通知」の問題に再び取り掛かった。[5]「アイルランドでは」、「地主制度が一重にイギリスの軍隊によって維持されている。両国の強制された合併がなくなった途端に、遅れた形であるにせよ、社会革命がアイルランドで起こるだろう」と彼は述べた。イギリスの労働者階級について言えば「アイルランドの地主の権力を維持することで」、「イギリスそのものについても難攻不落に」していたのである。このことは軍事的観点からも真実であった。アイルランドは「イギリス政府が強大な常備軍を維持するための唯一の口実である。これが必要な場合には、既に示されたように、アイルランドで軍事訓練を受けた後、イギリスの労働者に対して差し向けられるのである」。[6]

マルクスはアイルランドの独立が絶対に中心的な問題であるという確信をますます深めていった。一八六九年一一月のクーゲルマンへの手紙で次のように結論づけている。「イギリス内部の社会発展が、アイルランドに対する、今の関係のために半身不随のままであるばかりか」、とりわけ「ロシア及びアメリカ合衆国についての」イギリスの対外政策に対する悪影響があった。「事実」、「クロムウェル治下のイギリス共和国が難破したのはアイルランドのためであった」ことを想起することで、「このようなことが二度と起こらないことを！」と警告した。[7]

一八六九年一二月、マルクスはイギリスの労働者階級がアイルランドの解放に如何に関わるべきかということについて彼が摑み取ってきた確信をエンゲルスに説明した。

私が長い間考えてきたことだが、可能なのは、アイルランドの体制をイギリスの労働者階級の興隆によって覆す、ということなのだ。私は絶えずこの見解を『ニューヨーク・トリビューン』紙上で主張してきた。より深い研究によって、私は今ではその反対のことを確信するようになっている。イギリスの労働者階級は、それがアイルランドから免れないうちは、決して何事も達成しはしないだろう。梃子はアイルランドに据えられなければならない。これが、アイルランド問題が社会運動一般にとって非常に重要な理由なのだ。[8]

そのうえ、「全世界の地主制度と資本主義の中心地」としてのイギリスは、全ヨーロッパのプロレタリア革命一般に対して決定的な位置にあった。一八七〇年三月、マルクスはラウラとポール・ラファルグへの手紙でこのつながりを簡潔に表明した。

ヨーロッパにおける社会発展を早めるためには、イギリス当局の破滅を推し進めなければならない。そのためには、アイルランドでイギリスに攻撃を加えなければならない。ここがイギリスの一番の弱点なのだ。アイルランドを失えば、大英「帝国」はおしまいだ。イギリスにおける階級闘争は、これまでのんべんだらりとしていたのが、急激な形を取ることになるだろう。[9]

三月二八日の「非公開通知」は、インターナショナルが「第一になすべきこと」は「イギリスでの社会革命の推進」であると述べた。しかし、それは「アイルランドの隷属」を保証する政治構造が――「できるなら自由で平等な連邦に、必要なら完全な分離に」転換された場合に限って起こりうる。[10]一八七〇年の春に、マルクスは同様の論点について内容豊かな手紙を、合衆国にいるドイツ生まれのインターナショナルの協会員、ジークフリート・マイアー（一八四〇～一八七二年）とアウグスト・フォークト（一八三〇～一八八三年）に送付している。「私が何年もアイルランド問題を調べてきて得た結論は、イギリスの支配階級に対する決定的な打撃――また、それは全世界の労働運動にとって決定的――は、イングランドではなくて、アイルランドでしか加えることができないということだ」。[11]しかし、マルクスにとって、イギリス人によるアイルランド支配よりも、政治的に「もっと重要な」ことは、プロレタリアートの内部で生じた分断と暴力的なナショナリズムであった。「非公開通知」の中で、彼は「イギリスのブルジョワジーが、悲惨なアイルランド人を搾取するだけでなく、貧しいアイルランド人の強制移住によってイギリスにおける労働者階級の状態を低下させた」ことを強調している。そのことも労働者を「敵対する二つの陣営に」分断するきっかけとなった。

イギリスのあらゆる大工業の中心地では、アイルランドのプロレタリアとイギリスのプロレタリアの間に深刻な対立がある。イギリスの標準的な労働者はアイルランド人労働者を、賃金と生活水準を低下させる競争相手として嫌っている。また、民族的・宗教的反感を抱いてもいる。彼らはアイルランドの労働者を、北アメリカの南部諸州の貧しい白人が黒人奴隷を見ていたのとほとんど同じ様に見ている。このイギリスにおけるプロレタリアの対立は、ブルジョワジーによって作為的に育まれ、維持されている。ブルジョワジーは、このような分断が権力維持の秘訣であることを知っているのだ。[12]

マイアーとフォークトへの手紙では、マルクスは次のように言及してさえいる。

［イギリスの労働者は］アイルランドの労働者に対し、自分たちは支配する側の国民の一人であるという意識を持って臨み、まさにそのために、イギリスの貴族や資本家によってアイルランドに差し向けられる道具に使われ、そうして自分たちにのしかかっている貴族と資本家の支配を固めることにもなっている。イギリス人労働者はアイルランド人労働者にたいして、宗教的、社会的、また民族的な偏見を抱いている。その関係は、合衆国のかつて奴隷所有諸州での「貧乏白人」と黒人との関係とほぼ同じだ。アイルランド人はまたイギリス人にしっぺ返しをする。アイルランド人はイギリスの労働者を、イギリス人によるアイルランド人支配の共犯でもあり、また愚劣な道具であると考えている。

支配階級はこの対立を可能な限り促進する。それは「新聞や教会での説教や漫画新聞、要するに支配階級に使えるあらゆる手段によって、意図的に掻き立てられ、また強められている」のである。[13]

そのうえ、「この害悪はここだけでは済まない。それは大西洋を押し渡る」[14]。一八七〇年三月の「非公開通知」にて、マルクスは「(…)故国の土地から追い出されたアイルランド人は、北アメリカに現われた。そこで(…)彼らの考えること、情熱を燃やすことといえば、イギリスに対する憎悪だけである」と指摘している。イギリスとアメリカの政府、または「それらが代表する階級」は「この感情を育んで、合衆国とイギリスとの間の水面下の闘争を存続させ、これによって、大西洋の両岸の労働者階級の誠実で真剣な同盟を、したがって彼らの解放を、妨げようとしている」。

マルクスは、マイアーとフォークトへの手紙の中で、この問題に言及している。「イギリス人とアイルランド人との間の敵対関係が(…)両国政府にとってそれが得策だと思えば、その度に社会的な衝突の矛先を、彼らを憎み合わせることによって、また必要とあれば両国間の戦争によって鈍らせることも意のままである」。大西洋の向こう側の同志への手紙で、マルクスは現状で必要な政治的選択について詳論している。

イギリスは、資本の中心地であり、今に至るまで世界市場を支配している強大国であるので、労働者革命にとって最も重要な国であり、しかもこの革命の物質的条件が一定の成熟度まで達している、唯一の国だ。したがって、イギリスにおける社会革命の促進は、国際労働者協会の最も重要な課題である。これを促進する唯一の手段はアイルランドを独立させることだ。だから「インターナショナル」の任務は、至る所でイギリスとアイルランドの間の紛争を前面に押し出すこと、至る所で公然とアイルランドに味方することなのだ。[15]

インターナショナルと特にロンドンの総評議会は、「アイルランドの民族的解放が」啓蒙的な自由主義者や宗教家が議論していたような「抽象的な正義とか人道主義的な感情の問題ではない」ということをイギリスの労働者に気づかせなければならなかった。これこそが階級的連帯の根本的な問い、つまり「彼ら自身の社会的解放の第一条件」[16]であった。マルクスは「非公開通知」で、「古代ローマが途方もない規模で示したことが、今日のイギリスで繰り返されているのである。他の民族を隷属させる民族は、自分自身の鉄鎖を鍛えるのである」と書いた。

2　フランス=プロイセン戦争への反対

一八七〇年に、インターナショナルがそれなりに強いヨーロッパの国々では、そのメンバーたちが既に存在している組織から完全に自律した新しい組織を立ち上げていった。しかし、イギリスでは、インターナショナルの主力を構成していた労働組合は既存の組織構造をもちろん変えようとはしなかった。それゆえ、ロンドンに拠点を置く総評議会は同時に二つの機能を満たさなければならなかった。一つは、世界の本部として、一つは労働組合が約五万人の労働者を影響下に置いていたイギリスの指導部としてである。

フランスでは、第二帝政の抑圧的な政策が一八六八年をインターナショナルの深刻な危機の年にしていた。しかし、翌年には組織の再生が見られ、相互主義の立場と決別した新しい指導者が前面に立つようになった。一八七〇年にインターナショナルの拡大がピークを迎え、着実に成長していたにもかかわらず、組織は九〇支部のうち三八支部には定着しなかった。フランス全体では三万人から四万人の間に留まっていた[17]。したがって、インターナショナルがフランスの真の大衆組織を形成したとはいえなかったけれども、相当の規模に成長し、広く関心を集めたことは確かだった。

ベルギーでは、一八七〇年代の前半に会員数が数万人に達し、恐らくフランス全体の会員数を上回っていた。インターナショナルの協会員が総人口に対して最も高い密度を占め、社会に対する最大の影響力を持ったのはこの国であった。同時期の着実な発展はスイスでも見られた。しかし、一八七〇年に、バクーニンの活動が組織を同規模の二つのグループに分断し、ロマンド連合大会で、彼の国際社会民主同盟を連合に残存させるべきかの問題をめぐって両グループが対立した[18]。両者の立場を調停することができないときは、議事は平行した会議で執り行われ、総評議会の介入後にようやく停戦が合意された。ロンドンと結びついたグループは僅かに小さかったが、ロマンド連合の名称は維持し、バクーニンと結びついたグループはインターナショナルへの加盟は認められたものの、ジュラ連合という名称を採用しなければならなかった。

同時期にバクーニンの思想は拡散し始め、最も広まった国はスペインであった。事実、インターナショナルは、ナポリ人のアナーキストであるジュゼッペ・ファネリの活動を通じてイベリア半島で最初に発展した。彼は、バクーニンの要請を受けてバルセロナとマドリッドを訪問し、インターナショナルの支部と社会民主同盟のグループの立ち上げを支援していた。彼の旅行は目的を達成したのである。しかし、スペインの人民に配付された両国際組織の文書のほとんどが、バクーニン主義的な混乱と理論的な折衷主義の代表例のようなものであった。スペインの労働者は社会民主同盟の原則の下でインターナショナルを設立したのである。

北部ドイツ連合では――ラサール派の全ドイツ労働者協会とマルクス派のドイツ社会民主労働党――という労働運動の二つの政治組織が存在していたにもかかわらず、そこではインターナショナルに対する熱意がほとんど見られず、加盟の要請もほとんどなかった。最初の三年間は、ドイツの戦闘的な人々は事実上その存在を無視し、当局の迫害を受けることを恐れていた。しかし、ドイツの薄弱な国際主義は、最終的には法律上の問題意識よりもずっと鈍くなり、運動が国内問題に没入するようになったときにはさらに弱くなった。[19]
明らかな矛盾と各国間の不均衡発展を背景に、一八七〇年九月、インターナショナルは第五回大会を開催した。元々はパリで開催される予定だったが、フランス政府の弾圧的な捜査があったため、総評議会がマインツを代替地に選定したのである。恐らくマルクスは、彼の立場に近いドイツの代議員を大量に送り込むことによって、主に南ヨーロッパで起こっていたバクーニン主義者の発展を食い止めるのに役立つだろうとも考えていた。総評議会後の五月に彼の提案が承認された後、マルクスはエンゲルスに次のように述べている。「大会開催地のマインツへの変更には――昨日満場一致で採決された――バクーニンの奴は慌てるだろう」[20]。
その一月前に、〈マルクスは〉インターナショナルのパリ支部での「バクーニンの陰謀」についての情報を含む長い手紙をポール・ラファルグに送っていた。バクーニンは「(…)独自に総会を開くことになっている独立の国際的な団体で、同時に私たちのインターナショナルの構成メンバーでもある」社会民主同盟に「宗派」の性質を植え付けた、とマルクスは書いている。要するに、バクーニンは「出しゃばりな秘密結社」[21]を通じてインターナショナルを支配下に置こうと狙っていたのである。両者の間に対立が芽生え始め、止めるものはなにもなくなった。
マルクスは労働運動を注意深く監視して、それが似たような性質を持たないように配慮していた。インターナショナルの新しい部門の創設の機会に、彼はポール・ラファルグに「共産主義的であろうが何であろうが、宗派的な名前を」付けさせないように注意を促した。マルクスは次のように続けている。

国際協会における宗派的な「レッテル」は避けなければならない。労働者階級の全体的な熱望なり傾向なりは置かれている現実の諸条件から発するものである。だから、これらの熱望や傾向は階級全体に共通のものなのだ。たとえ運動が彼らの頭にはこの上なく様々な形で、つまりひどく夢想的であったり、それほどでなかったり、まずまず適切であったり、またはそれほどでなかったりというように反映されるのであったとしても、である。私たちの眼前に展開されている階級闘争の、隠された意味を最もよく理解する——共産主義者——は、宗派主義に捕われたり、これを助長したりする過ちは犯さないのである。[22]

一八七〇年の夏に、インターナショナル大会の準備中に、マルクスはヘルマン・ユングにも手紙を書き、右記の問題に詳細な注意書きを付している。

一、公債廃止の必要性について。補償請求権を認めるかどうかについての討論。二、労働者階級の政治活動と社会運動との関係について。三、土地所有を公的所有に転化するための実際的措置について。(…)四、発券銀行を国立銀行に転化することについて。五、全国的な規模で協同組合的生産を行うための条件について。六、労働者階級が一八六六年のジュネーブ大会の決議に従って総合的な労働統計を作成する必要性について。七、戦争を廃絶する手段についての問題の(…)再検討について。

マルクスは、これらの論点に「インターナショナルの内部に農民支部を設置し、農業プロレタリアと他の産業プロレタリアとの連帯を打ち立てるための実際的措置について」というベルギーの総評議会の提案を加えた。[23]

しかし、一八七〇年七月一九日のフランス＝プロイセン戦争の勃発は、大会を中止する以外の選択肢を残さなかった。ヨーロッパの中心部における紛争は、当時のナショナリストの雄弁さとは異なった、労働運動の独自の立場の表明を優先させなければならないことを意味した。

マルクスは「フランス＝プロイセン戦争についての第一の呼びかけ」の中でフランスの労働者に対して、シャルル・ルイ・ボナパルト（一八〇八～一八七三年）〈ナポレオン三世〉を追い出し、一八年前に打ち立てられた帝政を破壊しようと呼びかけた。ドイツの労働者はボナパルトの敗北がフランス人民への攻撃に転化しないように抑止する役目を担っていた。「もしドイツの労働者階級が、現在の戦争の純粋に防衛的な性格が損なわれて、フランス人民に対する戦争に堕するようなことを許すなら、勝っても負けても結果は同じように不幸なものとなろう」。マルクスは次のように付け加える。

イギリスの労働者階級は、フランスとドイツの労働者に友好の手を差し伸べている。彼らは、この差し迫った恐ろしい戦争の成り行きがどうあろうと、万国の労働者階級の同盟が遂には戦争を絶滅するであろうことを、深く確信している。フランス当局とドイツ当局が兄弟殺しの争いに突入しているときに、フランスとドイツの労働者は互いに平和と好意のメッセージを取り交わしているという他ならぬこの事実、これまでの歴史上に類例のないこの偉大な事実は、明るい未来の展望を拓くものである。それは、経済的窮乏と政治的錯乱を伴う旧社会と対照的に、一つの新しい社会が生まれようとしていることを証明している。この新しい社会の国際的な掟は平和であろう。なぜなら、この新しい社会における各国の支配者は、どこでも同一のもの——労働であるから！　その新しい社会の開拓者こそ、国際労働者協会である。[24]

三万部（ドイツ向けに一万五千部、フランス向けに一万五千部がジュネーブで印刷された）が刷られたこの文書には、インターナショナルの最初の主要な外交政策が公表された。その多くの熱狂的な支持者の一人がジョン・ステュアート・ミルであった。「ここにはなすべきではない文言は一つもなかった」、そして「もっと少ない語数で記すこともできなかっただろう」と彼は書いている。[25]

北ドイツ連邦議会のただ二人の議員であった社会民主労働党の指導者のヴィルヘルム・リープクネヒトとアウグスト・ベーベル（一八四〇～一九一三年）は、戦時特別予算[26]に反対票を投じ、インターナショナルのフランス支部もまたドイツの労働者に友好と連帯の挨拶を送っている。しかし、フランスの敗戦によって、常に熱狂的な愛国主義を伴った、ヨーロッパの新しくより勢いのある時代、すなわち国民国家の時代の始まりが画されることとなった。

これが「フランス＝プロイセン戦争についての第二の呼びかけ」で「現在の恐るべき戦争は、さらに恐ろしい国際的紛争の前触れに過ぎないものとなり、あらゆる国で剣と土地と資本の主人たちが今一度労働者に対して勝利を得るだろう」と書いたとき、マルクスが想定していた筋書きであった。[27]

3　パリ・コミューンによる権力の獲得

セダンでドイツが勝利し〈ルイ・〉ボナパルトが捕縛された後の一八七〇年九月四日に、フランスで第三共和政が樹立された。翌年一月には、四ヶ月のパリ包囲戦が、フランスにビスマルクの条件を受諾させた。停戦協定の下で、選挙が実施され、アドルフ・ティエール（一七九七～一八七七年）が共和国大統領に指名された。これは多くの君主制の支持者とオルレアニスト〈オルレアン朝の支持者〉の支持を得た。しかし、首都では、進歩共和党が行政府を席巻し、大衆の不平を買っていた。政府が、都市を武装解除し社会改革を保留することが予期されたため、パリ市民はティエールへの反対に転じ、三月一八日に、労働運動の最初の偉大な政治的事件であるパリ・コミューンを開始した。

バクーニンは労働者に祖国防衛戦争を革命戦争に転じるように訴えたが、[28]ロンドンの総評議会は当初静観していた。マルクスは、インターナショナル名で文書を執筆する責をまかされたが、深い理由からその発表を延期した。コミューンの脆弱さとそれが依拠している現実的な力関係をよく理解していたために、その敗北が必至であることにマルクスは気がついていた。一八七〇年九月、マルクスは「フランス＝プロイセン戦争についての第二の呼びかけ」の中でフランスの労働者階級に警告しようとした。

敵がパリの城門を叩くばかりに迫っている現在の危険な局面に、およそ新政府を倒そうなどと試みるのは、向こう見ずな愚挙であろう。フランスの労働者は（…）一七九二年の国民的追憶に惑わされてはならない。（…）彼らは、過去を繰り返すべきではなく、未来を建設すべきである。彼らは、自分自身の階級を組織する仕事のために、共和国の自由が与える便宜を冷静に、そして断固として利用するがよい。それは彼らに、フランスを再生させ、私たちの共同の事業――労働の解放――を成し遂げるための、新しいヘルクレス〈ギリシア神話の英雄〉ばりの力を与えるであろう。彼らの精力と賢明さに、共和国の運命はかかっている。[29]

リープクネヒトへの手紙で、マルクスはパリの革命家たちが「お人好しすぎる」と不満をこぼしている。彼らは「権力簒奪の外見」を避けようとして、コミューンの選挙を組織するための「貴重な機会を失った」のである。彼らの「愚かさ」は「内戦を開始しようとしなかった」ことにある。それは「ティエールがパリを無理やりに武装解除しようとすることで、内戦を避けようとしたのと同じようなものだ」[30]。一週間後には友人のクーゲルマンにも同様の指摘をしている。「その今こそという瞬間は、良心の咎めのためにむざむざと見送られた。（…）第二の失敗。中央委員会はその権力を余りにも早く放棄して、コミューンにその座を譲ってしまった。これまた余りにも正直すぎた良心の咎めからだ」。

いずれにしても、マルクスは、フランスの事態の成り行きを批判的に観察しながら、コミューンの闘士の優れた闘争精神と政治能力の重要性を際立たせていった。マルクスは続ける。

なんという柔軟さ、なんという歴史的な創意性、なんという犠牲的精神を、これらパリの人々は見せていることか！　外国の敵というよりは、それ以上に国内の裏切りのために六ヵ月に亘り飢えに苦しめられ、痛めつけられたその後で、プロイセン軍の銃剣の下に彼らは立ち上がっている。フランスとドイツとの間に戦争などなかったとでもいうように、敵軍がパリ城外に陣を構えているなどということも忘れたように！　歴史上これほどの偉大さの類例はない！

この革命がいかなる帰結になろうとも、コミューンが労働運動の歴史に新しい章を拓いたということをマルクスは理解していた。

パリの現在の蜂起は――なるほど旧社会の狼ども、豚ども、卑劣な犬どもの前に屈しつつあっても――パリの六月蜂起以来、私たちの党の最も光栄ある行為である[31]。このパリの、天をも脅かす市民たちを、ドイツ＝プロイセン神聖ローマ帝国の天の奴隷たち、その滅亡後も兵営、教会、間抜けな田舎貴族ども、そしてとりわけ俗物の臭気ふんぷんたる死者の仮装行列をやっているこの国の天の奴隷たちと比較してもみよ。[32]

数日後に、マルクスはクーゲルマンにもう一通の手紙をしたため、これらの考察に続けている。この親友はパリの闘いを、「小ブルジョワ的デモンストレーション」に過ぎなかった一八四九年六月一三日のパリのそれと同等のものと見誤っていた。そこでマルクスはコミューンの闘士を再び激励したのである。「世界史」は「もし闘いが、間違いなく有利なチャンスだけを条件として始められるものなら、ひどく楽なものになるだろう」と。

他方、もし「偶然事」が何の役割も果たさないならば、［歴史は］ひどく神秘的な性質のものとなるだろう。これらの偶然事はもちろんそれ自身、発展の一般的な進行の中に組み込まれ、また、他の偶然事によって相殺される。しかし、加速や遅延はそのような「偶然事」によって大いに左右される。その中には、まず運動の先頭に立つ人物たちの性格という「偶然」も数えられる。[33]

「ヴェルサイユのブルジョワの悪漢ども」と結託した在フランス・プロイセン人の存在がコミューンの周辺で蠢めいていた。ヴェルサイユは、ドイツ人に梃子入れされて[34]、「パリの人たちに、戦いを始めるか、戦わずに屈服するか、そのどちらかを選ぶ他ないように仕向けたのである」。後者の場合、「労働者階級の士気喪失は、なにがしかの『指導者たち』の没落より遥かに大きな不幸となっていたことだろう」。「資本家階級とその国家に対する労働者階級の闘争は、パリの闘争によって新しい局面に入った。事態が直接にはどのような経過を辿ろうと、世界史的に重要な一つの新しい出発点が獲得されたのである」とマルクスは結論づけている。[35]

パリ・コミューンの熱烈な勝利宣言は、ヨーロッパ中の労働者に誤った期待を生み出し、最終的に不信と士気喪失の原因となってしまう恐れがあった。そこで、マルクスは配信の延期を決め、総評議会の会議を数週間欠席した。彼の不吉な予感はすぐに的中し、五月二八日の宣言から二カ月ほど経ってから、パリ・コミューンは血にまみれた。二日後、彼は『フランスにおける内乱』の原稿を持って総評議会に現れ、その原稿が読まれると満場一致で採択され、全評議員名で公刊されることになった。

この文書は数週間に亘って大きな影響を与えた。それは労働運動について一九世紀に書かれたいかなる文書よりも大きなものであった。パリ・コミューンについてマルクスは次のように書いている。

その場合でもなお中央政府には少数の、だが重要な機能が残るであろうが、それらの機能は、故意に誤り伝えられたように、廃止されるのではなく、コミューンの代理人たち、したがって厳格に責任を負う代理人たちの手で果たされるはずであった。国民の統合は破壊されるのではなく、むしろ反対に、コミューン制度によって組織されるはずであった。国民的統合が具現化したもの、しかも国民そのものから独立し優越するものであると主張しながら、実態としては、国民の身体に寄生する贅肉に過ぎなかった、国家権力を破壊することによって、この統合が実現されるはずであった。古い政治権力の純然たる抑圧的な諸器官は切り取られなければならなかったが、他方、その正当な諸機能は、社会そのものからその卓越性を簒奪した権力から奪い返して、社会の責任を負う代理人たちに返還されるはずであった。[36]

パリ・コミューンはまったく新しい政治的経験であった。

それは、本質的に労働者階級の政府であり、収奪者階級に対する生産者階級の闘争の所産であり、労働の経済的解放を成し遂げるための、遂に発見された政治形態であった。この最後にあげた条件がなければ、コミューン制度は不可能であったろうし、妄想であったろう。生産者の政治的支配と、生産者の社会的奴隷制の永久化は、両立しない。だから、コミューンは、諸階級の、したがってまた階級支配の存在を支えている経済的土台を根こそぎ取り除くための梃子とならなければならなかった。労働が解放されれば、人は皆労働者となり、生産的労働は階級的属性ではなくなる。[37]

マルクスによれば、パリ・コミューンで拓かれた階級闘争の新局面は、明快な反資本主義的綱領を通じてのみ成功に導くことができるのである。それは、根本的な変革を為し遂げるということでもある。

(…)コミューンは、多数の人間の労働を少数の人間の富にしてしまう階級的所有を廃止しようとした。それは収奪者の収奪を目標とした。それは、現在主に労働を奴隷化し搾取する手段となっている生産手段、すなわち土地と資本を、自由な協同労働の純然たる道具に転化することによって、個人的所有を事実にしようと望んだ。(…)もし協同組合的生産が欺瞞や罠に留まるべきではないのだとすれば、もしそれが資本主義体制にとって代わるべきものなのだとすれば、もし協同組合の連合体が一つの共同計画に基づいて全国の生産を調整し、こうしてそれを自分の統制の下におき、資本主義的生産の宿命である不断のアナーキー〈無政府状態〉と周期的痙攣とを終わらせるべきものとすれば——紳士諸君、それこそは共産主義、「可能な」共産主義でなくて何であろうか? 労働者階級はコミューンに奇跡を期待しなかった。彼らは裁定者の定めによって実施すべき、できあいのユートピアを何も持っていない。自己解放を成し遂げ、それと共に、現在の社会がそれ自身の経済的作用によって不可抗力的に向かっている、より高度な形態を創り出すためには、長期の闘争を経過し、環境と人間を変容させる一連の歴史的過程を経過しなければならないことを、労働者階級は知っている。彼らのなすべきことは、崩壊しつつある古いブルジョワ社会そのものの胎内に孕まれている新しい社会の諸要素を解放することである。[38]

『フランスにおける内乱』の三つの英語版はすぐに労働者の間で好評を得て、ブルジョワジーのサークルに激論を巻き起こした。それはまた、多くの他の言語でも全訳や部分訳に訳され、ヨーロッパ各国や合衆国の新聞、雑誌、小冊子で公刊された。

マルクスの情熱的な擁護にもかかわらず、またインターナショナルを賛美する教条主義的なマルクス主義者と保守反動的な敵対者との双方の主張にもかかわらず[39]、総評議会がパリ市民の反乱を実際に推し進めるということは問題外であった。組織の重要人物は、確かにある程度役割を果たしてはいた。例えば、ハンガリー生まれのレオー・フランケル（一八四四～一八九六年）は、労働、産業、貿易を担当していたが――パリ・コミューンの指導権は急進的なジャコバン派に握られていた。三月二六日の自治選挙で選出された八五名の代議員は[40]、一五名の穏健派（いわゆる「区長会」、首長経験者のグループ）、すぐに辞職してしまった四名の急進派、そしてコミューン評議会を構成しない者たちであった。残りの六六名は、明確な政治的傾向を持たない一一名の革命家、一四名の国防委員会出身者、そして一五名の急進的共和主義者と社会主義者であった。それに加えて、九名のブランキストと一七名のインターナショナルの協会員であった[41]。後者には、エドゥアール・ヴァイヤン（一八四〇～一九一五年）、ブノア・マロン（一八四一～一八九三年）、オーギュスト・セレイラー（一八四〇～一八七二年）、ジャン＝ルイ・パンディ（一八四〇～一九一七年）、アルベール・テス（一八三九～一八八一年）、シャルル・ロンゲ（一八三九～一九〇三年）、そして前述のヴァルランとフランケルがいた。しかし、彼らは多様な政治的・文化的背景を持っていたため、一枚岩のグループを構成せず、しばしば異なる立場で投票した。これは、公衆安全委員会を創設するという山岳派〈ジャコバン派内の派閥〉的な五月の決定（ブランキストを含む評議会の三分の二の賛成を得た）を反映した急進的共和主義者のジャコバン派の見解が覇権を得るのに有利に働いた。マルクス自身は「コミューンの多数派は決して社会主義者ではなかったし、またそうではありえなかった」と指摘した[42]。

ヴェルサイユ軍がパリに侵攻した後に続いた「流血の週間」（五月二一～二八日）に、戦闘や即決処刑によって約一万人のコミューンの闘士が殺された。これはフランス史上最も凄惨な大虐殺であった。他に四万三千人以上が捕虜になり、そのうち一万三千五百人が死刑、懲役刑、強制労働、強制退去（ほとんどがニューカレドニアの植民地に送られた）に処された。他の七千人は脱走し、イギリス、ベルギー、スイスに避難した。ヨーロッパの保守的・自由主義的な報道機関は、蒙昧な労働者の反乱に対する「文明」の勝利を吹聴し、コミューン闘士の凶悪犯罪を非難することで、ティエールの兵士たちの仕事を完成させた。この時から台風の目であったインターナショナルは既存秩序に対するあらゆる行為に責任を負うことになった。「シカゴに大火が起こったとき」、「これはインターナショナルのしわざだと述べた電報が、全世界を駆け巡った。西インド諸島を荒らし回る台風がインターナショナルの悪魔的な力のせいにされなかったのが、全く不思議なくらいである」とマルクスは辛辣に皮肉った。[43]

マルクスは、インターナショナルと彼自身に対する中傷について、報道機関に答えるために終日を費やさなければならなかった。「今のところ」、［私は］「ロンドン中で最も悪評高く、最も脅かされている人物である」と彼は書いた。[44] そうしているうちに、ヨーロッパ各国の政府は、パリに他の蜂起が続くかもしれないことを恐れ、弾圧の道具を尖鋭化させていた。

パリにおける流血の結末、ヨーロッパ各国政府の弾圧と一連の誹謗中傷にもかかわらず、コミューンの結果として、インターナショナルはより強靱に成長し、また広く知れ渡るようになっていた。資本家と中産階級にとって、それは既存秩序に対する脅威となったが、労働者にとっては搾取と不正義のない世界への希望をもたらした。[45] パリの反乱は労働運動に、より急進的な立場を採用し、戦闘力を強化することを促した。この経験は革命が可能であること、資本主義的秩序とは全く異なる社会が構築されなければならないという目標を示したが、それを達成するためには、労働者は、強靱でよく組織された政治的アソシエーション[46]によって大いなる持続性を創造しなければならないということも明らかとなったのである。総評議会の出席者は倍増し、インターナショナル関連の新聞がたくさん誕生して、発行部数と売上高が増加した。

4　ロンドン大会における政治的転換

インターナショナルの最後の大会から二年が過ぎても、当時の支配的な環境下では新たな大会を開催することはできなかった。そこで、総評議会はロンドンで組織されることになった。一八七一年九月一七日から二三日に開催されると、イギリス（アイルランド代表が初めて出席した）、ベルギー、スイス、スペイン、そしてフランスの亡命者からなる二二名の代議員が出席した。[47] この企画の代表性をできるだけ確保しようとの努力にもかかわらず、実際には総評議会の会議を拡大したものに留まっていた。

マルクスは、この大会は理論的な議論は取り上げないで「組織と政策の問題だけ」[48]に専念すると事前に告知していた。彼は初回の会合で次のように説明している。

> 総評議会は、多くの国の協会が直面している危機を是正するために必要な措置を各国の代議員と合意し、この状況の要請に対応しうる新組織に移行するために大会を開催した。次に、政府があらゆる手段を用いて絶え間なく協会を破壊しようとしていることへの対応を策定すること。最後に、スイス問題をひとまとめに解決することである。[49]

マルクスは、インターナショナルを再組織し、敵対勢力の攻撃から防衛し、そしてバクーニンの影響力の増大をチェックするという優先課題に全精力を傾けた。この大会で最も活発な代議員であったマルクスは、一〇二回もの発言をし、計画を阻害するような提案を阻止し、代議員を納得させ議案を勝ち取った。[50] ロンドンでの集会は、政治方針を形成する際の頭脳としてだけでなく、最も戦闘的で有能な闘士でもあるという、彼の組織内での評価を固めた。

この会議での最も重要な決定は、後に記憶されるようになる、ヴァイヤンの第九決議の承認であった。ブランキストの指導者——コミューンの終結後に残存部隊がインターナショナルに加盟した——は、総評議会の指導の下で、組織を集権化し、規律のある党に転換すべきだと提案した。特に、革命のためには綿密に組織された戦闘員の中核がありさえすればよいというブランキストの立場などには異論があったにもかかわらず、マルクスはヴァイヤン・グループとの連携をためらわなかった。インターナショナル内のバクーニン派のアナーキストと対抗する力を強化するだけでなく、階級闘争の新しい局面に必要な変革について幅広い合意を形成するためでもあった。九月二〇日の会議におけるマルクスの発言は次のようなものである。

労働者を議会へ送るのをどうでもよいことと思ってはならない。(…)一つだけ例をあげれば、フランスで行われた［フランス＝プロイセン］戦争の最中に、ベーベルとリープクネヒトがそれに反対して、労働者階級から事態に対する全責任を解除するために、あの闘争を始めたとき、全ドイツが揺り動かされ、ビールの値段のためにしか革命をやらないようなミュンヒェンでさえ、戦争の終結を求める大示威運動が起こった。ミュンヘンでは多くの労働者が国際協会に加入した。各国の政府は私たちに敵意を持っている。私たちは、あらゆる可能な手段を使って、彼らに返答しなければならない。彼らに対する総合的な改革運動を開始しなければならない。労働者を議会へ送れば、それだけ得になるわけである。ただ、人を選ばなくてはならない。(…)労働者が政治に携わることを協会が要求するのは今に始まったことではなく、常にそうであった。[51]

翌日、マルクスは主題に話を戻した。発言の中で、書記によって保存されている部分では「彼は政治的棄権主義の沿革を述べて、こう言った。この問題で苛立ってはならない」[52]。そして、次のように付け加えた。

この教理を広めたのは善意のユートピア主義者である。しかし、同じ道を今再び歩いている人たちはそうではない。彼らは政治に携わるのを暴力的な闘争が済むまで延期し、こうして形式主義的でブルジョワ的な反対派へ人民を追い込んでしまう。だが、私たちは、政府と闘いながら、このような反対派とも闘わなければならないである。[53]

マルクスによれば、インターナショナルは次のメッセージを政府に伝えなければならない。「あなたたちがプロレタリアに対抗する武装した権力だということを、私たちは知っている。私たちは、可能なところでは平和的な方法で、また、必要とあれば武器を取って、あなたたちと闘うであろう」[54]。ロンドン大会の決議はこう述べている。

労働者階級が有産階級による集合権力に対抗して階級として行動できるのは、有産階級によって作られた全ての旧来の党から区別され、それに対立する政党に自分自身を組織する場合だけである。労働者階級をこのように政党に組織することは、社会革命とその最終目標――階級の廃止――との勝利を確保するために不可欠である。労働者階級が経済闘争によって既に獲得した力の結合は、同時に、地主と資本家の政治権力に対する闘争の梃子としても役立たなければならないのである。[55]

結論は明快である。「[労働者階級の]経済運動と政治活動とは不可分に結びついている」[56]。

一八六六年のジュネーブ大会が労働組合の重要性を確立したのに対して、一八七一年のロンドン大会は近代の労働運動の他の主要な手段である政党に焦点を移した。しかし、この理解は、二〇世紀に発展したものよりも遥かに広い、ということは強調されるべきである。したがって、マルクスの構想はブランキストのそれから区別されなければならない——両者は後に公然と衝突することになる。[57]マルクスにとって、労働者階級の自己解放には長期の困難な過程が必要であり、それはセルゲイ・ネチャーエフ（一八四七〜一八八二年）の『革命の教理問答』（一八六九年）の理論と実践とは対極にあった。ネチャーエフはロンドン[58]の代議員に非難された秘密結社を擁護し、バクーニンに熱狂的に支持された。

ロンドン大会で第九決議に反対したのは僅かに四名の代議員だけだった。しかし、マルクスの勝利が一時的なものに過ぎないことがすぐに明らかになった。というのも、各国に政党に相当すべきものを設立し、総評議会に広範な権力を与えようという呼びかけは、インターナショナル内部の活動に深刻な悪影響を与えたからである。場当たり的な組織から政治的に統合された組織に急速に移行する準備は整っていなかったのである。[59]

実質的には全ての主要連合と地方支部が大会の決議を支持するだろうとマルクスは確信していたが、すぐに考え直さなければならなかった。一一月一二日、ジュラ連合——インターナショナルの、アナーキストに指導されたスイスのグループ——は、ソンヴィリエの小さなコミューンで独自の大会を招集し、そこにバクーニンは出席しなかったけれども、公式にインターナショナル反対派を発足させた。議事の最後に発行された『国際労働者協会の全連合への通信』では、ジャム・ギョーム（一八四四〜一九一六年）とその他の参加者は、総評議会がインターナショナルに「権威原則」を持ち込み、現状の組織構造を「委員会が指揮し統制する階層的組織」に変貌させたと非難した。スイスは「あらゆる指揮権に反対する。たとえその権限が労働者によって選出され、信任されたものであったとしても、である」と宣言し、「支部の自律性原則の維持」を主張した。つまり、総評議会が「簡単な通信と統計を行う部局」[60]になることを求めた。最後に、大会をできるだけ早く開催することを求めたのである。

ジュラ連合の立場は予期できないものではなかったが、総評議会の政治方針に対して動揺するような兆候や反発が各地に現れ始めたとき、マルクスは恐らく驚いていた。いくつかの国では、ロンドンの決定は、地方の政治的自律性を侵害するものであり、受け入れられないと判断された。ベルギー連合は、大会で対立する意見を仲裁するために、ロンドンに対しては一層批判的な立場を取り始めた。オランダは立場を決定するのに時間がかかりすぎた。南ヨーロッパではさらに強い反発があったため、反対派はすぐに多くの支持を得た。実際、多くのイベリアのインターナショナリストは総評議会に反対し、バクーニンの思想を部分的に支持していたことは明らかであった。その理由は、これらの地域では産業プロレタリアが主要都市にのみ存在し、労働運動はまだ非常に弱く、専ら経済的要求に関わっていたことによる。イタリアでも、ロンドン大会の結果は否定的に受け止められていた。マッツィーニの支持者は一八七一年一一月一日から六日にかけてローマに集まり、イタリア労働者協会（緩やかな労働者の連合体）の総会を開催し、残りの大部分はバクーニンの立場に転落した。一八七二年八月四日から六日にリミニに集まった人びとは、総評議会に反対する最も急進的な立場を取った。彼らは次回のインターナショナル大会には出席せず、スイスのヌーシャテルで「反権威主義的な総会」[61]を開催することを提案した。事実、これがこれから起きる分裂の最初の行動となるのである。

大西洋の対岸でも、様々な確執がインターナショナルの拡大を阻害していた[62]。イギリスを除くと、総評議会の支持母体は依然としてスイスの多数派、フランス人（この時点では主にブランキスト）、ドイツの弱小勢力、できたばかりのデンマーク、アイルランド、ポルトガルの各支部、そしてハンガリーとボヘミアの東ヨーロッパのグループであった。これらを全て集合しても、ロンドン大会の終わりにマルクスが期待していたよりもずっと少なかった。

総評議会への反対は性格が異なり、時にはほとんど個人的動機によるものもあった。奇妙な錬金術がそれらを混合し、インターナショナルによる指導を一層困難にした。それでも、「労働者階級の政治行動」に関する決議を妨げた主要な要因は、特定の国々でのバクーニン理論への心酔や、多様な反対勢力をまとめるギョームの能力だけではなく、マルクスが提案した実質的な前進を受け入れることを望まない環境にあった。あらゆる附帯事項のために、ロンドンの方針転換は多くの人びとから無神経な干渉であると見られた。バクーニンに結びついたグループだけでなく、ほとんどの連合と地方支部は、自律性の原則と多様性を尊重することがインターナショナルの礎石の一つであると考えていた。マルクスのこの誤算が組織の危機を加速させたのである。[63]

IX

バクーニンとの対立

1　インターナショナルの危機

一八七二年の夏の終わりに最後の戦いが迫っていた。それまでの三年間に起きた悲惨な出来事――フランス＝プロイセン戦争、パリ・コミューン後の波状的な弾圧、数多くの内部紛争――の後に、インターナショナルはようやく大会を開催することができた。一八七二年には、イタリア、デンマーク、ポルトガル、オランダで組織が急速に成長した。それは数年前から各国に根付いていた、労働組合の指導者と労働者の活動家の、インターナショナルの開催というスローガンに向かって一気に燃え上がった情熱的な努力を通じて拡がったものだった。その間ずっと、フランス、ドイツ、オーストリア＝ハンガリー帝国ではインターナショナルの活動は禁止されていた。しかし大部分の協会員は、指導的なグループ内で急速に深まっていた対立の深刻さに気づいていなかった[1]。

第五回になるインターナショナルのハーグ大会は九月二日から七日にかけて開催された。このイベントは決定的に重要なものであったので、マルクスはエンゲルスを伴って出席することを決めた。クーゲルマンへの手紙の中で、マルクスは「これはインターナショナルが生きるか死ぬかの問題である。私が身を引く前に、少なくとも協会を解体分子から守るつもりだ」と書いていた[2]。事実、これが彼が出席した唯一のインターナショナル大会だった。

セザール・デ・パープは、前年のロンドンでやったような仲介役としての務めを今回は果たすことができないと悟っていたのだろう、このオランダの首都には来ていなかった[3]。また、バクーニンも姿を見せなかった。

運命の皮肉なことに、大会はコンコルディア・ホールで開かれたが、そこではほとんど一致は見られなかった。すべての会合は二つの陣営間の非和解的な対立に解消され、その結果として、前二回の大会と比べると極めて貧弱な議論しか行われなかった。

ハーグ大会決議の承認はその歪んだ構成によってのみ可能になったものであった。様々な思惑を持った人々が大きな目的を共有することでまとまっていたものの、実際には、大会の少数派であった代議員が連携してインターナショナルの多数派を形成していた[4]。

ハーグでのマルクスの最も重要な決定は一八七一年のロンドン大会での第九決議を新条項七ａとして協会の規約に盛り込むことだった。一八六四年の「暫定規約」には「労働者階級の経済的解放が大目的であり、あらゆる政治運動は手段としてこの目的に従属すべきものである」と謳われていたが、この挿入は組織内の新たな力関係を反映していた。政治闘争は、いまでは社会の移行のために必要な手段である。「土地の貴族と資本の貴族が、彼らの経済的独占を守り永久化し、労働を隷属させるために、彼らの政治的特権を利用することを常としているので、政治権力を獲得することが、労働者階級の偉大な義務となっている」[5]。

いまやインターナショナルは創立当時とはまったく異なっていた。急進的民主主義の成分は急激に周辺に追いやられたのち、いなくなってしまった。相互主義者は敗北し、多くは転向していた。改良主義者は、イギリスを除けば、もはや組織の大部分を構成していなかった。反資本主義は、無政府集産主義のような最近形成された傾向とともに、協会全体の政治的傾向となっていた。さらに、インターナショナルが通過した時代には、経済的条件の一定の改善がなされる程度には経済的な繁栄が見られたが、労働者は実質的な変革はそのような一時しのぎによってではなく、人間の搾取を終わらせることによってのみなし得ることに気づいていた。彼らは自分たちが属する特定のグループの指導によるというよりも、物質的な必要を求める闘争にますます基盤を置くようになっていたのである。

より広範な展望についてもやはり根本的な相違があった。国民国家の新しい時代の到来を確定した一八七一年のドイツ統一は、政治的・法律的・領土的アイデンティティーの中心的形態となった。これは協会員に政治的指導権の大部分を放棄することを求めた超国家的な組織に疑問符を付けた。同時に、国民的運動と組織との隔たりが大きくなるにつれて、総評議会はすべての人々の要求を満たしうる政治的統合を生み出すことが非常に難しくなっていた。

インターナショナルの初期の組織構造は、当初の使命が終わりを迎えていたのと同様に時代遅れになっていた。その任務は既にヨーロッパ全域でのストライキを支援し準備し組織することや、あるいは土地と生産手段の社会化の必要性や労働組合の有用性を議会に訴えることではなくなっていた。そのようなテーマは組織全体の共同遺産の一部になっていた。パリ・コミューンの後での労働運動の真の挑戦は革命的なものであった。それは資本主義的生産様式を終わらせ、ブルジョワ世界の制度を打ち倒すための方法をどのように組織するかというものである。それはもはや現存する社会をいかに改革するかという問題ではなく、新しい社会をいかに構築するかという問題であった[6]。階級闘争のこのような進歩のために、マルクスは各国に労働者階級の政党を作ることが不可欠であると考えた。一八七一年二月にエンゲルスが執筆した「国際労働者協会スペイン連合評議会へ」という文書は、この問題に関する総評議会の見解を最も端的に表明するものであった。

> 至る所で経験は、古い諸政党によるこのような支配から労働者を解放する最良の方法が、各国に独自の政策を、またプロレタリア政党は労働者階級の解放の条件を表現しなければならないという意味では、他の政党のそれと非常にはっきりと区別される政策を持つプロレタリア政党を創立することなのだと示している。この政策の細かい点は、各国の特殊事情によって変わるだろう。しかし、労働と資本の基本的関係はどこでも同一であり、有産階級の被搾取階級に対する政治的支配の事実はどこでも存在しているため、プロレタリア政策の原則と目標は、少なくともすべての西方諸国では同一であるだろう。(…)政治領域で私たちが敵との闘いを断念すれば、とりわけ組織と宣伝の分野の、最も強力な対抗手段の一つを放棄することになるだろう。[7]

右記の観点から、政党はプロレタリアートの闘争のために不可欠であると考えられた。それはあらゆる既存の政治勢力から独立していなければならず、当該の国民的な文脈に沿ったかたちで、綱領的にも組織的にも建設されなければならなかった。一八七二年七月二三日の総評議会の会議で、マルクスはロンドン大会の第九決議を論難していた棄権者を批判するだけでなく、「中産階級が政治的な目的のために労働者階級を利用することを放置している」「イギリスとアメリカの労働者階級」の態度の危険性についても批判した[8]。二点目に、彼は「政治はすべての国の状況に応じたものでなければならない」とロンドン大会で既に宣言しており[9]、翌年のハーグ大会の直後のアムステルダムでの講演では次のように強調していた。

労働者は、新しい労働の組織を打ち立てるために、やがては政治権力を握らなければならない。労働者は、古い制度を支えている古い政治を覆さなければならない。さもなければ、そうすることを怠り軽んじた古代のキリスト教徒と同じように、この世で自分たちの王国を見ることは決してないだろう。しかし、私たちは、この目標に到達するための手段がどこでも同一だと主張したことはない。(…)労働者が平和的な手段によって目標に到達できる国々があることを、私たちは否定しない。だが、たとえそうだとしても、この大陸の大多数の国々では、暴力が革命の梃子とならざるをえないことをも認めなければならない。労働の支配を打ち立てるためには、いずれは暴力に訴えるほかはないのである。[10]

それゆえ、労働者の政党はそれぞれの国に異なったかたちで現れたのであるが、それらは各国の利害に従属すべきではなかったのである[11]。社会主義のための闘争はそのような特殊利害に限定されるものではなく、それが特に国際主義という新しい歴史的文脈においてなされるときには、その闘争は、国家と資本主義体制の死の抱擁に対するワクチンであると同時に、プロレタリアートの道しるべであり続けなければならないのである。

ハーグ大会では一連の投票に先立つ厳しい批判がなされていた。第七a条項の採択に続いて、政治権力の獲得という目標が規約に盛り込まれ、労働者の政党がそのための不可欠な手段であることも示された。総評議会に広範な権限を持たせるというその後の決定は少数派にとってはいっそう耐えがたいものとなった。いまでは総評議会は「インターナショナルの原則、規約、一般的規則の厳格な実施」を確保する仕事に従事し、「インターナショナルの支部、部会、評議会、連合委員会、連合の開催を次の大会まで中断する権限」を有していたからである[12]。

インターナショナルの歴史で初めて、最高位の大会における除名が承認された。このバクーニンとギョームの除名は、社会民主同盟は「インターナショナルとは正反対の規約を持つ秘密組織」であるとした調査委員会から提案されたもので、物議を醸した[13]。大会は、バクーニンに率いられた組織の歴史と各国で行われた公然・非公然活動を追跡した長文の報告書『社会民主同盟と国際労働者協会』を公刊することを認めた。エンゲルス、ラファルグ、マルクスによって執筆されたこの報告書は一八七三年七月にフランスで公刊された。そこにはバクーニンの「革命的な革命主義」に対する徹底した批判が含まれていた。三人の執筆者がバクーニンについて論じていることは、政治権力が「そこらの革命家が使うような方法で現存の国家や政府と」闘うことによってではなく、「反対に、おおげさなもったいぶった言辞」を弄することで破壊されるだろうということである[14]。バクーニンが転覆しようとしているのは、「ボナパルトの国家でもプロイセンやロシアの国家(…)」でもなくて「抽象的な国家、国家そのもの、どこにも実在しない国家なのである」[15]。

大会の反対派はこのような攻撃に対して統一的な対応を取れず、一部は棄権し一部は反対票を投じた。しかし最終日には、ハーグ支部の労働者ヴィクトール・デイヴ（一八四五～一九二二年）が共同宣言を読み上げることになった。

一、私たち（…）自治主義の支持者と労働者グループの連合は、総評議会との運営上の関係を継続していくべきである（…）。

二、私たちが代表する連合は、協会のすべての正規の支部との直接的で永続的な関係を確立する（…）。

四、私たちは、労働の組織の基盤として連合的な自治の原則がインターナショナルの内部で勝利するために、今回と次回の総大会の間に準備することを、すべての連合と支部に要請する。[16]

この声明は、組織を立ち直させるための真剣な政治的な取組みとはいえず、むしろ避けられないように見えた分裂に対する責任を回避するように練られた戦術的な策であった。その意味では、総評議会の権限の強化について議論していた「中央集権派」の提案に類似していたともいえる。そのときには既にはるかに劇的な代替案が計画されていたのである。

九月六日の午前の会議では、大会の中で最も劇的なことが起こった。それは何年にも亘って構想され構築されてきたインターナショナルの最終的な行動であった。エンゲルスは発言のために立ち上がり、その場にいた聴衆の驚きの中で「総評議会の所在地は一八七二～一八七三年のうちにニューヨークに移転すべきであり、それはアメリカ連合の評議会員によって構成されるべきである」と述べた。[17] こうして、マルクスと他のインターナショナルの「創始者たち」は、組織の中心ではなくなった。新たな中心メンバーについて、エンゲルスは七名、最大一五名まで増やしてもよいと提案しただけで、インターナショナルは、名前も明かされない人々の手に委ねられることになったのである。総評議会のモルトマン・バリー（一八四二〜一九〇九年）評議員はマルクスの立場を支持し、フロアの誰よりも状況をよく説明した。［エンゲルスが］最後の言葉を発したとき、紛争当事者の顔は明らかにうろたえた様子だった。（…）それは誰かが言葉を発する前のことだった。それはクーデターであり、お互いの隣人の呪縛から解き放たれたように見えた。[18] エンゲルスは「ロンドンのグループ内抗争は［総評議会を］どこか別の場所に移さなければならないほどの緊張に達していた」ので[19]、ニューヨークは、抑うつの時期には最善の選択だったのだと主張した。しかし、ブランキストは「インターナショナルはまず何よりも永続的なプロレタリアートの反乱組織でなければならない」[20]という理由で移転に暴力的に反対し、「闘争のために党が結束したときには（…）その行動はあらゆる点で偉大であり、指導的な委員会はいっそう活発になり、よく訓練され強力なものになる」のだと反論した。ハーグにいるヴァルランとブランキの支持者たちは「武装した部隊が［ヨーロッパで］闘っている［最中に］大西洋の対岸に」「指導部」が移されたのを見たとき、裏切られたと感じた[21]。彼らは、もはや総評議会の主導権を握ることは不可能だということを理解して大会を去り、まもなくしてインターナショナルも離れた。

多くの多数派でさえ、ニューヨークへの移転はインターナショナルの運営体制の終焉であるとして反対票を投じた。わずか三票差（賛成二六票、反対二三票）で承認された決定は、結局のところ、九名の棄権と、いくつかの少数派が、総評議会が自分たちの活動の中心地から離れることを歓迎したという事実に依存していた。

この移転のもう一つの要因は、インターナショナルが敵の手に渡り党派的な組織に終わるのを見るよりも、インターナショナルを諦めた方が良いとマルクスが考えたことにあった。インターナショナルの終結は、たしかに総評議会のニューヨークへの移転ののちにおとずれるのであるが、長くて無駄な党派闘争が続いていくことと比べればはるかにましなものであった。

党派的なグループに反対し、労働運動が数的に無意味な宗派へと解体されていってしまうのを防ごうという活動は、この時期のマルクスの政治的考察にみられる特徴であった。『インターナショナルのいわゆる分裂』の中で、マルクスはエンゲルとともに次のように言明していた。

ブルジョワジーに対するプロレタリアートの闘争の第一段階の特徴は、宗派的運動である。プロレタリアートがまだ階級として行動するほど十分に発達していない時期には、宗派的運動にもそれなりの存在理由がある。個々の思想家が社会的対立を批判して、それの空想的な解決策を提出するが、労働者大衆としては、これを受け入れ、広め、実行に移す他やることがない。こうした宗祖によってつくられた宗派は、その本性そのものからして政治的棄権主義で、あらゆる現実の活動、政治、ストライキ、団結、一言でいえば、あらゆる集団的運動と無縁である。プロレタリアートの大衆は、彼らの宣伝には常に無関心であるか、敵意をさえ抱いている。パリやリヨンの労働者がサン＝シモン派、フーリエ派、イカリア派を受け付けなかったように、イギリスのチャーチストや労働組合員はオウエン派を受け付けなかった。これらの宗派は、はじめは運動の槓杆だったが、運動が宗教を乗り越えるや否や、運動の障害になる。そうなると、宗派は反動的になる。その証拠は、フランスやイギリスの色々な宗派、最近ではドイツのラサール派である。ラサール派は長年プロレタリアートの組織化を妨げた後、遂には警察の単なる道具になってしまった。要するに、占星術や錬金術が科学の幼年時代であるように、宗派はプロレタリア運動の幼年時代なのである。インターナショナルの創立が可能となるためには、プロレタリアートがこの段階を乗り越えなければならなかった。

「宗派的組織の気まぐれや対抗心に」対して、インターナショナルは次のようにあるべきだとマルクスは述べた。

宗派が空想的で〈労働者に〉敵対的な組織であるのに対して、インターナショナルは、資本家、地主および国家に組織された彼らの階級権力に対する共同の闘争で相互に結ばれた、万国のプロレタリア階級の現実の戦闘組織である。だからこそインターナショナルの規約は、全て同一の目的を目指し、全て同一の綱領を受け入れる単なる「労働者」諸団体について述べているだけなのである。その綱領は、プロレタリア運動の大筋を描くだけにとどめ、その理論的な仕上げは、実際の闘争の必要から生まれる刺激と、各支部内で行われる思想の交換に任せ、その際、あらゆる社会主義的信念の持ち主を分け隔てなく、その機関紙や大会に参加させるのである。[22]

それでも――多くの人が指摘したように[23]――インターナショナルの衰退の決定的な理由が、二つの陣営の対立、またはマルクスとバクーニンという二人の人物の資質にさえあったとするのは説得的ではない。むしろ、世界で起きた様々な変化がインターナショナルを時代遅れにしたのである。労働者の組織は膨張し、変容していた。イタリアとドイツの統合によって、国民国家は強化された。スペインとイタリアのような、経済的・社会的状態がイギリスやフランスとはまったく違う国々で、インターナショナルは拡大していた。イギリスの労働組合運動はより穏健なものへと転進し、パリ・コミューンののちには、運動に対する弾圧が強まった。これらすべての要因が一緒になって、インターナショナルの新時代への適応を困難にする原因を構成していた。

これらを背景としつつも、インターナショナルとその中心人物たちの動向も、遠心力を拡大させるのに一役買っていたのは言うまでもない。たとえば、ロンドン大会は、マルクスが期待を抱いていたような、求心力を取り戻すきっかけには全くならなかった。そこでの厳格な運営は、蔓延していた険悪な雰囲気をなんとかすることも、バクーニンとそのグループの台頭を妨げるのに必要な展望を示すこともできず、ただ内部危機をひどく深刻化させただけだった[24]。それはマルクスにとってあまりにも多くの犠牲を払った勝利であったことを証明した。すなわち、内部対立を解消しようとして、それをむしろ際立たせる結果になった。しかしいずれにせよ、ロンドンでの決定は、既に進みつつあり、逆転させることは不可能だったプロセスを加速させただけだった。

　これらすべての歴史的および組織的な問題に加えて、中心人物たちをめぐって、それらに劣らず重要な問題が他にもあった。マルクスが一八七一年のロンドンでの会合で代議員に注意していたように、「評議会の仕事は、一般的問題と国民的問題の両方に取り組むように強いられ、膨大になっていた」[25]。それは、イギリスとフランスをまたいだだけの、一八六四年時の小組織ではもはやなくなっていた。いまではすべてのヨーロッパ諸国に存在し、それぞれが特殊な課題と特徴を持っていた。組織はどこでも内部紛争に悩まされていたが、新しい懸念材料と様々な思惑を抱えた、亡命したコミューンの闘士がロンドンに到着したため、総評議会が政治的な統合の任務を遂行するのはいっそう困難であった。

　マルクスはインターナショナルのための八年間の濃密な活動の後、かなりのことを試みた[26]。パリ・コミューン――これが彼にとって最も重要な契機であった――の敗北の後、労働者の勢力が後退していることに気づき、その後の時間を『資本論』の完成に費やすことを決意した。彼がオランダに行くために北海を渡ったとき、これから待ち受けている戦いが、自らが主人公として振る舞う最後の主要なものであると感じたに違いない。

　マルクスは、一八六四年のセント・マーティンズ・ホールで組織像を切り出してから、インターナショナルと総評議会の指導者としてだけでなく、より広範な公衆の指導者としても認められるようになった。したがって、たしかにインターナショナルはマルクスの仕事に非常に多くを負っていたが、マルクス自身の生活にも大きな影響を及ぼしていた。インターナショナルの創立前には、彼は小さな政治活動家のサークルでしか知られていなかった。しかし、パリ・コミューン後には――もちろん、一八六七年の最高傑作の出版も同様である――彼の名声は多くのヨーロッパ諸国の革命家の間に拡がり、報道機関は「赤色テロル博士」として取り上げるまでになった。インターナショナルにおける彼の役割から生じた責任――それによって多くの経済・政治闘争を経験することになる――が、共産主義について熟考するきっかけとなり、反資本主義論の全体系を内容豊かなものにしたのである。

2 マルクス対バクーニン

二陣営間の戦いはハーグ大会後の数ヶ月間に激しくなったが、理論的・思想的な相違が焦点になったことは稀だった。マルクスはしばしば、バクーニンの立場について、「階級間の平等」[27]（これは社会民主同盟の一八六九年綱領の原則に基づいている）の支持者だとか、あるいは短絡的な政治的棄権主義の支持者だとして揶揄していた。ロシアのアナーキストにはマルクスと論争する理論的能力が欠落していたため、人格非難と侮辱で応じる陣形を選んだ。不完全なかたちではあったが、バクーニンが肯定的な思想を表明した唯一の例外は一八七二年一〇月初頭の『リベルテへの手紙』（ブリュッセル文書）であった。この文書は送付されず、忘れられてしまっていたので、絶え間ない抗争のさなかにあるバクーニンの支持者には役立てられなかった。この文書には「自治主義者」の政治的立場が明瞭に現れている。

> インターナショナル（…）の支部と連合の全メンバー（…）を拘束する法律はただ一つだけである。それは労働の搾取者に対する経済闘争を行うすべての国とすべての職場における労働者の国際的連帯である。それこそが労働者階級の自生的な行動から生まれ出る真の連帯組織である。そして、その絶対的な自由の連合（…）がインターナショナルの本当の、生きた団結を形づくるのである。ブルジョワジーに対するプロレタリアートの政治闘争は、ブルジョワジーの搾取に対するプロレ

タリアートの戦闘的連帯の組織から生まれ出て成長していかなければならない。このことに疑いを差し挟むのは誰か？　マルクス主義者と私たちはこの点では完全に一致している。しかしいまではマルクス主義者と私たちとの間に深い亀裂をもたらす問題が発生している。私たちは、プロレタリアートの政策は、国家の破壊を直接のまた唯一の目的とする、革命的なものでなければならないと考えている。私たちは、国家を保存しながら国際連帯について語ることはできない（…）。なぜなら、国家は本質的に連帯に反し、それゆえ戦争の永続的な原因であるためである。また、国家の中にあって、あるいは国家の手段を通じて、プロレタリアートの自由や大衆の真の解放を語ることもできない。国家とは支配を意味するものである。そしてすべての支配は大衆の従属を内に含み、結果的に少数の支配者による搾取をもたらす。私たちは、革命の移行過程にあっても、議会や地方政府だけでなく、いわゆる革命的独裁であっても受け入れられない。なぜなら、革命とはただ真剣で誠実で正直な大衆の手によってのみなしうるものであると確信しているためであり、それが少数の支配的な個人の手によってなされるようになると、必然的に直ちに反動に転化するためである。[28]

このように、バクーニンはプルードンと同じように政治的権威のいかなる形態にも、とりわけ国家という直接的形態に妥協することなく反対していたが、相互主義者に用いた同じハケで汚名をかぶせることはまったく不当であろう。相互主義者は事実上すべての政治活動を棄権して、初期のインターナショナルのお荷物になっていたが、自治主義者は――ギョームがハーグ大会の最後の調停で強調したように――「ブルジョワの政治と国家の破壊、社会革命の政治」のために闘っていた。[29]

では、自治主義者が唯一可能な行動形態と考えた「否定的政治」は、中央集権派の支持する「肯定的政治」とどこが違うのだろうか？　一八七二年九月一五日から一六日にイタリア連合の提案で開催され、ハーグから帰還した代議員が出席したインターナショナルのサンチミエ大会の決議では、「あらゆる政治組織は、一つの階級に利益をもたらし、大衆に不利益をもたらすだけの支配の組織にほかならない。もしプロレタリアートが権力を奪取するならば、それ自体が支配と搾取の階級となる」。したがって「あらゆる政治権力の破壊こそがプロレタリアートの第一の任務である」。そして「いわゆる暫定的・革命的な政治権力の組織はそれがどのようなものであっても、さらなる欺瞞に過ぎず、今日存在しているあらゆる政府と同様にプロレタリアートにとっては危険なものとなる」[30]。バクーニンが別の未完の文書「インターナショナルとカール・マルクス」の中で強調したように、インターナショナルの任務はプロレタリアートを「国家の政治とブルジョワ世界の外側に」連れ出すことだった。その綱領の真の基礎は「まったく素朴で穏健なものである。それは資本に対する労働の経済的闘争における連帯組織」でなければならない[31]。事実、様々な変更が加えられたものの、この原則宣言は組織の当初の目的に近いものであり、一八七一年のロンドン大会後にマルクスと総評議会が取ったものとは異なる方向性を示していた[32]。

このような原則と目的をめぐる深刻な対立が、ハーグ大会の雰囲気を形作っていた空気を一変させた。多数派が政治権力の「肯定的」征服を目指していたのに対して[33]、自治主義者は、政党はブルジョワ制度に必然的に従属する道具だとしていた。その理解はマルクスの共産主義概念と彼が忍耐強く闘っていたはずのラサール派の人民国家を結びつけるとんでもないものであった。しかし、敵対関係の中にあって残されていた理性が働いて、バクーニンとギヨームが、二つの陣営は同じ願望を共有していると認めるときもないわけではなかった[34]。『インターナショナルのいわゆる分裂』で、マルクスは社会主義社会の前提条件の一つは国家権力の廃絶であることを説明していた。

すべての社会主義者は次の綱領をアナーキー〈無政府的〉なものであると考える。プロレタリア運動の目的——すなわち、階級の廃絶——が達成されると、非常に少数の搾取者による大多数の生産者の拘束を助けている国家権力は消滅し、政府機能は単純な管理の機能になる。

非和解的な相違は、この目的が直ちに実現されなければならないとする自治主義者の主張に根ざしていた。実際、彼らは、インターナショナルを政治闘争の道具としてではなく、いかなる権威も存在しない未来社会の理想型と理解していた。だからこそ、バクーニンと彼の支持者は次のように宣言していた。

プロレタリア隊列内のアナーキー〈無政府〉こそは、搾取者の手に強力に集中された社会的、政治的な力を打ち破る最も確実な手段だと宣言するのである。こういう口実で同盟は、古い世界がインターナショナルを粉砕しようと懸命になっているそのときに、インターナショナルに、その組織をアナーキー〈無政府状態〉と置き換えることを要求しているのだ。[35]

このように、社会主義社会における国家権力と階級の廃止の必要性についての合意があったにもかかわらず、変革をもたらすために必要な社会的な勢力と進路という基本問題をめぐる両陣営の理解は根本的に異なっていた。マルクスにとって、革命の主体は勝れて特定の階級、工場プロレタリアートであったのに対し、バクーニンにとっては「偉大な人民の反逆」、「いまだ人間らしさを内に留め、希望を胸に秘め、集団的な生活の貧困と不幸やブルジョワ文明にほとんど汚染されておらず、未来の社会主義の種を運ぶ」いわゆる「ルンペンプロレタリアート」であった。[36] 共産主義者のマルクスは、社会の移行には、特定の歴史的条件、効果的な組織と大衆の中での階級意識の形成という長い過程が必要であることを学んだ。アナーキストのバクーニンは、一般人民の本能、いわゆる「反逆」が「社会革命を開始し勝利に導くために」十分なものであり、「公正かつ反駁しえないものである」と確信していた。[37]

別の不一致は社会主義の達成手段にかかわるものであった。バクーニンの戦闘活動は、多くは知識人による小さな「秘密結社」の建設――より正確に言えば、そういったものの妄想――にかかわっていた。「献身的で、情熱的で、知的な個人によって構成される革命の担い手は、何よりもまず人民の誠実な友である」[38]。彼らは反乱を準備し革命を実行するだろう。他方のマルクスは、労働者階級の自己解放を信じ、秘密結社は「プロレタリアの運動の発展を妨げる。なぜなら、この種の結社は、労働者を教育する代わりに、専断的で神秘的な掟に労働者を従わせ、それによって労働者の自主性を阻み、その判断を歪めるからである」と考えていた。[39] ロシアの亡命者は、革命に直接貢献しない労働者階級のあらゆる政治行動に反対したが、ロンドンに定住する無国籍者は社会改良と部分的目標のための動員を見下すことはなかった。むしろ、それらの改良は労働者階級の闘争を体制に統合するのではなく、むしろ資本主義的生産様式の克服に向けての闘争を強化するのだという強い確信があったのである。

このような相違は、革命後の社会の展望においても残り続けた。バクーニンにとって「国家の廃止は、プロレタリアートの経済的解放を達成するための前提条件または必要条件であった」[40]。マルクスにとって、国家はある日を境に消えてなくなるものではなく、またそうあってはならないものであった。一八七三年一二月の『アルマナッコ・リパブリカーノ［共和暦］』にはじめて登場した「政治問題への無関心」で、マルクスは次のように述べることでイタリアの労働運動におけるアナーキストのヘゲモニーに挑戦した。

労働者階級の政治闘争が暴力的な形態を取り、労働者がブルジョワ階級の独裁に対して、自分たちの革命的独裁を置き換えるならば、彼らは［バクーニンによれば］恐るべき原理侮辱罪を犯すことになる。なぜならば、彼らは武器を捨て、国家を廃止しようとしないで、彼らの憐れな、世俗的な日常的必要を満たすために、ブルジョワ階級の抵抗を粉砕するために、国家に革命的過渡的な形態を与えるからである。[41]

ところが、バクーニンはブルジョワとプロレタリアの権力の区別を断固として拒絶したにもかかわらず、資本主義と社会主義のいわゆる「過渡期」の危険性――とりわけ、革命後の官僚制の衰退の危険性――を予見したということは、注目に値する。彼が一八七〇年～一八七一年に執筆した未完の著作『鞭のドイツ帝国と社会革命』には次の記述がある。

しかし、マルクスの人民国家には、特権階級はまったくないだろうといわれている。法律的・政治的な観点からだけでなく、経済的な観点からもすべてが平等になるだろう。(…)それゆえ、もはや特権階級は存在しないだろうが、政府は存在するだろう。そして、このことは注意すべきであるが、この極めて複雑な政府には、今日のあらゆる政府が行っていることを満足にこなすことができない。それは、大衆を政治的に統治し管理するだけでなく、経済的にも管理し、生産を政府の手に集中し、富を公正に分配し、土地を耕し、工場を設立し開発し、商業を組織し指揮し、最後に唯一の銀行家として生産に資本を投じなければならない。まさしくこれは国家である。(…)それは科学的知性の統治であり、すべての体制の中でも最も貴族的で、専制的で、傲慢で、軽蔑的な統治となるだろう。そこには新たな階級、真のあるいは偽りの科学者と学者による新たな階層があり、世界は知識の名のもとに大勢の無知な大衆と少数の支配者とに分割されるだろう。(…)あらゆる国家、最も共和的な国であっても、最も専制的な国であっても、(…)その本質は、人民それ自身よりも人民の真の利害についてよく知っているとされる知識人、つまり特権的な少数派を通じて上から大衆を統治する装置である。[42]

部分的には、バクーニンの経済学的な知識の不足によって、彼が示唆した連合主義の道筋は将来の社会主義社会の問題にどのようにアプローチすべきかについての現実的で有益な指針を提示してはない。しかし、彼の批判的な洞察は二〇世紀のドラマのいくつかを先取りしている。

3 二つの対立する革命論

インターナショナルはもはや元の鞘に収まらないような状態になっていた。一八六四年に誕生した偉大な組織は、八年間に亘ってストライキと闘争を成功裏に支援し、反資本主義的な綱領を採択し、すべてのヨーロッパ諸国におけるプレゼンスを確立し、最終的にはハーグ大会で内部崩壊した。にもかかわらず、この話はマルクスがインターナショナルから手を引くことで終わりはせず、かつてのような政治的野心を持ってプロジェクトを組織するような能力を失い、規模を縮小した二つのグループはいまだに同じスペースに陣取っていた。第一のグループの「中央集権派」は、最後の大会で総評議会の政治的指導の下で多数派を形成した。第二のグループの「自治主義者」または「連合主義者」[43]は、支部の意思決定の絶対的な自立性を認めていた。いずれにしても、両グループに共通していたのは急速な減少であった。マルクスとバクーニンは遠く離れた場所にあっても論争を続けていた。たとえば、一八七四年にイタリアの『共和暦』にはじめて現われた、一八七三年の論文「政治問題への無関心」で、マルクスは彼の政敵の立場を平和的手段によって労働者の闘争を統制するものであると嘲笑した。

労働者はストライキを行ってはならない。なぜならば、賃金を増加させようとして、または賃下げを妨げようとすることは、賃金を認めるのに等しいからである。これは労働者階級の解放の永久的な原理に反することだ！（…）労働者は労働日の法律的限度を確定しようとしてはならない。なぜならば、それは工場主と妥協するのも同然であり、一四時間ないし一六時間の代わりに、一〇時間ないし一二時間しか搾取できないというだけのことだからである。（…）まして労働者は、アメリカ合衆国におけるように、労働者階級の負担でその予算を賄っている国家に、労働者の子どもたちに初等教育を授ける義務を負わせることを望んではならない。なぜならば、初等教育は完全な教育ではないからである。男女の労働者は、国家の学校の教師から教育を受けるよりも、むしろ読み書き算数ができない方がましである。永久的な原理が破られるよりは、無知と一六時間労働日が労働者階級を野蛮にする方がずっとましである！[44]

マルクスは、バクーニンが労働者階級の政治闘争が暴力的な形態を取ることに納得していないとさえ指摘している。

労働者がブルジョワ階級の独裁に対して、自分たちの革命的独裁を置き換えるならば、彼らは恐るべき原理侮辱罪を犯すことになる。なぜならば、彼らは武器を捨て、国家を廃止しようとしないで、彼らの憐れな、世俗的な日常的必要を満たすために、ブルジョワ階級の抵抗を粉砕するために、国家に革命的過渡的な形態を与えるからである。[45]

そのうえ、バクーニンによれば、「労働者は職業ごとに個々の労働組合を作ってはならない。そうすることによって彼らは、ブルジョワ社会に存在しているような社会的分業を永久化するからである」。一言でいえば、「これらの運動は当面の成果しか彼らに与えることができない」ために、「労働者は腕をこまぬいていなければならず、政治運動や経済運動で彼らの時間を浪費してはならない」。マルクスの見解では、このような立場は、資本主義の成長期と労働者大衆の形成期には理解できるものであったかもしれないが、一九世紀後半には耐えがたいものになっていた。

初期の社会主義たち（フーリエ、オウエン、サン＝シモンその他）は、社会的条件が労働者階級が戦闘的な階級を形づくることのできるほど十分に発展していなかったので、不可避的に将来の模範社会の夢想だけに限らないわけにはいかなかったのであり、ストライキ、団結、政治運動というような、労働者が自分の運命になんらかの改善をもたらすために始めたあらゆる試みを非難せずにはおれなかったのである。しかし、化学者が、その先祖である錬金術師を否認することは許されないのと同じように、私たちがこれらの社会主義の始祖を否認することが許されないとしても、彼らの誤りを再び犯すことを避けなければならない。[46]

相互不信に至った色々な文書と干渉に加えて、バクーニンの立場と、二人の間の論争に関する最も興味深い痕跡は、バクーニンが唯一完成させた主著『国家制度とアナーキー』と、マルクスが個人的に所有していた同書への書き込みに含まれている。大部な書籍とそれに対する簡潔な批判という二つの文書は、マルクスとバクーニンが政治活動の場面から抜け出して理論的な仕事に専念した時期に書かれている。マルクスの場合、これはつまり『資本論』の未定稿部分を仕上げようとしていたときである。

バクーニンはマルクスが「国家共産主義の綱領」[47]を持ち、マルクスの支持者がどこでも「国家の側に立ち、国家の支持者となることで、大衆革命に反対」[48]したことに責任を負っていると非難し続けた。ここでもマルクスの理論はラサールの理論と誤って同じものであるとみなされていた。「強固に統合された巨大な集権国家、これこそがマルクス理論の帰着点である。これはラサールが望んでいたものであり、ビスマルクが既に実行していたものである。なぜ彼らはこれらの勢力に加わらないのであろうか」[49]。バクーニンはこのような想像上の構築物から出発して、次のように断定した。

私たちは既に何度もラサールとマルクスの理論に対する強い反感を表明している。彼らは 労働者に対して、究極的な理想ではなく、少なくとも直接的で主要な目標のために、人民国家の建設を推奨する。彼らの説明によれば、それは支配階級に成り上がったプロレタリアートにほかならない。プロレタリアートが支配階級になれば、こう尋ねられるかもしれない。誰がそれを支配するのだろうか、と。そこでは別のプロレタリアートが新しい支配者、新しい国家に服従しなければならない。[50]

このような根拠のない批判に答えて、マルクスは国家権力の本質と社会革命の前提条件についての正確な示唆を含むノートを用意した。この「バクーニンの著書『国家制と無政府』〈『国家制度とアナーキー』〉摘要」で、彼はアナーキストのライバルの思想を「小学生程度の愚かしさ」だと述べている。

徹底した社会革命は、経済発展の一定の歴史的条件と結びついている。それらの条件は社会革命の前提である。したがって、社会革命は、資本主義的生産とともに工業プロレタリアートが少なくとも人民大衆の中で相当な比率を占めるようになったところではじめて可能である。(…)バクーニンは(…)社会革命についてまったく何も分かっていない。あるのは、それについての政治的空語だけである。社会革命の経済的条件は、彼にとっては存在しない。ところで、これまでの経済形態は、進んだものも遅れたものも、すべて働く者(賃金労働者というかたちでも、農民その他のかたちでも）の奴隷状態を含んでいるのであるから、すべての形態について同じように徹底した革命が必要である、と彼は信じている。それだけではない。彼は、資本主義的生産の経済的基盤に基礎を置くヨーロッパの社会革命が、ロシアあるいはスラヴの農耕民族や牧畜民族の水準で行われ、この水準を超えないことを望んでいる。（…）意志が彼の社会革命の基礎である。[51]

労働運動は「個別的に経済的特権階級と闘う代わりに」「彼らに対する闘争で一般的な強制手段を用いるだけの力と組織を勝ち取った」のである。[52]それゆえ、この局面では、プロレタリアートはまさしく破壊しようとしているブルジョワ世界の道具を用いて政治闘争に参加するのである。

なお多かれ少なかれ旧社会の政治形態のもとで活動するのであるから、まだこの段階では最終的な組織に到達していないため、解放の後には用いられなくなるような解放のための手段を行使するのである。[53]

マルクスは、労働運動がこのような形で闘争しうるとすれば、それは必ず既存の政治権力によって汚染されざるを得ないのだと決めてかかっているバクーニンを非難した。マルクスによれば、そうなるはずはなかった。プロレタリアートが支配権を握っても、「彼らの敵と古い社会組織はまだ消滅しない」。それらを除去するために、「暴力手段、したがって政府手段」を用いるのである。この時期には、プロレタリアートは「まだそれ自身が一階級であり、階級闘争と諸階級の存在との基底をなしている経済的条件がまだ消滅していないとすれば、それらは暴力をもって排除または改造されなければならない」。[54]しかし、これは永続的な状態ではない。「闘争し対立する旧世界の地層に対する労働者の階級支配が存続しうるのは」――支配はバクーニンが頑迷に拒否するものであるが――「階級が存在するための経済的基礎が廃絶されるまでのことである」[55]。そのときがくれば、階級支配そのものはなくなるであろうし、「今日の政治的な意味での」国家もやはりなくなるであろう。

このことは新しい社会に確立される民主主義のかたちに大きな影響を与えるだろう。マルクスにしたがえば、バクーニンは「選挙人の経済的な相互関連と経済的基礎」の変化とともに、代議制もまた根本的に異なる意味を持つようになるということを理解していない。社会主義社会では、「(一)統治機能は存在せず、(二)一般的機能の分担はなんらの支配をも生じない実務上の問題となり、(三)選挙は今日のような政治的性格を失う」[56]のである。

マルクスは「バクーニンの著書『国家制と無政府』摘要」における批判的考察と彼を苦しめ続けた健康問題にもかかわらず、歴史的・政治的、そして経済的研究に何年も取り組んだ。これらの研究は、当時の重要な革命的事件から刺激を受け、『資本論』の進捗を促しただけでなく、資本主義後の社会の可能的なあり方についての考察にも影響を与えたのである。

X

人生の煩わしさと新しい研究の地平

1　「闘争！」

一八八〇年八月のことである。進歩的な見解で非常に影響力のあったアメリカ人ジャーナリスト、ジョン・スウィントン（一八二九〜一九〇一年）がヨーロッパ旅行に発った。[1] スウィントンは、『サン』──彼が編集者を務めたこの新聞は当時合衆国で最も読まれていた──の記者として、国際労働者運動の代議員の中心人物にインタビューするために、イングランドの最南東から数キロメートル離れたケント・コーストにある小さな町、ラムズゲートを訪問したのである。その人物とはカール・マルクス、その人であった。

マルクスはドイツ生まれだったが、いまでは無国籍市民となっていた。彼の国籍は、フランス、ベルギー、プロイセンの政府が、一八四八年と一八四九年の革命運動を弾圧した際に、剥奪されたのである。そこでマルクスは一八七四年にイギリスへの帰化を申請したのだが、ロンドン警視庁の報告書は、彼は「ドイツの有名な扇動家、共産主義の原理の主導者」であり「自国の国王及び祖国に対して忠誠的ではなかった」というレッテルを貼った。[2]

彼は一〇年以上に亘り『ニューヨーク・トリビューン』の特派員であり、一八六七年には資本主義的生産様式を批判する代表作『資本論』を出版していた。そして、一八六四年からの八年間は国際労働者協会の指導者でもあった。マルクスが『フランスの内乱』でパリ・コミューンを擁護したとき、反動的な報道機関は「赤色テロル博士」という洗礼名を授け、その名はヨーロッパで広く読まれた新聞の紙面に掲載されることになった。[3]

一八八〇年夏、マルクスは「何もしないで神経系を回復させるように」と医者に言われていたので、ラムズゲートで家族に会い「あらゆる仕事から離れていた」。[4] しかし、妻のイェニー・フォン・ヴェストファーレンは癌を患い、マルクスよりも体調が悪くなっていた。彼女の容態は「突然悪化して、命にかかわるような結末になる恐れがあった」[5]。これは一八六〇年代の『ニューヨーク・タイムズ』の編集長を務めたスウィントンがマルクスを知るようになり、同情的で刺激的で、かつ正確な紹介記事を書いたときの状況であった。

スウィントンはマルクスを次のような人物だと評した。「ふさふさとした長い、始末に負えない白髪の生えている、この頭の大きい、高潔な風貌の、優雅な、親切な六〇歳の人」で「おじいさんである術を(…)ヴィクトル・ユゴーに勝るとも劣らず」素晴らしく理解している、と[6]。スウィントンは、マルクスの語り口が「皮肉な調子と、ユーモアのきらめきと、陽気な楽しさに満ちたものであり」、また「実に自由で、実に広範で、実に独創的で、実に辛辣で、実に誠意がこも」ったものであったのでソクラテスを思い起こしたという。彼のメモにはこうも書かれていた。「見せかけや名声を望むことなく、この世の空威張りや権力の見せびらかしにはなんの関心も持てない人である」と。

しかし、これはスウィントンが読者に紹介したマルクスの姿ではなかった。一八八〇年九月六日付の『サン』の一面に登場したインタビュー記事は「現在、最も注目すべき人物の一人で、過去四〇年間の革命的政治運動において、謎めいた、とはいえ強力な役割を演じた人」というマルクスの公式の顔に関するものであった。スウィントンは次のように書いている。

［彼は］急がず休まず、強く、幅広く、気高い精神を持ち、ただひたすらに遠大な計画と論理的方法と現実的な目標に向かって没頭している人であり、ヨーロッパのいかなる人物よりも、諸国家を震撼させ王座を覆した数々の激動、そして、王冠を戴く人物や名うての詐欺師たちに脅威と恐怖を与えているものの後ろ盾となっていたし、いまでもそうなっている人である。[7]

マルクスとの対話を通じて、ニューヨークのジャーナリストは、目の前にいる人物が「時勢に深く通暁していること」、その手は「ネヴァ河からセーヌ河に至るまで、ウラル山脈からピレネー山脈に至るまで」を行き来し、新たな時代の「(…)到来のための道を準備して動いていること」を理解した。マルクスは「一国、また一国とヨーロッパ世界を検討し、地表と地下の諸々の発展と各人物との特色を指摘して」スウィントンを感動させた。そしてマルクスは次のように続けたという。

ヨーロッパ諸国の政治勢力と人民の運動について――ロシアの巨大な精神的潮流、ドイツの知的運動、フランスの行動、イギリスの停滞について、語った。彼はロシアについては期待を込めて、ドイツについては哲学的に、フランスについては楽しげに、イギリスについては憂鬱げに――イギリス議会の自由党がそのことで時間を費やしている「原子論的な改良」に軽蔑の念を込めて言及しながら、語った。[8]

スウィントンはまた、マルクスが合衆国に精通していることにも驚いた。マルクスは注意深い観察者であり、「アメリカの生活を形づくる実質的な力に対する彼の見識は示唆に満ち満ちていた」のである。

日中スウィントンは有意義な議論で過ごし、午後になると、マルクスから家族に会うために「海辺沿いに磯に出る散歩」をしようという申し出を受けた。そのときのことをスウィントンは「楽しい集いであった――全部で約一〇人ほどの」と記録している。夕刻には二人の婿シャルル・ロンゲとポール・ラファルグを伴っていた。「海を背景にグラスをチリンチリンと鳴らしつつ」私たちの話は「世界、人物、時代、思想に亘った」。マルクスと過ごした時間の中で「昼間の話でも夕方のいくつかの場面でも」、アメリカ人ジャーナリストの心には、「現代と過ぎし時代のむなしさ苦しみという考え」について、この賢人に聞きたいと思う「存在の窮極的法則に触れる」一つの質問が浮かんだ。しばしの沈黙が流れたときに、スウィントンは「［存在の法則とは］いったいなんなのでしょうか」と質問した。すると、マルクスの心は「正面の轟く海と磯辺の休むことのない群衆に目をやりながら、一瞬、内心を見つめるものに変わったかのようであった」。ついに、マルクスは重々しい、厳かな語調で答えた。「闘争だ！」。[9]

はじめ、スウィントンがこの回答を聞いたとき「絶望のこだま」のように思えた。しかし、後になって「闘争」こそが人類が答えを求めてきた「生の法則」なのだと納得したのである。[10]

2 メイトランド・パーク・ロードの部屋

スウィントンのインタビューの数ヶ月後、一八八一年一月のある晩、ほとんど真っ白になったひげをたくわえたその男はノースロンドンの一室に腰掛け、積み重ねた本を読み、重要な一節を注意深く書き留めていた。仕事に向かうときのような辛抱強さで、男は人生の目的を追求し続けていた。それは資本主義的生産様式を打ち倒すための労働運動に理論的基礎を提供するというものであった。

だが、マルクスの体は、何十年にも亘る日々のハードワークが読書と執筆に費やされていたことを示していた。彼の背中や体のあちこちには、『資本論』に取り組んでいた年月に現われたひどい腫れ物の痕が残っていた。マルクスの精神は、支配階級の大物たちや同じ陣営内の政治的ライバルたちとの闘争で打撃を与えて溜飲を下げることがあったとはいえ、苦しく困難な生活の傷を負っていた。

冬になると、老化のプロセスがいつもの活力を制限するようになり、マルクスはしばしば疲れて衰弱し、妻は彼の健康状態に不安を抱くことが多くなっていった。しかし彼はそれでもなおカール・マルクスであった。それまでと同じ情熱をもって、労働者階級の解放のために精力を傾けた。彼は若かりし頃、大学時代に採用していたのと同じ方法でそうした。慎重に、厳密に、妥協なく、批判的に、そうしたのである。

木製の肘掛け椅子に座り、三フィート×二フィートの質素な机に向かって、マルクスは何年もの間、日がな一日苦闘していた[11]。緑色のランプ、筆記用紙、そのときに取り組んでいた数冊の本を置くと余分なスペースはほとんどなかった。他には何も必要なかったのである。

マルクスの研究は二階で行われ、庭を見下ろす窓が付いていた。医者が喫煙を禁止した後、部屋からタバコの臭いは消えたが、古典派経済学と夜も寝ないで格闘していた頃を忘れないために、何年も使っていた煙管がそこに置かれていた。

通り抜けられないほどの本棚の列が壁を覆い、考え得る限りの本と新聞が収納されていた。とはいえ、マルクスの書庫は、同じ資質——そして、より多くの富——を持ったブルジョワ知識人のように立派なものではなかった。彼は極貧の時期にはたいてい大英博物館の閲覧室を利用したが、後には二千冊近い蔵書を収集していた[12]。経済学の分野についての文献が最も多いが、そこには政治理論、歴史研究（特にフランス）、ドイツの伝統を中心とした哲学的な著作の古典も数多く含まれていた。それから自然科学もその一角を占めていた。

文献の使用言語はそれぞれの分野に対応していた。ドイツ語文献は全体のだいたい三分の一を占め、英語文献は約四分の一、フランス語のタイトルはそれよりも若干少なかった。イタリア語のようなロマンス語の著作もあったが、一八六九年から——ツァーリの帝国で起きていた変化を研究するためにロシア語を学び始めたとき——キリル文字で書かれた文献がかなりの部分を占めるようになっていた。

しかし、本棚には学術書だけが置かれていたわけではなかった。『シカゴ・トリビューン』の匿名の通信員が一八七八年にこの書斎を訪れ、次のように記している。

人物というものは一般的に読んだ本によって判断される。だから、私がざっと一瞥した文献をあげることで、あなたはその人物像を描くことができる。シェイクスピア、ディケンズ、サッカレー、モリエール、ラシーヌ、モンテーニュ、ベーコン、ゲーテ、ヴォルテール、ペイン。イギリス、アメリカ、フランスの青書。ロシア、ドイツ、スペイン、イタリアの政治と哲学の文献、等々。[13]

ポール・ラファルグも同じようにマルクスの文学への関心と膨大な知識について報告していた。ラファルグは、マルクスの研究を思い出して「マルクスの精神生活の緻密さを理解するためには、その前に歴史的な空間があることを知らなければならない」と述べた。彼は次のように書いている。

マルクスはハイネとゲーテを心から理解し、会話の中でよく引用した。彼はあらゆるヨーロッパ言語でのたゆみない詩の朗読者であった。彼は、毎年、アイスキュロスをギリシア語の原文で読んだ。彼は、シェイクスピアを人類が誕生して以来の最大の戯曲の天才であると考えていた。（…）ダンテとロバート・バーンズは最も好んだ詩人であった。小説の読書家でもあり、一八世紀の小説を好み、分けてもフィールディングの『トム・ジョーンズ』が好きだった。もっと最近の小説家では、ポール・ドゥ・コック、チャールズ・リーヴァー、アレクサンドル・デュマ・ペール、そして、ウォルター・スコットの『オールド・モータリティ〈墓守老人の話〉』が傑作であると述べていた。彼は間違いなく冒険譚とユーモアのある話を好んでいた。セルバンテスとバルザックを他の小説家よりも上だとみなしていた。そして、『ドン・キホーテ』では新興のブルジョワ世界で嘲笑され馬鹿にされた瀕死の騎士道の叙事詩を見たのである。マルクスはバルザックを賞賛し、経済学の著作を書き終えた暁には彼の偉大な小説『人間喜劇』の書評を書くことを希望していた。（…）マルクスはすべてのヨーロッパの言語を読むことができた。（…）彼は「外国語は人生の武器だ」と繰り返し言っていた。（…）彼はロシア語の学習を（…）六ヵ月で成し遂げ、ロシア語の詩と散文作家を不自由なく読めるようになり、プーシキン、ゴーゴル、シェチェドリンを好んだ。[14]またラファルグは、マルクスと本との関係をくどくどと話している。マルクスにとって、本とはこのようなものである。

心の道具であり、贅沢品ではない。「それらは私の奴隷であり、私が意図するように私に奉仕しなければならない」とマルクスは言っていた。彼は（…）ページの角を折り、鉛筆で余白に印を付け、行のまとまりに傍線を引く。彼は本に書き込んだことはなかったが、著者があまりに突飛なことを言っているときは感嘆符や疑問符を付けるのを抑えられなかった。彼の傍線の引き方は、どんな本でも彼が必要とする一節を見つけやすくするためのものであった。[15]

マルクスはそのようなことを心に留めながら、自分のことを「本をもりもり食べ、それからこれを違った形にして、歴史のこやしの山に放り出すように決められている機械なんだ」と述べていた。[16]マルクスの蔵書には、最終的には書き上げる予定だが、激しい知的活動のために未完のまま放置されたおびただしい数の自分自身の著作も含まれていた。そこには、『聖家族』（一八四五年）と『哲学の貧困』（一八四七年）の複写物、そして、まったく欠落箇所のない『共産党宣言』――エンゲルスと共に執筆し、一八四八年革命の前にタイムリーに出版されたものであるが、それが広範に流通したのは一八七〇年代になってからのことであった――『ルイ・ボナパルトのブリュメール一八日』（一八五二年）のようなフランスの歴史に関する著作、それと並んで論争書『パーマストン卿の生涯』（一八五三～五四年）のような政治的文献、『ケルン共産党裁判の真相』（一八五三年）あるいは『一八世紀の秘密外交史』（一八五六～五七年）のような時事的なブックレット、またあまり注意を払われていない『経済学批判』

（一八五九年）、『フォークト君』（一八六〇年）があった。もちろん、マルクスが最も誇らしかった著作は、そのとき既にロシア語とフランス語に翻訳されていた『資本論』、そして国際労働者協会での最も重要な講演と決議であった。

さらに、若い頃に編集した論文と雑誌類が箱にしまい込まれていた。まずは『独仏年誌』があった。一八四九年五月の日刊『新ライン新聞』の最終号は、反革命の勝利を前にしてすべて赤字で印字されていた。それから月刊『新ライン新聞』のコピー。その翌年からの『政治経済学雑誌』。書庫の他の分類には切り抜き帳や不完全な草稿がたくさん含まれていた――そのうちの大部分はロフトに移され、そこには彼が人生の様々な時期に取り組んだすべての企画が保管されていたが、完遂するには至らなかった。この大量の文献は「鼠どもがかじって批判するのにまかせた」[17]ことで一部が失われ、その中にはかなりの数の未整理のノートとフォリオ〈二つ折り判の書物〉が含まれていた[18]。

その書類には、後に『一八四四年の経済学・哲学手稿』と『ドイツ・イデオロギー』（一八四五〜四六年）として公刊される原稿が含まれていた。それらはいずれも非常によく読まれ、二〇世紀に論争された理論書であった。もっとも、マルクスは――「ただ一つの著作であっても最適な形式を見いだすまで修正を繰り返すことなく」出版することは決してなかったし、「未完のまま放置するよりは原稿を燃やしてしまうくらいだった」[19]――のであるから、それらが世の中に出回ることには否定的であっただろうし、きっと驚いたのであろう。

とはいえ、最も大部で重要な手稿は『資本論』の準備草稿に関するものであった。それは推敲を重ねられ、『経済学批判要綱』（一八五七〜五八年に書かれ「経済学批判の基礎」となった）から一八八一年の最終版までがあった。これらの草稿は、マルクスとエンゲルスの通信の中でしばしば「党の文書館」と呼ばれた、エンゲルスの自宅に保管されていた。

すし詰め状態の書斎の中央には革製のソファーがあり、マルクスは時々横になって休んでいた。リラックスするための日常的な習慣の一つは部屋の中を歩き回ることであった。実際、ラファルグによれば「マルクスは歩きながら考えたことを書くために短時間座っていただけで、仕事をしながら部屋を歩くことさえできた」という。またラファルグは、マルクスは「歩きながら話したり、説明が熱気を帯びてきたり会話が深刻になってきたりするときには立ち止まるのが好きだった」と回顧している。当時、定期的に訪問していた別の人物は、彼には「まるで運動のためにスクーナー〈帆船〉のデッキを行ったり来たりしているように、部屋の中をせわしなく歩き回るという興味深い習慣があった」と述べた[20]。

マルクスの机の前には別のテーブルが置いてあった。たまにしか訪れない人はそこにある書類の山を煩わしく感じたであろうが、マルクスをよく知る人にとってはその山の無秩序は見かけ上のものであることを知っていた。

すべての物が本当に意図された位置にあったので、彼は必要とする本やノートを難なく取り出すことができた。会話の最中でさえ、彼が話していた引用文や数字が載っている本を示すために話を中断することがしばしばあった。彼と彼の研究は一体であった。本と論文は彼の中で自分の手足のように制御されていた。[21]

最後の家具は引き出しの付いた大きな収納箱だった。マルクスは、ここに同志ヴィルヘルム・ヴォルフのような大切な人たちの写真を置いた。マルクスは『資本論』をヴォルフに捧げると記していた。長い間、この書斎にはジュピターの胸像とゴットフリート・ライプニッツ（一七一七〜一七八三年）の家から持ち出された二枚の壁画があった。一方は医者からプレゼントされたものであった。もう一方は、長年の知己ルートヴィヒ・クーゲルマンが一八六七年のクリスマスと一八七〇年にマルクスの五二歳の誕生日に贈ったものだった。この一八世紀の偉大なドイツ人哲学者のハノーファーにあった邸宅は取り壊されてしまった。

マルクスと彼の家族はノースロンドンのメイトランド・パーク・ロードの四一番地のテラス付の邸宅に住んでいた。その前の一〇年間は、もっと広くて賃料が高い一番地にあった住宅に住んでいたが、一八七五年に家族と一緒に引っ越してきたのだった。[22] そのとき、この核家族は、マルクス、妻のイェニー、一番下のエレノア、そして、四〇年間住み込みで献身的に働いていた家庭教師のヘレーネ・デムートであった。加えて、マルクスが溺愛した三匹の犬たちがいた。トディ、ウィスキー、三匹目の名前は知られていない「雑種の犬、［しかし］なくてはならない家族の一員」であった。[23]

一八七〇年、エンゲルスが事業から身を引きマンチェスターの自宅で過ごすようになってから、彼はリージェンツ・パーク・ロードの一二二番地の住宅を取得した。そこは、一八四四年以来、親交を深めともに政治闘争を闘ってきた同志の家から一キロメートルも離れていなかった。[24]

マルクスが抱える複合的な健康問題のために、「何年もの間、徹夜仕事は［彼の］医師の忠告者たちによって厳禁されてきた」[25]。しかし彼は、疲れを知らないかのように日々を研究に捧げていた。それは一八六七年に第一巻が刊行されて以来準備していた『資本論』第二巻を完成させるためであった。

同時に、当時の主要な政治・経済事件について批判的に追跡することで、労働者階級の解放のために生まれうる新しいシナリオを予測しようとしていた。飽くことのない好奇心に導かれて、マルクスの百科全書的な精神は、常に最新の知識を摂取しようと努め、最新の科学的な発展に遅れないようにしていた。そうして、人生の最後の年には、数学、心理学、地質学、鉱物学、農学、化学、物理学からの膨大なメモと抜粋が大量のノートに詰め込まれていた。さらには、雑誌記事に限らず、議会の議事録、統計資料、政府の報告書と出版物を、青書を読むときのように丹念に調べていた。マルクスが多くの言語でこれらの研究に専念した時間が中断されることはほとんどなかった。エンゲルスでさえこのことを後悔していた。エンゲルスは「マルクスに部屋から出るようにと説得すること」が「とても大変だった」と述べていた。[26] こういう場合を除くと、マルクスが仕事を離れるのは通常の休憩と約束のためだけであった。

午後遅くになると、彼はコートをはおり近所のメイトランド・パークに出かけ、一番年上の孫のジョニとぶらぶら歩いたり、少し離れたハムステッド・ヒースで家族と楽しい休日を過ごしたりするのが好きだった。一番下の娘の友人で女優のマリアン・カミンは、彼女たちがよく見かけた光景を簡潔に説明した。

エレノア・マルクスと私が応接間の暖炉の前のラグに座っているときによくあったことだけど、夕暮れ時に話をしていると、玄関のドアが静かに閉まる音がして、黒い外套をまとい柔らかいフェルト帽子（彼の娘が言うことには、世間的には陰謀者のコーラス隊のように見えたそうだ）をかぶった博士の姿が見えて、窓に沿って通り過ぎていくと、暗闇が訪れるまで帰らなかったんだ。[27]

他のくつろぎの時間はドッグベリー・クラブといわれる集まりだった。[28] この名称はウィリアム・シェイクスピア（一五六四～一六一六年）の『から騒ぎ』の登場人物から取られている。それはこの詩人の著作を読む会であり、エンゲルスと彼の親しい知人たち、マルクスの娘の友人たちの夕食の支度をする会でもあった。[29] マルクスがこのような夕暮れ時に感じたことを表現するために使った皮肉は、彼の理論的敵対者に噛み付いたとき以上のものだった。「人は仲間をまるきり持たずに暮らすことなどとてもできないが、仲間ができると、それを厄介払いするために一生懸命になるなんて、妙なものだね」。[30]

マルクスの家庭は様々な困難を抱えていたが、各国の訪問者のためにいつも門戸が開かれていた。著名な経済学者や有名な革命家が彼と直接議論するために訪問した。一八八一年の訪問者には、クリミア生まれのニコライ・ジーベル（一八四四～一八八八年）、モスクワ大学教授のニコライ・カブルーコフ（一八四九～一九一九年）、ドイツ人ジャーナリストであり後に国会議員になるルーイ・フィールエック（一八五一～一九二一年）、古参の社会民党員のフリードリヒ・フリッチェ（一八二五～一九〇五年）、そして、ナロードニキのレオ・ハートマン（一八五〇～一九〇八年）がいた。頻回にメイトランド・パーク・ロードを訪問していたのは、社会民主党に近いジャーナリストのカール・ヒルシュ（一八四一～一九〇〇年）と、少し前にイギリスの民主連合を立ち上げたヘンリ・ハインドマン（一八四二～一九二一年）だった。そして、カール・カウツキー（一八五四～一九三八年）は、プラハからロンドンにやって来た若い社会主義者であり、マルクスとエンゲルスとの関係を通じて政治学の知識を深め、労働運動に影響力のある理論家の一人になることを運命づけられていた人物であった。

マルクスに会ったことのある人は彼の人格に魅了されないことはなかったし、彼の外観に衝撃を受けないこともなかった。スコットランドの政治家マウントステュアート・エルフィンストン（一八二九～一九〇六年）は一八七九年の初頭に彼に会い、視線は「厳しかったが、言葉遣いは全体として穏やかであった。それは決して、揺りかごの中の赤ん坊を食べてしまう狂人のようなものではなかった。――あえて警察のような見方をするならば」と感じた[31]。

エードゥアルト・ベルンシュタインもまたはマルクスの人間性と謙虚さに心を打たれた一人であった。「私は、いくぶん抑制された、非常に激昂しやすい老紳士と知り合いになることを期待していた。しかし、いま私は、黒い瞳に親しげな笑顔で、慈愛に満ちた話し方をする白髪の男性の前で自分自身に向き合うことができた」[32]。

カウツキーは、「マルクスは長老のように威厳に満ちて」[33]いて、「父親のように優しい笑顔」[34]でほほえんでいた、と回想している。そして、「いつもきちんとした身なりの」エンゲルスとは違って、「見目姿には無頓着」[35]だった。

マリアン・カミンはマルクスの心立てのよさについて次のように言っている。

［彼の気質は］非常に力強く、カリスマ的な人柄だった。頭は大きく、毛むくじゃらのひげと口ひげに合った長い灰色の髪で覆われていた。黒い瞳は、小さくて、鋭く、刺すような、皮肉っぽかったけれども、ユーモアの輝きを帯びていた。（…）彼は喜んで聞き役になり、決して批判することなく、いつも楽しむ心を忘れなかった。漫画のように彼を叩いたときには涙が頬を滴り落ちるまで笑い——私たちの中では一番の年長者だったけれども、心は私たちと同じように若者のままだった。[36]

マルクスの家庭がいつも賑やかだったとすれば、その郵便受けはいつも、毎週各国の活動家や知識人から届く手紙であふれ、爆発寸前だった。手紙の差出人は、当時の主要な政治的事案について国際労働者協会の指導者と相談し、行動方針や特別な決定についての示唆を求めていた。

マルクスの生活にはイギリスのどんよりとした雨の多い気候がつきまとっていた。一八八一年二月のニコライ・ダニエリソーン（一八四四〜一九一八年）への手紙の中で、彼は「ラムズゲートから帰って以来、私の健康は概ね快方に向かっていたが、数ヶ月に亘って続いている嫌な天候」のおかげで「安眠を妨げる不断の風邪と咳を患っている」と書いている。[37] 不吉なことに、その冬、イェニーの体調が悪化していったので、春が来ると、妻の治療法を見つけることを期待して、新しい専門家ブライアン・ドンキン（一八四二〜一九二七年）を呼び寄せた。

マルクスは友人のダニエリソーンに別の印象深い出来事を語っている。一八八〇年七月にフランス政府の恩赦が下され、一八七一年の〈パリ・〉コミューン後の弾圧によって外国に逃亡していた数百の革命家たちの帰国が認められた。このニュースそのものはマルクスにさしたる希望を与えるものではなく、むしろ必然的に痛みを伴うものであった。一番上の娘のジェニーの夫は結婚してから一〇年になるが、彼は急進的なコミューン闘士のシャルル・ロンゲであり、ジョルジュ・クレマンソ（一八四一〜一九二九年）によって創立されたフランスの急進的な日刊紙『ラ・ジュスティス〔正義〕』の編集長のポストのオファーを受けていたため、子どもたちとともにフランスの首都に帰還するのだった。マルクス夫妻にとって「三人の孫たち（…）は、人生の悦びの尽きせぬ源だった」[38]ため、この別れはとてもつらいものとなった。

その後の数ヶ月間というもの、夫妻は孫がいないことを寂しがり、マルクスは楽しい気分になったかと思うとまた落ち込んでしまうようになっていた。彼はジェニーへの手紙の中でいつも孫たちのニュースを尋ねていた。

お前たちが行ってしまってからは退屈だ——君とジョニとハラ！と「お茶」！君がいないので[39]。うちの子たちの声と似ている子どもたちの声を聞くと、何度となく窓辺に駆け寄り、一瞬、小人たちは海峡のかなたなのだということを忘れるのだ！[40]

四月の終わりには、ジェニーが四人目の孫を出産した。マルクスは冗談交じりに祝辞を述べ、次のような手紙を書いている。我が家の「ご婦人たち」は「新参者」が「人口のよりよき半分」を増やすものと期待していた。「私としては、歴史のこの転換期に生まれてくる子供らとしては『男』性である方がいいと思う。彼らの前途にあるのは、人びとがこれまで経験しなければならなかったうちで最も革命的な時代なのだから」[41]。

政治的な希望と彼の世代の人びとが共通に持っていた先入観とが混在したこのような考えは、二つの大きな懸念をもたらした。一つ目の、厳密には私的なことは、パリの娘がいままさに生活苦に陥っているときに助けてやれたかもしれなかった、ということへの後悔から来ていた。それはマルクスが耐え忍んできた長い月日を思い起こさせるのだった。彼女への手紙で、妻が「考えうる限りのいいことがみんなあなたのところにやってくるように」と祈っているが、「祈り」が「自分自身の無力を取り繕う以外の、なんの役に立つのか」私には分からない、と伝えている。二つ目の、政治的な後悔は、国際労働者運動の新しい情熱的な闘いに貢献することはもはやできそうもないとの認識によるものであった。「まずいことは、いま『年を取り』過ぎていて、実見するのではなく、予見することができるだけなことだ」[42]。

不幸なことに、状況は段々と悪くなっていた。六月初頭、マルクスはスウィントンに妻の病気が「ますます致命的な性格を帯びてきている」と伝えた[43]。彼自身も新しい不調に悩まされ続け、リューマチ性の硬直した足のためにトルコ風呂に通っていた[44]。ひどく「長引く」風邪をひいていたが、そのかいもあって「急速に収まりつつあ」る、と書いている。しかし、彼は娘と孫たちのことをとても恋しく思い、「君とかわいい子どもたちのことを思わぬ日は、一日としてない」のだった。彼はジョニにヨハン・ヴォルフガング・フォン・ゲーテ（一七四九〜一八三二年）の『狐のルナール』の写しを送り、「かわいそうな子」には「それを読んでくれる誰かがいるだろうか」と尋ねている[45]。一八八一年の上半期はこのような困難の中で過ぎていった。しかし、それはまだ予兆に過ぎなかった。

3　人類学と数学の狭間で

それにもかかわらず、マルクスは状況が許す限り働き続けた。マルクスの知的好奇心と理論的洞察力が晩年には減退していたと未だに主張する伝記家の主張とは対照的に――彼はそれまでの研究をいっそう推し進めただけでなく、新しい分野にまで広げていった[46]。

二月、マルクスはダニエリソーンにこう書いている。「恐るべき通信の債務が目の前にあって私をぎょっとさせる」。それは新しい研究分野に熱中し、「各国、特に合衆国から私宛に送られてくる大量の青書類」と格闘することを心に決めたためであった[47]。

一八八〇年一二月から一八八一年六月の間に、マルクスは別の分野の研究に関心を集中させていた。それは人類学である。彼は合衆国の人類学者ルイス・モーガン（一八一八～一八八一年）の著作『古代社会』に取り組み始めていた。その本はロシアの民族学者マクシム・コヴァレフスキー（一八五一～一九一六年）が北アメリカ旅行から戻った際に、二年前に出版されたこの著作をマルクスに送ったものであった。

マルクスは、生産と技術的要因を社会進歩の前提条件とするモーガンの取扱いに強い感銘を受け、重厚で詳細な資料を編纂しなければならないと感じた。これが『民族学ノート』として知られているものの大部分を構成している[48]。そこには別の著作からの抜粋も含まれている。法律家でインドネシアの専門家のジェームズ・マネーによる『ジャワ、あるいは植民地の管理法』（一八六一年）、セイロンの最高裁判所長であるジョン・ペアール（一八二五～一九〇五年）の『インドとセイロンのアーリア村』（一八八〇年）、歴史学者のヘンリ・メーン（一八二二～一八八八年）の『初期制度史講義』（一八七五年）であり、全体で一〇〇枚にも及ぶものである[49]。これらの著作に対する比較評価を見るに、マルクスは非常に短期間でこれら全ての資料を集め、それを乗り越えようとしていたようである。

マルクスは既に以前の研究を通じて、過去の社会的諸形態を幅広く検討し論評していた――その研究とは『経済学批判要綱』の長い節に含まれた『資本主義的生産に先行する諸形態』、『ドイツ・イデオロギー』の第一部、『資本論』第一巻である。一八七九年、マルクスはコヴァレフスキーの『共同体的土地所有』をロシア語の原文で読み、このテーマに再び取り組んだ。それは『民族学ノート』を作成するだけに留まらず、最新の知見にアップデートするためのものでもあった。

マルクスは、経済学批判を押し進めるために不可欠と考えた様々なテーマ、歴史上の様々な時期、地理的な領域についての広範な知識を獲得することを目的としてこの調査を行った。さらに、この調査は、マルクスが一八五〇年代から一八六〇年代の草稿を執筆していたときには参照することのできなかった資料をもたらし、遠い過去の社会の特徴と制度を探求できるようにした。そして、この調査によって、マルクスは、この分野の最も重要な研究者によって展開された最新の理論を獲得したのである。

マルクスが『資本論』第二巻の完成を目指しているときに、このような民族学的研究を進めるには膨大なエネルギーを注がなければならなかった。そのモチベーションの背景にあるのは、単なる知的好奇心だけではなく、高度に理論的・政治的な目標であった。彼は、適切な歴史的知識に基づいて、別の生産様式に至る可能性の最も高い経路を再構築したかったのである。マルクスは、この研究が、今後起こりうる共産主義社会への移行の頑健な基礎を築くのに役立つだろうと考えていた。[50]

それゆえ、マルクスは『民族学ノート』において、先史社会、家族の絆の発展、女性の状態、所有関係の起源、前資本主義社会のコミュニティの慣行、国家権力の形成と性質、個人の役割、そして、植民地主義の影響と人類学的研究手法における人種差別的な含みのような、より近代的な観点に着目して、資料を収集し、興味深いノートを作成した。

先史時代のテーマと家族の絆の発展について、マルクスはモーガンの著作から多くの貴重な示唆を引き出した。ハインドマンは「ルイス・H・モーガンが『古代社会』で、氏族[51]が家族ではなく古い部族社会と古代社会の一般的な社会単位であったことを証明したとき、マルクスは納得して以前の見解を放棄した」[52]ことを想起している。

原始人の社会構造に関するモーガンの研究は、ドイツの歴史学者バルトホルト・ニーブール（一七八六〜一八三一年）が『ローマ史』（一八一一〜一二年）で進めたような、血族の伝統的解釈の限界を克服することを可能にした。それまでのすべての仮説とは対照的に、モーガンは、氏族が「一夫一婦婚家族に続くもの」であり「家族の集合体の産物」だとするのは重大な誤りであることを示唆した[53]。先史社会と古代社会についての彼の研究は、家父長制家族は社会の本源的な基本単位なのではなくて、一般に信じられていたよりも新しい社会組織の形態であるという結論を導いた。それは「生活の困難に向き合うには余りに脆弱な」組織だった[54]。むしろ、アメリカの原住民のような「生活上の共産主義」を実践している対偶婚家族〈一対の男女からなる婚姻の一形態〉の存在を想定する方がよっぽど説得的であった[55]。

他方で、マルクスはメーンの『初期制度史講義』における「セプト〈部族〉とクラン〈氏族〉が発展してくる土台」としての「私的家族」という観念に対する論争に常に取り組んでいた。マルクスは、ヴィクトリア時代を先史時代に置き換えることで時間の矢を逆転させようとするこの試みを嘲り、「うすのろのイギリス人らしく、氏族からではなく、後に首長となる家父長から出発する——たわごと！」と断じた[56]。嘲笑が次第に高まり、最高潮に達すると次のように罵倒した。「イギリスの私的家族を忘れることのできないメーン」[57]。メーンは「彼の『家父長的』ローマ家族を物事のそもそもの出発点に送り込むのだ」[58]。続けて、マルクスはペアールを一顧だにせず次のように言い放った。「このばか者は、あらゆる物事を私的家族の上に置くのだ！」[59]。

モーガンは、マルクスに家族概念の理解をさらに深めるための素材を提供した。家族という言葉の「本来の意味」は、——召使いまたは使用人と同じ語源を持ち——「一対の夫婦またはその子どもたちに関係したものではなく、この家族を養うために労役し父系家族の権力の下におかれていた奴隷と召使いの一団を指すものであった」[60]。この点についてマルクスは次のように記している。

近代家族は奴隷制だけでなく農奴制をも萌芽として含んでいる。というのは、それははじめから農耕のための労役に関係しているからである。それは後に社会とその国家の中に広く発展してくる敵対のすべてを、縮図として自己のうちに含んでいる。(…)一夫一婦婚家族が、自立した存在であるためには、どこでも、家内奴隷で構成された一階級を前提する。[61]

マルクスはこの摘要のある箇所で自分の考えを展開し、「家屋、土地、家畜」が「一夫一婦婚家族」に結びついていると書いた。[62] 事実、『共産党宣言』が示唆しているように、これこそが「階級闘争の歴史」としての歴史の出発点であった。[63]『家族、私有財産および国家の起源』(一八八四年)で、その著者が、「亡友」がもはや果たすことのできなくなった仕事の「ささやかな代用物」にすぎないとはいえ、「遺言を執行」したものであると述べたように、エンゲルスは『民族学ノート』におけるマルクスの分析を完遂したのだった。エンゲルスは、一夫一婦婚について次のように論じている。[64]

一方の性による他方の性の隷属化として、それまで先史時代全体を通じて知られていなかった両性間の抗争の宣言として、登場したのである。一八四六年にマルクスと私が書いた古い未完の手稿の中に、次のように書かれている。「最初の分業は、子どもを生むことについての男女の分業である」[65]。そうして、今日私はこれにこうつけくわえることができる。歴史上に現われる最初の階級対立は一夫一婦婚における男女の敵対の発展と一致し、また最初の階級抑圧は男性による女性の抑圧と一致する、と。(…)一夫一婦婚は文明社会の細胞形態であって、我々は、既にここで、文明社会の中で完全に展開してゆく対立と矛盾との本性を研究することができるのである。[66]

マルクスは、両性の同等性についてのモーガンの考察に細心の注意を払っている。それは、ギリシア時代よりも前の古代社会では女性の振舞いと取扱いはずっと進歩的なものであった、というものである。マルクスは、ギリシア人の間では、いかにして「出自が女系から男系に変わったことで、妻および母の地位と権利が損なわれた」のかを示したモーガンの著作の該当箇所を写し取っている。実際、モーガンはギリシア社会の様式に極めて否定的な評価を下していた。「ギリシア人は、彼らの文明の最盛期にあってさえ、女性の取扱いの点で未開人のままであった。女たちの教育は皮相的であり（…）異性との交際は拒まれていた。女の劣等生が原理として彼女たちの心に植えつけられていたので、ついには女たち自身がそれを事実として受け入れるようになった」。さらに、「男たちの間に故意の利己主義の原則が貫かれ、それが女の評価を低下させる傾向にあった。こういうことは、野蛮人の間にはほとんど見いだされない」と付け加えている。マルクスは、古典世界の女神たちを引き合いに出しながら、的確に洞察している。「オリュンポスにおける女神たちの立場は、以前には女たちがもっと自由な、もっと有力な地位を占めていたことの追憶を示している。ユノ〈結婚を司る女神〉は支配欲が強く、知識の女神はゼウスの頭から飛び出してくる、等々」と。[67]

マルクスは、モーガンの読解を通じて、重要なもう一つの視点を提示した。それは所有関係の起源にかかわる問題である。この著名な人類学者は、多様な親族構造と社会的・経済的形態との間にある因果関係を明らかにした。マルクスの見解では、記述式と類別式の体系に関する西洋史の考察を踏まえなければならない。記述式では、血縁関係と、特定の個人と親族とのかかわりから記述される。たとえば、「甥の代わりに兄弟の息子、おじの代わりに父の兄弟、従兄弟の代わりに父の兄弟の息子」と呼ぶ類いである。そして、自己から見ての遠近にかかわりなく血縁によって分類される類別式の減少である。「たとえば、私の肉親の兄弟たちと、私の父の兄弟たちの息子たちとは、すべて一様に私の兄弟たち」といった呼び方である。これらは国家と財産の発展に歩調を合わせていた。[68]

モーガンの著書は四篇構成となっている。㈠発明と発見を通じての知力の発達、㈡統治観念の発展、(三)家族観念の発展、(四)財産観念の発展である。マルクスは、最後の二篇の関連性をはっきりさせるために構成を組換え、(一)発明、(二)家族、(三)財産、(四)統治とした。「富の、階級の、そして、公的な地位の権利」が何千年もの間「正義と知性」に優越していたことから、「特権階級」が社会に「厄介」な影響を及ぼしていたと考えうる十分な証拠がある、とモーガンは著書で論じている[69]。マルクスは、財産が生み出す歪みについて書かれた終盤のページのほぼ全文を写し取っている。この所説は、マルクスの構想に強い影響を与えた。例えば、次のような記述がある。

文明の時代が到来してからというもの、財産は莫大になり、財産の種類は著しく多様化し、財産は様々な用途で使われるようになり、財産は所有者の利益のために賢明に管理されるようになり、そうして財産は人民には制御しえない力となっている。人間精神は、自らの創造物を前にして当惑している。それにもかかわらず、人間の知性が財産を支配するまでに高まる時が、いずれはやってくるであろう。そして、所有者の権利の範囲と義務が確定され、同時に、国家が保護する財産に対する関係が定義される。社会の利益は個人の利益にとって最も重要であり、両者の利益は公正で調和の取れた関係に保たれなければならない。[70]

モーガンは、豊かさの追求こそが「人類の宿命」にほかならないという考えを否定している。彼は厳しく警告する。

社会の解体が、財産に向かって宿命的に進む行路の終着点となる恐れは十分にある。なぜなら、このような行路は自滅の要素を含んでいるためである。民主的な政府、社会的友愛、権利と特権の平等、普通教育は、経験、知性、知識が着実に進歩している、次の、より高度な社会的段階を予見している。それ（より高度な社会形態）[71]は、古代の氏族の自由、平等、友愛をより高度の（社会的）形態で復活させるものとなるだろう。[72]

ブルジョワ「文明」はそれ自身、過渡的な段階である。「未開時代」と「野蛮時代」（当時の用語）という二つの長い時代の終わりには、社会組織の共同的な形態が廃止された。これらの形態は、財産と富の蓄積と、社会階級と国家の出現に伴って消滅した。しかしいずれは、先史時代とそれ以降の歴史は再び結びつく定めにある。[73]

モーガンは、古代社会が非常に民主的で結束の強い社会であったと考えていた。同時代的な示唆として、彼は、なんの政治闘争の必要性も感知することなく、人間の進歩に対する楽観論を述べるに留まった。しかしマルクスは「気高い未開人の神話」の社会主義的復活を予想することはなかった。マルクスは過去への回帰を期待しはしなかったが、モーガンの著作の抜書きからも分かるように、新しい生産と消費の様式に基づく「より高度な社会形態」[74]の到来を予期していた。これは機械的な進化によって到来するようなものではなく、労働者階級の自覚的な闘争によってのみ成し遂げられるものであるだろう。

マルクスの人類学の読書はすべて国家の起源と機能に関するものであった。モーガンからの抜粋では、野蛮から文明への移行の役割が要約されていたが、メーンの抜粋では個人と国家の関係についての分析に集中していた。[75]『ヘーゲル法哲学の批判』（一八四三年）[76]から『フランスにおける内乱』（一八七一年）[77]に至る最も重要な理論的文献と一致して、『民族学ノート』でも、個人の完全なる解放を阻害する力、そして社会を支配する権力としての国家を提示している。

一八八一年のマルクスのノートでは、国家の寄生的かつ過渡的な性格が強調されている。

メーンは、はるかに深いものを無視している。すなわち、国家の見せかけの最高の独立的存在は、見かけだけに過ぎず、国家のすべての形態が社会の贅肉であることを、である。国家の出現自体が、社会の発展のある段階において初めて起こるように、社会がこれまでまだ到達されたことのない段階に到達するや否や、国家は再び消えてなくなる。

マルクスは右の言説に続けて、特定の歴史的な条件の下にある人間の状態を考察している。共有制から私的所有制への移行を伴う市民社会の形成は、「人格の一面的な発展」をもたらした[78]。『国家』の真の性格が、国家の内実、つまり国家の利害を分析するときに初めて明らかにされる」ものであるならば、その利害は「ある社会集団に共通な（それゆえに）階級的な利害」である。マルクスによれば、「国家は諸階級を前提し、その上に構築されている」。したがって、人格は「経済的条件を土台にした」社会の特定のタイプの中で、「階級的個人」として存在しているのである[79]。

『民族学ノート』で、マルクスは人類学的な報告に見られる多くの人種差別的な含みについて何度か考察している[80]。このようなイデオロギーをマルクスは全面的に拒否し、著者の差別的な表現に対して辛辣なコメントをしている。すなわち、メーンが差別的な言葉を用いたとき、マルクスははっきりと「この馬鹿者め！」と言った。くわえて、「この悪魔は『アーリア人の』専門用語を使うのだ！」と繰り返し非難している。

マネーの『ジャワ、あるいは植民地の経営法』とペアールの『インドとセイロンのアーリア村』を参照しながら、マルクスは、アジアにおけるヨーロッパのプレゼンスが及ぼす負の影響を研究した。マルクスは植民政策に関するマネーの見解にはほとんど興味を持たなかったが、商業についての情報が有益であることに気づいた[81]。マルクスは、マネーの著作の理論的な構成が不十分である点は無視して、ベンガル州の報告に焦点を当て、ペアールの著作に向き合ったときと同じアプローチで分析したのである。

マルクスによって読まれ『民族学ノート』で要約された著者たちは、微妙な違いはあるとはいえ、多くの点でこの時代の進化論的観念の影響を受けていたし、ブルジョワ文明の優位性を堅く信じていた。しかし『民族学ノート』を精査すると、マルクスは彼らのイデオロギー的な主張からなんの影響も受けなかったことが分かる。

一九世紀に支配的であった、そして人類学者と民族学者に広く共有されていた、進歩の理論では、事象は、人間の行動にとって外的な要因によって、事前に決められた行路を進むと考えられていた。そこには資本主義世界という唯一無二の目的地に至る、各段階の厳格な序列があるだけである。

数年の間に、歴史の自動的な進化という無邪気な信念が第二インターナショナルにも根付いた。ブルジョワ版との唯一の違いは、資本主義体制の不可避的な「崩壊」の後に社会主義（これ自体が「マルクス主義！」と定義される）が到来するという最終段階の予測にあった[82]。

この分析は認識として不適切であったばかりか、致命的な受動性を生み出し、既存秩序の安定化要因となり、プロレタリアートの社会的・政治的行動を弱体化させた。真に「科学的」であるとみなされ、ブルジョワジーと共有された社会主義的進歩論のアプローチに、マルクスは反対して、単線的な歴史主義の甘言を拒否し、複合的で柔軟で多彩な彼自身の構想を抱いたのである。

ダーウィン主義のご神託と比較すると、マルクスの意見はぼんやりとしていて煮え切らないように見えるかもしれないが[83]、マルクスの支持者や見せかけの追従者の多くが陥っていた経済決定論の罠から逃れていた。非常に長い間、彼らを鼓舞してきたといわれる諸理論は「マルクス主義」の最悪の特徴の一つを導くであろう。

草稿、ノート、同志や活動家への手紙、そして家庭の悲劇や身体能力の低下に悩まされつつもなし得た多少の公的活動の中で、マルクスは、古代から資本主義への複雑な歴史的過程を再構築しようと努力していたことが読み取れる。マルクスは、彼が読みまとめた人類学の研究から、人間の進歩は、農業の誕生によって生計の源泉が広がっている時代に急速であった、との確証を得た。彼は歴史に関する情報とデータを大切に保管していたが、人類史は必然的に一定の発展段階を経過しなければならないとする厳格な図式を共有することはなかった。

その際、マルクスは社会変革を経済的移行に硬直的に結びつけることもなかった。そうではなく、彼は歴史的条件の特殊性、過去の経験が照らし出す複数の可能性、変革の実現と現実を形づくる人間の介入の中心性を強調した[84]。これらはマルクスの最晩年の理論的精緻化にみられる顕著な特徴であった。

一八八一年初頭、マルクスは民族学を研究する傍ら、過去に何度か試みた数学の研究に立ち戻った。一八五八年の初めには、『経済学批判要綱』の中に多くの計算間違いがあることに気づき、「やけになって腰をしっかり据え、急いで代数を始めからやり直してみることにした」とエンゲルス宛の手紙に書いた。「算術というのはどうも柄に合わなかったものだからね」と吐露しつつも、「しかし、代数の方から回り道すれば、すぐにまた見当が付くようになる」と述べている[85]。元々、マルクスの数学への関心は、経済学者が提起した特定の理論問題を解決するためにさしあたり必要な研究に結びついたものであったが、ひとたび数学の研究に取組み始めると、その姿勢は大きく変化していった。数学の研究が『資本論』にとって有用であるか否かは別にして、知的活動の特別な地位を得てそれ自身が文化的関心の源になったのである。

一八六〇年にマルクスの妻が天然痘に罹り、娘たちにうつるのを恐れて別居していたとき、「看護師」の役目を果たしたのは数学であった。マルクスはエンゲルスへの手紙で次のように書いている。「[『ニューヨーク・トリビューン』の]論説を書くことはほとんど不可能だ。私に必要な心の安らぎを保てる唯一の仕事は数学だ」[86]。彼は最後の日までこの習慣を維持した。一八六五年の春、マルクスは数学がもたらした喜びをエンゲルスに宛てたたくさんの手紙の中で表している。一八六五年の春、マルクスが『資本論』の完成を目指し「馬のように仕事をしていた」合間に、いまでもヨウ〈腫れ物〉に悩まされているが、幸い「頭を乱すこと」はないので「微分学をやっている」と書いた。「他の読書はすべて私をすぐに書き物机のところに追い返す」ためだった[87]。一八七〇年代はこのような作業を続け[88]、七〇年代の終わりには『数学草稿』[89]の名で知られる数百ページからなる草稿を、より体系的なものに仕上げていた。

一八八一年のマルクスは、アイザック・ニュートン（一六四三〜一七二七年）とゴットフリート・ヴィルヘルム・ライプニッツ（一六四六〜一七一六年）の数学理論に注目していた。両者は、それぞれ独自に[90]——前者はイギリスで、後者はドイツで——微積分学の二つの構成要素である、微分学と積分学を発見した。これらの研究に続いて、マルクスは「導関数について」と「微分について」の二つの草稿を用意して、微分の解釈を体系的に示し、彼が見いだした方法を説いた[91]。両草稿はエンゲルスに献じられており、マルクスはこれらを書き終わると、エンゲルスの評価を受けるべくそれらを彼に送った。

微分学の発生から始まるマルクスの史的研究は、多くのノートと準備草稿[92]からなる。それらには、*dx*や*dy*といった一次微分の実在性を反証し、無限小の計算の基礎を批判するというはっきりとした目標があった[93]。この研究の中で、マルクスは、ニュートンとライプニッツによって発展させられた微分学には「神秘主義的な」基礎があると指摘した。両者ともなぜこれが必要なのかを正式に説明していない。マルクスは定義なく導入したとして二人を批判した[94]。

この欠点は、ジャン・ダランベール（一七一七〜一七八三年）とジョゼフ＝ルイ・ラグランジュ（一七三六〜一八一三年）のような他の数学者によって既に指摘されており、マルクスはこれらの論者についても強い関心をもって研究した。しかし、ダランベールとラグランジュ——前者は合理的な方法と極限の概念を用いた人物であり、後者は純粋に代数的な方法と導関数の概念を用いた人物である——は、マルクスが指摘した問題を解決できなかった。

マルクスは数学の研究結果に満足できなかったので、「神秘的」ではなく概念的に基礎づけられた微分学の厳密かつ形式的な定義を追求することにした。しかし、マルクスが把握していた専門家の文献は一九世紀初頭の発見に留まっていたため、この問題に関する最新の知見に触れることができなかった。マルクスは、二人の現代的数学者が見いだした解決法を追跡していなかったのであるが、オーギュスタン・コーシー（一七八九〜一八五七年）とカール・ワイエルシュトラス（一八一五〜一八九七年）[95]を読んでいれば、恐らくマルクスが設定した課題を前進させることができたであろう。

一八八一年八月に、エンゲルスはやっと「勇気を起こし」てマルクスの『数学草稿』を「詳しく勉強してみる」気になった。そしてマルクスに敬意を表している。「最後にここで遂に明らかになるのは、多くの数学者たちがずっと前から主張していながらその合理的根拠をあげることができなかったことであるが、微分商が本源的なものであって、微分 dx および dy は導き出されたものである、ということだ」。エンゲルスはすっかりこの問題に捕われて「終日頭の中でぐるぐる回っている」ばかりか、「昨日も夢の中で、私のシャツのボタンを微分しろと一人の男に与えたのだが、そいつがそれを持って私からずらかってしまったほどだ」と書いた[96]。

この問いをめぐってなされたマルクス、エンゲルス、親しい友人のサミュエル・ムーア（一八三八〜一九一一年）の間の議論は翌年の暮れまで続いた。一八八二年一一月の時点でも、マルクスはまだこう確信していた。「実際的には微分計算の幾何学的応用、すなわち幾何学的な記号化は、何らの本質的変化をもたらさなかったのだから、このような解析の全歴史的発展は忘れ去って」も構わない、と[97]。しかし彼らしからぬことに、マルクスは大英図書館でそれ以上研究を続ける機会を得られず、「後から折に触れて色々な方法に詳しく立ち返ることにしよう」と述べる他なかった。

この時期のマルクスの微積分学への関心はもはや『資本論』第二巻の執筆とはなんの関係もなくなっていた。一八七〇年代初頭には「恐慌の基本法則を数学的に確定しようと」[98]思い経済学に応用しようとしていたが、いまではますます純粋数学に傾倒していた。そう主張する専門家もいるが[99]、マルクスが自ら数学の論文を書こうとする意図をもっていたという様子もない。

とはいえ『数学草稿』は、マルクスが数学に夢中になっていることの明らかな兆候を示している。最も大事なことは、特に弁証法と「体系性」の表現に関する社会分析の方法を探求する際の有益かつ知的な刺激であった。そしてなによりも、数学は体を休める場所であった。ときには知的な遊戯場であったが、ほとんどはマルクスが抱えていた苦難から逃れるための場所であったのである。

4 世界市民

マルクスは精力的に理論研究を行い完璧に吸収しつつも、経済的な出来事や国際政治の問題への関心を失うことはなかった。主要な「ブルジョワ」新聞を読むだけでなく、ドイツとフランスの労働者階級の機関誌を定期購読していた。強い好奇心に駆られて、一日の始まりはいつも、世界で何が起きているのかを知るために、新聞報道に目を通すことであった。さらに、各国の政治指導者や知識人との交流は、様々な事柄に関する幅広い知識と新鮮な刺激とを得るための、重要な情報源だった。

一八八一年の頭に、社会民主同盟（SDB）――当時のオランダでは主要な社会主義的政治勢力であった――の指導者フェルディナント・ニーウェンホイス（一八四六～一九一九年）は、共産主義への移行についてマルクスの見解を求めた。新しいインターナショナルの下で、ヨーロッパ中のプロレタリアートを結集して諸政党を統合するために、同年後半に社会主義大会を準備していたとき[100]、ニーウェンホイスは彼が決定的に重要だと考える問いをマルクスに向けた。それは、社会主義の成功を保証するために革命政府が権力を獲得した暁には、政治的・経済的性質を転換するために、どのような法的な手段が取られなければならないのか、というものである。

過去にもそうであったように、マルクスはこの手の問いには答えないことにしていた。事実、ニーウェンホイスの質問の内容は、「将来の一定の、所与の時点でなすべきこと、直ちになすべきことは、言うまでもなく、行動が取られる所与の歴史的事情の如何に深くかかわる」のだから「無意味」であると考えた。抽象的には、それは「空想問題を提起するもので、それに対する答えはただ一つ、問題そのものの批判でなければならない」のである[101]。それゆえマルクスは、ニーウェンホイスに有無を言わさない調子で「既知数の中に解の要素を含んでいない方程式は解けない」と答えたのである。さらに、マルクスは次の確信を持っていた。

> ブルジョワ集団をひどい目に遭わせて大人しくさせ、最初の望ましいもの――持続的行動のための時間――が得られるようにするのに必要な措置を講ずることができるほどに発展した状態にない国では、社会主義政府がその国の政権を執ることはないだろう[102]。

マルクスは、生産と消費の社会主義体制を確立するのには複雑で長い過程を経なければならないことは明らかであるとして、権力の中枢を奪取するだけで達成できるものだとは考えなかった。実際、「人民の勝利の結果、突然できる政府が直面する困難は、特別に社会主義的なもの」ではまったくない。革命政府の唯一の経験であるパリ・コミューンは決して参照されるべき模範ではない。それは極めて稀なケースであり、「例外的条件の下での一都市の反乱でしかなかった」し、政治指導者の大半は「社会主義者ではなかったし、またそうではありえなかった」[103]。

同時代の労働者階級の地位とアンシャン・レジーム前のフランスのブルジョワジーの地位とを比較すると、プロレタリアートの戦線は決して後退していないとマルクスは述べた。

フランスのブルジョワジーの一般的な要求は、プロレタリアートの主要な当面の要求が、今日、資本主義的生産が行われているほぼすべての国でなされているように、必要な変更が加えられているものの、一七八九年の前から決まっていた。しかし、フランスのブルジョワジーの要求を通した方法は、一八世紀のフランス人の誰かが、前もって少しでも予想していただろうか？[104]

もっと一般的には、マルクスは自らの確信を決して放棄しなかったといえる。

未来の革命の行動綱領の、教条主義的な、それゆえに空想的な予想は、現代の闘争をそらすものでしかない。世界の没落が間近であるという夢は、ローマ世界帝国との闘争において原始キリスト教徒を奮い立たせ、彼らに勝利の確信を与えた。我々の眼前で絶えず不可避的に進行している支配的社会秩序の解体に対する科学的洞察と、政府といういにしえの化け物によって、大衆は激昂へと駆り立てられ、同時に生産手段は長足の確固たる進展を遂げつつある。これらはすべて、実際にプロレタリア革命が勃発する瞬間には、直ちに、そして最初に（もっともそれは牧歌的とはいえないかもしれないが）なすべきことの諸条件がそこにあることを意味している。[105]

マルクスは、ニーウェンホイスが尋ねた、来るべき社会主義大会への若干の所見を述べた後に、およそ一〇年間に亘って調整が難航してきた過去の国際労働者協会の経緯があるため、新しい国際組織をすぐに創設する可能性についての懸念を隠すことはなかった。

私の確信するところでは、新しい国際労働者協会を設立する決定的な情勢にはまだなっていない。だから私の考えでは、労働者大会ないし社会主義者大会は、それが各国が直面している当面の、実際の状況とのかかわりを持つものでない限り、無益であるばかりか、有害でさえある。だから、そういった企ては、いつも無数に繰り返される一般論を語るだけの陳腐なおしゃべりに帰してしまうだろう。[106]

マルクスの通信の中には、アメリカの経済学者ヘンリー・ジョージ（一八三九～一八九七年）の提案もあった。彼の著書『進歩と貧困』は一八七九年に初版が出版され、数カ国語に翻訳され、数百万部が販売されていた。当時の報道によると、ジョージの提案は、あらゆる税を土地価値に対する単一税に代えるべきであるというものであった。

政府は既に税から地代を受け取っている。我々の税法を少し変えるだけで、ほとんどすべてを受け取ることができる。（…）したがって、私は、公共が使用する土地地代を、税を通じて徴収することを提案する。（…）この方式では、土地の所有権は現在と同じように維持される。所有権まで奪う必要はない。所有できる土地の広さに制限を設ける必要もない。国の税を通じて地代が徴収されるようになれば、土地は本当の意味で共有財産になるだろう――その土地の名称や区画にかかわらず。共同体のすべての構成員は、所有者としての利益を享受するだろう。（…）実際、地代収入が現在の政府歳入を上回っている場合、超過地代を吸収するために、土地税を上げる必要がある。そうすれば、自然と地代税収が増加し、他の税を廃止することができる。したがって、土地価値を除くすべての税の廃止によって、我々の提案を具体的なかたちにすることができるだろう。[107]

ジョン・スウィントンやアメリカの社会主義者ウィラード・ブラウン（生没年不詳）と同様に、そしドイツ革命時の亡命者フリードリヒ・ゾルゲ（一八二八～一九〇六年）が進歩と貧困の共存という矛盾を解決する方法についてのマルクスの見解を尋ねたとき、マルクスはこれに答えなければならないと感じた。マルクスの「この書についての非常に簡潔な評価」はしばしば軽蔑的なものであった。マルクスは、ジョージは「才能のある文筆家」であるが、この本の合衆国での賞賛のほとんどは「正統派経済学から解放しようとする最初の試み」であることによると考えた。このように二つの点では譲歩しつつも、海の向こう側の経済学者の見解を「まったく遅れている」と評した。なぜなら、ジョージは「剰余価値の性質を全然理解していない」ばかりか、「剰余価値の自立化された部分——利潤、地代、利子の関係——についての思弁」ですらないためである。

マルクスは、ジョージの「基本的な信条」[108]を批判し、さらに彼のオリジナリティをも否定した。マルクスとエンゲルスの『共産党宣言』では、先進国で労働者階級が権力を奪取した際に採用される一〇方策の一つとして、「土地所有を廃止し、すべての地代を公共の目的で使用すること」[109]があげられていた。

マルクスはスウィントンへの手紙の中で、「既にリカードウの古い信奉者たち——急進派——が、地代を公的に徴収することで万事が矯正されると考えていた」ことを想起している[110]。このような見解は一八四七年の『哲学の貧困』で批判されている。「ミル、シェルビュリエ、ヒルディッチ、その他の経済学者が、租税の負担をなくすための方策として地代を国家に帰属させよ、と要求した」が、これこそが「産業資本家が地主に対して抱く憎悪の念の率直な表現なのであって、彼〔プルードン〕にとって地主は、ブルジョワ的生産の総体における無用の長物、余計なものと思われるのである」[111]。地代の国家への帰属は、現代社会の不平等をなくすための方策としては不十分なのである。

ゾルゲへの返信には、過去に似たような着想を持っていた複数の著者に言及されている。例えば、ジャン・イポリト・コラン（一七八三〜一八五九年）は「イギリスの急進的なブルジョワ経済学者のこの要望から社会主義的万能薬を作ること、この処置を今日の生産様式に含まれている敵対関係の解決であると宣言すること」を試み、「愚かなプロイセンの銀行家で富くじ掛金集金人」でヨハン・ロートベルトゥス（一八〇五～一八七五年）の支持者であるアードルフ・ザムター（一八二四～一八八三年）は一八七五年に『社会教理―人間社会の必要の充足』を出版し、「このような『社会主義』を部厚い一巻として絞り出した」。

マルクスは、ジョージの著作は右の思想的伝統に位置づけられるとしつつも、「ますますもって許しがたい」と語気を強める。合衆国の市民は、「相対的には、［最初の］土地は人民の大多数者の手に入りやすかったし、またいまでもある程度そうである」。にもかかわらず、「資本主義経済とそれに照応する労働者階級の奴隷化が、他のどの国でよりも急速に、かつ恥知らずに発展してきているのは、どうしたわけか」[112]。そうしてマルクスは宣告する。

（…）「社会主義者たち」皆に共通していることは、地代を国税に転化することで資本主義的生産の弊害がすべて自ずから消滅するに違いないと言って自分と世間をごまかし、そうすることで賃労働と資本主義的生産を存続させることである。[113]

だから、彼らの狙いがどんなものであったとしても、ジョージと彼の思惑を共有する著者たちの諸理論は、「事実上、資本主義体制を救ってやり、今日の土台よりもいっそう広範な土台の上に再建しようとする試みに社会主義的な装いを施したものでしかない」[114]。最後に、マルクスはジョージの「万能薬案出家の打ち破りがたい特徴」を見て、「不愉快なうぬぼれと不遜さ」を備えていると喝破した[115]。

一八八一年には、マルクスは世界で起きていることを観察し同志や家族と議論していた。特に、二月のダニエリソーン宛の長い手紙には、いくつかの国の状況についての非常に重要な観点が含まれていた。

マルクスは恐慌の研究をいつも最重要に考えていたが、一八七三年の大不況は複数の国々を襲い、特にイギリスに大きな影響を及ぼした。これはマルクスの研究者としての興味を刺激し、昂揚させた。連合王国の金融的な事象について「もしイギリスを襲った商工業大恐慌がロンドンにおける金融崩壊という極点に達せずに過ぎ去るとすれば、この例外的現象は専らフランスの貨幣のおかげである」[116]。

これらの考察には経済状況一般の記述が付されている。不況は、輸出の劇的な減少と生産性の著しい低下となって現われた。ブリテンは世界の工場ではなくなり、過去数十年間の「ビクトリア朝の繁栄」は見る影もなくなっていた。さらに、マルクスは次のように記していた。

イギリスの鉄道制度は、ヨーロッパの公債制度と同じ坂道の上を転がっている。色々な鉄道網の取締役の中の支配的巨頭たちは、彼らの網の目、つまり、彼らが絶対君主として支配する「領土」を拡大するために、次々に、新規の起債を行っているだけでなく、新規起債の新たな口実を得るために各自の網の目を広げてもいる。これらの新規起債によって、彼らは、証券や優先株などの所有者に利子を支払い、ときどきはひどく虐待されている普通の株主に対して、配当金の僅かな増額という餌を投げてやることもできる。この楽しいやり方は、いつかひどい破局に終わるに違いない。[117]

マルクスは大西洋の向こう側のことにも関心を示していた。そのうちの一つは、大手鉄道建設会社のジェイ・グールド（一八三六〜一八九二年）が大がかりな投機操作によって引き起こした金融崩壊だった。彼は当時の最も裕福で最も悪質な男として、「泥棒男爵王」の名で有名になった[118]。グールドは、歴史的に重要な、ニューヨークと北東部を結ぶ区間を運行するエリー鉄道会社を所有し、太平洋沿岸州をほぼ網羅するユニオン・パシフィック鉄道、ミシシッピ川東岸を走るミズーリ・パシフィック鉄道を含む三大鉄道網を手中に収めていた。路線距離は合計で一六〇〇〇キロであり、国内の総距離の九分の一に達していた。一八八一年には、ウェスタン・ユニオンをも買収して一大帝国を築いたのである。

アメリカ社会の発展への興味から、マルクスはグールドの成功を追跡し、彼が世間の批判から身を守る術についてコメントしている。

合衆国では、鉄道王たちは、以前にそうだったように西部の農民やその他の産業「企業家たち」の側からだけでなく、商業の大代表者——ニューヨーク商工会議所の側からも、攻撃の的にされている。たこ足的な鉄道王で金融ペテン師のグールドは、ニューヨークの商業巨頭たちに対してこう答えた。「さて、諸氏は、鉄道が今のところ不人気であるため極めてやっつけやすいと考えて攻撃している。だが、用心したまえ。鉄道の次は各種のコーポレーション（…）の番となるであろう。その次は、あらゆる形態の連合資本、最後は、あらゆる形態の資本の番となろう。こうして、諸氏は、既に人民の間にますますその傾向が広まりつつある共産主義への道を拓きつつあるのである」と。[119]

マルクスは「グールド氏は実に鼻がよく利く」とからかい[120]、この傾向が合衆国ではっきりと拡がることを期待している。同じ手紙で、インドの事態にも触れ、「全般的な暴動とはいわぬまでも、重大な紛糾がイギリス政府を待ち構えていた」との予測を示した[121]。収奪の度合いは日ごと耐えがたいものになっていたのである。

イギリス人が、地代や、インド人には無用な鉄道の配当金や文武官の年金というかたちで、またアフガニスタン戦争その他の戦争のために、インド人から毎年取り上げるもの――イギリス人がなんの対価も払わずにインド人から取り上げているもの、しかも彼らがインド国内で毎年横領しているものはまったく除いて、インド人が無償で毎年イギリスに送付しなければならない商品の金額だけについて言うのだが――それは、インドの農工業労働者六〇〇〇万人の所得総額を上回る金額に達するのだ！　これは血を搾り取る過程であり、報復がきっと来るだろう！　凶作の年が折り重なり、その規模はヨーロッパではこれまでに想像されもしないほどである！　ヒンズー教徒とイスラム教徒が協力し合っている実際の陰謀が進行している。イギリス政府は、何かが「発酵」していることに気づいているが、自分たちの議会主義的な話し合い方と思考方によってうんざりさせられている浅薄な連中（政府の人たちのこと）は、差し迫る危険の程度全体をはっきり見て悟ろうとさえしないのだ！　他人を騙し、他人を騙すことによって自分たちも思い違いをする――これが要するに議会の知恵なのである！　結構なことよ！[122]

一八六〇年代以降のマルクスはアイルランド問題にも注意を払っていた。四月一一日付のジェニー・ロンゲ宛の手紙には、彼女が長年支援してきたフェニアン運動〈アイルランド独立運動〉への考察が見いだされる。マルクスはアイルランドの占領とそこでイギリスが行ってきた極めて不当な取扱いに全面的に反対した。一八六八年に首相に任命された、「大偽善者で時代遅れな学派の詭弁家」[123]ウィリアム・グラッドストン（一八〇九～一八九八年）は、自らの政治的「使命」を「アイルランドの制圧」[124]だと公言していた。

グラッドストンが土地所有権の決定的な問題に対して取った最初の措置は彼の期待に応えるものではまったくなかった。一八七〇年には現行法が改正され、アイルランドの土地賃貸法（新土地法）が成立したが、たんに事態を悪化させせただけであった。七〇年代の終わりまでには、アイルランドでは地主のひどい取り立てに対するたくさんの抗議が見られるようになった。イギリスの支配に対する反抗はたしかに「発酵」していたのである。

自由党が、一八八一年四月にアイルランド土地法に関する二つ目の法案を提出したとき、マルクスは再びイギリス政府を激しく非難した。なぜならイギリス政府は、イギリスの地主に、借主に対する権限の裁量を制限しなかったためである。事実、ジェニーには次のように伝えている。「グラッドストンは、彼の予備的な破廉恥措置（下院議員の言論の自由の破棄を含めて）によって、現在アイルランドで追立てが大量に行われている状態を準備した」と[125]。マルクスの見立てでは、この法改正は「自分たちの欲しいすべてのものをグラッドストンからもらっていて、もはや土地連盟[126]の前に震え上がる必要のない地主たちは、この法律を否決するか、さもなければアイルランド人自身が結局はこれに反対票を投じて骨抜きにすることは疑いないであろうから、まったくの欺瞞である」というものだった[127]。マルクスは、イギリス議会が法改正を承認してしまうとは読めなかったが、この法改正がアイルランド問題をなんら解決することはないという予測は正しかった。新法は僅か数百名の農民の土地取得を可能にしただけであった。そして数年後には再び動揺が広がったのである。

マルクスは、数週間後にジェニーに送った手紙で再びグラッドストンを非難した。「アイルランドの土地財産が（イングランドと同じく）合衆国からの穀物と家畜の輸入によって価値が低下するであろうときに」、地主に「それがもはや持っていはしない値段でその財産を売ることができるように」するグラッドストンのやり口は「実に巧妙なトリックだ」と[128]。また、アイルランド議会党の主な特徴が分かるからコークでのチャールズ・パーネル（一八四六～一八九一年）の演説を読むようにと、夫のシャルル・ロンゲ（一八三九～一九〇三年）に伝えて欲しいとも書き、こう言った。「グラッドストンの新土地法について何を言うべきかの核心が分かるよ」[129]。最後にこう締めくくっている。

アイルランドの土地問題の現実の諸困難――実は特にアイルランドだけに見られるものではないが――は、極めて大きいので、それを解決する唯一の真の道は、アイルランド人に自治を与え、こうして彼ら自身で問題を解決するようにさせることであろう。だが、ジョン・ブルは、このことを理解するには、あまりにも愚かだ。[130]

一般的にいって、マルクスはイギリスの君主制の下での生活を歓迎していたわけではなかった。二度の首相を務め、保守党の指導者だったベンジャミン・ディズレーリ（一八〇四～一八八一年）が四月一九日に没すると、彼を「賛美」するキャンペーンが始まった。マルクスにはこのような「ロンドンの気狂い沙汰」は「ジョン・ブルに自分自身の寛大さを讃える満足を与えた」ように思われた。実際、第二次ディズレーリ内閣（一八七四～八〇年）には、第二次アフガン戦争、英領ズールー戦争として知られる南アフリカの流血紛争といった対外政策や、農業および工業生産の不振を招いた経済政策という負の面があった。これが原因となり一八八〇年の総選挙で敗北したのである。

死後に回復したディズレーリの大衆人気についてマルクスはこうコメントしている。「その死の直前に腐れりんごや腐れ卵で迎えた故人についておべっかを振りまくとは『立派』ではないか?」。そして、こういったことは、「要するに、生まれながらの『目上の者たち』が『地位と金』をめぐる争いで仲違いしようとも、死は『支配階級』の指導者たちは常に『偉大で立派な人物』であるという真理を明らかにする」ことを「下層階級」に教えるのだ、と皮肉ったのである。[131]

マルクスもやはりイギリスの気候は苦手だったようだ。六月六日のジェニーへの手紙で、イギリスの首都でのアイルランド抗議行動の日に「今日と昨日はどしゃぶりのひどく寒い天気だ」と苦々しく言っている。「天国の父が彼のロンドンの平民の牛や羊のためにいつも用意しておく悪いいたずらの一つだ。昨日、彼は雨を降らせて、パーネルのハイド・パークのデモを台無しにした」[132]。

もちろん、マルクスが、大陸の二強たるドイツとフランスを無視しているということはなかった。これまでと同様に、左派政治指導者、社会主義文献の著者、プロレタリア運動を支持する論文や批評の著者と会い、積極的な関心を示していた。三〇年以上ロンドンで過ごす中で、そして数回の旅の間に、マルクスは、労働者階級の存在理由の解明に取り組んでいる数多くの知識人や活動家たちと知り合いになった。マルクスは「共産主義の宣伝のために私の後を引き継ぐ人物を育てなければならない」と言って、若い人たちが訪問してくるのをことのほか喜んだ。[133]

マルクスが初めてカウツキーに会ったのは一八八一年のことだが、そのときの印象は全く良いものとはいえなかった。「それなりに礼儀正しい人間だ」が、その本質は「月並みで、見解が狭く、小利口で（やっと二六歳だ）、知ったかぶり屋で、ある意味で勤勉で、さかんに統計をいじくり回しているが、気の利いたことは読み取れず、生来の俗物種族に属している」。そこで冗談交じりに娘のジェニーには「できるだけ彼を友人エンゲルスのところへ追っ払おう」と述べ、しかしエンゲルスがカウツキーの「大酒飲みの才を証明」して以来「ずいぶん甘い判断を下すようになっている」とこぼしている。[134]

同年夏、マルクスはフランスの選挙を追っていた。そして、レオン・ガンベッタ（一八三八～一八八二年）の共和同盟が議会の多数を占め、首相に選出されるだろうと見ていた。投票の二週間前に、エンゲルスに予想を伝えている。

極左翼がいくらか数を増やすということはありうるが、しかし、主要な結果は恐らくガンベッタの勝利だろう。短い選挙期間は、フランスの事情のもとでは、多数の「拠点」を手中に収めているいかさま師たちや、政府機構内の官職を授けたり「国庫」を左右したりできそうな人びとに決定権を与えるのだ。「グレヴィ派」[135]は、もし彼らがガンベッタの最近の失敗の後で彼の衛星たるカゾやコンスタンやファールを内閣から投げ出すだけのエネルギーを持っていたならば、ガンベッタを打ち倒すこともできたであろう。それができなかったから、猟官者たち、相場師たち、等々はこう言うのだ。「ガンベッタこそは男の中の男だ！」と。（…）急進的な新聞や反動的な新聞紙上で毎日のように見られる彼に対する総攻撃は、彼の数々の愚行にもかかわらず、彼の名声を高めるのに役立っている。おまけに、農民は、共和主義というものがありうるとすれば、ガンベッタこそはその最たるものだと見なしているのだ。[136]

同じ月の手紙で、「パリの労働党［フランス社会主義労働党連盟］の状態」をエンゲルスに語っている。マルクスの見るところ、革命家で『一八七一年のパリ・コミューンの歴史』の著者プロスペール＝オリヴィエ・リサガレ（一八三八～一九〇一年）は「この点ではまったく中立的な人」で、リサガレがマルクスに語ったところでは、「それはただ萌芽として存在しているに過ぎないとはいえ、あらゆる色合いのブルジョワ政党に対抗して単独で重きをなしている」とのことだった。その組織は「まだまばらで多かれ少なかれ仮設的だとはいえ、十分に訓練されていて、それはすべての区で候補者を指名することが可能であり――集会では注目を集めて公共団体の人びとを困惑させることができるのだ」。マルクスは「あらゆる立場のパリの新聞を」読み、「この公害――集産主義的な労働党に対して憤激しないものは」一つもないことを確認した。[137]

彼が向かう机のある部屋には全世界があった。合衆国の社会変革、インドの植民地的抑圧の終結への期待、フェニアン運動への支持、イギリスの恐慌の分析、フランス選挙への関心、これらの研究を通じて、マルクスは世界中のあらゆる地域の社会対立が発展する兆候を見逃さないようにしていた。そのような兆候がどこに現われても、追跡しようとしていた。マルクスには自身のことを次のように語る資格があるだろう。「私は世界市民である。だからどこでにいても行動するのだ」[138]。晩年のマルクスはこのような生き方から外れることはまったくなかった。

XI

国際政治とロシア論争

1　農村共同体の未来について

マルクスは政治文献で、ヨーロッパの労働者階級の解放にとって、ロシアが大きな障害になりうると、必ずといっていいほど指摘していた。『ニューヨーク・トリビューン』の論説、『一八世紀の秘密外交史』（一八五六〜五七年）、そしてたくさんの手紙の中で、ロシアの社会的後進性、停滞する経済発展、専制的な政治体制、保守的外交政策が、広大なツァーリの帝国を反革命の防人たる地位に留めていると強調していたのである。

マルクスは長い間このような判断を保持していた。しかし晩年になると、ロシアで進行していたある変化によって社会体制の移行条件が整いつつあることを認識して、それまでの見方を改めた。実際、ロシアはイギリスよりもずっと革命を醸成しつつあるように見えた。イギリスの資本主義は世界最大の工場労働者を抱えていたものの、そこでの労働運動は植民地の収奪に部分的に依拠しながら生活水準を改善することに勤しみ、そうして弱体化し、改良主義的な労働組合として馴致されていた。[1]

一八五〇年代後半に、マルクスは、ロシアの農民運動が一八六一年の農奴解放を主導したことを祝福していた。[2] 七〇年代になると、ロシア語を学び、統計資料と社会経済の変化に関する文献をいっそう徹底的に読み、[3] さらにはロシアの著名な学者との文通を通じて最新の知見に絶えず更新していた。[4]

一八八一年には、原始的な共同体の様態への関心が高まり最新の民族学者の研究に向かったが、マルクスの思考はいつもヨーロッパの中に収まりきらず、ロシア研究を深めるよう駆り立てられるのだった。

一八八一年二月中旬には、マルクスの元にヴェラ・ザスーリチ（一八四八〜一九一九年）からの簡潔だが内容の濃い、そしてとても魅力的な手紙が届いた。彼女はナロードニキの黒い土地割替派の一員で、サンクトペテルブルク警察長官の命を狙った人物である。その手紙はフランス語で書かれ、彼女が帝国警察から逃れた先のジェノバから、二月一六日に送られたものだった。

ザスーリチは、ロシアで『資本論』が大衆の人気を博していたことに気づいたマルクスの賞賛者であり、ロシアの同志たちの間で議論されていた「農業問題と農村共同体」の影響についてマルクスがどう考えているかを知りたがっていた。彼女は、緊急を要するこの問題——ロシアの革命家の「生死を分かつ問題」——を理解することができるのは、マルクスが「誰よりもふさわしい」ことを強調し、彼の回答には「革命的社会主義者の個人的な命運がかかっている」とさえ考えた。[5] ザスーリチはこの議論に浮上する二つの異なる見解を整理している。

法外な税の要求、あるいは貴族や専制的な政府に対する支払いから解放された農村共同体には、社会主義的な方向に向かって発展する可能性がある。いいかえれば、集産的な基盤の下で生産と分配を漸進的に組織する方向である。このような発展が可能であるならば、革命的社会主義者は共同体の解放と発展のために全精力を傾注しなければならない。

しかしもし、共同体が没落する運命にあるのなら、社会主義者に残されるものは、ロシアの農民の土地がブルジョワジーの手に渡るのに何十年かかるのか、そしてロシアの資本主義が西ヨーロッパで達成された発展の水準に到達するまでに何世紀かかるのか、ほとんど根拠のない見通しを持つことだけになってしまう。我々の任務は都市の労働者に対して宣伝を行うことだけになるが、この労働者たちは、共同体の解体に伴って、賃金を求めて大都市の通りに溢れ出る農民大衆の中に絶えず放り込まれて息ができなくなってしまうだろう。[6]

ザスーリチは、さらに論争に参加した人びとの中には「農村共同体の原始的なあり方は没落する定めにあると、歴史、科学的社会主義、そして論争の俎上に上げられたあらゆる事柄によって宣告されている」と主張するものもあると指摘した。こうした主張はマルクスの「優れた弟子たち」と呼ばれた「マルクス主義者」によってなされていた。最も力強い決まり文句は「マルクスはこう言った」というものであった。

こうした理由から、ザスーリチはマルクスに教えを請うたのである。「我が国の農村共同体が辿りうる運命と、世界中の国々が必ず資本主義的生産の段階を経過しなければならないとする理論について、あなたの考えをお聞かせ願えるのならありがたい」。これは極めて重要な問いである。ザスーリチはいま生きている最高の社会主義者の考えを知りたいと強く願い、詳細に記述する余裕がないかもしれないが「できれば手紙のかたちで」[7]回答して欲しいと締めくくった。そうすれば、後からロシア語に翻訳することができるためである。

ザスーリチの問いは、マルクスが前資本主義的な共同体の研究を吸収していたまさにそのときに届いたのだった。彼女のメッセージは、そのときの理論的な関心と密接した、一つの歴史的事例を同時代的な関連性の中で分析することを促した。非常に複雑なマルクスの回答の意味は、資本主義と社会主義への移行についての、彼の考察の文脈の中でのみ理解することができる。

2 共産主義社会に至るためには資本主義を必ず経過しなければならないのか？

共産主義社会が生まれるためには、資本主義的生産様式の発展が不可欠な前提であるとの確信はマルクスの全著作に貫かれている。『共産党宣言』にて、マルクスとエンゲルスは、封建社会が転覆された時代に企てられた労働者階級の革命は、「プロレタリアートが未発達の状態に留まっていたことと、プロレタリアートの解放の経済的条件が欠けていたこととによって」失敗するほかはなかった、と指摘した。というのは、「こういった経済的条件は、ほかならぬブルジョワ時代によって初めて生み出されたものだからである」[8]。

新たに発見された地域の搾取と世界市場の開発を通じて、ブルジョワジーは「あらゆる国々の生産と消費を全世界的なものにした」[9]。さらに重要なことは、彼らが「自分自身に死をもたらす武器を」鍛え、その武器を取る人類をも生み出したことであった。それは「近代の労働者階級、プロレタリアである」[10]。この労働者階級は資本主義の拡張と歩調を合わせて増大していた。マルクスとエンゲルスによれば、「ブルジョワジーを無意識的な担い手とする工業の進歩は、競争による労働者の孤立化の代わりに、アソシエーションを通じた労働者の革命的団結をもたらす」のである[11]。

マルクスは「『ピープルズ・ペーパー』創刊記念祝賀会での演説」(一八五六年)での名演説でも同様の判断を表明していた。資本主義は未曾有の工業的・科学的な力を呼び覚ましたとして、会場の好戦的な人びとに対して、「蒸気や電気や自動ミュールの方が、市民バルベーズやラスパイユやブランキに比べてさえ、いっそう危険な革命家であった」[12]と発言したのである。

『経済学批判要綱』でもこのような着想に言及している。すなわち、資本主義が「ブルジョワ社会を生みだし、そしてこの社会の構成員による自然および社会的関連それ自体の普遍的取得を可能にするのである」。次の引用文はより明確である。

資本は、自然の神格化を乗り越え、民族的な限界や偏見を乗り越えて突き進むのと同様に、一定の制限の下で自足し、長い時間をかけて確立されてきた、素朴な欲求の伝統的な満たし方と古い生活様式の再生産とを乗り越えて突き進む。資本は、これら一切に対して破壊的であり、絶えず革命をもたらすものであり、生産力の発展、欲求の拡大、生産の多様性、自然力と精神力の搾取ならびに交換を妨げるような、一切の制限を取り払っていくものである。[13]

資本主義的生産の有益な効果に関する優れて分析的な考察の一つは、『資本論』第一巻の終局に向かう章「資本主義的蓄積の歴史的傾向」に示されている。マルクスは、この章の問いを、資本主義によって生み出される六つの状態に要約している。「集中」[14]に集約されるその状態は、共産主義社会の基本的な前提である。六つの状態とは、(一)協同的な労働過程、(二)科学技術の生産への貢献、(三)生産による自然力の収奪、(四)労働者のみが共同的に使いうる機械の発明、(五)あらゆる生産手段の節約、(六)世界市場の開発傾向である。マルクスによればこの集中とは次のようなものである。

少数の資本家による多数の資本家の収奪と相ならんで、ますます増大する規模での労働過程の協業的形態、科学の意識的な技術的応用、土地の計画的利用、共同的にのみ使用されうる労働手段への労働手段の転化、結合された社会的な労働の生産手段としてのその使用によるすべての生産手段の節約、世界市場の網の中へのすべての国民の編入、したがってまた資本主義的体制の国際的性格が、発展する。[15]

マルクスは少数のボスたちの下への生産の集中が労働者階級の「貧困、抑圧、隷属、堕落、搾取」を増大させたことをよく理解し、[16]「賃労働者たちの協業は、資本が彼らを同時に使用することの単なる結果である」ことにも気づいていた。[17]それだけでなく、資本主義下での生産力の飛躍的な上昇が、それまでのどんな生産様式よりも速くかつ大きかったこと、そして、資本主義自身がもたらした社会経済的諸関係を打ち倒すための条件が整えられていること、したがって社会主義社会への移行の条件が整えられていることも理解していた。

『資本論』では次のように書いている。「資本主義的生産様式が、労働過程を社会的過程へと転化させる歴史的必然性として現われる」[18]。くわえて、「労働の社会的生産力は、労働者たちが一定の条件のもとにおかれるやいなや無償で展開されるのであり、そして資本は、労働者たちをこのような条件のもとにおくのである」[19]とも言及している。マルクスは資本の拡張によってのみ共産主義が現実のものとなる最適な環境がもたらされるのだということを承知していたのである。

価値増殖の狂信者として、［資本家は］容赦なく人類を強制して、生産のために生産させ、それゆえ社会的生産力を発展させ、そしてまた各個人の完全で自由な発展を基本原理とする、より高度な社会形態の唯一の現実的土台となりうる物質的生産条件を創造させる。[20]

マルクスは経済学批判の各所で、共産主義を準備する際の資本主義的生産様式の決定的な役割についてさらに考察を進めている。例えば、『経済学批判要綱』では、資本の傾向の一つは「自由に処分できる時間を創造すること」、そして「剰余労働に転化すること」にあると言及している。[21]それは最大限の労働を設定するが、「実際には、ある対象の生産に必要な労働の量が最小限に減少させられる」。マルクスにとってこれは絶対に必要なことであった。それは「解放された労働の役に立つ」だけでなく、「労働の解放の条件」でもあった。[22]したがって、資本は「社会の自由に処分できる時間という手段を創造することに、すなわち、社会全体のための労働時間を最小限に縮減し、こうして万人の時間を彼ら自身の発展のために解放する手段を創造することに役立つのである」[23]。

マルクスは、生産力を最大限に拡張する能力の点で資本主義はこれまでで最良のシステムであると考えていた。それればかりか、人類の無慈悲な搾取にもかかわらず、それまでの諸社会よりも個人の潜在能力を開花させる、多くの潜在的に進歩的な要素を秘めているとも考えていた。もちろん、剰余労働の生産を至上命題とする、生産至上主義的な資本主義の原理には強い懸念を持っていたけれども、個人の能力の成長にかかわる生産的な能力を増大させることも認めていたのである。実際、『経済学批判要綱』では次のように言及している。

再生産の行為そのものの中で変化していくのは、たとえば村落が都市になり、原野が開かれ耕地になる等々の客観的条件だけではない。生産者たちも変化していくのであって、彼らは自分の中から新たな資質を開発し、生産することによって自分自身を発達させ、改造し、新たな力と新たな観念を造り出し、新たな交通様式、新たな欲求、新たな言語を生み出していくのである。[24]

生産力のより猛烈で複雑な進歩が「諸個人の最も豊かな発展」[25]と人類の関係の「普遍性」[26]を生み出す。

『資本論』でも、マルクスは「商品流通においては、一面では、商品交換が直接的な生産物交換の個人的場所的制限を打ち破り、人間的労働の素材変換を発展させる。他面では、当事者たちによっては制御不可能な、社会的な、自然的連関の全範囲が発展する」と説明している。[27] このことが、「完全な人間の発展に適合した形態において」生産を「再建することを強制する」[28]。

最後に、マルクスは、資本主義には、女性を解放し家庭内の関係を近代化するのに資する傾向があると考えた。国際労働者協会第一回大会に向けて準備された草案「個々の問題についての暫定中央評議会代議員への指示」(一八六六年)の文言は重要である。そこでは「男女の児童と年少者を社会的生産の大事業に協力させる近代工業の傾向は、資本の下では歪められて忌まわしいかたちをとっているとはいえ、「進歩的で、健全で、正当な傾向であると、我々は考える」[29]。

同様の見解は『資本論』でも表明されている。

資本主義制度の内部における古い家族制度の解体が、どれほど恐ろしくかつ厭わしいものに見えようとも、大工業は、家事の領域のかなたにある社会的に組織された生産過程において、婦人、年少者、および児童に決定的な役割を割り当てることによって家族と男女両性関係とのより高度な形態のための新しい経済的基礎をつくり出す。[30]

さらに、「幼稚で未発展な姿態にまといついていた本源的な家族のきずなの解体は、資本主義的生産様式によって完了される」が、それによって「大中心地に集積させる都市人口がますます優勢になるに従って（…）社会の歴史的動力を蓄積する」と付言している。[31]

まとめると、『資本論』やその他の準備草稿で用いられた弁証法を基礎として、「生産過程の物質的条件および社会的結合とともに、生産過程の資本主義的形態の矛盾と敵対とを、それゆえ同時に、新しい社会の形成要素と古い社会の変革契機とを成熟させる」と論及されるのである。[32] それらの「物質的前提」は「将来の、より高い総合」を達成するための基盤であり[33]、革命は、ただ経済的なダイナミクスを通じてのみ生じるのではなく、むしろ常に政治的要因をも必要とするのだけれども、共産主義の到来のためには「社会の物質的基礎が、あるいは、それ自身がまた長い苦難に満ちた発展史の自然発生的産物である一連の物質的実存条件が、必要とされる」[34]。

マルクスの思想の一貫性は『資本論』の後に書かれた簡潔だが重要な政治文献の中に確認できる。バクーニンの『国家制度とアナーキー』からの抜粋と批判的な注釈では、資本主義社会のオルタナティブの前提条件に関するロシアの革命家との根本的な相違が見られる。マルクスは闘争を導く社会正義について次のように語っている。

徹底した社会革命は、経済発展の一定の歴史的条件と結びついている。それらの条件は社会革命の前提である。社会革命は、したがって、資本主義的生産とともに工業プロレタリアートが少なくとも人民大衆の中で相当な地位を占めるようになったところではじめて可能である。[35]

『ゴータ綱領批判』にて、マルクスは「労働者に前記の歴史的災禍を打破する能力を与え、また打破せざるをえないようにする物質的その他の条件が遂に現在の資本主義社会の中でどうして創り出されたかを、ここではっきり論証すべきであった」と述べた。[36] マルクスが晩年に書いた、フランス労働党（一八八〇年）の選挙綱領「前文」という短い出版物では、生産手段の領有のために生産者にとって必須の要件は「集団的形態、この形態の物質的および知的な諸要素は、資本主義社会そのものの発展によって創り出されてゆく」ことを強調している。[37]

マルクスの著作では、なんの助けにもならないばかりか不生産的でさえある社会主義社会の範型を提示することになりかねない定式化が注意深く避けられている。これがドイツ語版『資本論』（一八七三年）第二版後記にて、「未来の大衆簡易食堂のための調理法（…）を書いていない」[38]と示唆し、ドイツの経済学者アードルフ・ヴァーグナー（一八三五〜一九一七年）に答えて、一八七九〜八〇年に「私はまだ一度も『社会主義体系』を打ち立てたことはない」[39]と明記した理由である。

マルクスは、社会主義がいかなるものであるべきかを想起させたくなかったのと同様に、人間社会はどこでも、資本主義という同じ段階、同じ経路を辿る運命にあるとする見解を主張することがなかった。むしろ、ブルジョワ的生産様式はどこでも歴史的に不可避だとマルクスは主張しているという誤解に、弁明して回らなければならないくらいであった。ロシアにおける資本主義の発展の見通しについての論争は、そのことをはっきりと証明している。

一八七七年一一月頃に、マルクスは『オテーチェストヴェンヌィエ・ザピスキ［祖国雑記］』編集部に宛てた長い手紙の下書きを用意し、文芸批評家で社会学者のニコライ・ミハイロフスキー（一八四二

～一九〇四年）の論文「ジュコーフスキー氏に裁かれたカール・マルクス」における農村共同体（オプシチナ）の未来について答えている。マルクスは何度も手紙を書き直したが、結局下書き（添削の痕跡が残っている）のままで終わり、実際に送られることはなかった。しかし、そこには後にヴェ・ザスーリチへの手紙の下書きでも論じられる興味深い見通しが含まれていた。

一連の論考でミハイロフスキーが提起した論点は、若干のニュアンスの違いはあるものの、四年後にザスーリチが提起するものと類似していた。ザスーリチが提起した問題の要点は、農村共同体の今後の変容が社会主義運動の宣伝活動に与える影響に関連していた。他方、ミハイロフスキーはオプシチナの未来に関する多様な立場についてのより理論的な議論にかかわっていた。そこでは、オプシチナが資本主義に包摂されロシアから単に除去されればよいとする自由主義的な経済学者の議論から、コミューンがさらに発展していく中で資本主義的生産様式の農村人口に対する悪影響を避けることができるかもしれないという議論まで、様々な立場が考察されていた。

ザスーリチがマルクスに直接意見を求め、実際の活動への示唆を得ようとしたのに対して、ロシアのナロードニキ[40]を代表する人物であるミハイロフスキーは、先の二つの議論のうち後者の立場、すなわちコミューンの発展可能性に期待する立場を表明し、マルクス自身はそれとは逆の見解、つまりオプシチナのような農村共同体は資本主義の発展を通じて除去された方がよいという立場をとっていると考えていた。ザスーリチは「マルクス主義者」は資本主義の発展が不可欠であると議論していたと述べただけだったが、ミハイルスキーはさらにこの理論の提唱者は『資本論』を書いたマルクスであると指摘した。しかしミハイルスキーは正確な引用でマルクスの理論を支持できなかったので、ドイツ語版『資本論』第一版付録[41]におけるアレクサンドル・ゲルチェン（一八一二～一八七〇年）への批判的な言及を参照することで代えた。実際、マルクスはロシアのコミューンについては「古い腐敗したヨーロッパは汎スラヴ主義の勝利によって新しい生命を与えられねばならない、ということを証明するための論拠としてだけ、ロシアの共同体が役立てられている」と述べ、ゲルチェンの立場に常に反対していた。そしてゲルチェンとの論争によって自身の主張が歪められては困る、と突き放し、ましてや「西ヨーロッパが既に通過したか、いま通りつつある道とは異なる発展の道を祖国に見いだそうとするロシア人民の努力」が放棄されることはあってはならないと述べていた[42]。これはまさにミハイロフスキー自身が言っていたことである。

マルクスは理論上の曖昧さをひどく嫌っていたので、『オテーチェストヴェンヌィエ・ザピスキ』編集部への手紙では「率直に述べよう」とし、多年に亘る研究でたどり着いた結論を伝えた。そこには後の草稿では削除される、次の一文がある。「もしもロシアが一八六一年以来歩んできた道を今後も歩み続けるならば、ロシアは、歴史がこれまでに一国民に提供した最良の機会を失ってしまい、資本主義制度の宿命的な有為転変のすべてにさらされることになるだろう」[43]。

マルクスの分析をより明確に理解するための鍵は次の引用文にある。彼は『資本論』の「いわゆる本源的蓄積」[44]を取り上げ、「封建社会の経済構造の分解」によって「西ヨーロッパ」の「資本主義社会の経済構造」の諸要素が創り出された過程を描写していた。この過程は世界中で起きたわけではなく、ただ旧大陸でだけ生じたのであった。

フランス語版『資本論』では、生産手段からの生産者の分離の基礎は「耕作者の収奪」であるが、「これが根本的に遂行されたのは、まだイギリスにおいてだけである」と述べた後に、「西ヨーロッパのすべての国もこれと同一の運動を経過する」と付言している[45]。

『資本論』の分析に基づき、資本主義的生産の歴史的傾向が「社会的労働の生産力と生産者一人一人の全面的発展に最大の飛躍をもたらすことによって、新たな経済秩序の諸要素を自ら創り出した」と指摘した。したがって、事実上「既に集団的生産様式の上に立脚しているので社会的所有に転化するほかないのである」[46]。

ミハイロフスキーは、この歴史的描写を、杓子定規にロシアに当てはめたのである。マルクスがこ数年の傾向として述べているように、もしロシアが「西ヨーロッパ諸国民にならって資本主義的国民になることを目指す」ならば、ロシアは「あらかじめ農民の大部分をプロレタリアに転化することなしには」それに成功しないであろうし、資本主義体制の懐にひとたび引き込まれるや、「他の世俗的諸民族と同様に資本主義体制の無慈悲な諸法則に服従させられる」[47]であろう、といったように。

マルクスはかの批評家が「西ヨーロッパにおける資本主義の発生の歴史的描写を、あらゆる民族が、いかなる歴史的状況の下に置かれていようとも、不可避的に通らなければならない一般的発展過程の歴史哲学的理論に転化すること」を考えていたので非常に困惑していた[48]。そして次のように皮肉った。「しかし、そんなことは願い下げにしたいものである。それは私にとってあまりにも大きな名誉であると同時に、あまりにも大きな恥辱というものだ」。

古代ローマの農民の収奪と生産手段からの分離の例を用いて、マルクスは彼らがいかにして「賃金労働者とはならずに、怠惰な群衆となった」のかを記述している。もっとも、そうして生まれたのは資本主義ではなく、奴隷的生産様式であった。こうしたことから、マルクスは「著しく類似した出来事でも、異なる歴史的環境の中で起こるならば、まったく異なる結果を導き出す」という結論を引き出した。実際の歴史的な移行を理解するためには、個別の現象を切り離して研究することが大事である。「超歴史的なことがその最高の長所であるような普遍的歴史哲学理論という万能の合鍵によっては」それらを解釈することは決してできない。[49]

ミハイロフスキーは、マルクスの本当の理論的な立場を実際には知らずに、それを批判していた。彼の批判のやり方は、二〇世紀マルクス主義の深刻な問題点の一つを先取りするものであり、これは既にロシアやその他の地域のマルクス支持者たちの間でじわじわと蔓延しつつあったのである。このような考え方に対するマルクスの批判は、現在と未来の双方にかかわるため、より重要であった。[50]

3　別の道を進む可能性

ほぼ三週間、マルクスは高度に理論的な問題への答えを提供しなければならないこと、極めて政治的な問題への立場を表明しなければならないことを念頭に置いて執筆に集中した[51]。彼の労働の成果は、ときどき矛盾する議論を含む三本の長い草稿であり、最終的にザスーリチに送った手紙であった。三本ともフランス語で書かれ、同じ書き出しで始まっている。

「封建的生産から資本主義的生産への」[52]経路に関する分析を要約するために、マルクスは一八七七年一一月の『オテーチェストヴェンヌィエ・ザピスキ』編集部への手紙に挿入した（しかし送られなかった）フランス語版『資本論』からの引用を選んだ。それに続く文章でも、封建主義から資本主義への経路は「西ヨーロッパ諸国」に関するものであると「（…）歴史的宿命性を明示的に限定しておいた」と繰り返している[53]。

このような前提の下で、将来の社会主義社会の萌芽としてのオプシチナの豊富で詳細な考察を展開し、それが実現しうる具体的な可能性を検討した。

三つの草稿の中でもっとも長い第一草稿[54]では、マルクスは「ロシア農民の共同体の宿命的な解体」がいかにして起きたかについての「まじめな論拠」は次のものだけであると見ていた。「大昔に遡ると、西ヨーロッパのどこにでも、多かれ少なかれ原始的な型の共同所有が見られる。それは、どこにおいても、社会的進歩とともに消滅した。果たしてロシアだけが、この同じ運命を免れうるのだろうか」[55]。この問いに答えて「この議論は、ヨーロッパの経験に立脚している限りで考慮されるだろう」と言及している[56]。ただし、ロシアに関しては次のように言わなければならない。

もしも、資本主義的生産の支配がロシアに確立されなければならないとすれば、農民すなわちロシア人民の大多数が、賃金労働者に転化されなくてはならない。したがってまた、あらかじめその共産主義的所有を廃止することによって収奪されなくてはならない。しかし、どんな場合にでも、西洋の先例は、ロシアではなんの証明にもならないだろう！[57]

マルクスは農村共同体が崩壊しその長い歴史に終止符を打つ可能性を排除しなかった。しかし、もしそれが起こったとしても、それは歴史的に予定されているためではない[58]。マルクスに私淑して資本主義の到来は避けることができないと述べる人びとに対し、マルクスはザスーリチへの手紙の中でいつもの調子で皮肉を述べている。「あなたの言うロシアの『マルクス主義者』は、私にはまったく未知の人びとである。私が個人的な関係をもっているロシア人は、私の知っている限り、まったく反対の見解を抱いている」[59]。

西洋の経験に対する度々の言及は大いに価値のある政治的洞察を伴っていた。一八五〇年代のはじめごろに『ニューヨーク・トリビューン』に掲載された論説「イギリスのインド支配の結末」（一八五三年）では「イギリスは、インドで二重の使命を果たさなければならない。一つは破壊の使命であり、一つは再生の使命である。古いアジア社会を滅ぼすことと、西洋的社会の物質的基礎をアジアに据えることである」とマルクスは述べていた[60]。それと比べると、ロシアに対する見解は明白に変化してきていた。

既に一八五三年の段階においても、資本主義の基本的特徴についてなんらの幻想も抱いていなかった。マルクスは、これまでブルジョワジーは「個人をも全人民をも、血と泥の中、悲惨と堕落の中を引きずることなく、一つの進歩でも成し遂げたこと」は決してなかったということを熟知していた[61]。しかし、「ブルジョワ商工業が、新世界の物質的条件を創り出していた」ことで、世界貿易、生産力の発展、自然力を科学的に支配できるものへの生産の変容が既に起きているということも理解していた[62]。

断片的な、しばしば表面的な読み方によって、こういったことはマルクスのヨーロッパ中心主義やオリエンタリズムの証拠であるとされてきたが[63]、そうした一部のテキストは、実際には、若干三五歳でジャーナリスティックな記事を書いていた男が、勢い余って植民地主義的な見解を書き表してしまったという以上の意味を持たない。三〇年に亘って深い理論研究と国際政治の変化の注意深い観察を続けた後の一八八一年には、大部の『民族学ノート』(一八八〇~八一年)は言うまでもなく、前資本主義的な共同体のやり方を取り入れる可能性について全く異なる見解を示した。「東インド」に触れながら、「サー・ヘンリー・メーンや彼と同じ穴のムジナどもは別として、誰一人、そこでは土地の共同所有の廃止が、原住民を前進させないで後退させるイギリスの文化破壊行為でしかなかったことを、知らぬはずはない」と述べた[64]。イギリス人といえば「土着農業を荒廃させ、飢饉の度数と激しさを倍加させることに成功しただけであった」[65]。

したがって、ロシアのオプシチナが西ヨーロッパと同じ運命に陥る宿命にあるとはいえない。西ヨーロッパでは「共同所有に基づく社会から私的所有に基づく社会への移行」は多少なりとも均質的であった[66]。これがロシアでも避けられないのかとの問いに対して、マルクスは即座に「決してそうではない」と答えた。

マルクスは、特定の歴史モデルを異なる文脈で形式的に適用することを断固として拒否しただけではなく、オプシチナの際立った特徴を綿密に研究した理由についても示唆している。西ヨーロッパでは、「耕作者の収奪は(…)勤労者の私的で分散的な所有を、資本家の私的で集中的な所有に転化するのに役だった」のだが、ロシアでは「資本主義的所有を共産主義的所有に置き換えることが問題であろう」と強調されなければならなかった[67]。さらに、「西ヨーロッパでは、共同体的所有の死滅と資本主義的生産の発生とは、一系列の継起的な経済革命および発展を含む長々しい中間期によって、相互に隔てられている」[68]。

マルクスは持ち前の柔軟性と杓子定規な定式化には無縁だったことで、農村共同体の変容可能性について考察することができた。マルクスの見立てでは、オプシチナは二方向へ進化する可能性を有していた。「私的所有の要素が集団的な要素に打ち勝つか、それとも後者が前者に打ち勝つか。すべては、それが置かれている歴史的環境に依存する」[69]。当時の農村共同体の存在が社会主義的な展開を排除することはなかったのである。

マルクスが強調した最初の論点は農村共同体とより高度な経済形態の共存であった。

〈ロシアは〉近代の歴史的環境のうちに存在し、より高次な文化と同時的に存在しており、資本主義的生産の支配している世界市場に結びつけられている。それゆえに、この生産様式の肯定的な成果を我が物とすることによって、ロシアは、その農村共同体の今なお原始的な形態を破壊するのではなくて、それを発展させ、転化させることができるのである。[70]

ロシアの農民は「カウディナのくびき門を通ることとなしに、資本主義制度によって作り上げられた肯定的な成果を自らに中に組み入れることができるのである」[71]。ロシアにとって資本主義が不可欠な段階であり、決してその段階を飛ばして発展することはできないと主張する人びとに対して、マルクスは、ロシアは「機械、汽船、鉄道などを利用するようになるために、(…)機械工業の長い孵化期を経過せねばならなかっただろうか」と皮肉に問いかけている。同様に、「西洋諸国が数世紀かけてやっと作り上げた、銀行や信用組合などの交換機構全体を一瞬のうちに自国に導入する」ことも不可能なのだろうか[72]。

ロシアはイギリスやその他の西ヨーロッパ諸国のたどった歴史的段階をまるっきり模倣して繰り返す必要はなかった。したがって、論理的には、オプシチナの社会主義的な変容も資本主義を通過することなく起きうるのである。

結局のところ、マルクスはこのような仮説が考慮されるべき歴史的な瞬間を評価しなければならないと考えた。農村共同体が社会主義的に発展しうる「最良の証拠」は「現代の歴史的潮流に照応するもの」、言い換えれば「資本主義的生産が最大の飛躍を遂げているヨーロッパとアメリカの諸国においてこの生産が陥っている宿命的な危機「ここに見られるように、マルクスは政治的な期待を込めて『宿命』の語を多用している」である」。人類学者ルイス・ヘンリ・モーガン（一八一八〜一八八一年）の精読から引き出された着想は、恐慌が資本主義の「消滅」と「近代社会が最も原始的な型のより高次な形態たる集団的な生産と領有へと復帰することによって、終結するであろう」というものであった。[73]

このことから、マルクスが「この協同的ないし集団的生産の原始的な型は、孤立した個人の弱さ「の結果」」であって、決して「生産手段の社会化の結果」であったとは考えていなかったことが分かる。[74]そして、オプシチナは「全系列の進化を経過してきた」共産主義的所有の「原始的な型の最も近代的な形態である」と記している。[75]

抽象的な図式化ではなく、このような研究と分析がマルクスの選択に影響を与えた。ロシアの農村共同体は「成員相互の血縁関係」に基づくものではなく、「血の絆によって束縛されていない自由な人間たちの最初の社会集団となる」可能性を有していた。[76]

とはいえ、マルクスは古代の農業共同体の「孤立」を批判してもいる。なぜなら、彼らが外界と接触しないことで、反動的なツァーリの帝国を維持する経済的形態という政治的な役割を果たしてしまっているためである。孤立の問題点は「ある共同体の生活と他の共同体の生活との結びつきの欠如であり、このような局地的小宇宙性である。この局地的小宇宙性は（…）諸々の共同体の上に多かれ少なかれ中央集権的な専制政治を出現させたのである」。[77]

マルクスはロシアの農村共同体に対する複雑で批判的な評価を変えたわけではなく、個人の発展と社会的生産が重要であるという見解は維持されていた。ザスーリチへの手紙の下書きは、一部の研究者が断定したように、それまでの見解との劇的な断絶を垣間見せているということはない[78]。そこにある新しい要素は、従来の考察では決して見られなかった、あるいは到達できないと考えられていた社会主義に至る道筋への理論的な開放性である[79]。

皇帝アレクサンドル二世（一八一八～一八八一年）治下での改革に続く一九世紀後半には、オプシチナの状況は一変しており、多くの矛盾を抱えるようになっていた[80]。

自然的な血縁関係という強靱ではあるが狭隘な紐帯から解放された、土地の共同所有とそれから生じる社会関係とが、農耕共同体に強固な基盤を保障し、それと同時に、それぞれの家族の排他的領域たる私的な家屋と屋敷地、分割耕作、および、その果実の私的領有が、より原始的な共同社会の構造とは両立しない個性の飛躍をもたらすのである。[81]

この「二重性」は「分解の萌芽」となりうるし、「この共同体は、それ自身の胎内に有害な要素を持っている」。しかし、その命脈は外来の「破壊的な影響」にも脅かされていた[82]。国の法律によってサポートされた「西洋の資本主義体制の諸部門」のうちで「農業の生産力を少しも発展させないで（…）そうでなくともひどく貧血している『農村共同体』の血をすする新たな資本主義的寄生虫を富ませることに、協力したのである」[83]。

以上から、マルクスはロシア・ナロードニキが想定していたオルタナティブは達成可能であると結論づけた。

理論的にいえば、ロシアの「農村共同体」は、自己の基礎である土地の共同所有を発展させることによって、さらに、これまたそこに含まれている私的所有の原理を除去することによって、自己を維持することができる。それは現代社会が指向している経済制度の直接の出発点となることができる。それは自殺することから始めないでも、生まれ変わることができる。それは、資本主義的生産が人類を豊かにした諸成果をば、資本主義制度を経過しなくても、手に入れることができる。[84]

しかし、そうだとすると、この仮説は「純粋理論からロシアの現実へ降りていく必要がある」[85]。この目的のために、マルクスはオプシチナの「さらなる発展の可能性」を特定しようと試みた[86]。まさしく、ロシアは次のような状況に置かれていた。

ロシアの共同体は、歴史に先例のない独特な地位を占めている。ヨーロッパでただ一つ、ロシアの共同体は、今なお、広大な帝国の農村生活の支配的な形態である。土地の共同所有が、それに集団的領有の自然的基礎を提供しており、またそれの歴史的環境、すなわちそれが資本主義的生産と同時的に存在しているという事情が、大規模に組織された協同労働の物質的条件を、すっかりできあがったかたちで提供している。それゆえ、それは（…）資本主義体制によって作り上げられた肯定的な成果を自らに中に組み入れることができるのである。それは、分割地農業を、徐々に、ロシアの土地の地勢が促している機械の助けによって大規模農業に置き換えることができる。（…）それは、近代社会が指向している経済制度の直接の出発点となることができ、また自殺することから始めないでも、生まれ変わることができるのである。[87]

このようなオルタナティブは可能であるし、「イギリス型の資本主義的な農場経営」よりもロシアの社会経済的文脈により適合していた[88]。しかしそれは「集団労働が、私的領有の源泉である分割労働に取って代わる」ところでのみ可能であった。そのためには二つの条件が必要である。「それは、このような転化の経済的必要と、この転化を遂行するための物質的条件である」[89]。ロシアの農業共同体がヨーロッパの資本主義と並存していたという事実が、アルテリ[90]に親しんでいた農民が「協同労働」[91]への移行を促進する一方で、「集団労働のすべての物質的条件」を提供していた[92]。

ロシアの政治体制の独裁的性格をコミューンから分離することに限れば、「簡単に取り除くことができる」[93]。そこでは「政府の組織である郷[94]の代わりに、諸々の共同体そのものによって選ばれ、かつそれらの共同体の利益を守る経済・行政機関として役立つ農民会議を設置するだけでよいであろう」[95]。したがって、政治的な意志と適切な歴史的環境の組み合わせはオプシチナの存続と根本的な変革のための基本前提であった。換言すれば、資本主義がもたらすあらゆる激動にもかかわらず、オプシチナのような古代的な共同体の社会主義への移行は依然可能であった。

ここではもはや、ある課題を解決することが問題なのではなくて、ただ敵を打倒することだけが問題である。ロシアの共同体を救うには、一つのロシア革命が必要である。(…)もしも革命が適時に起こるならば、もしも農村共同体に自由な飛躍を保障するために革命が全精力を集中するならば、農村共同体は、まもなくロシア社会を再生させる要素として、資本主義体制によって隷属させられている諸国に優越する要素として、発展するだろう。[96]

マルクスは一八八二年にこの問題に立ち返る。一月、エンゲルスと共に執筆した、ロシア語版『共産党宣言』への序文で、ロシアの農村共同体の運命は西ヨーロッパのプロレタリアの闘争と結びついていると書いた。

ロシアでは、資本主義の思惑が急速に開花し、ブルジョワ的土地所有が発展しかけているその反面で、土地の大半が農民の共有になっていることが見られる。そこで、次のような問題が生まれる。ロシアの農民共同体は、ひどく崩れてはいても、太古の土地共有制の一形態であるが、これから直接に共産主義的な共同所有という、より高度の形態に移行できるであろうか。それとも反対に、農民共同体は、その前に、西欧の歴史的発展で行われたのと同じ解体過程をたどらなければならないのであろうか。この問題に対して今日与えることのできるただ一つの答えは、次の通りである。もし、ロシア革命が西欧のプロレタリア革命に対する合図となって、両者が互いに補い合うならば、現在のロシアの土地共有制は共産主義的発展の出発点となることができる。[97]

長い時間をかけて再構成したザスーリチへの手紙は、ようやく一八八一年三月八日に送られた。非常に長文の、詳細な議論を含んだ下書きを書いていたが、最終的に送ることを決めたのはかなり短いものだった。そこには、彼女が求めていた「公表を予定している手短な説明」は含まれていなかった。[98]彼は、実際には書くことができなかったが、ナロードニキの組織・人民の意志派のサンクトペテルブルク委員会にも同じ問題について書く予定であると釈明した。[99]

マルクスは、ザスーリチが抱いている「私の学説と言われるものに関する誤解について」の「疑念を一掃する」には、「数行」をもってすれば十分だと述べた。[100]『オテーチェストヴェンヌィエ・ザピスキ』への手紙の草稿にも挿入していた、フランス語版『資本論』の「耕作者の収奪」に関する一節を引用し、自らの分析が「西ヨーロッパ諸国に明示的に限定されている」ことを強調しながら、「私的所有の一つの形態から私的所有の他の一つの形態への転化」が問題であると言及している。[101]対照的に、ロシアでは「共同所有を私的所有に転化させる」ことが問題なのである。[102]マルクスの結論は次の通りである。

『資本論』に示されている分析は、農村共同体の生命力についての賛否いずれの議論に対しても、論拠を提供していない。しかしながら、私はこの問題について特殊研究を行い、しかもその素材を原資料の中に求めたのだが、その結果として、次のことを確信するようになった。すなわち、この共同体はロシアにおける社会的再生の拠点であるが、それがそのようなものとして機能しうるためには、まずはじめに、あらゆる側面からこの共同体に襲いかかっている有害な影響を除去すること、次いで自然発生的発展の正常な条件をこの共同体に確保することが必要であろう、と。[103]

したがって、マルクスの弁証法は、生産者のアソシエーションに基づく新しい経済システムが、既定の諸段階を経てもたらされるとの主張を導いたわけではない。同時に、彼は資本主義的生産様式の発展が世界のどこでも歴史的に不可避な段階であるという命題を否定した。

マルクスが詳細に議論したオプシチナの未来は、生産力の助力を得た社会主義の方程式からは一線を画すものであった。そのような社会主義で前提されている生産力は、民族主義的な含みのある、そして植民地主義への共感に支えられた観念であり、第二インターナショナル、社会民主党、一般に「科学的方法」に依拠していると主張される国際共産主義運動のどれにも見られるものであった。[104]

また、一連の書簡は、当時のロシアにおける多様な革命的傾向について自身の見解を表明する機会でもあった。マルクスは、ナロードニキが彼らの思想を普及させる際に、無意味で極端に革命的な活動や非生産的な一般化に訴えずに、地に足の着いた政治活動に徹したことを評価した。

一八八〇年の終わり頃にかけてゾルゲに送った手紙には、数々の社会主義組織に対するマルクスの判断は、組織に属する人びとから送られてきた書簡の影響をまったく受けておらず、それでもなお自分自身の理論に無批判的に拘泥しているわけではないことが示されている。マルクスは、ロシアの活動家たちを次のように評している。「一方には、批評家たち（大部分は若い大学教授たちで、一部は私とも個人的に交際があるが、それと若干のジャーナリストだ）を持ち、他方には、テロリストの中央委員会を持っている」。ここにいう「テロリストの中央委員会」というのは、ナロードニキの人民の意志派のことである。マルクスが好意的に見ていた人民の意志派の綱領のプラグマティックな性格は、前者の「批評家たち」、つまり黒い土地割替派をひどく怒らせた。ザスーリチとゲオルギー・プレハーノフ（一八五六〜一九一八年）を含む、好戦的な黒い土地割替派はロシアで最初の「マルクス主義者」の一群であったが、マルクスは彼らを「アナーキスト」と記述した[105]。これらの、ほとんどの場合で自発的な亡命者について、マルクスは次のようにコメントした。

［彼らは］他人のために生命を投げだそうとしているテロリストたちに反対して、いわゆる宣伝の党を結成している。（ロシアに宣伝するために——彼らはジュネーヴにやってくる。なんという取り違えだ。）これらの諸君は、あらゆる政治的、革命的行動に反対している。ロシアは死の跳躍によって、無政府主義的・無神論的な千年王国に跳び込まなければならないのだ！　さしあたり彼らは、退屈極まる空理空論によって、この跳躍の準備をしている。[106]

一八八一年四月の娘ジェニーへの手紙で、マルクスは再びスイスに落ち延びたロシアの知識人の態度を批判した。彼らは「単なる空論家、混乱したアナーキスト的な社会主義者であり、ロシアの『戦場』に対する影響は、ゼロだ」[107]。サンクトペテルブルクの暗殺者の裁判について、マルクスは、人民の意志派の政治的立場とプロパガンダの方法が妥当だと認めた。

彼らはまったく有能な連中で、メロドラマ的なポーズのない、飾り気のない、実務的な、英雄的な人たちだ。わめくのと行動するのとは、決して相容れない対立物だ。あんなに精力的に行動しているペテルブルク執行委員会が[108]、洗練された「節度」を持った宣言を発している。それは、専制君主殺しを「理論」と「万能薬」として布教する（…）モストその他の幼稚ながなり屋の小学生ばりのやり方とはまったく違っている。反対に、彼らは、彼らのやり方が特殊ロシア的な、歴史的に不可避な行動様式であり、キオスの地震と同様に、それについて賛否の道徳的説教をすべきではないものであることをヨーロッパに納得させようと努めている。[109]

したがって、ロシアにおける社会主義の可能性についてのマルクスの見解がそこでの経済的な情勢だけに基づいているわけではなかった。一八八一年のロシア・ナロードニキとの接触は、一〇年前のパリ・コミューンの闘士と交流したときと同じように、新たな信念を育むことになった。革命的な事件への突入とそれを形づくる主体的な力、歴史的な経路をたどる生産様式の連続性について今まで以上に柔軟に考察するようになっていた。そうして、彼はヨーロッパ世界に限定されない、グローバルな真の国際主義に近づいたのである。[110]

知的に成熟してきた時期に発展させた多重線形の概念によって、マルクスは、歴史的特殊性、政治的不均質性、各国間の不均等な経済発展、社会的文脈をさらに注意深く観察するようになった。ところが、このアプローチは、『資本論』二巻と三巻を完成させる過程で直面していた悪路をさらに悪化させた。

しかし、マルクスは決してユートピア主義に陥ることなく『経済学批判要綱』で概観を提示した共産主義社会のヴィジョンを変えなかった[111]。過去の図式主義、マルクスの名を語った新たな教条主義に対する敵意と疑念に導かれて[112]、革命が以前には考えられなかった条件や形式で勃発する可能性があると考えた。未来は労働者階級の手に委ねられていた。言い換えれば、彼らの組織的な能力と社会的な激動を引き起こす闘争にかかっていたのである。

XII

オールド・ニックの苦しみ

1 ヨーロッパで普及し始めた『資本論』

一八八一年のマルクスは、二〇世紀でのように、国際労働者運動の傑出した理論的参照点になっていたとはいえなかった。一八四〇年代には、彼の著作の影響を受けた政治的な指導者と知識人の数はまだ限られていた。各国の警察と政治的な敵対者が「マルクス党」[1]と呼んだものは少数の武闘派だけで構成されていた。一八四八年革命の敗北後の一〇年間にも事態は好転せず、大部分がイギリスに逃れた少数の亡命者だけが「マルクス派」[2]と見なされた。

国際労働者協会の発展とヨーロッパ全域で共感を生んだパリ・コミューンがこの構図を書き換えた。マルクスは一定の名声を得て、著作の妥当性が認められるようになっていた。ドイツ（一八七三年に新版が登場）、ロシア（一八七二年に翻訳された）、フランス（一八七二年と一八七五年に分冊で出版された）で『資本論』が流通し始めた。しかし、それらの国々でさえも、マルクスの思想は依然としてマイノリティのものであり、同時代の社会主義者たちと競合しなければならなかった。

ドイツでは、マルクスとかかわりのある社会民主労働者党とフェルディナンド・ラサールによって設立された全ドイツ労働者協会とのゴータ合同大会にて一八七五年の綱領が採択された。この綱領は多くの点でラサールに負っていた。フランスでは、ベルギーと同様に、ピエール＝ジョセフ・プルードンの理論の労働者階級に対する影響力が大きかったし、マルクスに触発されたグループの影響力は、数の点でも政治的な指導力の点でもオーギュスト・ブランキを模範にしたグループよりもはるかに劣っていた。ロシアでは、マルクスの資本主義的生産様式に対する批判が、西ヨーロッパ型の資本主義的な発展よりもかなり後進的な社会的・経済的・政治的状況の下で読まれ、解釈されていたことが問題をひどく複雑にしていた。一方、イギリスでは、マルクスはまだほとんど知られておらず[3]、ミハエル・バクーニンの影響力が増大していた一八七〇年代のイタリア、スペイン、スイスでは読者を見いだすことさえ難しかった。他方、大西洋の向こう側では、マルクスの名はほとんど聞かれることがなかったのである。

もう一つの理由は、マルクスの著作が未完であるという『資本論』自体の問題があった。たとえば、一八八一年にカール・カウツキーが、マルクス著作集はまだ出版できないのかとマルクスに尋ねた折に「『資本論』の執筆をなによりも優先させなければならない」と厳しく催促したのだった。[4]

このような状況にあったので、マルクス自身は世界中で自分の思想が受容されていくのを見ることがなかったが、晩年には大作〈『資本論』〉に代表される彼の理論に対する関心がヨーロッパの多くの地域で高まっていた。これには相反する反応が含まれていた。一八八一年の暮れにエンゲルスがエードゥアルト・ベルンシュタインに書いたところでは、ときどき「マルクスに対するそねみ」が頭をもたげることがあった。たとえば、フランス社会主義労働者連盟（FPTSF）内では二つの対立する潮流があった。まず、愚劣なアナーキストのポール・ブルス（一八四四～一九一二年）に率いられた「現実主義者」がいた。そして、マルクスの思想に共鳴したジュール・ゲード（一八四五～一九二二年）のグループがあった。改良主義者のフランス社会主義労働者連盟（FTSF）と「マルクス主義」政党のフランス労働党（POF）との、分裂をも辞さない対立を前にして、両グループは熾烈なイデオロギー闘争を開始することになる。ついにはマルクスもこの闘争に引き込まれ、一八八〇年六月に、ゲードとポール・ラファルグとともに、フランス左派の政治基盤たる「フランス労働党選挙綱領」を書いた。

この潮流におけるブルスとブノア・マロン（一八四一～一八九三年）は勇敢な活動家であり、社会主義的な文筆家でもあったが、マルクス理論の信用を失墜させるためには手段を選ばなかった。エンゲルスは、彼らの誹謗中傷をとがめ、とくに「マロンは、マルクスの諸発見に対して別の生みの父たちを発見しようと（ラサール、シェフレ、それどころかデ・パープまで！）、あるいはそれらにすり替えようと努めている」と非難した。さらに、『プロレテール〔プロレタリア〕』の編集者がゲードとラファルグがマルクスの「代弁者」に過ぎないと貶めたことについても、「フランスの労働者をプロイセンとビスマルクに売り渡そうと努めている」と批判した。[5] エンゲルスは、マロンとブルスの敵意が国粋主義的な兆候を示していることを看取したのである。

世界をフランスの理念で幸せにしている国民が（…）啓蒙の中心地であるパリが、いまや出し抜けに、ドイツ人のマルクスから社会主義の理念を、すっかりできあがった形で受け取らなければならないなどということは、多くのフランスの社会主義者には耐えがたいことなのだ。しかしそれは、事実そうなのであって、おまけにマルクスの天才、ほとんど過度ともいえる学問的良心、信じがたいほどの学識によって我々全部をはるかに凌駕しているので、もし誰かがこれらの発見の批判に従事しようとすれば、まず指にやけどをしてしまうことだろう。そうした批判ができるのは、時代がもっと進んでからのことだ。[6]

さらに、エンゲルスは「どうして天才をねたむことができるのか」分からないと述べ、こう続けている。

だが、無でありながらすべてでありたがるくだらない不平家どもにとってひどくしゃくに障ることとは、マルクスが、理論的および実践的業績によって、色々な国のすべての労働運動の最も優れた人びとが彼に全幅の信頼を置くという地位を勝ち得ていることである。この人たちは、決定的な瞬間にはマルクスに助言を仰ぎ、次いで彼の助言が最善であるのを見いだすのが普通である。彼は、ドイツ、フランス、ロシア――他の小国は言わぬとして――でこの地位を得ている。だから、マルクスが人びとに自分の意見を、ましてや自分の意志を押しつけるのではなくて、この人びと自身がマルクスのところへやってくるのだ。そして、マルクスの独特な、運動にとって最も重要な影響力は、まさにこのことによる。[7]

ブルスと彼の支持者たちが敵愾心を持っていたのとは対照的に、マルクスは彼らに対して特別な敵意を抱いていなかった。そのときの様子をエンゲルスが明らかにしている。「マルクスは他国民の運動に対しても、フランス人に対するのと同じ態度を取っている」。それが「骨折り甲斐があり、またその機会がある限りで（…）絶えず連絡を取っている」。したがって、「人民の意志に反して影響を及ぼそうとするどんな試みも、我々の関係を傷つけるだけであろうし、インターナショナル時代の古い信頼を台無しにしてしまうだろう」[8]。

フランスの多くの武闘派は、ゲードとラファルグを介さずに、マルクスと連絡を取り合っていた。一八八一年初頭、マルクスは義理の息子のシャルル・ロンゲに、社会主義的武闘派であり情宣担当のエドゥアール・フォルタン（一八五四～一九四七年）と連絡を取り合っていると伝えた。

［フォルタンは］「親愛なる先生」という呼びかけで数通の手紙をよこした。彼の要求は極めて「控え目」だ。『資本論』を研究していく中で、彼が毎月レジュメを作り、それを私に送ってきて、私が毎月それを訂正し、彼が誤解しているかもしれない点をはっきりさせるようにしてほしいと言ってきている。こうした慎ましいやり方で、彼が前月のレジュメを仕上げ、私がそれを訂正して送り返せば、彼は出版するのに十分な草稿を得ることになり――彼の言うように――フランスを光明の波で溢れさせるであろうというのだ。[9]

しかし、マルクスはもっと大事な仕事に取りかかっていたので、フォルタンの要求には応えられないと伝えなければならなかった[10]。ともあれ、待っていれば朗報が届くもので、フォルタンは後に『ルイ・ボナパルトのブリュメール一八日』をフランス語に翻訳し、一八九一年に出版したのである。『資本論』の要約版には、ヨハン・モスト（一八四六〜一九〇六年）の一八七三年版[11]、カルロ・カフィエロ（一八四六〜一八九二年）の一八七九年版[12]、一八八一年のオランダ版があり[13]、最後のものがよく知られている。オランダ版を編纂したフェルディナンド・ニーウェンホイスは「私は、優れた思想家であり、労働者の権利のための高潔な戦士でもあるカール・マルクスに対する尊敬の証として本書を捧げる」との献辞を述べている[14]。この言葉は、マルクスの仕事が認められ、ヨーロッパ諸国で受容され始めていたことを示している。

一八八一年二月、第二版の出版を見据えて、マルクスはニーウェンホイスに、自分はいい仕事をしたと思っているが、いくつかの改善点を伝えるつもりだと語った。「私が必要と考える変更は、細かい点に関するものである。要点、問題の本質は既に述べられている」[15]。同じ手紙で、オランダのリベラルなジャーナリストであるアーノルド・ケルデイク（一八四六〜一九〇五年）の『重要人物』に掲載された自分の伝記に触れている。その出版者のニコラス・バルサム（一八三五〜一八八四年）は、マルクスの見解には与しないが、その価値は認めると敬意を表しつつ、マルクスの伝記の資料を求めていた。なぜなら、マルクスは「普通、私はこの種のものは断るからである」。しかも、あろうことかケルデイクは、マルクスが「故意に引用文を変造した」と非難したのである。マルクスはこのときの怒りをニーウェンホイスに伝えている。

オランダのある雑誌が「視察官」を懲らしめるために紙面を提供したいと言ってきたが、私はこのような南京虫の咬みつきには原則として答えない。ロンドンにおいてでさえ、私は同じような文献的駄ぼらには決して注意を払ったことは一度もないのだ。そういうやり方をしていなかったら、私は、自分の時間の最良の部分を、カリフォルニアからモスクワまでの訂正でもって浪費したことだろう。もっと若かった頃は、私は幾度か激しく打ちかかったものだが、年を取ったおかげで、力の浪費を避けるという知恵がまあ出てきている。[16]

マルクスは数年前からこういった結論に達していた。一八七九年一月に『シカゴ・トリビューン』のインタビューに答え、「私について言われたり書かれたりしたことをいちいち反駁しようとしたら、二〇名の書記を雇わなければならなかったであろう」と語った。[17] エンゲルスはこのような態度に完全に同意していた。マルクスがニーウェンホイスに宛てた手紙のすぐ前に、エンゲルスがカウツキーに送った手紙では、ドイツの経済学者アルベルト・シェフレ（一八三一〜一九〇三年）や「講壇社会主義者」[18]がマルクスの著作を取り扱うときの不正確な引用や誤解が指摘されている。

たとえば、シェフレひとりだけでも、何冊もの部厚い著書にまとめている、恐るべきたわごとにいちいち反論するのは、まったく時間の浪費だと私は考える。これらの諸公が括弧づきで引用している『資本論』からの間違った引用文のすべてを訂正しようとするだけでも、かなり大きな一冊の本になるだろう。[19]

そして、有無を言わせない態度でこう述べた。「彼らは、人に彼らの質問に答えてほしいと要求する前に、まず読んだり書き写したりすることを習うべきである」[20]。

政治的な拒絶や誤読や不正確さは別にしても、マルクスの著作を無視するサボタージュによっても妨害されていた。マルクスは、ニコライ・ダニエリソーンの論文「我が国の改革後の社会経済の概要」に「言葉の最も適切な意味で独創的である」ことを見いだしたものの、次のように指摘した。

あなたが紋切型の考えのクモの巣を打ち破れば、いつもまず第一に「ボイコット」されることは間違いありません。紋切型連中が最初当惑したときに振り回すことのできる唯一の防御の武器がこれだから。私は、ドイツで実に何年間も「ボイコット」され続けてきたし、いまでもイギリスでそうされている。もっともときどき、それを公に論評するのが赤面の至りであるようなばかげた、愚かしいものが私に向かって投げつけられるというちょっとした違いはあるが。[21]

ところが、ドイツではマルクスの大作の売れ行きが好調で、一八八一年一〇月には第二版の在庫が尽きた。そこで、出版者のオットー・マイスナー（一八一九〜一九〇二年）は、第三版の出版のためになんらかの修正や追記の用意があるかとマルクスに尋ねた。その二ヶ月後に、マルクスが友人フリードリヒ・ゾルゲ（一八二八〜一九〇六年）に語ったところでは、それは「実に都合が悪い」ものであった。[22]その少し前には、娘のジェニーに「どうしても僕の時間の全部を――自分に再びそうできる体力があるようになるや否や――もっぱら第二巻の完成に充てようと思ったのだ」[23]と伝えていた。ダニエリソーンには「できるだけ早く第二巻を仕上げたいと思っている」と書いている。

私は、第三版のためにはできるだけわずかな変更と追加をするにとどめるであろうが、他方で今回は、彼の希望するように三〇〇〇部ではなく、一〇〇〇部の発行にとどめなければならない。（…）一〇〇〇部が売り切れたら、そのときには私は、いまとは事情が違っていればそうしていたはずのやり方で同書を改作するだろう。[24]

マルクスの思想は、彼が一八四九年以来住んでいた国では、どこの国よりもゆっくりとではあったが、しかし確実に拡がり始めていた。一八八一年六月、ハインドマンは、民主主義連盟を立ち上げるための指針となるパンフレット『万人のためのイギリス』を刊行した。このパンフレットは八章からなっていたが、そのうち二章は「労働」と「資本」と題するものであり、『資本論』からの訳出と要約で構成されていた。しかし、一八八〇年の後半からメイトランド・パーク[25]に頻繁に訪れ、マルクス理論の要約に取り組んでいたこのパンフレットの著者は、『万人のためのイギリス』中で『資本論』に言及しなかったばかりか、マルクスの名に触れることさえなかった。ハインドマンは「第二章と第三章で取り扱っている考えと問題の大部分は、ある偉大な思想家、独創的な作者の仕事に負っている。そして、多くの同胞たちが直ちにこの仕事に触れることを私は期待している。」とだけ言及した[26]。

マルクスはハインドマンのパンフレットが出版されてからこのことを知ったのだった。何を措いても、『資本論』からの引用が「引用符で区別することもせず、この引用章節の多くは不正確であり、誤解をさえ招きかねない」ことに、驚き、苛立っていた[27]。それだから、六月の頭には次のように書いたのである。

『ナインティーンス・センチュリ』が拒否した論説を、若干の修正を加えて、『万人のためのイギリス』の第二章および第三章として、すなわち、連盟の創立綱領に関するあなたの解説として公刊するという、あの当時既に仕上げられ実行に移されてもいたあなたのプランを、あなたがロンドンに滞在しておられた間、あなたがまったく厳秘に付されていたことを発見して、私は、かなり驚いたと言わざるをえない[28]。

一二月のゾルゲへの手紙でもこの問題に立ち返っている。

私自身に対しては、たとえば「イギリス人というものは、外国人から教えられることを好まない」とか「私の名はとても忌み嫌われている、うんぬん」と、奴はばかな弁解の手紙を書いてよこした。これらのすべてにもかかわらず、この男が「弱い」器で、内容を徹底的に研究する辛抱強さ――何事かを学ぶ際の第一条件――さえも全然持ち合わせていないとはいえ、彼の小著は――それが『資本論』からかすめ取っている限りで――立派な宣伝になっている。[29]

二人の関係がこじれた後、マルクスは、これらの「愛らしい中間階級文筆家たちは、なにかの僥倖で手に入れたすべての新しい思想をじかに利用して金儲けしたり、名声を博したり、政治的資本を稼いだりしたくてむずむずしているのだ」と烙印を押した。[30] とはいえ、マルクスの言葉の厳しさは失望や自分の名が汚されたことによるものではなかった。むしろ、マルクスの見解は次のようなものであった。

『資本論』とその著者の名を出していたら、一大失策を犯すことになったであろう。党綱領は、個々の著者や著書へのいかなる明白な依存も避けるべきである。しかし、付け加えて言わせてもらえば、党綱領というものは、『資本論』から借用されているもののような、新たな科学的展開を行うのにふさわしい場所でもないし、これらの展開は、綱領――その公言された目的とはこれらの展開はいささかの関連もない――の注釈にあっては、まったくところを得ていないのである。それらの採用は、独自な、独立的な労働者階級の政党を創立するための綱領の説明でなら、ある程度、適当といえるかもしれない。[31]

ハインドマンの学術的な作法への無配慮に加えて、マルクスの怒りの矛先は『資本論』が取り扱っている諸問題とは明らかに関係のない政治的プロジェクトに使われていることに向けられていた。[32]二人の間には非常に根深い相違があった。たとえば、ハインドマンは革命的行動によって権力が奪取されるべきだとの考えにまったく与していなかった。彼の立場は、変革は平和的で漸進的な手段によるべきであるとするイギリスの改良主義であった。一八八〇年二月、ハインドマンは「すべてのイギリス人が目指すべき目標は、騒乱的で危険な対立を生むことなく、政治的社会的な移行を引き起こすことにある」とマルクスに言った。[33]

反対にマルクスは、いかなる先入観や図式主義にも反対して、一八八〇年の終わりにハインドマンにこう語った。あなたの「党は、イギリスの革命を必然的なものとしてではなく——歴史の先例にしたがって——起こりうるものと考えている」。しかし、プロレタリアートの増大は社会問題の「避けることのできない発展」を引き起こしていたのである。

［この発展が］革命に転化する場合、それは単に支配諸階級の責任であるばかりでなく、労働者階級の責任でもあるだろう。前者のあらゆる平和的な譲歩は「外部からの圧力」によってもぎ取られたものである。彼らの行動は、そのような圧力と歩調を揃えながら行われるのであって、もしも後者がますます弱まってきたとすれば、それは単にイギリスの労働者が、自分たちの力をどのようにふるい、彼らの自由をどのように利用するかを知らないからで、そのどちらも合法的に与えられているものなのだ。[34]

マルクスはこのように述べた後に、ドイツの事情についても言及している。

〈ドイツでは〉労働者階級は自分たちの運動を始めたときから、革命によらなければ軍事的専制主義を廃止することはできない、ということを十分に知っていた。同時に彼らは、そのような革命が、たとえ初めは成功したとしても、前もって組織化や知識の習得や宣伝（…）が行われていなければ、結局転覆させられてしまうことも知っていた。したがって、彼らは、厳密に合法的な領域内で活動してきた。非合法はすべて、彼らを法律の外に置くと宣言した政府の側から起こったことである。彼らの犯罪というのは行為ではなく、彼らの支配者たちにとって好ましくない意見だったのだ。[35]

以上の考察から、マルクスが革命によって一気に体制を転覆しようと単純に考えていたわけではなく、むしろ長期的で複雑な過程をも射程に収めていたことが分かる。[36]

マルクスの思想は先鋭的で議論を呼ぶものであったが、イギリスの中でさえも影響が拡がり始めていた。そうして、一八八一年末には、「イギリス人は、近頃『資本論』をもっと勉強しだしている」とマルクスはゾルゲへの手紙に記している。一〇月の『コンテンポラリー・レビュー』に掲載された論文「カール・マルクスの社会主義と青年ヘーゲル派」[37]は、マルクスによれば「非常に不十分で誤りがいっぱいある」ものだったが、しかし新たな関心をも示唆していた。なぜなら、その論文の著者ジョン・レイ（一八四五〜一九一五年）は少なくとも「公平」であったからであると、マルクスは冷笑気味に語った。「私が危険な諸理論を広めてきた四〇年の間、『よからぬ』動機にそのかされ続けてきたとは考えていないからだ。私は彼の『心の広さ』を賞めなければならんよ」と付け加えた。それにもかかわらず、その論文については素っ気なくこう述べただけだった。「公平さとは諸君の批判の対象を少なくとも十分に熟知することなのだが、そのような公平さはイギリス俗物根性の文筆家たちにはまったく未知の事柄であるらしい」[38]。

もう一つの英文ジャーナルである『モダン・ソート』はマルクスをもっと丁寧に扱い、著作の科学的性格を評価しようとしていた。ジャーナリストであり法律家でもあったアーネスト・ベルフォート・バクス（一八五四～一九二六年）による論文では、『資本論』は「経済学の原理を打ち立てたこの本の革命的性格は、天文学におけるコペルニクスの体系や力学における重力の法則に比肩する」と紹介している。

まもなく英語版が出ることを期待して、バクスは『資本論』が「今世紀最大の著作の一つ」であると主張しただけでなく、ショーペンハウアーと比較して、マルクスの文体、「魅力と情熱」、「ユーモア」、「最も抽象的な原理を実に簡明に表現したこと」を賞賛した[39]。マルクスは、この論文は「新しい理念そのものに対する真の熱狂の満ちあふれている、イギリスの俗物根性に大胆に反抗している、この種のイギリスの刊行物の最初のものだ」と喜んだ。そして、「私の経済学の原理の説明や彼の翻訳（つまり、『資本論』からの引用）には、間違いや混乱が多々ある」が、この著者の努力と勇気を賞賛し「ロンドンのウェストエンドの壁にビラで大文字で告知されたこの論説の発表は、一大センセーションを生んだ」と語った[40]。

一八七〇年代には顕著に広まっていたマルクスの思想は、必然的に次の一〇年間の始まりを用意した。しかも、その思想は、支持者と政治的な活動家からなる小集団に深く浸透しただけでなく、もっと広範な聴衆をも魅了し始めていた。マルクスの関心は『共産党宣言』や国際労働者協会の決議文のような政治文献に留まるものではなかった。むしろ、関心の中心は、経済学批判という理論的貢献に移っていた。しかし、『資本論』の色々な理論が議論され、多くのヨーロッパ諸国で認知され始め、数年後には「労働者階級の聖書」[41]という有名な言葉が引用されるようになっていた。この言葉はエンゲルスが盟友の著作をためらうことなく表現したものである。だが、テクストの神聖化を嫌ったマルクスがこの言葉の選択を高く評価したなどと誰が考えるのだろうか。

2 人生の回転木馬

一八八一年六月の最初の二週間で、イェニー・フォン・ヴェストファーレンの容態はさらに悪化していた。彼女の「肉づきと体力の不断に増大しゆく喪失」はどんな治療にも抵抗し、危険な兆候を見せていた。ドンキン医師は、体調が安定することを願って、ロンドンの気候から離れて、十分な静養を取って、娘のジェニーと愛しい孫たちがいるパリに訪問するように説得した。それを受けて、マルクスと妻イェニーはイギリス海峡沿いのイーストボーンで過ごすことを決めた。

そのとき、マルクスの体調もよいとはいえず、海の魅力が、妻だけでなくマルクス自身にも好影響があることを期待していた。その月の下旬にエンゲルスはジェニー・ロンゲに手紙を書き「転地はモールにとっても同じように効くだろう」と述べた[42]。「彼の咳は夜にはそれほどひどくはないし、前よりよく眠るとはいっても、彼にもまた、ちょっとばかり元気づけが必要なのだ」[43]。実際マルクスは、六月二〇日にはゾルゲに苦境を伝えている。「六ヶ月以上も前から続いている咳、風邪、喉の痛み、リューマチのため、私はたまさかしか外出できず、社交から遠ざかっている」[44]。

マルクス夫妻はだいたい三週間滞在した後、月末にイーストボーンを立った。旅費と医者の診察に必要な費用はエンゲルスが工面した。七月にエンゲルスは友人にこう言って安心させた。「君は今度は一〇〇ポンドないし一二〇ポンドを入手することができるわけだが、ただ問題は君がそれを全額一度に希望するかどうかということと、どれだけをそちらで、どれだけをこちらで必要とするかということだ」[45]。

ローラとエレノアは両親が快適に過ごせるように計らった[46]。それにもかかわらず、イェニー・フォン・ヴェストファーレンの病状はまったく改善しなかった。ヴェストファーレンはローラにこう伝えている。「とてもいい環境なのに気分が優れない。(…)私は、まさしく歩ける人として、数ヶ月前には自分の尊厳の下にあると思っていたモノ、車椅子の底に沈んでしまったのだ」[47]。
イェニーがロンドンに戻ったとき、医者は彼女の状態がよくなっていると診断し、パリで初めて会ってから五ヶ月以上ぶりに娘と孫たちに会うことを認めた。マルクスは娘のジェニーに「君は寝具の賃借りなどで手付金を払わなければならんのだからね」と言って「五ポンド」を送った。ジェニーが自宅で両親を受け入れるのならどれも必要なものだ、とマルクスは念を押した。そして「残金は到着後に渡す」と伝えたのだった。[48]
七月二六日にマルクス夫妻はヘレーネ・デムートを伴ってフランスの地に降り立つと、パリ郊外に住むジェニー・ロンゲ夫妻に会うために、アルジャントゥイユに向かった。マルクスはイェニー・フォン・ヴェストファーレンの世話をするためにすぐに主治医のギュスタヴ・ドゥルラン（生没年不詳）に会いたがっていた。マルクスは到着した日のことをエンゲルスに伝えている。最初の日には当然のことととして「小さな連中がオールド・ニックを独り占めしているんだ」[49]。魔術結社のようなこの呼び名は「モール」に代わって家族の間で使われるようになっていた。特に晩年の数年間は、娘たちやエンゲルスやポール・ラファルグに手紙を書くときの署名によく使用していた。[50]
元々は個人的な理由に過ぎなかったのだが、マルクスがフランスに入ったとの知らせは様々な憶測を呼んだ。ロンゲが、来る選挙に向けて「アナーキストたちはマルクスに悪質な選挙策略の意図があるものとするだろう」と聞いたかと思えば、マルクスは「警察のことでは全然心配する必要はない」とクレマンソから聞いていた。[51] エレノア・マルクスは、ドイツ社会民主党の機関誌のパリ通信員カール・ヒルシュに両親が来ることを伝えていたが、マルクスはこれは既に「公然の秘密」だと冗談を言った。
エンゲルスはヨークシャーのブリドリントンで二週間を過ごし、マルクスの手紙に安堵しながらいつものように思いやりに満ちた返事を書いた。「小切手帳は私の手元にある。もし君がいくらか必要ならば、君がおよそ使う金額を遠慮なしに知らせてくれたまえ。君の奥さんは少しも不自由な思いをしなくてもいいし、してはならないのだ。奥さんが欲しがっているもの、またはそれが奥さんを喜ばせると君たちに分かっているものは、奥さんの手に入るようにしなければならない」。そして、人生の大きな喜びの一つでマルクスをも満たした。「ここではドイツのビールなしでもある程度済ますことができる。桟橋のそばの小さなカフェの苦いエールはドイツのものと同じように素晴らしくて泡が立つのだ」。[52]

しかし海峡の反対側のマルクスはそのように充実した時間を過ごしていなかった。「君の財源を私があまりひどく圧迫しているということは大変心苦しく思っている。しかし、この二年間家計の中に根を張って色々な支払いの延滞を引き起こしたアナーキー〈無政府状態〉が久しい以前から私の重荷になっているのだ」と述べ、エンゲルスの申し出に恐縮していた。[53] そうして妻の様子を伝えている。「私たちはここでもイーストボーンにいたときと同じ変化を毎日経験しているが、ただ違っているのは、ことに昨日のように、突然恐ろしい痛みに襲われるということだ」。そういうときは、ドゥルラン医師が鎮静剤を打つ用意をしていた。マルクスは不安を隠しきれず、「一時的な『回復』はもちろん病気の自然的な進行を阻止するものではないが、しかし、それが妻の気分を紛らわしており、またジェニー「・ロンゲ」には――私の抗弁にもかかわらず――アルジャントゥイユ滞在をできるだけ長続きさせなければならないという信念を植え付けているのだ」と打ち明けている。[54]

期待と不安が繰り返す日々は、マルクスの健康にとっても決してよいものではなく、休息を妨げることになっていた。「私は実際昨日の晩に初めてほぼ正常に眠ることができた。私はまるで頭の中で水車がぐるぐる回っているようにぼんやりしている」。だから、「パリにも行かなかったし」娘の家の近くに訪ねてくるようにと友人たちに「一行でも書いたり」しなかった。[55] パリ中心部への最初の日帰り旅行は八月七日のことであったが、それはイェニー・フォン・ヴェストファーレンにとってとても楽しい思い出となった。一八四九年以来訪問することのなかったマルクスにとっては「永遠の年の市という印象を受ける」ものだった。

アルジャントゥイユに戻ると、マルクスは、妻の容態が急変するかもしれないと心配して、ロンドンに戻ろうと妻を説得した、とエンゲルスに書いた。しかし、イェニーは母親らしいことをしたいという気持ちが強く、娘ジェニーにはできるだけ長く留まりたいと言った。彼女は、今週末に帰路につくと聞いたので[56]、「(…)それでは来週の初めまでには戻ってこない、たくさんの洗濯物をみすみす捨てることになる、と言ってからかった」[57]。マルクスは、自分自身のことについては数行だけ記している。「奇妙なことには、私は恐ろしくわずかしか夜の安眠が得られないし日中は度々心配で興奮しているのに、皆の者は私が元気に見えると言っているし、また実際にもそうなのだ」[58]。

フランスを大急ぎで去らなければならないもう一つの痛ましい事件があった。八月一六日に、マルクスが受け取った手紙には三女のエレノアが重篤であるとあった。直ちにロンドンに出発し、数日後には妻とヘレーネ・デムートも後を追った。トゥッシ――エレノアの愛称――が非常に危険な状態にあったことは明らかだった[59]。マルクスは、エレノアが「青ざめて痩せ細った様相をしており、数週間前からほとんど何も文字通り食っていない」ように見えるととても心配し、ジェニーは妹が「打ち続く不眠、手の震え、神経痛性の顔面のひきつり、など」でとても苦しそうだったし「それ以上遅れていたら実に危険だったろう」と言った[60]。色々なことはあったけれども、幸か不幸か、この危機を乗り越えるために、アルジャントゥイユでマルクスが家族と過ごした数週間はかけがいのないものになった。「君やかわいい子どもたちと一緒にいる喜びは、他のどんなところでも得がたい本当の満足を私に与えてくれる」[61]。

ほんの二日遅れで「ロンゲと小さなハリとが重病なのだ」というニュースがアルジャントゥイユから届いた。マルクスは「目下のところ、家庭の中には不幸より他には何もない」とエンゲルスにこぼしている[62]。なお悪いことに、このような試練と苦難に終わりは見えなかったのである。

3 妻の死と歴史学への回帰

夏の盛りにエレノアを看病する仕事は、イェニー・フォン・ヴェストファーレンの「毎日破局に近づく致命的な病気」[63]もあいまって、マルクスの体力を奪い、家族が人付き合いを維持することも妨げていた。その月の初め、ミンナ・カウツキー（一八三七〜一九一二年）――元女優でいまでは社会派小説家になっていた――にロンドンに招待できないことを謝りつつ、「妻の恐るべき、致命的な恐れのある病気が、外界との私どもの交際を断ち切ってしまった」[64]ことを伝えている。同じ日に、ミンナの息子のカウツキーには自分が「看病人」[65]であると書いた。

この間、マルクスは数学の研究を再開していた。後にポール・ラファルグは義理の父が数学を研究する際の独創的なアプローチを回顧している。

マルクスには、詩や小説の他にも、知的なリラックス法があった。なかでも数学は特にお気に入りだった。代数は心の慰めになったので、人生の辛い時期にはそこに逃げ込んだ。妻の最後の闘病の時期に、まったく科学的な仕事に専念できなくなり、彼女の苦しみから引き起こされる抑うつを振り払う唯一の方法は数学に飛び込むことだった。精神的に辛いときには微積分学の研究に取り組んだ。（…）彼は、数学は最も論理的で、同時に弁証的な運動の最も単純なかたちであると考えた。数学の利用を学ぶまで、科学が本当の意味で発展することはないとの見解を持っていたのである。[66]

一〇月中旬、家族に起きた事々が精神的な負担になったこともあり、気管支炎が悪化して胸膜炎の症状が見られるようになり、マルクスの健康は再び悪化していた。この間、エレノアは父のベッドの傍らでずっと過ごし、肺炎が発症しないようにしていた。エレノアは姉がアルジャントゥイユから合流する旅を取りやめさせた。[67]

一〇月二五日、心配したエンゲルスは「彼はもう一二日も、あらゆる余病を伴う気管支炎の床に臥せっているが、しかし日曜日以来、危険は――用心したので――すっかりなくなっている」とベルンシュタインに言った。[68]数日後には、積年の盟友ヨハン・ベッカー（一八〇九～一八八六年）にこう伝えた。「あらゆる余病を伴う、彼の年齢と一般健康状態［気管支炎と胸膜炎］からすればおよそ冗談ごとではなかった。幸い、最悪の事態は切り抜けられ、マルクスにとってあらゆる危険はさしあたり除かれた。でも彼は、まだ一日の大部分を寝て過ごさなければならず、非常に衰弱している」。[69]

再びエンゲルスは、一一月末に治療状況の短信を送っている。「マルクスはまだ非常に弱っていて、病室を離れることも、本気で仕事することも許されていないが、目に見えてよくなっている」。「再びある程度元気になるのに、外的な出来事が預かって力あったとすれば、それは選挙だった」。[70]一八八一年一〇月二七日、ドイツ社会民主党は新議会で三〇万票以上を得た。これはヨーロッパ中を見渡しても滅多にないことだった。[71]

イェニー・フォン・ヴェストファーレンもこの結果をひどく喜んだが、彼女の人生にとっては最後の吉報の一つとなった。その後の数週間は厳しい状態が続いた。ドンキン医師は「少し気分を変えよう」とエレノアに言って、他のヘルパーと一緒に「ジェニーを乗せたシーツを持ち上げてベッドから折りたたみベッドに降ろすと」また元のベッドに戻した。[72]イェニーは激しい痛みを訴えたので鎮静剤としてモルヒネを打たれた。エレノアはそのときの様子をこう語った。

母は、モールの小部屋の手前にある大きな部屋で横になっていた。(…)父が意を決して母の部屋に入ったときの朝を決して忘れることはできない。二人が一緒になったとき、二人とも若返ったようだった。人生が始まったときのように、母は恋する少女で、父は愛を語る青年だった。二人は人生の別れ際にいる、病気で衰弱した老翁と死にゆく老婆では決してなかった。[73]

一八八一年一二月二日、マルクスの側で苦難と政治的情熱を分かち合ってきた女性イェニー・フォン・ヴェストファーレンは肺がんで死亡した。これは取り返しのつかない損失だった。一八三六年に初めて出会ったとき、一八歳のマルクスは恋に落ち、自分を見つけ、「私の生涯で一番の、このうえなく甘い思い出を再び呼び起こさせてくれた顔」[74]が見られなくなってしまい、「一番大切な宝」[75]が奪われてしまったのである。

マルクスは衰弱した状態を悪化させないために、葬儀に出席することさえできなかった。「医者は私が埋葬に加わることを断固禁止した」と娘のジェニーにこぼした。彼は、妻が死の直前に看護師に語ったとされる言葉を思い出していた。「私たちはそんなうわべだけの人間じゃない」[76]。この言葉はしばしば公式には無視されているものだ。しかし、エレノアによると、「調整板の役割をする寛容と献身」[77]の化身たるエンゲルスは埋葬に出席した。エンゲルスは悼辞で「周りの人たちを幸せにする大きな幸福を身にまとった女性がいるとすれば、まさしく彼女だった」と述べた[78]。

マルクスの身体的苦痛は、この喪失による心の痛みによっていっそう苦しいものとなった。彼が受けていた治療は強い痛みを伴うものであったが、冷静さを失わずに向き合っていた。娘ジェニー宛の手紙からその当時の様子が窺える。

私は相変わらず胸と首などにヨード入れ墨をしなければならず、これが定期的に繰り返される際に、かなり不愉快な苦しい皮膚の炎症を生じている。快癒期中に（事実、咳が少ししかでなくなった）もっぱらぶり返しを防ぐためにだけになお行われているこの処置は、だからいま私に大変役に立っている。心の痛みにはただ一つの効果的な解毒剤しかなく、そしてそれは肉体の苦痛だ。一方の側には世界の滅亡、他方の側には歯がずきずき痛む男を考えてごらんよ。[79]

マルクスの健康状態は非常に不安定だった。ダニエリソーンには「私は危うく『この嫌な娑婆におさらばする』ところだった」と書いている。「医者たちは、私を南フランスか、アルジェリアへさえもやろうとした」[80]。そのため、何週間もベッドで横になっていなければならなかった。ゾルゲには「家に閉じこもりきり」になって、「しばらくの間、まったく健康回復策に費やさなければならないだろう」[81]と言っている。

このような境遇にあったにもかかわらず、一八八一年秋から一八八二年冬の間に、マルクスは知的な精力の大部分を歴史研究に傾けるようになっていた。紀元前一世紀の主要な出来事の年表を注釈付きで作成するところから始め、それらの原因と重要な特徴をまとめた。これは、一八七九年秋から一八八〇年夏の間に、ロバート・セウェル（一八四五〜一九二五年）の『インド史の研究』を元に『インド史（六六四〜一八五八）に関するノート』を作成したときと同じ方法だった[82]。これらの研究の目的は、生産の変遷に注目するだけでなく、経済決定論を超え、近代国家の発展という重要問題にも最新の注意を払いながら、人類の実際の過去を見る際に自分自身の着想を活かしうる点を再確認することにあった[83]。

このノートには記載されていない取るに足らない情報源もあるが、それはともかく、マルクスは新しい年表のために二つの本を扱った。一つ目はカルロ・ボッタ（一七六六〜一八三七年）の『イタリア人の歴史』（一八二五年）である。この著作は、ボッタが一八一四年にサヴォア政府の迫害から免れるためにトリノから逃れたとき、フランスで三巻本として出版されたものである（ナポレオン・ボナパルトに敗れたあとはピエモンテ州に戻った）。二つ目は、よく読まれ、評価も高かったフリードリヒ・シュロッサー（一七七六～一八六一年）の『ドイツ人の世界史』だった。マルクスは、これら二つの文献について四冊のノートを一杯にした。マルクスは、批判的なコメントをドイツ語、英語、フランス語で適当なところに書きながら、要約している。[84]

一冊目のノートには、全部で一四三頁にわたる年表に、紀元前九一年から一三七〇年までに起こった主要な出来事が列記されている。さらに、ローマ帝国の没落、シャルルマーニュ〈カール大帝〉（七四二～八一四年）の歴史的重要性、ビザンチンの役割、イタリアの海洋共和国、封建制の発展、十字軍、バグダッドとモスルのカリフへと考察を進めている。二冊目のノートは一四五頁あり、一三〇八年から一四六九年の期間が扱われている。そこでの主要なテーマはイタリア[85]の経済発展と一四～一五世紀のドイツの政治経済的状況であった。三冊目のノートは一四一頁で、一四七〇年から一五八〇年までが含まれている。フランスとスペインの衝突、ジロラモ・サヴォナローラ（一四五二～一四九八年）時代のフィレンツェ共和国、マルティン・ルター（一四八三～一五四六年）のプロテスタント宗教改革が取り上げられている。最後の四冊目のノートは、一一七頁からなり、一五七七年から一六四八年の間のヨーロッパの無数の宗教対立を網羅している。[86]

ボッタとシュロッサーの抜粋からなる四冊のノートの他に、同じ研究テーマについて同時期に編纂したと考えられるノートがある。このノートでは、ジーノ・カッポーニ（一七九二～一八七六年）の『フィレンツェ共和国の歴史』に依拠するかたちで一一三五年から一四三三年の期間がカバーされ、その上で、別のセクションを設けてジョン・グリーン（一八三七～一八八三年）の『イギリス人の歴史』（一八七七年）をもとに四四九年から一四八五年が整理されている。しかし、マルクスの健康状態の激変はそれ以上先に進めることを許さなかった。ノートの年表は、一六四八年に三〇年戦争を終結させたウェストファリア講和条約の締結で終わっている。

マルクスの病状が改善したときを見計らって「再発の危険性」をできるかぎりなくしておく必要があった[87]。一八八二年二月二九日、娘のエレノアと一緒に、ワイト島のヴェントナーに移転した。マルクスはその地に何度か訪れたことがあり、「同地の温暖な気候と乾燥した空気が、彼の回復を急速に仕上げるであろう」と期待されたのである[88]。ロンドンを去る前にジェニーに伝えている。「愛し子よ、君が私にしてくれることのできる最大の奉仕はといえば、君自身の身体を大事にすることだよ！　願わくば、君のそばでなお相当数の楽しい日を送り、おじいさんとしての務めを立派に果たしたいものだ」[89]。

マルクスはヴェントナーで一八八二年の最初の二週間を過ごした。大きなトラブルもなく体調が安定していたので、「天候の急変にはかかわりなしに」散歩をすることができた。しかし「必要な場合には」、「口輪」のような人工呼吸器を付けなければならなかった[90]。このような困難な状況にあっても、マルクスの皮肉は色あせず、「ドイツのブルジョワ新聞が、［彼が］死んだとかまたは近いうちに死を免れないとかと報道しているその切迫感は、［彼を］大いに楽しませてくれた」とラウラに語った[91]。

とはいえ、マルクスがエレノアと過ごした日々は決して気楽なものではなかった。彼女自身も自分の存在についての深い悩みを抱え、精神的に不安定で眠れなくなり、不安から急激な神経衰弱に落ち込む恐れがあった。もちろん、二人がお互いから感じた愛情は素晴らしいものだったが、しかし意思疎通が難しくなっていた。マルクスは「怒りっぽく、不安になり」、彼女を「不愉快だ」とさえ感じた[92]。

それはともかく、マルクスはなおその日の政治的事件を追いかけることができていた。ドイツ首相の議会発言は、政府の政策に対するドイツの労働者[93]の不信感を強めたとして無視できず、「たんに直接にドイツにおいてだけではなく、外国一般に対しても、一大勝利だと私が見なしているのは、帝国議会におけるビスマルクの告白、すなわち、ドイツの労働者が彼の国家社会主義をいくらか『軽蔑した』という告白だ」とエンゲルスに言わざるをえなかった。[94]

マルクスの気管支炎は慢性的になっていたが、ロンドンに戻った後、家族は、マルクスの病状を改善する最良の気候についてドンキン医師とじっくりと話し合った。そして、温暖な気候の土地で体を休めることが完全な回復のために必要だと勧められた。しかし、ワイト島ではだめだった。ジブラルタルも候補に挙がったが、無国籍のマルクスは領内に入るためのパスポートを取得することができなかった。ビスマルクの帝国は雪に覆われていたし、なによりマルクスの入国は禁じられていた。イタリアにも懸念が残っていた。エンゲルスは「回復期の病人への警察の嫌がらせを防ぐことが第一条件」だと述べた。[95]

ドンキン医師とマルクスの義理の息子ポール・ラファルグの助けを借りて、エンゲルスは、イギリス人の間で評判になっていた避寒地のアルジェにこの患者を向かわせることに決めた。[96] マルクスの娘のエレノアは、マルクスをこのような奇妙な旅行に行く気にさせたのは、昔から取り憑かれていた執念、すなわち『資本論』の完結であった、と回顧している。

> 彼の状態は全体的に悪くなっていた。彼がもっと自暴自棄に陥っていたなら、単に成り行きに任せていただろう。しかし、彼にとっては何事にも優先されなければならないことがあった。そのことにすべてを捧げなければならなかった。彼は自分自身の偉大な仕事の完成を見たいと望み、それゆえに、自分の健康を回復させるための旅にもう一度出ることに同意したのである。[97]

マルクスは二月九日に地中海に出発し、長女のジェニーが住んでいたパリ郊外のアルジャントゥイユに立ち寄った。マルクスの体調は改善していなかったが、マルクスは、自分は一人でマルセイユに行くからエレノアは同行する必要はない、と説得するのに一週間もかからなかった。「私はあの子が、自分は老人の『看護婦』として家庭の祭壇で犠牲に供されるのだと思い込んでしまうようなことは、決して望まないのだ」とマルクスはエンゲルスに打ち明けている[98]。

列車でフランスを横断し、二月一七日にプロバンス港に到着した。すぐにアフリカ行きの切符を手に入れ[99]、翌日、冷たい風の吹く午後に、他の乗客と一緒に船着場で列に並んでいた。重い衣服、薬、数冊の本を詰め込んだスーツケースを二つ持っていた。午後五時、蒸気船サイードがアルジェに向かって出発した。そこでマルクスは七二日間過ごすことになる。ヨーロッパの外で過ごすのは人生で初めてのことだった[100]。

XIII

モールの最後の旅

1　アルジェとアラブ世界の考察

三四時間の嵐の航海を経て、二月二〇日、マルクスはようやくアルジェに到着した。早速、翌日にはエンゲルスに宛てて手紙をしたため、一週間後には「身体の奥深くまで凍りついた」自分の「罪体」のことを思い出していた。そして、オテル・パンション・ヴィクトリアに理想的な環境の部屋を見つけた。そのホテルはムスタファ丘陵にあり、部屋からは地中海の水平線上にカバイル山脈が見えた。その「魅惑的な風景」を、マルクスは「ヨーロッパとアフリカの見事な混合物」だと賞賛した。[1]

到着したばかりのマルチリンガルの紳士の正体を知っていたのはアルベルト・フェルメただ一人だった。彼は、平和愛好の士でシャルル・フーリエの支持者だったが、第二帝政に反対した廉で投獄された後、一八七〇年にアルジェに来ていた。ここでは彼がマルクスの唯一の親友だった。彼はたびたび小旅行のガイドを務め、新しい世界に対するマルクスの好奇心を満たそうとした。

しかし数日が過ぎても、マルクスの病状は改善する素振りもなかった。ずっと気管支炎に悩まされ、寝ているときも咳が止まらず目を覚ましてしまうことも頻回であった。この一〇年アルジェでは見られなかった異常な寒気とじめじめした雨天が胸膜炎を襲った。マルクスは「アルジェ市内での私の服装がワイト島でのそれと違っているのは、ただ、私がいままで別荘で着ていたサイのオーバーコートを軽いオーバーコートと取り替えたということだけだ」とエンゲルスに書いた。彼は、四〇〇キロ南のサハラの端にあるビスクラ村に移ることさえ考えたが、弱った身体ではそのようなハードな旅路に耐えられるわけもなかった。そうして、アルジェで長期間の難儀な治療を始めたのである。

チャールズ・ステファン医師（一八四〇〜一九〇六年）は市内で一番の医師で、日中はヒ酸塩を処方し、夜間は咳で目を覚ましてしまわないようにコデイン・ベースの鎮静剤のシロップを飲ませた。また、マルクスの身体的消耗を最小限にとどめるために、「気晴らしのための読書を除く、文字通りの知的労働」を避けるようにと言った。だが、三月六日になっても、咳はひどくなるばかりで、出血さえも繰り返した。そのため、マルクスはホテルからの外出だけでなく、談話さえも禁じられた。このときの様子をマルクスは、いまでは「安静、孤独、無口」が「市民の義務だ」と、エンゲルスの手紙に書いている[2]。最後に「ステファン医師も、［ロンドンの］我が親愛なるドンキン医師と同様に忘れてはない――あのコニャックを」[3]と付け加えることを忘れなかった。

胸膜炎に対しては、皮下毒素を放出させるために一〇種の発疱薬を使用して皮膚を膨らませる、というのが当時一般的な治療法だったが、これが一番痛かった。マルクスは若い薬剤師の力を借りてこの治療をやり遂げた。〈薬剤師の〉カステラス氏は、少しずつ、胸と背中にコロジオンを塗りながら水疱を切開すると、肺から余分な体液を取り除くことに成功した。

当然のことにも思えるが、マルクスはこの地を選んだことを後悔し始めていた。彼がラファルグに書いたように、「マルセイユ出発以来」、「ニースでもマントンでも絶えず最上の天気だった」。アルジェの他にも二つの候補地があったのである[4]。三月下旬、マルクスは「このばかげた、誤算した遠征をしているうちに、いまちょうど私は」ロンドン「を去るときに持っていたあの健康状態に再び到達しているわけだ」と娘のジェニーに報告した。さらにジェニーには、本当にこのような長旅に出てよいものかとの疑念が拭いきれないとも吐露していたが、「エンゲルスとドンキンは」、当地の天候について「どちらも特別な情報は持っていないのに、互いにアフリカ熱に夢中になっていた」のである[5]。「このような野雁の狩猟に出かける前に、あらかじめ情報を集めておくのが、正しかったかもしれない」[6]。

三月二十日、マルクスは「背中にも胸にも乾いた箇所がたった一つ」も見つからなかったため、治療が中断しているとラファルグに伝えた。この方法で処置されたときの光景は「メロンが植えられたミニチュアの家庭菜園」を思い出させた。それでも、着実な回復が見られ、睡眠は「だんだん戻ってきている」のだが、「不眠に悩んだことのない人には、不眠の夜の恐怖がやっと遠のいていくときの快適な状態を思いやることはできない」とこぼした。[7]

ところで、夜間の水疱の抜き取り、包帯の必要性、引っ掻きの厳禁によって、マルクスの苦しみはいや増すこととなった。ロンドンを出発してからフランスの天気がずっと「良かった」ことを知ると、当初抱いていた急速に回復するだろうとの見通しを念頭に、「決して、あまり確実な見通しに惑わされてはならないのだ!」とエンゲルスに言った。[8] 明らかにそこは「健全な精神が健全な肉体に宿るための道中にあった」。[9]

マルクスの苦しみは肉体的なものばかりではなかった。三月一六日、マルクスは当時感じた孤独を娘ジェニーに告白している。「アルジェの町以上に不思議なところもないだろうが、この町の周辺では(…)千夜一夜物語のような気分になることだろう——身体が健全なときで——私の周りに愛するすべての人々(ことに孫たちは忘れないように)がいるならば」。[10] 三月二七日には一番上の孫のジョニを「魔法で」呼び寄せられたらと願いつつ「モール人やベルベル人やトルコ人や黒人を見てどんなに驚くことだろうか。ひと口に言えば『文明化した』フランス人などやなまくらなイギリス人と混合したこのオリエンタルな世界で、このバビロンや衣装(それらの大部分は詩的だ)を見て」と思いを馳せた。[11]

盟友エンゲルスとも、いつものようにあらゆる事柄を分かち合っていた。「あちこちで深いメランコリーの発作もないことはなく、あの偉大なドン・キホーテにも似ている」。また、人生の伴侶を失った喪失感に想い耽ってもいた。「君も知るように、少数の人々はむしろ露骨な哀感に反対している。とはいえ、私の気持ちの大きな部分が妻への、私の生涯の最良の部分への、回想によって奪われている、ということを告白しないのは、嘘になるだろう!」。[12] 哀悼の悲しみを忘れさせてくれる一つの気晴らしは周りの自然のスペクタクルだった。四月上旬には「入り江に素晴らしい月光が映えて」いて、「バルコニー前の海はいくら眺めていても決して見飽きることはない」と書いた。[13]

マルクスは、集中して知的活動に取り組む時間が奪われてしまうことにも悩まされていた。この旅が始まったときから「時間浪費の処置」であることに気づきつつも、「人の頭脳を侵」しさえする「忌々しい病」だと理解し、しぶしぶ同意していたに過ぎなかった。[14]

マルクスは、アルジェでは「なんであれ仕事は問題にならない」、「新版〔第三版〕のための『資本論』の校訂でさえも」とジェニーに言うほかなかった。[15] また、最新の政治情勢は地方紙の電信ニュースだけに目を通し、『プティ・コロン〔リトル・セトラー〕』やヨーロッパから届く労働者新聞としては『エガリテ〔平等〕』くらいであった。もっとも「これは新聞と呼ぶことはできない」と皮肉っている。[16]

一八八二年春のマルクスの手紙には「再び活動的になって病人のこのまぬけな営みをやめることを切望している」[17]とあり、「無益な、無内容な、おまけに高価な人生行路だ！」[18]と嘆いている。ラファルグにも、自分が何もなしていないあまりに非常に苛立っていると伝えた。[19] それは彼が中断した人生の仕事をもはや仕上げることができないかもしれないとの不安を示唆するものであった。

エンゲルスの予想に反して、マルクスを次々に襲った予期せぬ出来事が、アルジェリアの現実の基底、つまり「アラブ人の共同所有制」の特徴についての研究に立ち入ることを許さなかった。[20] 一八七九年には、民族学、土地所有制度、前資本主義社会を研究する中で、既にフランス支配下のアルジェリアの土地問題に関心を示していた。マルクスは、フランス人の入植前後の共同所有制の変遷について取り扱った、ロシアの歴史家マクシム・コヴァレフスキーの『共同体的土地所有、その解体の原因、経過および結果』からの抜粋ノートを作成していた。例えば、次のような記述がある。

（フランスのブルジョアジーの眼から見れば）政治的および社会的分野における一切の進歩の不可欠な条件である。「精神的に共産主義的傾向を支持する形態としての」（一八七三年国民議会の討論）共同体的所有をさらに維持することは、植民地にとっても本国にとっても危険である。氏族的占有の分割が促進され、指令されさえしたが、それは第一には、常に反乱しようとしている被征服諸部族を弱める手段として、第二には、土地所有を現地人の手から植民者の手へさらに移行させるための唯一の方法としてであった。すべての政体の下で同一の政策がフランス人によって追求された。[21]

共和党左派の議員オーギュスト・ワーニエ（一八一〇～一八七五年）によって提出されたアルジェリアの状況に関する法案が一八七三年の議会で承認された。この法案の目的は「ヨーロッパの入植者と投機家による原住民の住む土地の収用」にあった。恥知らずなフランス人は「略奪そのもの」のようなことまで行い、現地人が共同で利用するために取り置かれていた未開拓の土地は「政府所有地」に転換させられた。これは、現地人が抵抗する危険性をなくす、というもう一つの重要な帰結を招いた。ここで、マルクスは、コヴァレフスキーからのノートに下線を引いている。

アラブの氏族の中に、私的所有制を確立し、ヨーロッパ人植民者の定住させることは（…）氏族団体の解体過程を促進する最も強力な手段だったであろう。（…）法律によるアラブ人からの土地収奪が意図したところは次の通り。（一）できるだけ多くの土地をフランス人植民者に提供すること。（二）アラブ人を土地との自然的な結合から切断することによって、解体しつつある氏族団体の最後の力を打ち破り、それによってどのような蜂起の危険をも一掃すること。[22]

この種の「土地所有の個別化」が侵入者に多大な便益をもたらし、「この社会の基礎を倒壊させるという政治目標」も達成されたのである。[23]

一八八二年二月二二日、アルジェの日刊紙『アクバル〔ニュース〕』に掲載された記事は新しく作られた制度が不公平なものであると報じた。当時のフランス市民は、法律上は国内に居ながらにして、アルジェリアの一〇〇ヘクタール以上の土地を譲り受けることができ、その土地は四万フランで現地人に転売することができた。『コロン』によると、全土地の平均価格は取得時で二〇〜三〇フラン、転売時で三〇〇フランであった。[24]

マルクスは病気のためにこれ以上問題に立ち入ることができなかった。『アクバル』の記事も彼の気を引かなかった。それでも、彼の無限の知識欲はこれだけ困難な状況にあっても消えることはなかった。ホテル周辺の地区で、住宅の大規模な立替が行われていたのを見つけ、「それに従事している労働者たちは健康な人々で、その土地の住民であるにもかかわらず、最初の三日間の労働の後には熱病にかかるのだ。それゆえ、彼らの賃金の一部分は、雇用主たちから彼らに与えられる一日分のキニーネ剤からなっているのだ」[25]と記した。

マルクスは、地中海の南端で執筆した一六通の手紙を通じてとても興味深い洞察を示している。[26]そのうちのいくつかはなお植民地主義的な見解を残しているとはいえ、本当に際立っているのはムスリムの社会関係に関するものである。

マルクスはアラブ人の振舞にひどく衝撃を受けた。「どんなに貧しいモール人でも」、「頭巾付き外套を身にまとって歩いていようと立っていようと自然で優雅で威厳のある態度を示すことにかけては、ヨーロッパの最大のコメディアンにも勝っている」と。[27]四月中旬にラウラに宛てた手紙では、アラブ人の社会階級がどのように混ざり合っているかを、トランプ遊びに興じるグループを見てきたこととして説明した。「ある者は立派な、華美でさえある衣服をまとっていた」が、他の者はきっと白いウールの、しかしいまではすっかりぼろぼろのブラウスを着ていた。「真のムスリム」のために、彼は次のように述べた。

幸運だとか悪運だとかということのような偶然事ではマホメットの子たちに差別をつけないのだ。彼らの社会的な交わりにおける絶対的な平等には影響を及ぼさない。反対に、ただ彼らが堕落しているときにのみ、彼らはそれに気がつくのである。キリスト教徒に対する憎悪や、これらの異教徒に対する究極の勝利への希望については、彼らの政治家たちは、正当に、絶対的な平等（富や地位のそれではなくて人格のそれ）という、この同じ感情と慣習とを、一方の者を維持して他方の者を見捨てるようなことをしないための保証とみなしている。（それにもかかわらず、革命的な運動なしでは彼らは破滅するのだ。）[28]

またもやマルクスは〈ムスリム社会における〉国家の存在感のなさに驚いた。

> 他のどの都市でも、それが同時に中央政府の所在地である場合には、このような自由放任は見られない。警察は必要最小限度に限られている。公共の場で無礼なことはついぞ聞いたことがない。モール人分子がこれを持ち込んだのだ。ムスリムたちは実際従属関係というものを認めない。彼らは「臣民」でもなければ「被統治者」でもない。政治におけるより他にはなんらの権威もない。これはヨーロッパ人の側から非常に誤解されている点だ。[29]

マルクスは、ヨーロッパ人による暴力の濫用と絶え間ない挑発、わけても、反抗的な「『下等人種』に対する恥知らずな横柄さや不当な要求や残酷な犠牲、贖罪、狂暴」を軽蔑的に批判した。そして植民地支配の歴史の中での「イギリス人やオランダ人〈の粗暴さ〉は、フランス人に勝っている」ことを強調した。アルジェにおいても、友人のフェルメ判事は「ある種の拷問がアラビア人たちから自白を強要するために用いられる」シーンを仕事中に頻繁に見てきたと、エンゲルスに言った。「もちろんこういうことをするのは警察だ。（インドにおけるイギリス人たちのように）」。

もしたとえばアラブ・ギャングによる殺人が行われ、たいていは盗みが目的なのだが、本当の犯人がいくらかの期間の後に正しく逮捕され、裁判され、首をはねられても、それでは被害者たる移住民家族にとっては、罪の償いとして十分ではない。その家族は、少なくともそのうえに半ダースの罪のないアラビア人の首をちょっと「ちょん切る」ことを要求する。(…)ヨーロッパの移住者が「下等人種」の間に住み着いた場合には、あるいはまた単に商売のために彼らの中に滞在するだけでも、その移住者は一般に自分を美男のヴィルヘルム一世よりももっと不可侵だとみなすのだ。[30]

マルクスは再びフランス当局の「アラビア人の哀れな盗人に対する、哀れなたび重なる職業的な殺人者に対する」残虐性の話題に戻した。執行の直前に「彼は、自分が銃殺ではなくて斬首されるのだ、ということが分かるのだ！　これは協定違反だ！」。しかも、それがすべてではなかった。

彼の親近者たちは、フランス人がこれまで許可してきたように、胴体と頭とが彼らに引き渡されるのを待っている。彼らは頭を胴体に縫い合わせて、それから「全身」を葬ろうというのだ。ないいいいい、にもないよ！　喚きと呪いと荒れ狂い。フランス当局はそれを拒絶した、断固拒絶した。こんなことは初めてだ！　さて胴体が天国にやってくると、マホメットは尋ねる。「どこかでおまえは頭をなくしたのか？　または、どうして頭は胴体を失ったのか？　おまえは天国に来るに値しない！　キリスト教の犬になってしまえ！」。こうして、親近者たちは悲嘆に暮れるのだ。[31]

マルクスの手紙には、このような政治的・社会的な観察だけでなく、アラブの慣習に関する資料も添付されていた。中には、娘のラウラに、マルクスの実践的側面を強くアピールする小話もあった。ある激流の中で一人の渡し守が小舟を用意している。対岸に渡るために一人の哲学者が乗り込んでくる。次のような対話が繰り広げられる。

哲学者：渡し守よ、君は歴史を知っているか？

渡し守：いいえ！

哲学者：では、君は君の半生を失ったのだ！

そしてまたしても、哲学者：君は数学を学んだことがあるか？

渡し守：いいえ！

哲学者：では、君は君の生涯の半分以上を失ったのだ。

哲学者がそう言うか言わないかに風が小舟をひっくり返して、両人とも、哲学者も渡し守も、水の中に投げ出された。そこで次のように叫ぶ。

渡し守：あなたは泳げるのか？

哲学者：いや、できない！

渡し守：では、あなたの生涯は全部失われたのだ。

そして、最後にこう付け加えた。「この話は君にはいくらかアラビア的に思えるだろう」[32]。

二ヶ月苦しんだ後に、マルクスの体調が改善し、とうとうフランスに戻ることができた。しかし最後までエンゲルスは驚かされたのだった。「ついでだが、私は太陽の前で預言者のひげとかつらを取り除いたのだが、しかし(というのは、私の娘がその方がいいというので)アルジェのある理髪師の祭壇に頭髪を奉納する前に、私の写真を撮らせた」[33]。これが最後のスナップショットとなった。それは「現存する社会主義」の、今日の体制を代表するものとして広場に置かれた、花崗岩で作られた横顔とはまったく異なっていた。彼の口ひげは、彼の思想のような若々しさを失っておらず、その笑顔は、あらゆる人生の試練と失意にもかかわらず、なお穏やかで慎ましやかに見える[34]。

2 公国の共和主義者

悪天候がマルクスを悩ませ続けた。「アフリカ滞在の最後の数日間」[35]、彼の体調は、折しも六四歳の誕生日を迎える五月五日であったが、マルセイユを通過する間、シロッコの到来に苛まれ、再び咳がひどくなった。後日、エレノアに「暴風雨が（…）私の船室を本当の風洞に一変させた」と書いた。そして、いったんは目的地に着いたものの、蒸気船が港に入らなかったため、乗客はボートに乗り換え、「ニースへの出発が許されるまでには、冷たい風の吹き込む税関の煉獄の中に数時間滞留する楽しみを味わった」のである。こうした苦労があったので、「多かれ少なかれ私の器官の調子を狂わせて」、モンテカルロに着くなり「自分を一人の医者の腕の中に投げ入れた」と皮肉を言った[36]。

信頼のおけるアエスクラピウス〈医者〉、クーネマン（一八二八～没年不詳）博士はアルザス出身の優れた医師で肺病の専門医だった[37]。そして、気管支炎が慢性化し、マルクスが「ぞっとした」ことには「胸膜炎がまたしても現われていた」[38]。何度も再発しさらに悪化するので、マルクスはエンゲルスに、よく引かれる文学的ジョークを言った。「運命」が人間の存在に対して非常に重要な役割を果たす「アマンドゥス・」ミュルナー（一七七四～一八二九年）の悲劇のように、「運命」は今回も驚くほど一貫しているように見えるだろう、と。そこで、新たに四種の発疱薬が処方され、五月九日から三〇日までの期間が治療に費やされた。

体調が徐々に戻ってきていたため、マルクスはモナコ公国で三週間過ごした。彼はそこの雰囲気を、社会風刺を利かせて表現している。たとえば、ジャック・オッフェンバッハ（一八一九～一八八〇年）のオペラ『ゲロルシュタイン公爵夫人』（一八六七年）に登場する想像上の小国、ゲロルシュタイン公国とモンテカルロを比較する、といったように。

マルクスは、各国の新聞が取りそろえられている有名なカジノの読書室に数回訪れた。ところが、「オテル・ド・リュシの食卓仲間」は、いわば当地の公衆は「カジノの娯楽室での出来事の方にずっと大きな興味を持っている」のだった、とエンゲルスに言った。この期間の手紙には、マルクスが出会って観察した人々の面白い出来事が入れ替わり立ち替わり現れる。「ことに愉快だったのは、大ブリテンの一人の若者がまったく荒々しく気難しげに慌てふためいていたことだった。（…）なぜなら、彼は、まったく確信を持って金貨を『取り上げる』つもりでいたのに、かなりの数の金貨を失ったからだ」。そして、「彼には、幸運の女神はイギリス人の粗暴さをもってしても『脅かされ』はしない、ということが分からなかったのだ」と辛辣にコメントした[39]。

この異世界に対する最も痛烈な言葉は、出発時に手短に書いた娘エレノアへの手紙に提供された。

そこでは、人々は料理店の食卓でもカフェなどでも、ほとんどただルーレットやトランプ遊び「トラント・エ・カラント」について語ったり、ささやいたりしているだけなのだ。ここかしこで、たとえばロシアの若い婦人（あるロシア人外交官の妻）（…）が一〇〇フラン勝つが、その代わりに六〇〇〇フラン損している。あちらでは別の一人がもはや帰りの旅費しか持っていられなくなったり、他の連中が家族の大きな財産をまるまる勝負でなくしてしまったりする。ごくわずかな人々がいくらかを取り上げて持って帰る――というのは勝負をする連中のうちのわずかな人々のことで、それらの中に入るのはほとんどもっぱら――金持ちなのだ。分別や打算などはここではまったく問題になりえない。思い切って大金を賭ける場合には、ただいくばくかの確率の推理をもって「偶然」の恵みをあてにするよりほかはないのだ。[40]

狂乱の空気は娯楽室や夕暮れ時に限ったことではなかった。それは町中に、そこを訪れた人々の一日中に広がっていた。たとえば、カジノのすぐ隣にはキオスクがあった。

そこでは毎日一枚のプラカードが人目を引いている。印刷してあるのではなく、肉筆で書いてあって、書いた人のイニシャルが記されている。その店では六〇〇フラン出すと、ルーレットやトランプ遊びで一〇〇〇フラン賭けて一〇〇万フラン勝つことができるという学問の奥義が書いてあるものが手に入る、というわけだ。（…）このような素人釣りも決して例外的ではないそうだ。実際、男女の賭博好きの多数はこの正真正銘の賭博の学問を信じているのだ。紳士淑女諸君は、このカフェ・ド・パリの正面か、またはカジノに付属している素晴らしい庭園のベンチかに腰を下ろして、小さな表（印刷したもの）を手に持って頭をかしげ、書いたり計算したりしており、あるいはまた、ある人が別の人に向かって「どの方式」を自分は選ぶか、について意味ありげに説明したりしている。「連続」して賭けるべきかどうか、などと。まるで精神病院の前にいるようだ。[41]

「モナコ＝ゲロルシュタインの経済的基盤は賭博台なのだ。もし明日にでも休業すれば、モナコ＝ゲロルシュタインは墓場になり――それでおしまいだ！」。ニースもまた「金持ち漁りの、そして華美に着飾った人々の社交場カジノなしでは流行界の中心として維持されていくことはできないだろう。（…）それにもかかわらず、このようなカジノを証券取引所と同一視するとは、なんという児戯に類することだろう！」。

最後の水疱の処置が終わった後、クーネマンはマルクスを解放し、旅を続けることを認めた。しかし彼は、少なくとも「一両日はカンヌに滞在」し傷口を「乾燥」させてからパリに移動するようにとマルクスに助言した。マルクスは、フランス風の高級リゾートホテルにいたが、そこでコートダジュールの当時の様子を描いた。

こうして私はまる一ヶ月の間、この高貴なのらくら者たちや冒険家たちの巣窟でぶらぶらしていた。自然は素晴らしいが、その他の点では荒れ果てた巣窟だ。(…)ここにはルンペンプロレタリアートに属するホテルやカフェなどのボーイと家庭の召使いの他には、庶民的な「大衆」というものはいない。[42]

ここでも不順な天候が続き、マルクスの気を滅入らせた。「(温かくはあるが)強い風でほこりの渦」が舞うのはカンヌでは異例のことで、その話題が「リヴィエラの地方新聞」の紙面を埋めていた。マルクスは自虐的な冗談をエンゲルスに言った。「自然もまたある種の俗人のユーモアを持っている。(既に『旧約聖書』の中でも蛇はちりを食わされているが、それがダーウィンの虫類の糞食のユーモラスな先取りになっているというように)」。

同じ手紙で、最後に医者からくどくどと忠告されたと書いている。「いい物をたくさん食べるということ。たとえ、雑穀類に『慣れること』が嫌であっても。(…)『上等なもの』を飲んで車行で気晴らしなどをすること。できるだけ考えないようにすること、等々」。だが、「この『教示』に従いつつ『白痴』への最良の道を進んでいるのだ。といっても、それにもかかわらず気管支炎が治まらないのだが。あの老ガリバルディは私の気慰みと気管支炎で『物故』してくれた」と言うのを抑えられなかった。ともあれ、「ある年齢に達すればなんで『おだぶつする』かは、どうでもいいことなのだが」と達観している。[43]

六月七日、ロンドンを出発してから約四ヶ月が経ち、とうとうマルクスは娘の家のあるアルジャントゥイユに鉄道で帰る時が来た。しかし、自分の帰還を騒ぎ立てられたくないのでこう言った。「これまで私はいつも感じてきたのだが、人々が私を待って駅に来ていることほど私にとって迷惑なことはない」。だから、マルクスの帰宅を待ち望んでいた盟友のラファルグにさえ帰ることを伝えなかった。マルクスがエンゲルスに言ったように、まだ「絶対的な安静」[44]を必要としていたし、「できるだけ少ない『人間との交際』が（…）いまだ必要だった」[45]。巨人はくたびれ、旅の終わりが近づいてきていると感じた。ジェニーに語った言葉は普通の人と何も変わらないものだった。『安静』と私がいうのは『家庭生活』『子どもたちの騒ぎ』のことであり、あの『巨視的な世界』よりももっと興味のある『微視的な世界』のことなのだ」[46]。

「次の滞在地に着く度に最寄りの医師に出頭」しなければならない[47]。ロンゲのかかりつけ医で、マルクスをよく知るギュスターヴ・ドゥルラン（生没年不詳）医師は「アンギアの硫黄分を含んだ水を数週間試みることにした」[48]。そして、近隣のフジエ（生没年不詳）医師に相談できるように取り計らった。

不安定な気候がマルクスの回復の妨げになっていた。そして、「腰の付近に筋肉リューマチが起きた」ことで激しい痛みを訴えていた[49]。七月上旬の数日間は医者の助言に従って、彼が大いに恩恵を受けた硫黄温泉に入るための旅行に出た。もっともそれは、彼がエンゲルスに語ったように、何度も繰り返さなければ効果の出ないものだった。

吸入室では空気は硫黄の蒸気で薄暗くなっている。ここには三〇～四〇分間じっとしている。五分間ごとに我々は特別に粉末にした硫黄を含んでいる蒸気をテーブルで（栓のついた管（亜鉛）の一つから）吸い込む。皆、ゴム製の服を頭から足までまとって、それから次々につながってテーブルの周囲を進行する。ダンテの地獄篇に出てくる無邪気な光景だ。[50]

午後、風呂から上がって一休みした後、たいてい「子どもたちと一緒に散歩をしたり走り回ったりするので、聞いたり見たりすることには（ことにまた考えることにも）、『現象学』のヘーゲルに取り組んだときよりもはるかに多くの時間がなくなってしまう」。

あらゆる努力にもかかわらず、気管支炎は「決して最後の音を鳴らすことはなかった」。医者は八月中旬まで治療を続けるべきだと言った。もっとも、全体的には体調は回復してきており、八月上旬にはホセ・メサ（一八四〇～一九〇四年）、ポール・ラファルグ、ガブリエル・ドヴィル（一八五四～一九四〇年）といったパリの労働運動の指導者たちにも会えていた。彼がこのような会合を承諾したのは数ヶ月ぶりのことだった。「事は順調に運んだ」。しかし、「やはりまだ、かなり活発な談笑とか饒舌は、私を疲労させる――会合の後からどっとくる」とエンゲルスにこぼした。[51]

八月二〇日、マルクスは「最後の吸入室めぐり」を終えた。フジエ医師は最後の診察で「胸膜炎の摩擦音は旧状のままに残っている。まったく以前に述べたような状態だ」との所見を述べ、「気管支炎の最後の遺物がそこに行くことでなくなるかもしれない」とドゥルラン医師とともに期待して、「好適な天候が続いていたと伝えられる」ジュネーヴ湖畔に行くように、と言った。[52]

マルクスは「もはや一人で向こう見ずな旅行に出かけることはしたくない」と思い、同行するラウラには、イスマーイール派暗殺教団の長として十字軍との戦闘で指導的な役割を果たしたラシード・ウッディーン・スィナーン（一一三二または一一三五～一一九二年）を持ち出して、「山からの老人の道連れになることが多かれ少なかれ君の義務だ」と冗談を言った。[53]

さて、マルクスは、スイスを去る前に、色々なドイツの新聞のために仕事をしているパリ在住の通信員から手紙を受け取った。彼は「［マルクスの］誠実で従順な僕である」と断った上で、「ドイツ『社会』のあらゆる層において、人々は［彼の］健康状態についての公式の報道を心配している」のでインタビューしたいと言った。「もちろん」と、ここは英語で、「私はこんなおべっかつかいのへぼ文士に返事はしなかった」とエンゲルスに伝えた。[54]

この旅の第一段階は「再発の口実をなくす」[55]ためとだけ考えて、ローザンヌまで行った。しかし着くなり風邪をひき、ともあれ『資本論』のフランス訳者のジョゼフ・ロア（一八三〇〜一九一六年）と会った。好天の予報にもかかわらず、そこは「雨降りで比較的寒かった」。マルクスは、そこでの滑稽なやりとりをエンゲルスに伝えている。「ウェイターに対する私の最初の質問」、「『ここではいつから雨なのか？』。返事『二日前から初めて雨天になりました』。（つまり僕のパリ出発の日からだ）。これはおかしい！』」[56]。

最終目的地のヴヴェはジュネーヴ湖畔の北東に位置していた。マルクスは「相変わらず咳が出る」が、概ね順調だと言った。「我々はここでは怠け者の楽園にいるような暮らしをしているからだ」[57]。マルクスはエンゲルスの会社のことなどお構いなしに、ロンドンから出てきて一緒に来てくれるようにと頼んだ。しかしエンゲルスは、マルクスの治療に必要な経費を支弁し続けるべく、あらゆる種類の実務に追われていた。「私はなんとしても一度は君のところに出かけたいのだが、しかし、もし私に何か不都合なことでも起これば、ほんの一時的であっても、我々の財政上の手配はすべて混乱してしまうだろう。ここには、私が全権を委任できるような人、そしていつでもいくらかめんどうな手形の現金化を任せられるような人は、誰もいないのだ」[58]。マルクスはエンゲルスの事情を理解し、再び感謝の言葉を述べた。「私に対する君の自己犠牲的な配慮は信じられないほどのもので、私はしばしば内心では深く恥じている」[59]。

九月末、アルジャントゥイユのジェニー宅に戻ったマルクスは再びドゥルラン医師に「海峡を渡る」許可を求めた[60]。マルクスの病状は「大幅に改善し、頑固な気管支炎もほぼ快方に向かっていた」。しかし、医者は二週間以上のロンドン滞在を認めず「天気が良好でも三週間までだ」と言った。「ワイト島では早くも」、医者のいうところの「冬のたたかいが始まる」とのことだった。またぞろ、マルクスはイギリスで自分の帰りを待つ友人にこういう冗談を言うのだった。「もしフランス政府が（…）私の当地滞在を知ったならば（…）おそらく私をドゥルラン医師の許可なしでも旅に送り出しただろう」。[61]

3 「それがマルクス主義であるならば、私はマルクス主義者ではない」

ロンドンでの日々はあっという間だった。一〇月九日、マルクスは、咳は「まだ厄介だ」、だから「もう一度動けるようになるためにはこの咳をまったく完全に取り除いてしまわなければならない」とラウラに伝えた。[62] 秋が来て、じめじめした曇り空となった。ドンキン医師は、マルクスを探し出して、もう一度ワイト島に戻るのがよいとアドバイスした。マルクスは何をおいてもエンゲルスと一日を過ごした。そのエンゲルスは「昨日は、昼にマルクスが私のところにやってきて、夜は皆彼のところで食事をして、それからも一時まで一緒にいてラム酒を飲んだ」とラファルグに言った。[63] そして、一〇月三〇日には、マルクスはヴェントナーに発ったのだった。

しかしマルクスの体調はすぐに悪くなり、リューマチは「再発した胸膜炎の古い箇所に近かった」。[64] そこで、地元のジェームズ・ウィリアムソン医師にかかると「キニーネ、モルヒネ、クロロフォルム」の水薬が処方された。[65] そのうえ、「戸外をぶらつくときに移り気な風や気温の変化にあまり左右されないようにするために、私は、必要な場合のための呼吸器を再び携えていることを余儀なくされてい」た。そうして、「長い頭脳の暗い時期」[66]をくぐり抜けてもなお、『資本論』第三版に打ち込むことができないと悟ったのだった。一一月一〇日のエレノアへの手紙にはこうある。「こんなことで私はまだ本当の仕事をするまでには至っていないが、その準備のためにあれこれとやっていたのだ」。[67]

エンゲルスはロンドンの近況を伝え続けた。「君の家庭では皆元気だ。だがビールはどこに行ってもまずくて、ウェストエンドにあるドイツのものがうまいだけだ」[68]。しかしマルクスの方は良い知らせを返すことができなかった。咳が悪化していたし、喉の不快感に悩まされていた。そのため、「炎症がなくなるまで（…）室内禁固を宣告された」[69]。

一二月一四日、マルクスがラウラに語ったところでは「二週間前から器官炎のために自宅禁足になっていた」て、しかも「孤独な人として暮らしていた」[70]。唯一会っていたウィリアムソン医師は「雨模様で湿っぽい」天気を見て、「晴天になるまでは」外出してはならないと言った[71]。

このような状態にあったにもかかわらず、マルクスは体調が万全だったときのように当時の情勢とフランスの労働運動の指導者の言説について適切なコメントをしている。ある手紙の中で「超革命的な言辞が私をうんざりさせていたのだ。実際、それは私にはいつも『空虚なもの』に思えるし、我々の仲間はこの特殊性をむしろいわゆるアナーキストに与える方が必要なのだ――といっても彼らは、事実上は現在の秩序の支柱なのであって、何も無秩序をもたらしたりはしないのだが――そういえば、自分たちの子供じみた頭脳が、本来は、彼らの罪ではないとはいえ、混乱なのだ」と言った[72]。

そして、マルクスは自律的な階級の立場を擁護しない人々に同意することはなかったし、国家の制度と詭弁に対抗する労働者〈の運動〉が絶対に必要であると警鐘を鳴らしていた。協同組合大会議長を務めるジョセフ・カウエン議員――マルクスの見立てでは「イギリスの議員の中では恐らく最良の人」――が、イギリスのエジプト侵略[73]を質したとき、マルクスは完全なる失望をエレノアに伝えた。

とくにイギリス政府にはひどく毒づいた。「まったく見事だ！　実際、これ以上ないくらい露骨で偽善的でキリスト教的なエジプト『征服』なのだ。平和なさ中での征服！」。しかしカウエンは、ニューカッスルで行った一八八三年一月八日の講演で、イギリスの「英雄的な行為」と「軍事パレードの盛観さ」を賞賛した。もっともカウエンでさえも「大西洋からインド洋に至るすべての要塞化された攻撃拠点のようにほくそ笑んではいない。それにつけても、デルタからケープ州にわたるすべてが『アフリカ＝ブリテン帝国』なのだ」。これこそが「国内政治の利害関係」と「責任」に裏打たれた「イギリスの未来政策」である。このような対外政策において、カウエンは「いたずらにそれに抵抗しながら、歴史的な使命に奉仕する『責任』を引き受けていく」典型だった、とマルクスは言い切った。[74]

マルクスはアングロ・エジプト紛争の経済的な観点に関心を持ち、マイケル・ジョージ・モルホール（一八三六〜一九〇〇年）の論文「エジプト金融」から八頁の抜粋ノートを作っている。この論文はロンドンの『コンテンポラリー・レビュー』一〇月号に掲載されたものである。[75]

みられるように、マルクスはヨーロッパ反動の中心国である連合王国とロシアに対抗する戦いへの熱意を最後まで失っていなかった。彼は一八六九年にロシア語のリーディングを習得してから、ツァーリの帝国に細心の注意を払ってきた。実際、最後の二冊の抜粋ノートでは、一八八一年後半から一八八二年秋までの推移が追跡されている。[76] 特に、一八六一年の農奴解放と土地改革に起因する新しい社会経済的諸関係に関する最新のロシア語文献を研究していた。たとえば、以下のような文献である。ワシーリー・セメフスキー（一八四八〜一九一六年）の『女帝キャサリン二世治下のアルテリ』（一八八一年）、アンドレイ・イサエフ（一八五一〜一九二四年）の『ロシアのアルテリ』（一八八一年）、ジェラール・ミネイコ（一八三二〜一八八八年）の『アルハンゲル州の農村共同体』（一八八二年）、ワシーリー・ヴォロンチェフ（一八四七〜一九一八年）の『ロシアの資本主義の運命』（一八八二年）。もっと古い文献としては次のものがある。アレクサンドル・スクレビツキ（一八二七〜一九一五年）の『アレクサンドル二世治下の農民問題』（一八六二年）、スカルディンというペンネームを使っていたフョードル・エレーネフ（一八二七〜一九〇二年）の『首都と郊外について』（一八七〇年）。[77]

この時期にいくつかの論文がサンクトペテルブルクで出版され、「あの国での私の説の大成功を示していた」。そして、「イギリスと並んで旧社会の真の堡塁である一国に自分が損害を与えている、という満足を与えてくれる」ので、「他のどの国でも私にとって私の成功がこれ以上に嬉しいことはない」とラウラに言った。[78]

他方、マルクスの批判から逃れられるものは誰一人としていなかった。フランス労働党の結党後の一八八二年九月、二人の娘の夫たちに対する怒りをエンゲルスにぶちまけた。「最後のプルードン主義者としてのロンゲ、最後のバクーニン主義者としてのラファルグ！　そんなものは悪魔にでもさらわれてしまえ！」[79]。さらに、自分の支持者だと公言する輩たちにもウィットに富んだ攻撃をした。「それがマルクス主義であるならば、私はマルクス主義者ではない」と[80]。

エピローグ——最後の数週間

マルクスはヨーロッパの労働運動の発展をつぶさに追究することができず、理論的な研究を前進させることもできなくなっていた。彼はもう一度「戦闘態勢」を整えるために全精力を傾け、エレノアが次に訪れる予定の年末に次の本を持ってきてくるように頼んでいたが（「［ヨーハン・］ランクの『生理学』と［エドワード・］フリーマンの小冊子『ヨーロッパの歴史』、というのは（…）年表の代わりになるからだ」[1]）、娘のジェニーが末子を出産した後の体調と自分自身の健康に対する不安から、状況はますます絶望的になりつつあった。

一月六日、マルクスはウィリアムソン医師に、起き上がろうとすると「突然、窒息しそうなくらいのむせび、発作的な咳、息切れが起こるようになった」と伝えた。この突然の症状の原因は明らかだった。前日の午後、〈ジェニーの〉末っ子の最初の誕生日に起きたことに関する恐ろしい知らせを受け取っていた。「彼女の病状が深刻だということはもちろん知っていたが、それが致命的な段階に至りつつあるということを聞く心の準備ができていなかった」のである。[2]

そのときは「窒息する」のではないかと思ったほどだったし、「近頃は色々な神経興奮が一遍に私を襲っている」とエンゲルスに告白した。[3] エレノアには次のように伝えている。

それは神経性の刺激から来ていると思う。つまり、ジェニーヒェンのことでの心配だ！（…）私はすぐにもアルジャントゥイユに飛んで行きたいのだが、あの子にとっては恐らくただ病気の客という重荷を負わせるだけのことになるだろう！　幸いにして私がこれまでは免れてきた再発を、旅行が罰として与えないとは、誰も保証できないからだ。これがあの子に会いに行くことができない理由なのだ。[4]

そうしてマルクスは「長い間の（…）自宅拘禁」[5]を我慢していた。しかも、そこでは「半永久的な咳」に悩まされ「非常に煩わし」かったのに、「毎日の嘔吐」も伴って、いつもひどく気持ちが悪いのだった。[6]とはいえ、病気から回復する見込みがまったくないようには見えなかった。だから、こういった自分の状態が「仕事をすることをしばしば不可能にする」ものの、「医者は私をこの状態から（ちょうどいま処方してくれたばかりの少量の薬によって）救い出すことができると信じている――彼はまだ信じている、そしてそれには何か意味があるのだ！　それを体験している人にはそれが分かるだろう」とエレノアに強がりを言ったのである。

しかし一月一一日の最愛の娘ジェニーの死は、そういった希望を打ち消してしまった。肺がんだった。妻を失った悲しみが過ぎ去ったばかりのときに、追い打ちをかけるようなこの衝撃が、既に重篤な病に冒されていたこの男を打ちのめした。後の書かれたエレノアの話はこのときのマルクスの状態を独特な言葉で証言している。

私たちはモールからの手紙を受け取った（…）。その手紙にはジェニーの病気がすっかり治ったとあったので、私たち――ヘレーネ［・デムート］と私――は何も心配していなかった。ところが、この手紙を受け取った一時間後に、ジェニーの死を伝える電報が届いた。私はヴェントナーにすぐに発った。私はとても悲しい時間を過ごしたが、こんなに悲しい気持ちになることはもうきっとないだろう。このとき、私は父が死刑判決を受けたように感じた。この悲しみの長旅の道中に、このニュースを彼にどう伝えるべきかと考えて、自分の頭をぎゅっと萎縮させていた。結局、何も言う必要はなかった。自分の顔が全てを語っていた。モールはすぐにこう言った。「私たちの、小さなジェニーは死んでしまった！」。それから彼は、残された赤ん坊の支えになるために、すぐにパリに向かいたいと考えていた。私は彼と一緒に居たかったし、彼も異を唱えなかった。私は三〇分だけヴェントナーに滞在し、私はパリで別れるためだけに、悲しく重い足取りでロンドンに戻った。赤ん坊のために、モールが望むようにした。[7]

一月一三日、マルクスは急いでロンドンに出発した。彼はワイト島を出る前に、ウィリアムソン医師にその理由を説明している。「長女が亡くなったとの破滅的な知らせ」が届いた、と。ともあれ、「ひどい頭痛がするが、これはちょっとした救いでもある。身体の痛みは心の痛みの唯一の『鎮痛剤』である」[8]。これが彼が紙に書いた最後の言葉だった。

エンゲルスの手紙が残されたおかげで、我々はマルクスの最後の数週間のいきさつを再構成することができる。たとえば、エードゥアルト・ベルンシュタインに送られた手紙から、我々はマルクスがヴェントナーから戻った後、彼が「気管支炎のために禁足されている——幸いにも、ほんの軽いものだが」という状態にあったことを知ることができる[9]。そして再び二月八日のベルンシュタインへの手紙に、エンゲルスは、マルクスが「三週間前からここに来ているが、ほんのわずかしか話すことができないほど、声がしわがれている」と書いた[10]。このとき、ベルンシュタインはドイツ社会民主党の指導者としてエンゲルスと最も定期的に連絡を取り合っていた人物だった。『ゾツィアールデモクラート』の責任者として、また、エンゲルスとヴィルヘルム・リープクネヒトとの初期の対立をなだめるために。

二月一六日のラウラへの手紙でエンゲルスは「近頃彼は非常に良くない不眠の夜を過ごしていて、それが彼から精神的な食欲を奪ってしまっているので、彼は小説の代わりに出版目録を読み始めた」と伝えている。しかし、翌日には「とにかく良い兆候」が見られ、マルクスは「目録を傍らにやって、フレデリク・スリエ（一八〇〇～一八四七年）に帰っていた」と付け加えた。スリエは一八四八年以前にはフランスで最も人気を博した著述家の一人だった[11]。とはいえ、「一番悪いことは、彼の症例がかなり複雑だということだ。というのは、一番緊要なこと、呼吸器が手当てされなければならなくて、睡眠薬を減らしたり増やしたりして与えなければならないときに、他のこと、たとえばあなたも知っているように決して最良の消化器官ではない彼の胃がおろそかにされなくてはならない、ということである」との不満を漏らしている[12]。

エンゲルスが月末に送ったベルンシュタイン宛の手紙は新たな状況を伝えている。「マルクスは相変わらずまだ仕事ができなくて、当地で屋内に引きこもっていて（…）フランスの小説を読んでいる。彼の病状は非常に複雑なようである」[13]。翌週にもベーベル宛の手紙に、マルクスの健康状態は「相変わらず十分に良くなりそうもない」と記した[14]。そして三月一〇日には、ドンキン医師の診察結果をラウラに伝えている。「彼が昨夜モールを診察したが、私は、彼がモールの健康状態について二週間前よりもずっと有利な報告をした、と言えるのを喜んでいる。彼が言ったところでは、モールは決して悪くはなっていないで、もしそれについてなんとか言えるとすれば、先頃よりも良くなっている、とのことだった」。しかし、マルクスは「まだもっと弱ってはくるだろう。というのは、彼には嚥下が困難だからだが、しかし我々は彼に飲食を強制しなければならない」[15]。

マルクスの体が急速に弱り、肺に膿瘍が発見されたので、事態は急速に悪化した。エンゲルスは旧友の死が間近に迫っていると心配し始めた。「私は六週間前から毎朝、角を曲がってきたときには、カーテンが下ろされているのではないかという死の不安を抱いてきたのだ」。ついに恐れていたときがやってきた。三月一四日、午後二時四五分。このときのエンゲルスの想い、感動的な言葉は、フリードリヒ・ゾルゲに残されていた。ゾルゲは、一八七二年に合衆国に移住し、国際労働者協会の書記となった同志だった。

昨日、午後二時三〇分、彼の最良の日中の見舞い時間に、私はやってきた——家の中は涙に浸っていて、最後が近づいているらしい、という。(…)わずかな出血だったが、突然の卒倒が起こったのだった。どんな母親が自分の子どもを看病するのも及びもつかないように彼を看病していた我々の健気な老レンヒェンは上がったり下りたりしていた。彼は半ば眠っているが、私に一緒に来てもらいたいという。我々が入ったとき、彼はそこに横たわって眠っていたが、もはや目を覚ますためにではなかった。脈拍も呼吸も止まっていた。二分間のうちに彼は安らかに苦痛もなしに息を引き取ったのだ。[16]

本当の友人を失った痛みとともに、エンゲルスはマルクスの不可逆的な状況が示唆するものを直ちに理解した。

自然必然性をもって起きる出来事は、たとえそれがどんなに恐ろしいものであろうとも、全てそれ自身の中にその慰めを蔵しているのだ。この場合にもやはりそうだ。医術は彼のためにもう二、三年にわたって無為な生存を保証してやることができたかもしれない。医師たちによって彼らの技術の勝利になるように、突然には死なないで少しずつ死んでいくような、助ける術のない生物の生命を。だが、そんなことは我々のマルクスにとっては決して耐えられなかったであろう。たくさんの未完成な仕事を前にして、それを完成したいという永遠の渇望に喘ぎながら、しかもそれをすることができないで生きていくということ——それは彼にとっては近づいてくる静かな死よりも千倍もつらかったことであろう。「死は、死ぬ者にとって不幸なのではなくて、生き残る者にとって不幸なのだ」と彼はいつもエピクロスの言葉で言っていた。そして、この巨大な天才的な人間が、医術のより大きい名声のために、そして彼が血気盛んなときにはあんなにしばしばやっつけた俗物たちから嘲笑を受けるために、廃物として生きながらえているのを見るということ――いや！　それよりも今のままの方が千倍もましなのだ。我々が明後日、彼を彼の妻の眠っている墓場に運んでいく方が、千倍もましなのだ[17]。

そして、以上に述べたような次第で、しかも医師たちでさえ私ほどには知っていないのだが、私の見るところでは、ただこのような選択しかありえなかったのだ[18]。

さもあらばされ。人類は頭一つだけ低くなったのだ。しかも、人類が当今持っていた最も大切な頭だけ。プロレタリアートの運動はその歩みを続けていく。しかし、フランス人もロシア人もアメリカ人もドイツ人も決定的な瞬間には自ずからその方向に向かって、ただ天才で完全な精通者だけが与えることのできた明確で矛盾のない助言を求めようとするような、そのような中心点は、なくなってしまったのだ。他方の大物たちや小さな才人たちは、もしも詐欺師でなければ、自由に行動することができるようになる。最後の勝利はやはり確実だとはいえ、一時的で地方的な過誤――既にあんなに不可避的ではあったが――は今度はまったく違った形で増大するだろう[19]。だが――我々はそれを食い尽くさなければならない。その為により他に我々のありようがあるだろうか？　そして、我々はそのためにまだまだ勇気を失ってはいないのだ[20]。

多くの人々が彼の名を横断幕に掲げた。これがマルクスの死後に起きたことである。ラテンアメリカから極東に至るまで、周辺的な貧困地域の労働組合の事務所や権威ある大学の立派なホールで、数百万の労働者学生が彼の著作を読み、抑圧された状況を理解し、新たな闘争に参加し、ストライキや社会運動や政党を組織するインスピレーションを得た。彼らは「パンとバラ」〈「労働者はたしかにパンを

必要としているが、しかし同時にバラもなければならないのである」と述べたローズ・シュナイダーマンの演説から。〉

のために、不正義に抗して、自由を求めて闘い、そうすることでマルクスの理論を完全にものにするだろう。

マルクスの研究が深められ、象徴として利用され、公式のマニュアルにくるまれ、誤解され、非難され、死刑宣告され、ときどき新解釈が提示された長い長い過程の中には、人々が彼の思想を自分たちの頭の中で改編してしまった教義と実践が含まれているが、それらはマルクスが人生をかけて断固として闘ったであろうものである。しかし、彼の思想を豊富化し、彼が採用し大いに頼りにしていたのと同じ批判精神をもって、それらの矛盾点や問題点を引き出し、最新の知見をもたらした者たちもいた。

今日、マルクスの著作をもう一度読み直している人々や初めて彼の著作に取り組もうとする人々は、彼が世界を説明する際の社会経済的な分析力に驚かされるばかりではない。彼の著作の全体から絶え間なく発散されている一つのメッセージがある。それは、ブルジョワ的生産様式を終えるための闘争を組織し、資本の支配から世界の労働者を解放しなければならない、というものである。

訳者あとがき

本書の原著者であるマルチェロ・ムスト氏は、一九七六年生まれのイタリア人で、現在カナダのヨーク大学社会学部で准教授の職にある。主たる専門フィールドは、マルクス研究である。新MEGAの編集に携わり、マルクス自身に関して学史的考察を行うほか、疎外論、経済学批判、社会主義論をはじめとした、マルクスの哲学・思想全般にわたって非常に多くの研究業績がある。その中には日本語で読める論文や記事もいくつかあるが、邦訳書は本書が初めてである。本書の元となった二書以外の近年の業績としては、Marcello Musto ed., *Workers Unite! The International 150 Years Later*, New York: Bloomsbury, 2014やMarcello Musto ed., *Marx for Today*, New York-London: Routledge, 2012がある。そのほか、『資本論』第一巻出版一五〇年にあたる二〇一七年には、ヨーク大学にて国際シンポジウムを開催するなど、国際的研究活動にも精力的に取り組んでいる。詳しくは、彼の個人ホームページ(http://marcellomusto.org/)を参照されたい。

我々訳者には、ムスト氏との直接的な面識はない。そもそも研究領域も必ずしも重なっていない。それにもかかわらず、このたびの翻訳依頼を我々が引き受け、いわば「領空侵犯」に踏み切ったのは、日本における広義のマルクス研究の閉塞状況に、わずかながらも風穴を開けたいと思ったからにほかならない。

今「広義の」と付したのは、日本でマルクスが頻繁に取り扱われたのは、ムスト氏がメインフィールドとしている哲学や政治思想だけでは必ずしもなく、かなり幅広い領域においてだからである。もちろん哲学・思想の分野でのマルクス研究は膨大にありかつ重要であるが、日本でのマルクス研究の中心は、やはり大学の経済学部でなされてきた、マルクス経済学と呼ばれる分野であった。ここで「広義のマルクス研究」と言うときは、マルクスの哲学や思想だけでなく、マルクスが試みた経済学批判を基礎とした、経済学の理論的・実証的研究をひろく含む。我々訳者は、両名ともこのマルクス経済学の分野に軸足を置いて研究活動をしている。

こうした経済学に重心を置いた日本の広義のマルクス研究は、現在、絶滅が危惧される状況にあると言ってよいだろう。これは端的に言って、マルクス経済学が今の社会を分析し、その問題に対処するにあたって有効な枠組みたり得ていないからである。それに対して誤解だと弁明することはできるし、実際誤解されていることもままある。しかし、火の無い所に煙は立たないのであって、誤解にもまたそれなりの理由がある。根本的な問題は、マルクス経済学自身のうちにあるのである。そうだとすればまずは、大学生をはじめとして多くの人々から、マルクス経済学は真面目に勉強するに値しないと思われている、我々にとって悲しい現実を直視しなければならない。

そうなってしまった主たる理由の一つには、マルクス経済学が、その発展の結果として、精密な経済理論研究や細分化された実証分析など、もっぱら経済学の領域だけに閉じこもってしまったことが挙げられる。経済学は、人文社会科学系の学問の中でも特に早い時期から理論的な体系化が進んだ分野で、経済理論を中核とした確たる社会認識のための基本枠組みとして、社会分析において役立てられるべき学問である。少なくとも我々はそう考えて、マルクス経済学の研究に勤しんでいる。しかし、経済学だけで社会のすべてが解明できるわけではない。ましてや社会問題が解決できるわけではない。マルクス経済学は資本主義社会を対象とする学問だが、資本主義社会を対象とする学問は経済学に限られないのであって、マルクス経済学はひろくその他の人文社会科学と連携できるよう、開かれていなければならないはずなのである。

それにもかかわらず、日本のマルクス研究の状況は、今もなお風通しがよいとは言い難い。様々な要因が考えられるが、経済学とその他の領域の交流を促進しようという機運は依然として乏しい。それどころか、マルクス派内部のかつての派閥意識は根強く残っており、お互いに閉鎖的だとか、遅れているとか、非難し合っている現状がある。この派閥意識の背景には、根本的な学問上のスタンスや理論的な見解の相違が横たわっており、一概に捨て去ればよいというものではない。しかしマルクス研究を取り巻くよりひろい状況認識に照らして、例えば利潤率の傾向的低下の法則（『資本論』第三巻の主要命題の一つ。本書第VI章参照）を認めるかどうかでマルクス派か否かを争うような、内輪でしか通用しない一論点だけに血道を上げている場合でないのは明らかである。

そうした厳密な議論が、日本の広義のマルクス研究を発展させ、多くの成果をあげてきたことは事実である。したがって、それらの成果を無下に退けることがあってはならない。それでも、経済学以外の分野において、マルクスが目下どのように扱われているのか、理解しておくことは、マルクス経済学のさらなる進展のためにも有用なのではないか。せめて（着実に萎みつつある）マルクス派の内部でぐらいは、そうした横断的なアプローチも試みられてよい時期にきている。

振り返ってみれば、マルクス自身はもともと経済学の研究をしていたわけではない。本書に描かれているように、その時々の状況に応じて、必要と思われる分野を調査し考察を深めてきた人物である。その中で、「イギリス人が『経済学原理』と呼ぶもの」を含む」（本書第VI章）とされる『資本論』も確立してきた。そして、『資本論』第一巻を書き上げた後にも、経済学研究だけでは飽き足らず、種々の領域をまさに横断的に研究し続け、資本主義分析を批判的に深化させていった。

こうしたマルクスその人に関する伝記は、これまでも数多く出版されてきた。特に晩年のマルクスについては、関連する文献が利用可能となってきたことで、近年とみに注目が集まってきている。本書はそうした先行する諸研究を踏まえつつ、マルクスの研究人生の総合性が一望できるよう、コンパクトにまとめ上げられている。確かに、個々の論点については、それぞれの専門家からしてみれば踏み込みの足りないところが見受けられよう。しかし、現下の論壇に不足しているのは、それらの個別論点を資本主義分析として関連づけ、一歴史社会の認識フレームワークに編み上げる総体的視野である。本書をきっかけとして、息の詰まりそうな今の日本のマルクス経済学の状況にとらわれることなく、「マルクスについて、これまでとは違った多様な議論を促す」(「はじめに」)雰囲気が少しでも醸成されんことを、原著者とともに願いたい。

大阪市立大学の斎藤幸平さんは、訳文を全編にわたって詳細に検討し、適切なアドバイスを下さった。ここに、斎藤さんのご尽力に対して、心からの感謝の気持ちを記しておきたい。無論、ありうべき過誤についての責任は訳者に帰せられる。最後になったが、本訳書の出版にあたり、行き届いたサポートをしてくださった堀之内出版の小林えみさんにもお礼申し上げたい。

二〇一八年八月

訳者を代表して　江原　慶

集』35巻399頁）「私の見解では、最初は彼の妻の死が、そして次には、非常に危険な時期に、ジェニーの死が、最後の危機を招くことにそれぞれの役割を演じた」。

19 ベルンシュタイン宛の同じ手紙で、エンゲルスは「運動はその歩みを進めるだろうが、そのために、これまでは幾多の長々しい迷路を省いてくれた、冷静な、適時な、優れた関与を欠くことになるだろう」と言った。Friedrich Engels to Eduard Bernstein, 14 March 1883, in MECW, vol. 46, p. 459.（「エンゲルスからエードゥアルト・ベルンシュタインへ　1883年3月14日」『全集』35巻399頁）

20 Friedrich Engels to Friedrich Sorge, 15 March 1883, in MECW, vol. 46, pp. 462–3.（「エンゲルスからフリードリヒ・ゾルゲへ　1883年3月15日」『全集』35巻402、3頁）

スからエンゲルスへ　1883年1月10日」『全集』35巻114頁）

4 Karl Marx to Eleanor Marx, 8 January 1883, in MECW, vol. 46, pp. 420–1.（「マルクスから娘エリナへ　1883年1月8日」『全集』35巻366、7頁）

5 Karl Marx to Friedrich Engels, 10 January 1883, in MECW, vol. 46, p. 425.（「マルクスからエンゲルスへ　1883年1月10日」『全集』35巻115頁）

6 Karl Marx to Eleanor Marx, 9 January 1883, in MECW, vol. 46, p. 423.（「マルクスから娘エリナへ　1883年1月9日」『全集』35巻367頁）

7 Reminiscences of Marx in *Reminiscences of Marx and Engels*, Progress Publishing House, Moscow (n.d.), p.128.

8 Karl Marx to James Williamson, 13 January 1883, in MECW, vol. 46, p. 429.

9 Friedrich Engels to Eduard Bernstein, 18 January 1883, in MECW, vol. 46, p. 430.(「エンゲルスからエードゥアルト・ベルンシュタインへ　1883年1月18日」『全集』35巻370頁）

10 Friedrich Engels to Eduard Bernstein, 8 February 1883, in MECW, vol. 46, p. 434.(「エンゲルスからエードゥアルト・ベルンシュタインへ　1883年2月8日」『全集』35巻372頁）

11 Friedrich Engels to Laura Lafargue, 16–17 February 1883, in MECW, vol. 46, pp. 440–1.（「エンゲルスからラウラ・ラファルグへ　1883年2月16～17日」『全集』35巻380頁）

12 Ibid., p. 441.（同前、381頁）

13 Friedrich Engels to Eduard Bernstein, 27 February - 1 March 1883, in MECW, vol. 46, p. 351.（「エンゲルスからエードゥアルト・ベルンシュタインへ　1883年2月27日」『全集』35巻391頁）

14 Friedrich Engels to August Bebel, 7 March 1883, in MECW, vol. 46, p. 455.（「エンゲルスからアウグスト・ベーベルへ　1883年3月7日」『全集』35巻394頁）

15 Friedrich Engels to Laura Lafargue, 10 March 1883, in MECW, vol. 46, p. 456.（「エンゲルスからラウラ・ラファルグへ　1883年3月10日」『全集』35巻396頁）

16 Friedrich Engels to Friedrich Sorge, 15 March 1883, in MECW, vol. 46, pp. 461–2.（「エンゲルスからフリードリヒ・ゾルゲへ　1883年3月15日」『全集』35巻402頁）

17 この文献は、エピクロスがメノイケウスに宛てたいわゆる『幸福についての手紙』である。

18 Cf. Friedrich Engels to Wilhelm Liebknecht, 14 March 1883, in MECW, vol. 46, p. 458.（「エンゲルスからフリードリヒ・リープクネヒトへ　1883年3月14日」『全

79 Karl Marx to Friedrich Engels, 11 November 1882, in MECW, vol. 46, p. 375.（「マルクスからエンゲルスへ　1882年11月11日」『全集』35巻91頁）

80 マルクスはラファルグにこう語ったとされる。Engels's letter of 2–3 November 1882 to Eduard Bernstein, in MECW, vol. 46, p. 356.（「エンゲルスからエードゥアルト・ベルンシュタインへ　1882年11月2～3日」『全集』35巻336頁）「それがマルクス主義者であるならば、私はマルクス主義者ではない」。「いまフランスで知られている『マルクス主義』なるものは（…）独特な産物である」とエンゲルスは嘆いた。事実、同じ考えは、7年後の1890年9月7日の『ゾツィアールデモクラート［社会民主主義］』編集者との通信の中でも繰り返されている。Engels, 'Reply to the Editors of the *Sachsischen Arbeit-Zeitungachsischen Arbeit-Zeitung*', in MECW, vol. 27, pp. 69–71（「『ゼクシッシェ・アルバイター・ツァイトゥング』編集部への回答」『全集』22巻67頁）を見よ。また次の二通の手紙も参照のこと。To Conrad Schmidt, on 5 August 1890, and to Paul Lafargue, on 27 August 1890, in MECW, vol. 49, p. 7 and p. 22.（「エンゲルスからコンラート・シュミットへ　1890年8月27日」『全集』37巻379頁、「エンゲルスからポール・ラファルグへ　1890年8月27日」『全集』37巻390頁）カール・カウツキーはこの言葉を誤って引用したうえに、マルクスが自分に向かって発言したと主張した。Benedikt Kautsky (ed.), *Friedrich Engels' Briefwechsel mit Karl Kautskyriedrich Engels' Briefwechsel mit Karl Kautsky*. Wien: Danubia 1955, p. 90. さらに、『資本論』のロシア語訳者でドイツ人のロパティンのマリヤ・オシャナイナへの1883年9月20日付の手紙も参照してほしい。「マルクスが自分は決してマルクス主義者ではないと言っていたのを覚えているか？　エンゲルスがブルス、マロン、その他と闘争しているときに紹介したことだが、マルクスは笑いながら言ったそうだ。『私が言うことができるのは、私がマルクス主義者ではない、ということだけだ！』と」。Enzensberger (ed.), *Gespräche mit Marx und Engelsespräche mit Marx und Engels*, op. cit., p. 583並びにMaximilien Rubel, *Marx critique du marxismearx critique du marxisme*. Paris: Payot, 1974, pp. 20–2を参照せよ。

エピローグ

1 Karl Marx to Eleanor Marx, 23 December 1882, in MECW, vol. 46, pp. 417–8.（「マルクスから娘エレノアへ　1882年12月23日」『全集』35巻364頁）マルクスは1881年秋に準備し始めていた世界史年表を参照していた。

2 Karl Marx to James Williamson, 6 January 1883, in MECW, vol. 46, p. 419.

3 Karl Marx to Friedrich Engels, 10 January 1883, in MECW, vol. 46, p. 425.（「マルク

スから娘エリナへ　1882年11月10日」『全集』35巻346頁）

65 Karl Marx to Friedrich Engels, 11 November 1882, in MECW, vol. 46, p. 375.（「マルクスからエンゲルスへ　1882年11月11日」『全集』35巻91頁）

66 Karl Marx to Friedrich Engels, 8 November 1882, in MECW, vol. 46, pp. 366 and 365.（「マルクスからエンゲルスへ　1882年11月8日」『全集』35巻86、7頁）

67 Karl Marx to Eleanor Marx, 10 November 1882, in MECW, vol. 46, p. 371.（「マルクスから娘エリナへ　1882年11月10日」『全集』35巻346頁）

68 Friedrich Engels to Karl Marx, 23 November 1882, in MECW, vol. 46, p. 385.（「マルクスからエンゲルスへ　1882年11月23日」『全集』35巻97頁）

69 Karl Marx to Friedrich Engels, 4 December 1882, in MECW, vol. 46, p. 392.（「マルクスからエンゲルスへ　1882年12月4日」『全集』35巻頁）

70 Karl Marx to Laura Lafargue, 14 December 1882, in MECW, vol. 46, pp. 398–9.（「マルクスからラウラ・ラファルグへ　1882年12月14日」『全集』35巻355頁）

71 Karl Marx to Friedrich Engels, 18 December 1882, in MECW, vol. 46, p. 409.（「マルクスからエンゲルスへ　1882年12月18日」『全集』35巻108頁）

72 Karl Marx to Laura Lafarge, 14 December 1882, in MECW, vol. 46, p. 398.（「マルクスからラウラ・ラファルグへ　1882年12月14日」『全集』35巻355頁）

73 マルクスは、1882年のアフマド・オラービー（1841～1911年）率いるエジプト軍と連合王国軍との戦争を調べていた。テル・エル・ケビールの戦い（1882年9月13日）によって、1879年に始まったオラービーの乱は鎮圧され、イギリスはエジプトを保護国化した。

74 Karl Marx to Eleanor Marx, 9 January 1883, in MECW, vol. 46, pp. 423–4.（「マルクスから娘エリナへ　1883年1月9日」『全集』35巻367、8頁）

75 IISH, Marx-Engels Papers, B 98, pp. 11–8を見よ。

76 IISH, Marx-Engels Papers, A 113 and B 167を見よ。後者のノートには「書斎にあるロシア語文献」のリストが記載されている。このリストはマルクスの蔵書にあるロシア語文献が網羅されている。これは、彼に十分な時間と体力が戻ったときには再びそれらの文献にあたろうとしていたと考えてよい証拠である。

77 マルクスが閲覧していた他の文献は*Die Bibliotheken von Karl Marx und Friedrich Engelsie Bibliotheken von Karl Marx und Friedrich Engels*, MEGA², vol. IV/32, pp. 597, 343, 463, 667, 603–4 and 245–6で知ることができる。

78 Karl Marx to Laura Lafargue, 14 December 1882, in MECW, vol. 46, p. 399.（「マルクスからラウラ・ラファルグへ　1882年12月14日」『全集』35巻356頁）

54 Karl Marx to Friedrich Engels, 24 August 1882, in MECW, vol. 46, p. 310.（「マルクスからエンゲルスへ　1882年8月24日」『全集』35巻71頁）

55 Karl Marx to Friedrich Engels, 21 August 1882, in MECW, vol. 46, p. 308.（「マルクスからエンゲルスへ　1882年8月21日」『全集』35巻68頁）

56 Karl Marx to Friedrich Engels, 24 August 1882, in MECW, vol. 46, p. 310.（「マルクスからエンゲルスへ　1882年8月24日」『全集』35巻70頁）

57 Karl Marx to Friedrich Engels, 4 September 1882, in MECW, vol. 46, p. 317.（「マルクスからエンゲルスへ　1882年9月4日」『全集』35巻75頁）

58 Friedrich Engels to Karl Marx, 12 September 1882, in MECW, vol. 46, p. 319.（「マルクスからエンゲルスへ　1882年9月12日」『全集』35巻77頁）

59 Karl Marx to Friedrich Engels, 16 September 1882, in MECW, vol. 46, p. 326.（「マルクスからエンゲルスへ　1882年9月16日」『全集』35巻78頁）

60 Karl Marx to Friedrich Engels, 28 September 1882, in MECW, vol. 46, p. 337.（「マルクスからエンゲルスへ　1882年9月28日」『全集』35巻81頁）

61 Karl Marx to Friedrich Engels, 30 September 1882, in MECW, vol. 46, pp. 338–9.(「マルクスからエンゲルスへ　1882年9月30日」『全集』35巻82頁）

62 Karl Marx to Laura Lafargue, 9 October 1882, in MECW, vol. 46, p. 340.（「マルクスからラウラ・ラファルグへ　1882年10月9日」『全集』35巻320頁）

63 Friedrich Engels to Paul Lafargue, 30 October 1882, in MECW, vol. 46, p. 352.（「エンゲルスからポール・ラファルグへ　1882年10月30日」『全集』35巻332頁）この2日前にドイツにいるベーベルに手紙を送っている。「マルクスは明後日にはワイト島に行く。(…) マルクスは全快していて、もし新しい胸膜炎が起きなければ、次の秋にはこの数年来よりも丈夫になっているだろう」。Friedrich Engels to August Bebel, 28 October 1882, in MECW, vol. 46, pp. 349 and 351.（「エンゲルスからアウグスト・ベーベルへ　1882年10月28日」『全集』35巻329、331頁）しかしその後になって、このような楽観的な見通しではなく、もっと的確な見立てを述べた。「することもない放浪生活にはすっかり飽きていたので、ヨーロッパ南部への新たな流浪は、彼にとっては、恐らく、肉体的に有益だったであろうのと同じように、精神的には有害だったのであろう。ロンドンの霧の季節が始まったとき、彼はワイト島に送られた。そこでは雨続きだった。また風邪をひいた」。Friedrich Engels to Friedrich Sorge, 15 March 1883, in MECW, vol. 46, p. 461.（「エンゲルスからフリードリヒ・ゾルゲへ　1883年3月15日」『全集』35巻401頁）

64 Karl Marx to Eleanor Marx, 10 November 1882, in MECW, vol. 46, p. 371.（「マルク

47 Karl Marx to Friedrich Engels, 9 June 1882, in MECW, vol. 46, p. 275.（「マルクスからエンゲルスへ　1882年6月9日」『全集』35巻58頁）

48 Ibid.（同前）エンゲルスによれば、「彼の今後の処置についてはまったく医師次第だ」というものだった。Friedrich Engels to Friedrich Sorge, 20 June 1882, in MECW, vol. 46, p. 278.（「エンゲルスからフリードリヒ・アードルフ・ゾルゲへ　1882年6月20日」『全集』35巻281頁）

49 Karl Marx to Friedrich Engels, 24 June 1882, in MECW, vol. 46, p. 284.（「マルクスからエンゲルスへ　1882年6月24日」『全集』35巻61頁）マルクスがアルジャントゥイユの娘の家に戻ったときにどんなに悪天候に悩まされたかについては、ラファルグの記録を参照すればよい。「パリっ子は絶望している。こんな6月は経験したことがない。ある者は、まるで自分がイギリスにいるかのようだと考えるかもしれない。なんと恐ろしいことか。マルクスはひたすら悪天候に耐えている。彼はどこへ行っても、テーブルに着くなり、天候についての不満を言った。昨日は天気がよかったが、今日はひどいものだ、と。『それは私のせいだ』とマルクスは言った。『私が悪天候を連れて歩いているのだ』。もし彼が中世に住んでいたなら、きっと魔術師として焼き殺されたことだろう」。Paul Lafargue to Friedrich Engels, 16 June 1882, in Engels, Paul and Laura Lafargue, *Correspondenceorrespondence*, op. cit., p. 85.

50 Karl Marx to Friedrich Engels, 4 July 1882, in MECW, vol. 46, pp. 290–1.（「マルクスからエンゲルスへ　1882年7月4日」『全集』35巻62頁）

51 Karl Marx to Friedrich Engels, 3 August 1882, in MECW, vol. 46, pp. 296–8.（「マルクスからエンゲルスへ　1882年8月3日」『全集』35巻62、3頁）

52 Karl Marx to Friedrich Engels, 21 August 1882, in MECW, vol. 46, p. 308.（「マルクスからエンゲルスへ　1882年8月21日」『全集』35巻69頁）このすぐ後に、エンゲルスはジェニーに手紙を書いた。「あんなに頑固に彼を追いかけた非常に悪い天候にもかかわらず、また三度の胸膜炎の後で、そのうち二度はあんなに重かったのに、彼がとにかくやり遂げた進歩に満足しているあらゆる理由が我々にはある。（…）彼の気管支炎の残りに対してはもうしばらくアンギアンかコトレかにいれば、それからアルプスかピレネ山脈の高地で気候治療をすれば、これは彼をもう一度完全に元気づけて仕事ができるようにするだろう」。Friedrich Engels to Jenny Longuet, 27 August 1882, in MECW, vol. 46, pp. 315–6.（「エンゲルスからジェニー・ロンゲへ　1882年8月27日」『全集』35巻303頁）

53 Karl Marx to Laura Lafargue, 17 June 1882, in MECW, vol. 46, p. 277.（「マルクスからラウラ・ラファルグへ　1882年6月17日」『全集』35巻281頁）

1882年5月16日」『全集』35巻272、3頁）Cf. Vesper, *Marx in Algierarx in Algier*, op. cit., pp. 130–5.

35 Karl Marx to Friedrich Engels, 8 May 1882, in MECW, vol. 46, p. 253.（「マルクスからエンゲルスへ　1882年5月8日」『全集』35巻49頁）

36 Karl Marx to Eleanor Marx, 28 May 1882, in MECW, vol. 46, p. 267.（「マルクスからエレノアへ　1882年5月28日」『全集』35巻277頁）

37 Cf. Karl Marx to Friedrich Engels, 5 June 1882, in MECW, vol. 46, p. 272.（「マルクスからエンゲルスへ　1882年6月5日」『全集』35巻55頁）

38 Karl Marx to Friedrich Engels, 20 May 1882, in MECW, vol. 46, p. 262.（「マルクスからエンゲルスへ　1882年5月20日」『全集』35巻51頁）「彼女たちに心配をかける必要はないだろう」と考え、マルクスは事の経緯を娘たちに伝えていなかった。ibid., p. 264.（同前、53頁）

39 Karl Marx to Friedrich Engels, 8 May 1882, in MECW, vol. 46, p. 254.（「マルクスからエンゲルスへ　1882年5月8日」『全集』35巻50頁）

40 Karl Marx to Eleanor Marx, 28 May 1882, in MECW, vol. 46, p. 268.（「マルクスからエレノアへ　1882年5月28日」『全集』35巻278頁）

41 Ibid., p. 269.（同前、278、9頁）イギリス人エンジニアのジョセフ・ジャガーズは胴元を破る方法を発見した。もっともそれは科学的な方法ではなく、むしろ実にシンプルな機械の誤作動を利用するものだった。1873年、彼は一台のルーレット台が他のものと比べてバランスが取れていないために、九つの数字が多めに出現することを見いだした。この方法で、カジノがその欠陥を認識しきちんと作動するように修復するまでに、彼は1億5千万フランの大勝ちをしたのである。

42 Karl Marx to Friedrich Engels, 5 June 1882, in MECW, vol. 46, p. 272.（「マルクスからエンゲルスへ　1882年6月4日」『全集』35巻55頁）

43 Ibid., p. 274.（同前、57頁）

44 Karl Marx to Jenny Longuet, 4 June 1882, in MECW, vol. 46, p. 271.（「マルクスからジェニー・ロンゲへ　1882年6月4日」『全集』35巻280頁）

45 Karl Marx to Friedrich Engels, 5 June 1882, in MECW, vol. 46, p. 274.（「マルクスからエンゲルスへ　1882年6月5日」『全集』35巻57頁）ここで参照されている文学作品はアドルフ・フォン・クニッゲ（1752～1796年）の『人々の交際について』（1788年）である。

46 Karl Marx to Jenny Longuet, 4 June 1882, in MECW, vol. 46, p. 272.（「マルクスからジェニー・ロンゲへ　1882年6月4日」『全集』35巻280頁）

408 and 412.（「コヴァレフスキー『共同体的土地所有、その解体の原因、経過および結果』摘要」『全集』補巻4、254～6頁）

23 Ibid., p. 412.（同前、256頁）

24 Marlene Vesper, *Marx in Algierarx in Algier*, Bonn: Pahl-Rugenstein, 1995, pp. 33–4を見よ。この文献に地元日刊紙の記事「譲渡」が再掲されている。

25 Karl Marx to Paul Lafargue, 20 March 1882, op. cit., p. 220.（「マルクスからポール・ラファルグへ　1882年3月20日」『全集』35巻247頁）さらに「これと同じ習慣は南アフリカの色々な地方で見受けることができる」とも。

26 もちろん、この数は現存するものに限った集計である。実際には、マルクスはもっと多くの手紙を書いていた。その中にはエレノア宛のものが含まれていることが分かっているが、長い時間の中で失われてしまった。「彼はアルジェから長文を手紙を書いてよこした。彼の求めに応じて、私は手紙をジェニーに転送したが、ほとんど私の元には戻ってこなかった」。Eleanor Marx, in Hans Magnus Enzensberger (ed.), *Gespräche mit Marx und Engelsespräche mit Marx und Engels*, vol. 2. Frankfurt am Main: Insel, 1973, p. 578.

27 Karl Marx to Jenny Longuet, 6 April 1882, in MECW, vol. 46, pp. 231–2.（「マルクスからジェニー・ロンゲへ　1882年4月6日」『全集』35巻254頁）

28 Karl Marx to Laura Lafargue, 13–14 April 1882, in MECW, vol. 46, p. 242.（「マルクスからラウラ・ラファルグへ　1882年4月13～14日」『全集』35巻261頁）

29 Ibid., p. 238.（同前、258頁）

30 Karl Marx to Friedrich Engels, 8 April 1882, in MECW, vol. 46, p. 234.（「マルクスからエンゲルスへ　1882年4月8日」『全集』35巻44頁）

31 Karl Marx to Friedrich Engels, 18 April 1882, in MECW, vol. 46, pp. 246–7.（「マルクスからエンゲルスへ　1882年4月18日」『全集』35巻47頁）

32 Karl Marx to Laura Lafargue, 13–14 April 1882, in MECW, vol. 46, p. 243.（「マルクスからラウラ・ラファルグへ　1882年4月13～14日」『全集』35巻262、3頁）

33 Karl Marx to Friedrich Engels, 28 April 1882, in MECW, vol. 46, p. 249.（「マルクスからエンゲルスへ　1882年4月28日」『全集』35巻48、9頁）

34 マルクスは写真を撮る前の8週間の間、「ただの1日も完全な安静ということはなかった」が、「どんなことに対しても笑顔を装っていた」ibid.（同前）。エンゲルスはとても喜んで友人ベーベルにこう言った。「彼はアルジェで写真を撮らせたが、それを見るとまったく元気になったように見える」。Friedrich Engels to August Bebel, 16 May 1882, in MECW, vol. 46, p. 259.（「エンゲルスからアウグスト・ベーベルへ

16 Karl Marx to Paul Lafargue, March 20, 1882, in MECW, vol. 46, p. 221.（「マルクスからポール・ラファルグへ　1882年3月20日」『全集』35巻247頁）

17 Karl Marx to Jenny Longuet, 6 April 1882, in MECW, vol. 46, p. 230.（「マルクスからジェニー・ロンゲへ　1882年4月6日」『全集』35巻252頁）

18 Karl Marx to Friedrich Engels, 20 May 1882, in MECW, vol. 46, p. 263.（マルクスからエンゲルスへ　1882年5月20日『全集』35巻51頁）

19 Paul Lafargue to Friedrich Engels, 19 June 1882, in Frederick Engels, Paul and Laura Lafargue, *Correspondenceorrespondence*, vol. 1 (1868–1886). Moscow: Foreign Languages Publishing House, 1959, p. 87を見よ。

20 Cf. Friedrich Engels to Eduard Bernstein, 22 February 1882, in MECW, vol. 46, pp. 210–1. ラファルグが「マルクスはアフリカとアラブのことを頭に詰め込んで戻ってきた。彼はアルジェの図書館でむさぼり読むために滞在し、アラブの状況に関するたくさんの著作を読んできたように思う」と後に述べたのは明らかに誇張だった。Paul Lafargue to Friedrich Engels, 16 June 1882, in Engels, Paul and Laura Lafargue, *Correspondenceorrespondence*, op. cit., p. 83. バディアが指摘したように、マルクスの「アルジェからの手紙は彼の好奇心の多面性を」窺わせるが、彼は「フランス植民地の社会・政治状況について多くを知る」ことはできなかったといえよう。Gilbert Badia, 'Marx en Algérie', in Karl Marx, *Lettres d'Alger et de la Côte d'Azurettres d'Alger et de la Côte d'Azur*. Paris: Le Temps des Cerises, 1997, p. 13.

21 Karl Marx, *Excerpts from M. M. Kovalevskij (Kovalevsky),xcerpts from M. M. Kovalevskij (Kovalevsky), Obschinnoe Zemlevladenie. Prichiny, hod i posledstviya ego razlozheniyabschinnoe Zemlevladenie. Prichiny, hod i posledstviya ego razlozheniya* [Communal landownership. Causes, course and consequences], in Lawrence Krader, *The Asiatic Mode of Production. Sources, Development and Critique in the Writings of Karl Marxhe Asiatic Mode of Production. Sources, Development and Critique in the Writings of Karl Marx*. Assen: Van Gorcum, 1975, p. 405.（「コヴァレフスキー『共同体的土地所有、その解体の原因、経過および結果』摘要」『全集』補巻4、247頁）括弧内の言葉はマルクスによる。ただし、引用文はコヴァレフスキーの著作を含む、*Annales de l'assemblée nationale du 1873nnales de l'assemblée nationale du 1873*, vol. XVII, Paris 1873.からである。これらの抜粋は1879年に作られた。Kevin Anderson, *Marx at the Marginsarx at the Margins*. Chicago: The University of Chicago Press: 2010, pp. 219–20.

22 Marx, *Excerpts from M. M. Kovalevskijxcerpts from M. M. Kovalevskij*, op. cit., pp. 411,

て私には責任はないのだが——実に一つの固定観念だったのだ！」とも述べている。

5 Karl Marx to Jenny Longuet, 16 March 1882, in MECW, vol. 46, p. 218.（「マルクスからジェニー・ロンゲへ　1882年3月16日」『全集』35巻245頁）

6 Karl Marx to Jenny Longuet, 27 March 1882, in MECW, vol. 46, p. 224.（「マルクスからジェニー・ロンゲへ　1882年3月27日」『全集』35巻250頁）「内々のことだが、ワイト島では天候は悪かったとはいえ、私の健康は、私がロンドンに帰ったときには人々がびっくりしたほど、大変良くなっていた。これに反してロンドンではエンゲルスの不安が（…）実際には私の平静を失わせた。私はこれ以上はがまんができないと感じた。そのために、とにもかくにもロンドンを去ろうという私の性急さとなったわけだ！　人々は、本当に誠実極まる愛情からでも人を殺すことができるのだ。それにもかかわらず、このような場合には、回復期にある病人にとってはこれ以上に危険なことはないのだ！」。

7 Karl Marx to Paul Lafargue, 20 March 1882, in MECW, vol. 46, pp. 221–2.（「マルクスからポール・ラファルグへ　1882年3月20日」『全集』35巻248、9頁）

8 Karl Marx to Friedrich Engels, 1 March 1882, in MECW, vol. 46, p. 215.（「マルクスからエンゲルスへ　1882年3月1日」『全集』35巻37頁）

9 Karl Marx to Friedrich Engels, 28–31 March 1882, in MECW, vol. 46, p. 226.（「マルクスからエンゲルスへ　1882年3月31日」『全集』35巻42頁）

10 Karl Marx to Jenny Longuet, 16 March 1882, in MECW, vol. 46, p. 219.（「マルクスからジェニー・ロンゲへ　1882年3月16日」『全集』35巻246頁）

11 Karl Marx to Jenny Longuet, 27 March 1882, in MECW, vol. 46, p. 225.（「マルクスからジェニー・ロンゲへ　1882年3月27日」『全集』35巻251頁）

12 Karl Marx to Friedrich Engels, 1 March 1882, in MECW, vol. 46, pp. 213 and 215.（「マルクスからエンゲルスへ　1882年3月1日」『全集』35巻36、7頁）

13 Karl Marx to Friedrich Engels, 4 April 1882, in MECW, vol. 46, p. 229.（「マルクスからエンゲルスへ　1882年4月4日」『全集』35巻42、3頁）

14 Karl Marx to Pyotr Lavrov, 23 January 1882, in MECW, vol. 46, p. 184.（「マルクスからピョートル・ラヴローヴィチ・ラヴローフへ　1882年1月23日」『全集』35巻217頁）

15 Karl Marx to Jenny Longuet, 27 March 1882, in MECW, vol. 46, p. 225.（「マルクスからジェニー・ロンゲへ　1882年3月27日」『全集』35巻249頁）1881年10月、出版者のオットー・マイスナーは、彼の大作の第1巻の新版の準備に必要な修正と追記をマルクスに依頼していた。

98 Karl Marx to Friedrich Engels, 12 January 1882, in MECW 46, p. 176.（「マルクスからエンゲルスへ　1882年1月12日」『全集』35巻27頁）エレノア・マルクスと父との特別な関係については、Kapp, *Eleanor Marx: Family Life 1855–1883*, op. citを見よ。また、以下の文献も参考になる。Chushichi Tsuzuki, *The Life of Eleanor Marx, 1855–1898: A Socialist Tragedy*. Oxford: Clarendon Press, 1967; Eva Weissweiler, *Tussy Marx: Das Drama der Vatertochter*. Köln: Kiepenheuer & Witsch, 2002; and most recently Rachel Holmes, *Eleanor Marx: A Life*. London: Bloomsbury, 2014.

99 1882年2月17日のカール・マルクスがフリードリヒ・エンゲルスに宛てた手紙を見よ。「旅券やそれに類することでは全然問題ない。旅行者の切符には氏名の他には何も記されていない」。MECW, vol. 46, p. 200.（「マルクスからエンゲルスへ　1882年2月17日」『全集』35巻34頁）

100 アルジェリアの首都への旅は、マルクスの伝記家からはあまり注目されていない。アルジェ生まれのジャック・アタリでさえ半頁しか書いていない（Jacques Attali, *Karl Marx, ou l'Esprit du monde*. Paris: Librairie Arthème-Fayard, 2005, p. 410）。この本には、マルクス滞在時の記述に若干不正確なところがあるが、1881年夏と1883年秋のオラン蜂起が無視されてきたと指摘している。それに対して、マレーネ・ヴェスパーは、マルクスがアルジェを訪問したときに彼が見聞きしたときのことを正確に記録している（Marlene Vesper, *Marx in Algier*. Bonn: Pahl-Rugenstein Nachfolger, 1995）。René Gallissot (ed.), *Marxisme et Algérie*. Paris: Union générale d'éditions, 1976も参照。最近の文献では、Hans Jürgen Krysmanski, *Die letzte Reise des Karl Marx*, Frankfurt am Main: Westend, 2014がアルジェ滞在中のマルクスについての映画脚本として書かれたが、資金不足のため実現しなかった。

第XIII章

1 Karl Marx to Friedrich Engels, 1 March 1882, in MECW, vol. 46, pp. 213–4.（「マルクスからエンゲルスへ　1882年3月1日」『全集』35巻35、6頁）

2 Karl Marx to Jenny Longuet, 16 March 1882, in MECW, vol. 46, p. 219.（「マルクスからジェニー・ロンゲへ　1882年3月16日」『全集』35巻244～6頁）

3 Karl Marx to Friedrich Engels, 1 March 1882, in MECW, vol. 46, p. 215.（「マルクスからエンゲルスへ　1882年3月1日」『全集』35巻37頁）

4 Karl Marx to Lafargue, 20 March 1882, in MECW, vol. 46, p. 221.（「マルクスからポール・ラファルグへ　1882年3月20日」『全集』35巻248、9頁）マルクスは「しかし、このアフリカの太陽と当地の奇蹟をもたらす大気というのは――それに対し

167.（「エンゲルスからフェルディナンド・ドメラ・ニーウェンホイスへ　1881年12月29日」『全集』35巻211頁）

89 Karl Marx to Jenny Longuet, 17 December 1881, in MECW, vol. 46, p. 131.（「マルクスからジェニー・ロンゲへ　1881年12月17日」『全集』35巻209、10頁）

90 Karl Marx to Friedrich Engels, 5 January 1882, in MECW, vol. 46, p. 171.（「マルクスからエンゲルスへ　1882年1月5日」『全集』35巻24頁）

91 Karl Marx to Laura Lafargue, 4 January 1882, in MECW, vol. 46, p. 170.（「マルクスからラウラ・ラファルグへ　1882年1月4日」『全集』35巻213頁）

92 Eleanor Marx to Jenny Longuet, 8 January 1882, in Meier, Olga (ed.) (1982), *The Daughters of Karl Marx: Family Correspondence 1866–1898*. New York: Harcourt Brace Jovanovich, 1982, pp. 145–6. エレノアとのやりとりの全容は、Kapp, *Eleanor Marx: Family Life 1855–1883*, op. cit., pp. 225–8. が詳しい。1月4日、マルクスはラウラにこう書いている。「私の道連れは、ほとんどまったく食欲がない。ひどい神経性けいれんにかかっている。（…）1日中読んだり書いたりしている。非常に口数が少なくて、実際、ただ義務感だけから、自分を犠牲にする殉教者として、私と一緒の滞在に耐えているように見える」。Karl Marx to Laura Lafarge, 4 January 1882, op. cit., p. 169.（「マルクスからラウラ・ラファルグへ　1882年1月4日」『全集』35巻212頁）

93 帝国議会審議の速記録を見よ。Stenographische Berichte über die Verhandlungen des Reichstags, I, Berlin 1882, p. 486. ビスマルク演説はドイツの大工業地帯での選挙の敗北後に行われた。

94 Karl Marx to Friedrich Engels, 15 January 1882, in MECW 46, p. 109.（「マルクスからエンゲルスへ　1882年1月15日」『全集』35巻31、2頁）

95 Friedrich Engels to Eduard Bernstein, 25 January 1882, in MECW 46, pp. 186–7.（「エンゲルスからエードゥアルト・ベルンシュタインへ　1882年1月25日」『全集』220頁）エンゲルスの見解は「この点でイタリアは我々にはまさにいささかの保証も提供していない――もちろんビスマルクの帝国に次いででのことだ」というものだった。Karl Marx to Pyotr Lavrov, 23 January 1882, in MECW 46, p. 184（「マルクスからピョートル・ラヴローヴィチ・ラヴローフへ　1882年1月23日」『全集』35巻217頁）をも参照せよ。

96 Gilbert Badia, ‘Marx en Algérie’, in Karl Marx, *Lettres d’Alger et de la Côte d’Azur*. Paris: Le Temps des Cerises, 1997, p. 17を見よ。

97 Eleanor Marx, in Enzensberger (ed.), *Gespräche mit Marx und Engels*, vol. 2, op. cit., pp. 577–8.

83 Michael Krätke, 'Marx und die Weltgeschichte', *Beiträge zur Marx-Engels-Forschung. Neue Folge*, vol. 2014を見よ。この文献は、マルクスが「貿易、農業、鉱業、税制、インフラの総体的な発展」(p. 176) 過程を理解していたと論じている。クレトケによれば、マルクスは「政治哲学を創造しているのではなく、社会主義運動の確固たる社会的・科学的基礎を与えている」(p. 143) とずっと信じながらこれらのノートを編纂していた。

84 これらの研究については、マルクスの手紙で言及されていないため正確な日付を知ることができない。『全集』19巻の編集者は、暫定的にではあるが、抜粋は「1881年後半から1882年後半」(pp. 621–2)(「マルクスとエンゲルスの生活と活動」『全集』19巻付録49頁) に行われたとしている。しかしルーベルは、1881年後半の日付は「確か」だと述べている (Maximilien Rubel, in his *Marx: Life and Works*. London: Macmillan, 1980, p. 121)。前半の仮説は大方の認めるところであるが、後半の仮説も同じよう正確だとはいえない。マルクスは1881年に作業の大部分に取組み、1882年のある時点でも計画を継続していた可能性が高い。1882年12月23日付の娘エレノアへの手紙 (エピローグの注1を見よ) と同様に、草稿での下線の引き方からこのような仮説を立てることができる。したがって、これらのノート (IISH Marx-Engels Papers B 157, B 158, B 159, B 160) はロンドンとワイト島の間を移動した最期の18ヵ月間の二つの知的活動期間のいずれかに属するに違いない。その期間とは、1881年秋から1882年2月9日と、1882年10月上旬から1883年1月12日である。フランス、アルジェリア、スイスで過ごした1882年の8カ月間は歴史年表の作成に取り組んでいなかったことは確かである。

85 'Marx und die Weltgeschichte'にて、クレトケは4冊のノートの優れた再構成案を提出している。彼によれば、マルクスは「近代資本主義の始まりは (…) 13世紀末のイタリアの都市国家の経済発展に」(p. 163) 位置していると考えていた。

86 これらの四冊のノートにはエンゲルスが友人の遺物を整理したときに付けたタイトルがある。「年代別の抜粋録。一、96～1320年。二、1300～1470年。三、1470～1580年。四、1580～1648年」。それらの内容はエンゲルスが付けた時期と若干ずれているところがある。これらのノートのうち公刊されているのは、4冊目の長い節のみである。Karl Marx and Friedrich Engels, *Über Deutschland und die deutsche Arbeiterbewegung*. Berlin: Dietz, 1953, pp. 285–516を参照せよ。

87 Friedrich Engels to Karl Marx, 8 January 1882, in MECW, vol. 46, p. 174. (「エンゲルスからマルクスへ　1882年1月8日」『全集』35巻25頁)

88 Friedrich Engels to Ferdinand Nieuwenhuis, 29 December 1881, in MECW, vol. 46, p.

陥り、とどのつまり、賃金引上げのための労働組合の個々の闘争はしているとはいえ、ブルジョワジーの搾取に屈服している」と大喜びで書いた。Friedrich Engels to Eduard Bernstein, 30 November 1881, op. cit., pp. 152–3.（同前、198頁）

72 Quoted in Kapp, *Eleanor Marx: Family Life 1855–1883*, op. cit., p. 219.

73 Ibid., pp. 219–20.「私たちは隣り合わせの二部屋に寝ていたのにもかかわらず、私は、彼女の生涯の最後の6週間のうち、3週間の間、妻に会うことができなかった」とマルクスはダニエリソーンに書いた。これはマルクスにとってひどく残念なことだった。Karl Marx to Nikolai Danielson, 13 December 1881, in MECW, vol. 46, p. 160.（「マルクスからニコライ・フランツェヴィチ・ダニエリソーンへ　1881年12月13日」『全集』35巻205頁）

74 Karl Marx to Jenny Marx, 21 June 1856, in MECW, vol. 40, p. 56.（「マルクスからジェニー・マルクスへ　1856年6月21日」『全集』30巻417頁）

75 Karl Marx to Jenny Marx, 15 December 1863, in MECW, vol. 41, p. 499.（「マルクスからジェニー・マルクスへ　1863年12月15日」『全集』30巻521頁）イェニー・フォン・ヴェストファーレンの人生とマルクスとの関係については、Mary Gabriel, *Love and Capital*. New York: Little, Brown and Company, 2011を見よ。また、Luise Dornemann, *Jenny Marx: Der Lebensweg einer Sozialistin*. Berlin: Dietz, 1971とHeinz Frederick Peters, *Red Jenny: A Life with Karl Marx*. New York: St. Martin's, 1986をも参照されたい。

76 Karl Marx to Jenny Longuet, 7 December 1881, in MECW, vol. 46, p. 156.（「マルクスからジェニー・ロンゲへ　1881年12月7日」『全集』35巻201頁）

77 Kapp, *Eleanor Marx: Family Life 1855–1883*, op. cit., p. 219.

78 Ibid., p. 221.

79 Karl Marx to Jenny Longuet, 7 December 1881, in MECW, vol. 46, p. 156.（「マルクスからジェニー・ロンゲへ　1881年12月7日」『全集』35巻201頁）

80 Karl Marx to Nikolai Danielson, 13 December 1881, in MECW, vol. 46, p. 160.（「マルクスからニコライ・フランツェヴィチ・ダニエリソーンへ　1881年12月13日」『全集』35巻205頁）

81 Karl Marx to Friedrich Sorge, 15 December 1881, in MECW, vol. 46, p. 162.（「マルクスからフリードリヒ・アードルフ・ゾルゲへ　1881年12月15日」『全集』35巻206頁）

82 これらの草稿の最新版は次の文献の所収されている。Karl Marx, *Notes on Indian History*. Honolulu: University Press of the Pacific, 2001.

とエンゲルスに伝えた。Karl Marx to Friedrich Engels, 18 August 1881, in MECW, vol. 46, p. 133.（「マルクスからエンゲルスへ　1881年8月18日」『全集』35巻21頁）

61 Karl Marx to Jenny Longuet, 18 August 1881, in MECW, vol. 46, p. 135.（「マルクスからジェニー・ロンゲへ　1881年8月18日」『全集』35巻182頁）

62 Karl Marx to Friedrich Engels, 19 August 1881, in MECW, vol. 46, p. 136.（「マルクスからエンゲルスへ　1881年8月19日」『全集』35巻23頁）

63 Karl Marx to Karl Kautsky, 1 October 1881, in MECW, vol. 46, p. 143.（「マルクスからカール・カウツキーへ　1881年10月1日」『全集』35巻188頁）

64 Karl Marx to Minna Kautsky, 1 October 1881, in MECW, vol. 46, pp. 143–4.（「マルクスからミンナ・カウツキーへ　1881年10月1日」『全集』35巻188頁）

65 Karl Marx to Karl Kautsky, 1 October 1881, in MECW, vol. 46, p. 143.（「マルクスからカール・カウツキーへ　1881年10月1日」『全集』35巻188頁）

66 Paul Lafargue, in Institute of Marxism-Leninism (Ed.), *Reminiscences of Marx and Engels*. Moscow: Foreign Languages Publishing House, 1957, p. 75.

67 「あなたは子どもたちのそばを離れてはいけない。あなたがここに来たいと言っているように、ここにいてくれれば、それでパパが喜んだり、良くなったりするかもしれないが、それ以上にパパの心配事を増やしてしまうことになる」。Kapp, *Eleanor Marx: Family Life 1855–1883*, op. cit., p. 219からの引用。

68 Friedrich Engels to Eduard Bernstein, 25 October 1881, in MECW, vol. 46, p. 150.（「エンゲルスからエードゥアルト・ベルンシュタインへ　1881年10月25日」『全集』35巻195、6頁）「気管支炎と結びついた胸膜炎が襲って重くなったので、医者は、一時、つまり、何日間か、私の危機切り抜けを疑ったほどだった」。Karl Marx to Johann Philipp Becker, 10 December 1881, in MECW, vol. 46, p. 127.（「マルクスからヨハン・フィリップ・ベッカーへ　1881年12月10日」『全集』35巻204頁）

69 Friedrich Engels to Johann Philipp Becker, 4 November 1881, in MECW, vol. 46, p. 151.（「エンゲルスからヨハン・フィリップ・ベッカーへ　1881年11月4日」『全集』35巻196、7頁）

70 Friedrich Engels to Eduard Bernstein, 30 November 1881, in MECW, vol. 46, p. 152, 155.（「エンゲルスからエードゥアルト・ベルンシュタインへ　1881年11月30日」『全集』35巻198、200頁）

71 エンゲルスは「プロレタリアートがこんな素晴らしい振舞いをしたところは、まだどこにもない。イギリスでは、1848年の大失敗の後、プロレタリアートは無関心に

52 Friedrich Engels a Karl Marx, 29 July 1881, in MECW, vol. 46, p. 109.（「エンゲルスからマルクスへ　1881年7月29日」『全集』35巻8頁）

53 Karl Marx to Friedrich Engels, 3 August 1881, in MECW, vol. 46, p. 110.（「マルクスからエンゲルスへ　1881年8月3日」『全集』35巻8、9頁）エンゲルスはこれまで以上に親切に「わずか30ポンドのことでは決して心配するには及ばない。（…）君がもっとたくさん必要とするならば、私にそれを知らせてくれれば、小切手の金額をもっと大きくする」と言った。Friedrich Engels to Karl Marx, 6 August 1881, in MECW, vol. 46, p. 113. p. 92.（「エンゲルスからマルクスへ　1881年8月6日」『全集』35巻11頁）

54 Karl Marx to Friedrich Engels, 3 August 1881, in MECW, vol. 46, p. 110.（「マルクスからエンゲルスへ　1881年8月3日」『全集』35巻9頁）

55 Ibid.（同前）マルクスは数日後に近況を伝えてきただけだった。「私は約2週間前から当地に来ている。パリへも出かけてないし、知人の誰をも訪ねていない。妻の容態がそのどちらをも許さなかったのだ」。Karl Marx to Carl Hirsch, 6 August 1881, in MECW, vol. 46, p. 115.（「マルクスからカール・ヒルシュへ　1881年8月6日」『全集』35巻172頁）

56 マルクスは同じことをロンドンのラウラにも連絡した。「ママの容態は、衰弱が増しているので危険だ。それで私は（私たちはこの度はゆっくりとしか旅行できないから）どうしても今週末には出発しようと思い、病人にそのことを伝えた。しかしママは、昨日、私たちの下着を洗濯に出して、私の計画をだめにした」。Karl Marx to Laura Lafargue, 9 August 1881, in MECW, vol. 46, p. 118.（「マルクスからラウラ・ラファルグへ　1881年8月9日」『全集』35巻173頁）

57 Karl Marx to Friedrich Engels, 9 August 1881, in MECW, vol. 46, p. 116.（「マルクスからエンゲルスへ　1881年8月9日」『全集』35巻13頁）

58 Karl Marx to Friedrich Engels, 9 August 1881, in MECW, vol. 46, p. 116.（「マルクスからエンゲルスへ　1881年8月9日」『全集』35巻14頁）

59 イボンヌ・カップはエレノアの「問題は二重に深刻だった」だろうと推測している。彼女はリサガレとの秘密の関係を破棄しようとしていたが、同時に「自分自身のキャリアを形成したいとも望んでいた」。Kapp, *Eleanor Marx: Family Life 1855–1883*, op. cit., p. 227.

60 Karl Marx to Jenny Longuet, 18 August 1881, in MECW, vol. 46, p. 135.（「マルクスからジェニー・ロンゲへ　1881年8月18日」『全集』35巻181、2頁）マルクスは「このような衰弱がもっと早く現れなかったのは奇蹟だ、と」ドンキン医師が語った

らフリードリヒ・アードルフ・ゾルゲへ　1881年6月20日」『全集』35巻164頁）

45 Friedrich Engels to Karl Marx , 7 July 1881, in MECW, vol. 46, p. 104.（「エンゲルスからマルクスへ　1881年7月7日」『全集』35巻5頁）

46 Karl Marx to Laura Lafargue, 13 April 1882, in MECW, vol. 46, p. 238.（「マルクスからラウラ・ラファルグへ　1882年4月13日」『全集』35巻257頁）この手紙の中で、マルクスは、娘たちが「毎日の親切な見舞いで不機嫌なオールド・ニックを元気づけてくれていたことを」懐かしく思いだしている。Kapp, *Eleanor Marx: Family Life 1855–1883*, op. cit., p. 218も参照せよ。

47 As quoted in ibid.

48 Karl Marx to Jenny Longuet, 22 July 1881, in MECW, vol. 46, p. 106.（「マルクスからジェニー・ロンゲへ　1881年7月22日」『全集』35巻172頁）

49 Karl Marx to Friedrich Engels, 27 July 1881, in MECW, vol. 46, p. 107.（「マルクスからエンゲルスへ　1881年7月27日」『全集』35巻6頁）

50 『資本論』が刊行された年に、初めて手紙の署名に使われた。Karl Marx to Laura Marx, 13 May 1867, in MECW, vol. 42, p. 376を見よ。（「マルクスから娘ラウラへ　1867年5月13日」『全集』31巻455頁）マルクスに対するくだらない非難の中には、反ユダヤ主義や人種主義に染まったものがあったが、最もひどかったのは「彼は悪魔的な世界観と悪魔的な意志を持っている。しばしば悪魔の作品を仕上げていたことで知られていたようだ」というものだ。Robert Payne, *Marx: A Biography*. New York: Simon & Schuster, 1968, p. 317. 同じ系譜の文献としては、ルーマニア系アメリカ人聖職者のリチャード・ウォムブランドによる実にこっけいな本がある。Richard Wurmbrand, *Was Marx a Satanist?* Glendale: Diane Books, 1979. マルクスは「オールド・ニック」の名をおどけた調子で使っていた。たとえば、1869年9月25日のラウラ・ラファルグへの手紙には「うちで、かわいい、澄んだ小鳥の目の誕生日を祝うことができなくて残念だ。けれどオールド・ニックの心は君のもとにある」と書いている。MECW, vol. 43, p. 355.（「マルクスからラウラ・ラファルグへ　1869年9月25日」『全集』32巻521頁）また、ラウラが男の子を出産した後の1871年2月4日には、「私に代わってシュナッピ君を抱きしめ、ニックおじいちゃんが跡継ぎの写真2枚をとても自慢に思っていることを話してやってほしい」とポール・ラファルグに語った。MECW, vol. 44, p. 112.（「マルクスからポール・ラファルグへ　1871年2月4日」『全集』33巻150頁）

51 Karl Marx to Friedrich Engels, 27 July 1881, in MECW, vol. 46, p. 109.（「マルクスからエンゲルスへ　1881年7月27日」『全集』35巻7頁）

クスからフリードリヒ・アードルフ・ゾルゲへ　1881年12月15日」『全集』35巻207頁）

39 E. Belfort Bax, 'Leaders of Modern Thought: XXIII. Karl Marx', *Modern Thought*, vol. 3 (December 1881), no. 2, pp. 349 and 354.

40 Karl Marx to Friedrich Sorge, 15 December 1881, in MECW, vol. 46, p. 163.（「マルクスからフリードリヒ・アードルフ・ゾルゲへ　1881年12月15日」『全集』35巻208頁）

41 Friedrich Engels, 'Preface to the English Edition' to Karl Marx, *Capital*, Volume I, in MECW, vol. 35, p. 35.（「英語版序文」『資本論』1巻43頁）

42 マルクスは家庭内でも、親しい友人たちの間でも「モール」の愛称で呼ばれていた。「彼はそこでは決してマルクスとか、あるいはまたカールとさえも、呼ばれていないで、ただモールとだけ呼ばれていた。実際、我々の間では誰でも自分のあだ名をもっていたのであって、あだ名がなくなったら、緊密な親しさもなくなったのだ。モールというのは、大学時代からの彼のあだ名だった。そして、『新ライン新聞』では彼は常にモールと称していた。仮に私が彼に他の名で呼びかけたとしたら、彼は何か和解を必要とするようなことが起こったに違いない、と思ったことだろう」。Engels to Theodor Cuno, 29 March 1883, in MECW, vol. 46, p. 466.（「エンゲルスからテーオドール・クーノへ　1883年3月29日」『全集』35巻406頁）同様に、オーギュスト・ベーベルは後にこう書いている。「マルクスの妻と娘たちは、あたかも彼が他の名前を持っていないかのように、いつも『モール』と呼んでいた。このニックネームは、真っ黒な髪の毛とひげから取ったものであるが、すっかり白くなっていた」。Hans Magnus Enzensberger (ed.), *Gespräche mit Marx und Engels*, vol. 2. Frankfurt/Main: Insel Verlag, 1973, p. 528. ベルンシュタインも同じような思い出を語っている。「別れを告げようとしたとき、『いやいや、モールを連れてこないと』とエンゲルスが語気を強めた。『モールって誰？』と聞き返すと、『マルクスさ、他に誰がいるって？』とエンゲルスはまるでそのことを知っているのが当たり前であるかのように答えたのだった」。Edward Bernstein, *My Years of Exile*. London: Leonard Parsons, 1921, p. 154. マルクスの家庭内で使われていたたくさんの愛称の完全なリストについては、Olga Meier (ed.), *The Daughters of Karl Marx: Family Correspondence 1866–1898*. New York: Harcourt Brace Jovanovich, 1982, p. xiii を参照されたい。

43 Friedrich Engels to Jenny Longuet, 17 June 1881, in MECW, vol. 46, p. 97.（「エンゲルスからジェニー・ロンゲへ　1881年6月17日」『全集』35巻163頁）

44 Karl Marx to Friedrich Sorge, 20 June 1881, in MECW, vol. 46, p. 98.（「マルクスか

それに対して、マルクスは「君の短信が彼をいら立たせるということは、こいつにとってはますます有益だ。というのは、私に対する彼の厚顔無恥は、ただ私自身は『宣伝上の配慮』から彼を公然と侮辱することはできない、ということを計算に入れてのことでしかなかったからだ」とコメントした。Karl Marx to Friedrich Engels, 8 April 1882, in MECW, vol. 46, p. 234.（「マルクスからエンゲルスへ　1882年4月8日」『全集』35巻44頁）

31 Karl Marx to Henry Hyndman, 2 July 1881, in MECW, vol. 46, p. 103.（「マルクスからヘンリ・メアズ・ハインドマンへ　1881年7月2日」『全集』35巻168、9頁）

32 Emile Bottigelli, 'La rupture Marx-Hyndman', in *Annali dell'Istituto Giangiacomo Fentrinelli*, vol. III, Milano: Feltrinelli, 1961にはこうある。「決裂の原因は、人格的な問題だけでなく、人の神経を逆なでする著述家の野望にもかかわっていた。(…) マルクスは、民主主義連盟とその創立者の一人に対して、理論的な立場に関して言えば、イニシアティブを取るような関係にないと伝えた」。(p. 625.)

33 Henry Hyndman to Karl Marx, 25 February 1880, IISH, Marx-Engels Papers, C 261, C 262. ハインドマンの手紙の大部分は公刊されていないが、いくつかは都築忠七の著作に引用されている。Chushichi Tsuzuki, *H.M. Hyndman and British Socialism*. London: Oxford University Press, 1961 (the present letter is mentioned at p. 34).

34 Karl Marx to Henry Hyndman, 8 December 1880, in MECW, vol. 46, p. 49.（「マルクスからヘンリ・メアズ・ハインドマンへ　1881年12月8日」『全集』35巻397頁）

35 Ibid.（同前、397、8頁）

36 1879年初頭に、マウントステュアート・エルフィンストン・グラント・ダフ（1829～1906年）がマルクスとの会合を持ったときのレポートを見られたい。このイギリスの貴族の挑発的な質問にこう答えている。「たしかに、あなたの革命が起こったとして、あなたの共和国政府が設置されたとしても、それはあなたと同胞たちの素晴らしい理念を実現するための長い道のりの出発点に立っただけだと私は考える。間違いなく、あらゆる大きな変動というのは動きが重いものである。1688年の革命が単にステージに上がるためのものであったので、それよりはよいものになるための第一歩にすぎないのだ」。s.n., '[Sir Mountstuart Elphinstone Grant Duff's Account of a Talk with Karl Marx: From a Letter to Crown Princess Victoria]', in MECW, vol. 24, p. 580.

37 John Rae, 'The Socialism of Karl Marx and the Young Hegelians', *The Contemporary Review*, vol. XL (July-December 1881), pp. 587–607.

38 Karl Marx to Friedrich Sorge, 15 December 1881, in MECW, vol. 46, p. 162.（「マル

は（…）両人とも長っちりのハインドマン夫妻の不意の来訪。夫人は、遠慮会釈しない、型破りの、断固とした考え方と話し方をするので、私は気に入っているのだが、彼女の目が、思い上がった、おしゃべりな夫の唇に、賛嘆の念をもって吸いついて離れないのは、滑稽だね！」。MECW, vol. 46, p. 82.（「マルクスからジェニー・ロンゲへ　1881年4月11日」『全集』35巻146頁）最後の口論の数ヶ月後には「こやつは、私から聞き出して最も手っ取り早く学ぶために、私の幾晩も幾晩もをかすめとったのだ」とコメントした。Karl Marx to Friedrich Sorge, 15 December 1881, in MECW, vol. 46, p. 163.（「マルクスからフリードリヒ・アードルフ・ゾルゲへ　1881年12月15日」『全集』35巻208頁）

26 Henry Hyndman, *England for All*. New York: Barnes & Noble, 1974, p. xxxviii.

27 Karl Marx to Henry Hyndman, 2 July 1881, in MECW, vol. 46, p. 103.（「マルクスからヘンリ・メアズ・ハインドマンへ　1881年7月2日」『全集』35巻169頁）これはマルクスがファイルに保管していた手紙の下書きである。ハインドマンの人間としての凡庸さと幼稚さの現れとして、彼は「遺憾ながら、マルクスとの見解の相違があったときに、マルクスの手紙の大部分を破棄してしまった」と言った。Hyndman, *Record of an Adventurous Life*, op. cit., p. 283. イェニー・フォン・ヴェストファーレンは、1881年7月2日付の娘ラウラ・ラファルグへの手紙で既にこのことを見透かしていた。「土曜日のこと、淡青色の目をしたハインドマンは頭を打たれたような気分になっていた。手紙を鏡に立てかけていたことはないだろうが、その手紙は実に辛辣でウィットが効いていたので、彼の怒りは誰の目にも明らかだった。モールはこの作品ではかなり幸せだったと思う」。Yvonne Kapp, *Eleanor Marx: Family Life 1855–1883*, vol. 1. London: Virago, 1979, p. 211.

28 Karl Marx to Henry Hyndman, 2 July 1881, in MECW, vol. 46, p. 102.（「マルクスからヘンリ・メアズ・ハインドマンへ　1881年7月2日」『全集』35巻167、8頁）

29 Karl Marx to Friedrich Sorge, 15 December 1881, in MECW, vol. 46, p. 163.（「マルクスからフリードリヒ・アードルフ・ゾルゲへ　1881年12月15日」『全集』35巻207頁）

30 Ibid.（同前、207、8頁）ハインドマンはなおもエンゲルスと連絡を取りたがっていたが、エンゲルスは次のように返信した。「あなたは今でも私の友人マルクスを引用できるとのお考えのようだが、彼との関係を正常になさりさえすれば、私はあなたと個人的にお近づきになれることを非常に幸いだと考えるだろう」。Friedrich Engels to Henry Hyndman, circa 31 March 1882, in MECW, vol. 46, p. 228.（「エンゲルスからヘンリ・メアズ・ハインドマンへ　1882年3月31日ごろ」『全集』35巻251頁）

からシャルル・ロンゲへ　1881年1月4日」『全集』35巻121、2頁）

10 Ibid.（同前）

11 Johann Most, *Kapital und Arbeit. Ein populärer Auszug aus 'Das Kapital' von Marx*, Chemnitz 1873, in MEGA², vol. II/8, pp. 735–800.

12 Carlo Cafiero, *Il Capitale di Carlo Marx brevemente compendiato da Carlo Cafiero. Libro Primo: Sviluppo della Produzione Capitalistica*. Milano: E. Bignami e C. Editori, 1879.

13 Ferdinand Nieuwenhuis, *Kapitaal en Arbeid*. Den Haag: s.e., 1881.

14 Ibid., p. 3.

15 Karl Marx to Ferdinand Nieuwenhuis, 22 February 1881, in MECW, vol. 46, p. 65.（「マルクスからフェルディナンド・ニーウェンホイスへ　1881年2月22日」『全集』35巻130頁）

16 Ibid., p. 66.（同前、130、1頁）

17 s.n., '[Account of Karl Marx's Interview with the *Chicago Tribune* Correspondent]', 5 January 1879, in MECW, vol. 24, p. 577.（「現代社会主義の創始者とのインタビュー」『全集』34巻427頁）

18 Friedrich Engels to Karl Kautsky, 1 February 1881, in MECW, vol. 46, p. 56.（「エンゲルスからカール・カウツキーへ　1881年2月1日」『全集』35巻123頁）

19 Ibid., p. 57.（同前）

20 Ibid.（同前）

21 Karl Marx to Nikolai Danielson, 19 February 1881, in MECW, vol. 46, p. 61.（「マルクスからニコライ・フランツェヴィチ・ダニエリソーンへ　1881年2月19日」『全集』35巻127頁）

22 Karl Marx to Friedrich Sorge, 15 December 1881, in MECW, vol. 46, p. 161.（「マルクスからフリードリヒ・アードルフ・ゾルゲへ　1881年12月15日」『全集』35巻207頁）

23 Karl Marx to Jenny Longuet, 7 December 1881, in MECW, vol. 46, p. 158.（「マルクスからジェニー・ロンゲへ　1881年12月7日」『全集』35巻203頁）

24 Karl Marx to Nikolai Danielson, 13 December 1881, in MECW, vol. 46, p. 161.（「マルクスからニコライ・フランツェヴィチ・ダニエリソーンへ　1881年12月13日」『全集』35巻205、6頁）

25 マルクスの通信にはハインドマンへの言及がしばしば現れるが、彼らの関係が終わる前にも後にも、マルクスはハインドマンには信頼の置けないところがあると考えていた。1881年4月11日のジェニー・ロンゲ宛の手紙ではこう書いている。「昨日しかし、ボンジョバーニが「革命の展開のメカニズム」と定義しているものは、後期マルクスでは反省され後退している。ヨーロッパで勃発した革命的情勢がロシアに伝播し、ロシアはただ「第二ラウンド」に過ぎないという見解は取っていない（ibid., p. 212）。

111 ボンジョバーニは「不可逆性」という言葉をひどく強調しているが、最終的には、ゲマインシャフト（共同体）は、ゲゼルシャフト（社会）の不可逆的な解放なしに、奇跡的に社会主義に変容することはないと正しく分析している。（ibid., p. 189）

112 マルクスは人生の至る所で自分のモットーに忠実であり続けた。それは「すべては疑いうる」というものである。Karl Marx, 'Confession', 1 April 1865, in MECW, vol. 42, p. 567.（「カール・マルクス　告白」『全集』31巻495頁）

第XII章

1 この表現は、1846年に、マルクスとドイツの共産主義者ヴィルヘルム・ヴァイトリング（1808〜1871年）を峻別するために最初に使われ、1852年のケルン裁判では共産主義者に対して使われた。Cf. Maximilien Rubel, *Marx critique du marxisme*, Payot, Paris 1974, p. 26, note 2.

2 この言葉が初めて登場したのは1854年である。Georges Haupt, *Aspects of International Socialism, 1871–1914*. Cambridge: Cambridge University Press, 1986, p. 2を参照せよ。

3 ヘンリ・ハインドマンは後にこう記している。「1880年になっても、マルクスは、イギリスの公衆の間では、危険で悲惨な革命を主張しているということ以外、まだほとんど知られていないといっても過言ではなかった。彼らのインターナショナルは恐ろしいパリ・コミューンを引き起こした組織であり、多くの真っ当で穏健な人びとは恐怖におののいていた」。Henry Hyndman, *The Record of an Adventurous Life*. New York: Macmillan, 1911, pp. 249–50.

4 Karl Kautsky, in Benedict Kautsky (ed.), *Friedrich Engels' Briefwechsel mit Karl Kautsky*. Wien: Danubia Verlag, 1955, p. 32.

5 Friedrich Engels to Eduard Bernstein, 25 October 1881, in MECW, vol. 46, p. 146.（「エンゲルスからエードゥアルト・ベルンシュタインへ　1881年10月25日」『全集』35巻191、2頁）

6 Ibid.（同前、191頁）

7 Ibid., p. 149.（同前、194、5頁）

8 Ibid., pp. 149–50.（同前）

9 Karl Marx to Charles Longuet, 4 January 1881, in MECW, vol. 46, p. 55.（「マルクス

103 Ibid., p. 371.（同前、238、9頁）

104 エンゲルスも歴史の進路を受動的に受け入れるという過ちを犯した。彼の著作、演説、手紙の中で同様の立場を取っている。たとえば、1893年2月24日のニコライ・ダニエリソーンへの手紙を見よ。「ブルジョワ的土地所有者の新しい階級が約50万の地主と約8000万の農民を駆逐する過程は、恐ろしい苦難と激動の下でしか行われえない。しかし、歴史はおよそあらゆる女神のうちで恐らく最も残酷な女神であって、戦時だけではなく、『平和な』経済的発展の時期にも、屍の山を越えてその凱旋車を進めていく。そして、我々は、男も女も、不幸なことにはなはだ鈍感であって、ほとんど度外れとも思える苦痛に迫られない限り、真の進歩を行う勇気を決して奮い起こすことができないのある」。MECW, vol. 50, p. 112.（「エンゲルスからニコライ・フランツェヴィチ・ダニエリソーンへ　1893年2月24日」『全集』39巻36頁）

105 Karl Marx to Friedrich Sorge, 5 November 1880, in MECW, vol. 46, p. 45.（「マルクスからフリードリヒ・アードルフ・ゾルゲへ　1880年11月5日」『全集』34巻394頁）

106 Ibid., pp. 45–6.（同前）

107 Karl Marx to Jenny Longuet, 11 April 1881, op. cit., p. 83.（「マルクスからジェニー・ロンゲへ　1881年4月11日」『全集』35巻148頁）

108 ロシアのナロードニキに対するマルクスの同情については、ニコライ・モロゾフ（1854～1946年）の証言を参照してほしい。モロゾフは1880年12月の会話を回想し、マルクスが人民の意志派に強い関心を持ち、「独裁政治に対する闘争は（…）自分にはファンタジー小説の一節か、おとぎ話の類いのように見える」と語ったという。Nikolai Morozov, in Institute of Marxism-Leninism (ed.), *Reminiscences of Marx and Engels*, op. cit., p. 302.

109 Karl Marx to Jenny Longuet, 11 April 1881, in MECW, vol. 46, p. 83.（「マルクスからジェニー・ロンゲへ　1881年4月11日」『全集』35巻148頁）

110 In *Le repliche della storia. Karl Marx tra la Rivoluzione francese e la critica della politica*, Torino: Bollati Boringhieri, 1989で、ブルーノ・ボンジョバーニは「ロシアとの関係でマルクスの知的軌跡における国際政治の地平を過小評価すべきではない」と論じた。「マルクスの著作全般」は次の一連の出来事を想定しているということができる。「ロシアとの戦争、ロシアの軍事的敗北、ロシアの革命（社会主義者のそれではなくジャコバン派のそれ）、ヨーロッパの反動的な警察の（一時的または永続的な？）不在、ヨーロッパの社会主義への移行（…）、ロシア革命への回帰、等々。しかしそれだけでも、オプシチナが社会主義への移行に役立つ可能性がある」（pp. 201–2）。

86 Marx, 'Third Draft', op. cit., p. 368.（同前、408頁）

87 Ibid.（同前）

88 Marx, 'First Draft', op. cit., p. 358.

89 Ibid., p. 356.（同前、394頁）

90 アルテリとは、タタールを起源とする協同組合の形式である。それは血縁に基づき、国家と第三者機関に対する集団責任を負っていた。Pierpaolo Poggio, *L'Obščina. Comune contadina e rivoluzione in Russia*. Milano: Jaca Book, 1978, p. 119を見よ。

91 Marx, 'First Draft', op. cit., p. 356.（「ヴェ・イ・ザスーリチの手紙への回答の下書き」『全集』19巻395頁）

92 Ibid.（同前、395頁）

93 Ibid., p. 353.（同前、392頁）

94 ロシアと東ヨーロッパの伝統的な行政区。ボロスト。

95 Marx, 'First Draft', op. cit., p. 353.（「ヴェ・イ・ザスーリチの手紙への回答の下書き」『全集』19巻392頁）

96 Ibid., pp 359–60.（同前、398頁）

97 Karl Marx and Friedrich Engels, 'Preface to the Second Russian Edition of the *Manifesto of the Communist Party*', in MECW, vol. 24, p. 426.（「1882年ロシア語版序文」『全集』4巻593頁）

98 Karl Marx, 'Letter to Vera Zasulich', in MECW, vol. 24, p. 370.（「ヴェ・イ・ザスーリチへの手紙」『全集』19巻238頁）手紙の下書きを最初に発見し公刊したダヴィト・リャザーノフは、マルクスの仕事の能力が低下していたためにザスーリッチの質問にうまく答えられなかったと主張した。'David Ryazanov: The Discovery of the Drafts', in Shanin (ed.), *Late Marx and the Russian Road*, p. 129を見よ。この見解はMaximilien Rubel in *Marx, critique du marxisme*, Paris: Payot, 2000, p. 104.にも共有されている。ポッチョの議論はもっと説得的である。マルクスは「政治的・理論的な意味合いが大きくなりすぎてしまったこの問題に強い態度で意見を述べること」（*L'Obščina*, op. cit., p. 157）を躊躇した。

99 マルクスは、1879年に土地と自由派（ZiV）から分派した秘密結社に言及し、「テロリスト」的な闘争だと評した。

100 Marx, 'Letter to Vera Zasulich', op. cit., p. 370.（「ヴェ・イ・ザスーリチへの手紙」『全集』19巻238頁）

101 Ibid.（同前）

102 Ibid., pp. 370–1.（同前）

70 Marx, 'Second Draft', op. cit., p. 362.（同前、401頁）
71 Marx, 'Third Draft', op. cit., p. 368.（同前、408頁）
72 Marx, 'First Draft', op. cit., p. 349.（同前、387頁）
73 Ibid., p. 357.（同前、395頁）
74 Ibid., p. 351.（同前、390頁）
75 Marx, 'Second Draft', op. cit., p. 362.（同前、401頁）
76 Marx, 'Third Draft', op. cit., p. 366.（同前、406頁）
77 Marx, 'First Draft', op. cit., p. 353.（同前、392頁）
78 Shanin (ed.), *Late Marx and the Russian Road*, op. cit., p. 60の解釈を参照せよ。この文献では、手紙の下書きが1867年の『資本論』の公刊以来の「重大な変更」を示していると論じている。同様に、Enrique Dusselは*El último Marx (1863–1882) y la liberación latinoamericana*, México D.F.: Siglo XXI, 1990, pp. 260 and 268–9で「断絶」に言及している。さらに、後期マルクスの「第三世界主義」的な読み方を提唱する別の論者は、革命の主体がいまや工場労働者ではなく農村部と周縁に存在する大衆であることを示唆している。
79 Marian Sawer's excellent work *Marxism and the Question of the Asiatic Mode of Production*. The Hague: Martinus Nijhoff, 1977, p. 67を見よ。「とりわけても1870年代に起こったことは、村落共同体の性格についてマルクスが考え方を変えたのではなく、むしろ共同体が社会主義の基礎となりうると判断したということではなかったか。そして、共同体が資本主義によってではなく社会主義によって革命される可能性を検討するようになったのである。(…) 彼は社会的交通の増強と生産の近代化によって、村落のシステムを社会主義社会に組み込むという希望を真剣に考慮していたようである。1882年には、これはマルクスにとって、資本主義の衝撃によって完全に瓦解してしまうオプシチナの真のオルタナティブであるように見えたのである」。
80 1861年の農奴解放後には、農民は土地を持てるようになったが、貢租の形で弁済しなければならなかった。
81 Marx, 'Third Draft', op. cit., p. 367.（「ヴェ・イ・ザスーリチの手紙への回答の下書き」『全集』19巻407頁）
82 Ibid.（同前）
83 Marx, 'First Draft', op. cit., p. 355.（同前、396頁）
84 Ibid., p. 354.（同前、394頁）
85 Ibid.（同前）

書き」『全集』19巻400頁）

60 Karl Marx, 'The Future Results of British Rule in India', in MECW, vol. 12, pp. 217–8.（「イギリスのインド支配の将来の結果」『全集』9巻213頁）

61 Ibid., p. 221.（同前、216頁）

62 Ibid., p. 222.（同前、218頁）

63 たとえば、Edward Said, *Orientalism*. London: Routledge, 1995, pp. 153–6を見よ。サイードは「マルクスの経済分析は（…）標準的なオリエンタリストの事業と完全に一致している」と述べるだけでなく、「東洋と西洋の古くからの区分」に依存していたとさえほのめかしている（*Orientalism*, London: Penguin, 1995, p. 154）。実際、サイードによるマルクスの著作の読解は一面的かつ表面的である。はじめにサイードの解釈の欠陥を明らかにしたのはSadiq Jalal al-Azm（1934–2016）の論文"Orientalism and Orientalism in Reverse", *Khamsin*, vol. 8（1980）である。「とても高度で複雑な歴史的な過程と状況に関するマルクスの分析と見解についてのこの考察は曲解されている。（…）マルクスの」著作の主要部分には「アジアないし東洋に関して特記すべきことはなにもない」(pp. 14–5)。「生産力、社会組織、歴史的な支配、軍事力、技術開発」の面で、「（…）マルクスは、他の論者と同様に、近代ヨーロッパが東洋に優越していたことは知っていた。しかし、このような偶然的な事実を必然的な事柄にした（…）と彼を非難することは、まったく不条理である」(pp. 15–6)。同様に、Aijaz Ahmad（1932–）は*In Theory: Classes, Nations, Literatures*（London: Verso, 1992）にて、サイードがマルクスの著作から引用する際に、その一節が何を問うているのか分からないほどに「文脈を無視して引用し」たことを明示した。彼は単にマルクスを「オリエンタリストのアーカイブ」に入れるためだけにそうしたのである(pp. 231, 223)。以下の論考は、マルクスがヨーロッパ中心主義に陥っていたとする解釈に異論を呈している。Irfan Habib, "Marx's Perception of India", in Iqbal Husain (ed.), *Karl Marx on India*, New Delhi: Tulika, 2006, pp. xix–liv. See also Kevin Anderson, *Marx at the Margins*. Chicago: University of Chicago Press, 2010, p. 238.

64 Marx, 'Third Draft', op. cit., p. 365.（「ヴェ・イ・ザスーリチの手紙への回答の下書き」『全集』19巻405頁）

65 Ibid., p. 368.（同前、408頁）

66 Ibid., p. 367.（同前、407頁）

67 Marx, 'Second Draft', op. cit., p. 361.（同前、400頁）

68 Ibid., p. 362.（同前）

69 Karl Marx, 'First Draft', in MECW, vol. 24, p. 352.（同前、391頁）

43 Ibid., p. 135.（同前、115、6頁）

44 Karl Marx, *Capital*, Volume I, op. cit., pp. 704–61.（『資本論』1巻1221～1307頁）

45 'Letter to *Otechestvennye Zapiski*', p. 135.（「『オテーチェストヴェンヌィエ・ザピスキ』編集部への手紙」『全集』19巻116頁）Karl Marx, *Le Capital*. Paris: Flammarion, 1985, p. 169をも参照せよ。フランス語への翻訳に取り組んでいたジョゼフ・ロアによって付け加えられたこの重要な点は、その後のマルクスの大作〈『資本論』〉の標準版となったエンゲルス編の1890年の第4版には含まれていない。

46 'Letter to *Otechestvennye Zapiski*', p. 135.（「『オテーチェストヴェンヌィエ・ザピスキ』編集部への手紙」『全集』19巻116頁）

47 Ibid., p. 136.（同前、116、7頁）

48 Ibid.（同前、117頁）

49 Ibid.（同前）

50 Pier Paolo Poggio, *L'Obščina. Comune contadina e rivoluzione in Russia*, Milan: Jaca Book, 1978, p. 148を見よ。

51 Buber, *Paths in Utopia*, op. cit., p. 91を見よ。「正しい答えを得るための彼の努力は、徹底的でまた非常に慎重であり、賞賛に値するものである。それ以前から既に彼はこの厄介な問題に心を奪われていた。そして今再び非常な強度で批判を再開した。より適切な解答を求めて、極めて精度の高い定式を何度も何度も取り消した。断片的なスケッチの束ではあったが、ロシアの村落共同体に関するテーマを総合的に把握するためになされた最も重要な挑戦であった」。

52 Karl Marx, 'Drafts of the Letter to Vera Zasulich: Second Draft', in MECW, vol. 24, p. 360.（「ヴェ・イ・ザスーリチの手紙への回答の下書き」『全集』19巻399頁）

53 Karl Marx, 'Second Draft', in MECW, vol. 24, p. 360.（同前）

54 ザスーリチへの手紙の下書きには別の日付もある。Haruki Wada, 'Marx and Revolutionary Russia', in Shanin (ed.), *Late Marx and the Russian Road*, op. cit., pp. 40–76を見よ。

55 Marx, 'First Draft', op. cit., p. 349.（「ヴェ・イ・ザスーリチの手紙への回答の下書き」『全集』19巻386、7頁）

56 Karl Marx, 'Third Draft', in MECW, vol. 24, p. 365.（同前、405頁）

57 Marx, 'Second Draft', op. cit., p. 361.（同前、400頁）

58 Teodor Shanin, 'Late Marx: Gods and Craftsmen', in Teodor Shanin (ed.), *Late Marx and the Russian Road*, op. cit., p. 16を見よ。

59 Marx, 'Second Draft', op. cit., p. 361.（「ヴェ・イ・ザスーリチの手紙への回答の下

29 Karl Marx, 'Instructions for the Delegates of the Provisional General Council. The Different Questions', in MECW 20, p. 188.（「個々の問題についての暫定中央評議会代議員への指示」『全集』16巻192頁）

30 Marx, *Capital*, Volume I, op. cit., p. 492.（『資本論』1巻842、3頁）

31 Ibid., p. 506.（同前、867、8頁）

32 Ibid., pp. 504–5.（同前、864頁）

33 Ibid., p. 506.（同前、867頁）

34 Ibid., pp. 90–1.（同前、135頁）

35 Karl Marx, 'Notes on Bakunin's Book *Statehood and Anarchy*, in MECW, vol. 24, p. 518.（「バクーニンの著書『国家制と無政府』摘要」『全集』18巻642頁）

36 Karl Marx, 'Critique of the Gotha Programme', in MECW 24, p. 83.（「ゴータ綱領批判」『全集』19巻17頁）

37 Karl Marx, 'Preamble to the Programme of the French Workers Party', in MECW, vol. 24, p. 340.（「フランス労働党の綱領前文」『全集』19巻234頁）この綱領の完全版は『全集』に所収されていないが、次の文献の付録にある。Jules Guesde, Paul Lafarge, Karl Marx, 'Electoral　Programme of the Socialist Workers'.

38 Marx, *Capital*, Volume I, op. cit., p. 17.（『資本論』1巻23頁）

39 Karl Marx, 'Marginal Notes on Adolph Wagner's *Lehrbuch der politischen Ökonomie*', in MECW 24, p. 533.（「アードルフ・ヴァーグナー著『経済学教科書』への傍注」『全集』19巻356頁）

40 ロシア・ナロードニキによる小冊子が英語に翻訳されている。重要な二次文献としては次のものがある。Little material by the Russian Populists has been translated into English. Important secondary sources are James H. Billington, *Mikhailovsky and Russian Populism*, Oxford: Clarendon Press, 1958; Andrzej Walicki, *Controversy Over Capitalism: Studies in the Social Philosophy of the Russian Populists*, Oxford: Clarendon Press, 1969; and Franco Venturi, *Roots of Revolution: A History of the Populist and Socialist Movements in Nineteenth Century Russia*, New York: Alfred A. Knopf, 1960.

41 Karl Marx, *Nachtrag zu den Noten des ersten Buches*, in Karl Marx, *Das Kapital*, MEGA² II/5, Berlin: Dietz, 1983, p. 625を見よ。この「第1巻草稿への付記」はその後の諸版で削除され、すべての翻訳でも無視されている。

42 Karl Marx, 'Letter to Otechestvennye Zapiski', in Shanin (ed.), *Late Marx and the Russian Road*, op. cit., pp. 134–5.（「『オテーチェストヴェンヌィエ・ザピスキ』編集部への手紙」『全集』19巻115頁）

p. 337.（『要綱』第2分冊、17、8頁）重要だが難解なこの文献については次の解説を参照されたい。Marcello Musto (ed.), *Karl Marx's Grundrisse. Foundations of the Critique of Political Economy 150 Years Later*, London: Routledge, 2008.

14 Karl Marx, *Capital*, Volume I, in MECW 35, p. 749.（『資本論』1巻1305頁）

15 Ibid., p. 750.（同前、1305、6頁）

16 Ibid., p. 750.（同前、1306頁）

17 Ibid., p. 336.（同前、576頁）

18 Ibid., p. 340.（同前、583頁）

19 Ibid., p. 338.（同前、580頁）

20 Ibid., p. 588.（同前、1015、6頁）1867年12月7日付のマルクスの手紙も見てほしい。マルクスは、その後エンゲルスが取りかかるようになる『資本論』書評に何が書かれているのか知りたがっていたが、その手紙には書評で取り上げられるべき主要な論点が提示されている。マルクスは自身の著作を評して「現代社会は、経済的に見て、ある新しいより高度な形態をはらんでいる」と述べた。続けて、自らの発見とダーウィンの進化論との比較の危険性に触れ、この本の著者は「現代の経済的な諸関係が恐ろしい直接的な結果を伴っているところにおいてさえ、そこに隠されている進歩を指摘する」。同時に、「このような彼〈マルクス〉の批判的な見解によって」「おそらくは心ならずも、すべての社会主義に、すなわち、すべてのユートピア主義に終わりを告げたのである」。エンゲルスに示唆した文章の最後で、重要な含意を再び強調している。「ラサール氏は資本家たちを罵倒してプロイセンの田舎地主におもねたが、これとは反対にマルクス氏は資本主義的生産の歴史的な必然性を論証してみせたのである」。Karl Marx to Friedrich Engels, 7 December 1867, in MECW 42, p. 494.（「マルクスからエンゲルスへ　1867年12月7日」『全集』31巻339頁）

21 Marx, 'Outlines of the Critique of Political Economy', in MECW 29, p. 94.（『要綱』第2分冊、494頁）

22 Ibid., p. 87.（同前、484頁）

23 Ibid., p. 94.（同前、494頁）

24 Karl Marx 'Outlines of the Critique of Political Economy', in MECW 28, p. 418.（同前、147頁）

25 Ibid., p. 465.（同前、217頁）

26 Ibid., p. 465.（同前、218頁）

27 Marx, *Capital*, Volume I, op. cit., p. 145.（『資本論』1巻191頁）

28 Ibid., p. 507.（同前、868頁）

行物やその他の出版物を研究してきた」Karl Marx, 'A Letter to the Editorial Board of *Otechestvennye Zapiski*', in Teodor Shanin (ed.), *Late Marx and the Russian Road*. London: Routledge, 1984, p. 135.（「『オテーチェストヴェンヌィエ・ザピスキ』編集部への手紙」『全集』19巻115頁）。鍵となるのは、ニコライ・チェルヌィシェフスキー（1828～1889年）の哲学的かつ革命的な文献との出会いであった。マルクスは複数の本を所持し、『カール・マルクスとフリードリヒ・エンゲルスの蔵書目録』（*Die Bibliotheken von Karl Marx und Friedrich Engels*, MEGA², vol. IV/32, pp. 184–7）には、チェルヌィシェフスキーの有名な著作『共同所有の哲学的偏見に対する批判』からの抜粋が収められている。同書には次の英訳がある。Shanin, *Marx and the Russian Road*, op. cit., pp. 182–90. ところが、マルクスのロシア研究が高ずるあまり、エンゲルスの軽口の種にもなっていた。ポール・ラファルグによると、エンゲルスはマルクスにこう言っていたという。「ロシアの所有権の起源に関する文献は、『資本論』が長いこと完成しないようにと思って、私は快くこれを君に渡したんだ」と。Paul Lafargue, 'Frederick Engels', *The Social Democrat*, vol. 9 (15 August 1905), no. 8, p. 487.

4 Henry Eaton, 'Marx and the Russians', *Journal of the History of Ideas*, vol. XLI (1980), no. 1, p. 89を見よ。そこにマルクスが会ったか文通をしていたロシア人の全リストがアルファベット順に掲載されている。

5 Vera Zasulich, 'A Letter to Marx', in Shanin (ed.), *Late Marx and the Russian Road*, op. cit., pp. 98–9.

6 Ibid.

7 Ibid. マルティン・ブーバーは「二つのうちのどちらが歴史的に正しい選択なのかの判断はマルクスの手に委ねられた」（*Paths in Utopia*. Syracuse: Syracuse University Press, 1996, p. 91）とコメントした。

8 Karl Marx and Friedrich Engels, *Manifesto of the Communist Party*, in MECW 6, p. 514.（「共産党宣言」『全集』4巻503頁）

9 Ibid., p. 488.（同前、479頁）

10 Ibid., p. 490.（同前、481、2頁）

11 Ibid., p. 496.（同前、487頁）

12 Karl Marx, 'Speech at the Anniversary of the *People's Paper*', in MECW 14, p. 655.（「1856年4月14日ロンドンにおける『ピープルズ・ペーパー』創刊記念祝賀会での演説」『全集』12巻3頁）

13 Karl Marx, 'Outlines of the Critique of Political Economy' [*Grundrisse*], in MECW 28,

彼自身より強いのだ。新聞にあっては、このような空論家は実に有害である」。これこそが、エンゲルスが、ベルンシュタインに週刊誌『ゾツィアールデモクラート』の編集者を降りないようにと説得を続けた理由だった。Friedrich Engels to August Bebel, 25 August 1881, in MECW, vol. 46, p. 137.(「エンゲルスからアウグスト・ベーベルへ　1881年8月25日」『全集』35巻183頁)

134 ジュール・グレヴィ(1807〜1891年)の支持者のこと。グレヴィは、共和国の大統領で、日和見主義的な共和主義者の代表であった。

136 Karl Marx to Friedrich Engels, 9 August 1881, in MECW, vol. 46, p. 117.(「マルクスからエンゲルスへ　1881年8月9日」『全集』35巻14、5頁)

137 Karl Marx to Friedrich Engels, 18 August 1881, in MECW, vol. 46, pp. 133–4.(「マルクスからエンゲルスへ　1881年8月18日」『全集』35巻22頁)

138 Lafargue, in Institute of Marxism-Leninism (Ed.), *Reminiscences of Marx and Engels*, op. cit., p. 73.

第XI章

1 『共産党宣言』ロシア語第二版序文(1882年)を見れば、マルクスとエンゲルスがロシアについてどんなことを書いていたかが分かる。「1848〜1849年の革命のときには、ヨーロッパの君主たちだけでなく、ヨーロッパのブルジョワもまた、ようやく目覚めかけていたプロレタリアートから自分たちを守ってくれる唯一の救いは、ロシアの干渉であると見ていた。ツァーリはヨーロッパの反動派の首領であると、宣言された。今日では、彼はガッチナ[アレクサンドル三世が、父が暗殺された後に避難していた城]で革命の捕虜になっており、ロシアはヨーロッパの革命的行動の前衛となっている」(MECW, vol. 24, p. 426.「『共産党宣言』ロシア語第二版序文」『全集』19巻288頁)。マルクスとエンゲルスのロシアに関する著作と手紙は次のコレクションに完全なかたちで収められている。Maximilien Rubel (ed.), *Karl Marx/Friedrich Engels: Die russische Kommune*, Munich: Hanser, 1972.

2 「ロシアにおける農奴解放の運動は、それがロシアの伝統的な外交政策の邪魔になりかねない内的発展が始まったことを示す限りで、私には重要に思えるのだ」(Karl Marx to Friedrich Engels, 29 April 1858, in MECW, vol. 40, p. 310.「マルクスからエンゲルスへ　1858年4月29日」『全集』29巻254頁)。当時のロシアでは、人口の約38パーセントが農奴だった。

3 マルクスは1877年の取組みを振り返っている。「ロシアの経済的発展を判断できるように、私はロシア語を学び、その後長年に亘って、この問題に関係のある政府刊ンがマルクスと会ったときの回想からマルクスの反応が読み取れる。「とりわけアイルランドに関する自由党の政策について話すときには、非常に憤慨し、古参の戦士の深くくぼんだ目が見開き、太い眉はしわくちゃになり、大きく高い鼻と表情が激情に揺れ、激しい非難に満ちていた」。Hyndman, *The Record of an Adventurous Life*, op. cit., p. 247. 1880〜81年のグラッドストンの政策については、Richard Shannon, *Gladstone*, vol. 2, *1865–1898*. Chapel Hill: The University of North Carolina Press, 1999, pp. 248–78を見よ。アイルランド問題に関するマルクスの立場については、Herny Colin Gary Matthew, *Gladstone: 1875–1898*. London: Clarendon Press, 1995, pp. 183–210; and James Camlin Beckett, *The Making of Modern Ireland 1603–1923*. London/Boston: Faber and Faber, 1981, pp. 389–94を見よ。

128 Karl Marx to Jenny Longuet, 29 April 1881, in MECW, vol. 46, p. 90.（「マルクスからジェニー・ロンゲへ　1881年4月29日」『全集』35巻155頁）

129 Karl Marx to Jenny Longuet, 11 April 1881, in MECW, vol. 46, p. 84.（「マルクスからジェニー・ロンゲへ　1881年4月11日」『全集』35巻149頁）

130 Karl Marx to Jenny Longuet, 29 April 1881, in MECW, vol. 46, p. 90.（「マルクスからジェニー・ロンゲへ　1881年4月29日」『全集』35巻155頁）マルクスは晩年、イギリスの擬人化された表現であるジョン・ブルを好んで使うようになった。

131 Ibid.（同前）

132 Karl Marx to Jenny Longuet, 6 June 1881, in MECW, vol. 46, p. 95.（「マルクスからジェニー・ロンゲへ　1881年6月6日」『全集』35巻160頁）

133 Paul Lafargue, in Institute of Marxism-Leninism (Ed.), *Reminiscences of Marx and Engels*. Moscow: Foreign Languages Publishing House, 1957, p. 72.

134 Karl Marx to Jenny Longuet, 11 April 1881, op. cit., pp. 81–2.（「マルクスからジェニー・ロンゲへ　1881年4月11日」『全集』35巻146、7頁）アウグスト・ベーベル宛のエンゲルスの手紙から、彼もまたカウツキーにあまり好感を抱いていなかったことが分かる。エンゲルスはドイツの政党の他の若手エードゥアルト・ベルンシュタインに目をかけていた。エンゲルスは、ドイツ社会主義の指導者マルクスとエンゲルス自身の最良の後継者はベルンシュタインであると考えていたようだ。ベルンシュタインは「本当に機転がきき、すばやく把握する。これはカウツキーの正反対だ。カウツキーは、なかなか感心な奴だが、生来の衒学者かつ穿鑿屋で、彼の手にかかると複雑な問題が簡単になるのではなくて、簡単な問題が複雑になる」とエンゲルスは書いている。カウツキーは「比較的長い雑誌論文ではときどきかなりいい仕事をするが、自分の性格にはどうしても打ち克つことができないようだ。それはと論理的な思考習慣が欠落していた」ことを強調した。Henry George, *An Anthology of Henry George's Thought*, edited by Kenneth C. Wenzer. Rochester: University of Rochester Press, 1997, p. 175. マサチューセッツ工科大学学長のフランシス・ウォーカー（1840～1897年）に宛あてた二通の手紙では、「錯乱の君」とか「表層的な思想家」とかと呼んだ（ibid., pp. 78 and 177）。ロイ・ダグラスは「マルクスが1883年に亡くなったとき（…）プロイセンの社会主義者のことを聞いたことのあるすべての人のために、ヘンリー・ジョージについて議論していた多くのイギリス人がいたに違いない」と書いた（Roy Douglas, *Land, People and Politics: A History of the Land Question in the United Kingdom, 1878–1952*. London: Allison and Busby, 1976, p. 48）。事態は数年の内に一変するだろう。

116 Karl Marx to Nikolai Danielson, 19 February 1881, in MECW, vol. 46, p. 62.（「マルクスからニコライ・フランツェヴィチ・ダニエリソーンへ　1881年2月19日」『全集』35巻128頁）

117 Ibid., p. 63.（同前）

118 Edward J. Renehan, *Dark Genius of Wall Street: The Misunderstood Life of Jay Gould, King of the Robber Barons*. New York: Basic Books, 2006; and Maury Klein, *The Life and Legend of Jay Gould*. Baltimore: Johns Hopkins University Press, 1997, p. 393を見よ。

119 Karl Marx to Nikolai Danielson, 19 February 1881, in MECW, vol. 46, p. 63.（「マルクスからニコライ・フランツェヴィチ・ダニエリソーンへ　1881年2月19日」『全集』35巻128、9頁）

120 Ibid., p. 63.（同前、129頁）

121 Ibid.（同前）

122 Ibid., pp. 63–4.（同前）

123 Karl Marx to Jenny Longuet, 11 April 1881, in MECW, vol. 46, p. 84.（「マルクスからジェニー・ロンゲへ　1881年4月11日」『全集』35巻146頁）

124 この有名なフレーズはグラッドストンの秘書が記録していた。Edgar J. Feuchtwanger, *Gladstone*. London: Allen Road, 1975, p. 146.

125 Karl Marx to Jenny Longuet, 11 April 1881, in MECW, vol. 46, op. cit., p. 84.（「マルクスからジェニー・ロンゲへ　1881年4月11日」『全集』35巻149、50頁）

126 1879年に創立された政治結社アイルランド国民土地同盟は、アイルランドの借地農の利害を代表していた。

127 Karl Marx to Jenny Longuet, 11 April 1881, in MECW, vol. 46, op. cit., p. 84.（「マルクスからジェニー・ロンゲへ　1881年4月11日」『全集』35巻150頁）ハインドマ

護関税、ギルド、たばこ専売、工業諸部門の国有化、海外貿易会社、王立製陶工場がそれだ。我々は、これを批判すべきで、信じてはならない。我々がそれを信じて、それに基づいて理論的展開をすれば、この展開はその諸前提と一緒に、つまり次の簡単な指摘でもって崩壊する。すなわち、このいわゆる社会主義は、一方では封建的反動、他方では金を搾り出す口実以外の何ものでもなく、その底意は、できるだけ多くのプロレタリアを国家に従属する役人と年金受領者に変え、訓練された軍隊と官僚軍の他に同じような労働者軍を組織することになる、という指摘である。工場監督者による選挙強制の代わりに役人上司によるそれ——素晴らしい社会主義！」。Friedrich Engels to Eduard Bernstein, 12 March 1881, in MECW, vol. 46, p. 74.（「エンゲルスからエードゥアルト・ベルンシュタインへ　1881年3月12日」『全集』35巻140頁）

111 Karl Marx, *The Poverty of Philosophy*, in MECW, vol. 6, p. 203.（「哲学の貧困－プルードンの『貧困の哲学』への返答」『全集』4巻179頁）

112 Karl Marx to Friedrich Sorge, 20 June 1881, op. cit., pp. 100–1.（「マルクスからフリードリヒ・アードルフ・ゾルゲへ　1881年6月20日」『全集』35巻166、7頁）

113 Ibid., p. 101.（同前、166頁）

114 Ibid.（同前）ハイドマンの証言も参照すべきである。「マルクスはそれに目を通し、一笑に付してこう言った。『資本家の最後の落ち目だね』。この言葉の意味を私はほとんど理解できなかった。その著作の中には非常の多くの不整合があり、経済学のひどい無理解があり、もったいぶって高級な新聞口調だがあまり教養のない、そして人間的な魅力に欠ける俗物であるとみなされた。（…）マルクスはこれを理に適った抗議だとは思わなかった。人びとに間違いを拡散してしまうことは、決してよいことではないためである。『誤りを反証しないことは、知的不道徳を励行することだ』。10人が離れていき、100人が軽率にもジョージのところで立ち止まる。これを実行するのは危険すぎる」。Henry Hyndman, *The Record of an Adventurous Life*. New York: Macmillan, 1911, pp. 258–9.

115 Karl Marx to Friedrich Sorge, 20 June 1881, op. cit., p. 101.（「マルクスからフリードリヒ・アードルフ・ゾルゲへ　1881年6月20日」『全集』35巻167頁）マルクスについてのジョージのコメントも興味深い。マルクスの死後、ジョージはマルクスの著作を読んでいなかったが次のようにコメントしている。「社会状態を改善するために生涯を賭したこの人に深い尊敬」を感じる、と。Philip S. Foner (ed.), *Karl Marx Remembered: Comments at the Time of His Death*. San Francisco: Synthesis Publications, 1983, p. 101. しかし、翌年には、ハインドマンへの手紙で、マルクスには「分析力

やはりそれは神秘的で定義されないままだった。

95 さらに、数学記号は現実世界の実際を反映すべきである、というマルクスの信念は今日的には無邪気すぎる考えであるとみなされてしまうであろう。

96 Friedrich Engels to Karl Marx, 18 August 1881, in MECW, vol. 46, pp. 131–2.(「エンゲルスからマルクスへ　1881年8月18日」『全集』35巻19、20頁)

97 Karl Marx to Friedrich Engels, 22 November 1882, in MECW, vol. 46, p. 380.(「マルクスからエンゲルスへ　1882年11月22日」『全集』35巻94頁)

98 Karl Marx to Friedrich Engels, 31 May 1873, in MECW, vol. 44, p. 504.(「マルクスからエンゲルスへ　1873年5月31日」『全集』33巻71頁)

99 Alain Alcouffe, 'Introduction', in Karl Marx, *Les manuscrits mathématiques de Marx*, Alain Alcouffe (ed.). Paris: Economica, 1985, p. 20fを見よ。

100 この大会は、元々チューリッヒで開催される予定であったが、警察に禁止されてしまったため、ようやく10月にクールで開かれた。

101 Kark Marx to Ferdinand Domela Nieuwenhuis, 22 February 1881, in MECW, vol. 46, p. 66.(「マルクスからフェイディナンド・ドメラ・ニーウェンホイスへ　1881年2月22日」『全集』35巻131頁)

102 Ibid.(同前)

103 Ibid.(同前)

104 Ibid., pp. 66–7.(同前、132頁)

105 Ibid., p. 67.(同前)

106 Ibid.(同前)

107 Henry George, *Progress and Poverty*. New York: Robert Schalkenbach Foundation, 2006, pp. 224–5.

108 Karl Marx to Friedrich Sorge, 20 June 1881, in MECW, vol. 46, pp. 99–101.(「マルクスからフリードリヒ・アードルフ・ゾルゲへ　1881年6月20日」『全集』35巻165～7頁)

109 Karl Marx and Friedrich Engels, *Manifesto of the Communist Party*, in MECW, vol. 6, p. 505.(「共産党宣言」『全集』4巻495頁)

110 Karl Marx to John Swinton, 2 June 1881, in MECW, vol. 46, p. 93.(「マルクスからジョン・スウィントンへ　1881年6月2日」『全集』35巻158頁)エンゲルスも同様に「国家社会主義」はまったく受け入れがたいと述べた。1881年3月のベルンシュタイン宛の書簡で次のように書いている。「自由競争への干渉をすべて『社会主義』と呼ぶのは、マンチェスター・ブルジョワのまったく打算的なすり替えである。保

83 Alessandro Casiccia, 'La concezione materialista della società antica e della società primitiva', in Henry Morgan, *La società antica*. Milano: Feltrinelli, 1970, p. xviiを見よ。

84 Gailey, *Community, State, and Questions of Social Evolution*, op. cit., pp. 35 and 44を見よ。

85 Karl Marx to Friedrich Engels, 11 January 1858, in MECW, vol. 40, p. 244.（「マルクスからエンゲルスへ　1858年1月11日」『全集』29巻204頁）

86 Karl Marx to Friedrich Engels, 23 November 1860, in MECW, vol. 41, p. 216.（「マルクスからエンゲルスへ　1860年11月23日」『全集』30巻91頁）

87 Karl Marx to Friedrich Engels, 20 May 1865, in MECW, vol. 42, p. 159.（「マルクスからエンゲルスへ　1865年5月20日」『全集』31巻102頁）

88 後日、エンゲルスは、マルクスの『資本論』の執筆には数年間の中断があったことを回顧している。「1870年からは再び一つの休止期になったが、それは主に病気のせいだった。例によってマルクスはこの時期を色々な研究で満たした。農学、アメリカの、ことにまたロシアの農村事情、貨幣市場や銀行業、最後に色々な自然科学、特に地質学や生理学、これらに加えて独立の数学的研究、これらのものがこの時期の多数の抜き書き帳の内容をなしている」。Friedrich Engels, 'Preface to the First German Edition', *Capital*, Volume II, in MECW, vol. 36, p. 7.（『資本論』2巻9頁）

89 Sofya Yanovskaya, 'Preface to the 1968 Russian edition', in Karl Marx, *Mathematical Manuscripts*. London: New Park Publications, 1983, p. ixを見よ。

90 ニュートンとライプニッツとの論争が過熱し、互いに剽窃と非難し合い、自分こそが「第一発見者」であると主張し合った。Alfred Rupert Hall, *Philosophers at War*. Cambridge: Cambridge University Press, 1980, p. 234を見よ。

91 「マルクスは、微分代数の概念を整理し、関連する特定の級の導関数の計算手順を明らかにした」。Augusto Ponzio, 'Introduzione. I manoscritti matematici di Marx', in Karl Marx, *Manoscritti matematici*. Milano: Spirali, 2005, p. 7.

92 Marx, *Mathematical Manuscripts*, op. cit, pp. 35–106.

93 Lucio Lombardo Radice, 'Dai 'manoscritti matematici' di K. Marx', in *Critica marxista-Quaderni*, 1972, 6, p. 273を見よ。マルクスの『数学草稿』では、導関数や微分記号を含まない表現では「代数」が、*dx*と*dy*のような微積分に特有の表現がなされる場合には「記号」が使用されている。Ponzio, 'Introduzione', op. cit., p. 26を見よ。

94 ニュートンとライプニッツを擁護するためには、異なる内容と視点から、いくつかの幾何学上の問題を解くための代数的手段としてのみこの計算方法が作られたことを指摘しておくべきである。彼らはその基礎を説明することに関心を払っておらず、しているのである。「民主制にとっての国家は、特殊的なものとしてはただたんに特殊的なものである。(…) 近代のフランス人はこのことを、真の民主制の下では、政治的国家はなくなると理解した。この解釈は、政治的国家は (…) もはや全体的なものとしては通用しないという点で正しい」。Karl Marx, 'A Contribution to the Critique of Hegel's Philosophy of Law', in MECW, vol. 3, pp. 78 and 30.（「ヘーゲル法哲学の批判から」『全集』1巻264、318頁）

77 30年後に、この批判はさらに研ぎ澄まされた。「近代工業の進歩が資本と労働の階級間の対立を発展させ、拡大し、強化するのと歩調を合わせて、国家権力は、労働に対する資本の全国的権力、社会的隷従のために組織された公的な力、階級的専制の機関という性格をますます帯びるようになった」。Karl Marx, *The Civil War in France*, in MECW, vol. 22, p. 329.（「フランスにおける内乱」『全集』17巻313頁）

78 Marx, *The Ethnological Notebooks of Karl Marx*, op. cit., p. 329.（「ヘンリ・サムナー・メーンの著書『初期制度史講義』ロンドン、1875年刊、の摘要」『全集』補巻4、536、7頁）Krader's 'Introduction', in Ibid., p. 59をも参照せよ。

79 Marx, *The Ethnological Notebooks of Karl Marx*, op. cit., p. 329.（同前、537頁）

80 Krader, 'Introduction', op. cit., p. 37, and Christine Ward Gailey, 'Community, State, and Questions of Social Evolution in Karl Marx's *Ethnological Notebooks*', in Jacqueline Solway (ed.), *The Politics of Egalitarianism*. New York-Oxford: Berghahn Books, 2006, p. 36を見よ。

81 Fritjof Tichelman, 'Marx and Indonesia: Preliminary Notes', in *Schriften aus dem Karl-Marx-Haus*, xxx, *Marx on Indonesia and India*. Trier: Karl-Marx-Haus, 1983, p. 18を見よ。さらに、マネーについてのエンゲルスの見解をも参照されたい。「いまはびこっている国家社会主義を、ジャワで実地に満開の花を咲かせている見本によって暴露する労を、誰かが取ってくれるといいのだが。材料はすべて (…)『ジャワ、あるいは植民地の経営法』の中に見いだされる。それによれば、オランダ人がどのように古い共同体の共産主義を基礎として国家の手で生産を組織したか、そして彼らの観念からすればまったく快適な生活を人びとに確保してやったかが分かる。その結果は、人民が原始的な愚昧の段階に引き留められ、そして毎年7000万マルクがオランダの国庫に流れ込んでいるのである」。Friedrich Engels to Karl Kautsky, 16 February 1884, in MECW, vol. 47, pp. 102–3.（「エンゲルスからカール・カウツキーへ　1884年2月16日」『全集』36巻99頁）

82 Marcello Musto,'The Rediscovery of Karl Marx', *International Review of Social*, vol. 52 (2007), no. 3, pp. 479–80を参照せよ。

性と氏族の部族に対する関係とについてルイス・ヘンリー・モーガンが行った最後の仕上げとなるべき発見によって、典型的な形態で明らかにされた。この原始の共同体が解体するとともに、社会は別々の、そして遂には互いに敵対する諸階級に分裂し始めるのである」(同前)。

64 Engels, *The Origin of the Family, Private Property and the State*, in MECW, vol. 26, p. 131.(「家族、私有財産および国家の起源」『全集』21巻27頁)

65 *The German Ideology*, in MECW, vol. 5, p. 44.(「ドイツ・イデオロギー」『全集』3巻27頁)エンゲルスは、カール・マルクスとフリードリヒ・エンゲルスの共著になる『ドイツ・イデオロギー』を参照している。とくに、いわゆる「第1章　フォイエルバッハ論」に注目されたい。

66 Engels, *The Origin of the Family, Private Property and the State*, pp. 173–4.(「家族、私有財産および国家の起源」『全集』21巻70頁)この仕事のおかげで、エンゲルスはモーガンの著作へのマルクスの『摘要』を本当に出版したのだった。

67 Marx, *The Ethnological Notebooks of Karl Marx*, op. cit., p. 121.(「モーガン『古代社会』摘要」『全集』補巻4、293頁)

68 Ibid., pp. 123 and 104.(同前、296、270頁)Maurice Godelier, *Horizon, trajets marxistes en anthropologie*, Paris; Francois Maspero 1973, pp. 178–9も参照せよ。

69 Morgan, *Ancient Society*, op. cit., p. 551.

70 Morgan, *Ancient Society*, op. cit., pp. 551–2.

71 括弧内の挿入はマルクスによる。Marx, *The Ethnological Notebooks of Karl Marx*, op. cit., p. 139を見よ。

72 Morgan, *Ancient Society*, op. cit., pp. 551–2.

73 Godelier, *Horizon, trajets marxistes en anthropologie*, op. cit., pp. 178–9を見よ。

74 Marx, *The Ethnological Notebooks of Karl Marx*, op. cit., p. 139. クレーダーによれば「モーガンは気づかなかったとはいえ、この再構築の過程が、過去のものとは別の次元で起こることをマルクスは明らかにしている。それは、人間の、人間自身による、人間的な努力の所産である。文明の内にある敵対関係は静的でも受動的でもないが、しかし再構築の帰結に反対する社会的利害から構成されている。再構成は活動的で動態的な方法で決定される」(Krader, 'Introduction', in Marx, *The Ethnological Notebooks of Karl Marx*, op. cit., p. 14.)。

75 ibid., p. 19を見よ。

76 『ヘーゲル法哲学の批判』にて、マルクスは「市民社会」を「国家」に「対置」して分析している。いわく、国家は社会の「内部」にあるのではなく、「その上に」存立

47 Karl Marx to Nikolai Danielson, 19 February 1881, op. cit., p. 61.（「マルクスからニコライ・フランツェヴィチ・ダニエリソーンへ　1881年2月19日」『全集』35巻126頁）

48 このタイトルはマルクスの没後に、草稿の編集者であるローレンス・クレイダーによって付けられた。しかし、草稿の内容はより正確には人類学に関連するものであり、したがって、筆者が民族学として言及しない理由である。

49 Karl Marx, *The Ethnological Notebooks of Karl Marx*, Lawrence Krader (ed.). Assen: Van Gorcum, 1972. マルクスはこの著作の正確な日付を記さなかった。この文献の中心的な研究者であるクレーダーは、マルクスはモーガンの著作をよく理解することからはじめ、その後に抜粋を作成しだしたとみている（'Addenda', in ibid., p. 87を見よ)。1881年3月から6月にかけてロンドンを旅行したときのカウツキーの証言も参照せよ。そこには「先史学と民族学がマルクスの頭の中のほとんどを占めていた」とある。(Enzensberger (ed.), *Gespräche mit Marx und Engels*, op. cit., p. 552)

50 この論点については次の文献を見よ。Pierre Dardot and Christian Laval, *Marx, prénom Karl*. Paris: Gallimard, 2012, p. 667.

51 氏族は「血縁関係にある共通の家系を構成する」単位であった。Henry Morgan, *Ancient Society*. New York: Henry Holt, 1877, p. 35を見よ。

52 Hyndman, *Record of an Adventurous Life*, op. cit., pp. 253–4.

53 Morgan, *Ancient Society*, op. cit., p. 515.

54 Ibid., p. 472.

55 Marx, *The Ethnological Notebooks of Karl Marx*, op. cit., p. 115.（「モーガン『古代社会』摘要」『全集』補巻4、285頁）

56 Ibid., p. 292.（「ヘンリ・サムナー・メーンの著書『初期制度史講義』ロンドン、1875年刊、の摘要」『全集』補巻4、482頁）

57 Ibid., p. 309.（同前、507頁）

58 Ibid., p. 324.（同前、529頁）

59 Ibid., p. 281.

60 Morgan, *Ancient Society*, op. cit., p. 469.

61 Ibid., p. 120.

62 Ibid., p. 21.

63 Karl Marx and Friedrich Engels, *Manifesto of the Communist Party*, in MECW, vol. 6, p. 482.（「共産党宣言」『全集』4巻475頁）1888年の英語版『共産党宣言』へのエンゲルスによる注にはこうある。「この原始共産主義社会の内部組織は、氏族の真の本

気分転換をして活力を取り戻すためには」(Liebknecht, in ibid., p. 541) と述べ、ハインドマンは「子どもたちは彼が好きで、友達として一緒に遊んでいた」(Hyndman, *Record of an Adventurous Life*, op. cit., p. 259) と言った。

40 Karl Marx to Jenny Longuet, 11 April 1881, in MECW, vol. 46, p. 81. (「マルクスからジェニー・ロンゲへ　1881年4月11日」『全集』35巻146頁)

41 Karl Marx to Jenny Longuet, 29 April 1881, in MECW, vol. 46, p. 89. (「マルクスからジェニー・ロンゲへ　1881年4月29日」『全集』35巻154頁)

42 Ibid. (同前)

43 Karl Marx to John Swinton, 2 June 1881, in MECW, vol. 46, p. 93. (「マルクスからジョン・スウィントンへ　1881年6月2日」『全集』35巻159頁)

44 Friedrich Engels to Jenny Longuet, 31 May 1881, in MECW, vol. 46, p. 77. (「エンゲルスからジェニー・ロンゲへ　1881年5月31日」『全集』35巻156頁)

45 Karl Marx to Jenny Longuet, 6 June 1881, in MECW, vol. 48, p. 95. (「マルクスからジェニー・ロンゲへ　1881年6月6日」『全集』35巻160頁)

46 フランツ・メーリングは、1918年に、マルクスの最後の10年は「ゆっくりと死を迎えるもの」であったと「はなはだしく誇張されてきた」と記している (*Karl Marx: The Story of His Life*. Ann Arbor: University of Michigan Press, 1962, p. 501) (栗原佑訳『マルクス伝3』大月書店、2018年、173頁)。ところが「1878年以降、マルクスは主著を完成する仕事をしなくなった」(pp. 526–7) (同前、212頁) という不正確な主張をもしている。それに対して、ダヴィト・リャザーノフは1923年に「1881年から1883年の間にマルクスの創造的な仕事の能力はある程度低下したが、彼の研究に向かう情熱と力が失われることは決してなかった」と述べた ('Neueste Mitteilungen über den literarischen Nachlaß von Karl Marx und Friedrich Engels', in *Archiv für die Geschichte des Sozialismus und der Arbeiterbewegung*, vol. 11 (1925), p. 386)。1929年、リャザーノフの *Karl Marx* (Leipzig: F. Meiner) の中で、カール・フォルレンダーは「早熟な人は多くの試練に耐えなければならないため、他の多くの人びとよりも身体的な年齢も早く経過するのである」(p. 248) と述べた上で、「1878年以降のマルクスはそれ以前よりも多くの作業で仕事ができないと感じることが多くなった」(p. 261) と付け加えている。10年後、アイザイア・バーリンは「彼の記述力は日ごとに低下していき、筆致は不鮮明で判読しがたいものになった」と繰り返した (*Karl Marx: His Life and Environment*. London: Oxford University Press, 1963, p. 280.)。晩期のマルクスの作業は確かに難航し、しばしば回りくどいものとなったが、しかしそれでもなお理論的に重要なものであった。

由なく生活できるくらいに十分な資金を受け取った。

25 Karl Marx to Nikolai Danielson, 19 February 1881, in MECW, vol. 46, p. 61.（「マルクスからニコライ・フランツェヴィチ・ダニエリソーンへ　1881年2月19日」『全集』35巻126頁）

26 Karl Kautsky, in Hans Magnus Enzensberger (ed.), *Gespräche mit Marx und Engels*. Frankfurt/Main: Insel Verlag, 1973, p. 556.

27 Comyn, 'My Recollections of Marx', op. cit., p. 163.

28 Karl Marx to Jenny Longuet, 11 April 1881, in MECW, vol. 46, p. 82.（「マルクスからジェニー・ロンゲへ　1881年4月11日」『全集』35巻147頁）

29 Comyn, 'My Recollections of Marx', op. cit., p. 161.

30 Karl Marx to Jenny Longuet, 11 April 1881, in MECW, vol. 46, op. cit., p. 82.（「マルクスからジェニー・ロンゲへ　1881年4月11日」『全集』35巻147頁）

31 s.n., '[Sir Mountstuart Elphinstone Grant Duff's Account of a Talk with Karl Marx. From a Letter to Crown Princess Victoria]', 1 February 1879, in MECW, vol. 24, p. 580–3.

32 Edward Bernstein, *My Years of Exile*. London: Leonard Parsons, 1921, p. 156.

33 Karl Kautsky, in Enzensberger (Ed.), *Gespräche mit Marx und Engels*, op. cit., p. 556.

34 Ibid., p. 558.

35 Ibid., p. 556.

36 Comyn, 'My Recollections of Marx', op. cit., p. 161.

37 Karx Marx to Nikolai Danielson. 19 February 1881, in MECW, vol. 46, p. 60.（「マルクスからニコライ・フランツェヴィチ・ダニエリソーンへ　1881年2月19日」『全集』35巻126頁）

38 Ibid., p. 61.（同前）

39 これらはマルクスが三人の孫たちに使っていた愛称であった。ジャン、アンリ、エドガー・ロンゲ。一番下の孫は、祖父が「子どもたちと子どものように遊ぶことが、彼の権威を傷つけるかもしれないということを少しも心配していなかった。路地では『パパ・マルクス』と呼ばれていた。彼はいつも子どもたちにあげるためのお菓子をポケットに忍ばせていた。そして、彼の愛は孫たちに注がれていた」と回想している。(Edgar Longuet, in Enzensberger (ed.), *Gespräche mit Marx und Engels*. op. cit., p. 579）ベーベルは、マルクスが「二人の孫たちとの遊び方を心得ていて、彼が孫たちをどんなに愛していたか」を思い出している（August Bebel, in ibid., p. 528)。リープクネヒトは「マルクスにとって子どもたちはなくてはならない友達だった。

で参照したすべての文献リストが添付されている。そこには、830の文献に対してなされた、4万頁にも亘るマルクスの断片的なコメントも含まれている。

13 s.n., '[Account of Karl Marx's Interview with the *Chicago Tribune hicago Tribune* Correspondent]', *Chicago Tribunehicago Tribune*, 5 January 1879, in MECW, vol. 24, p. 569.

14 Lafargue, in Institute of Marxism-Leninism (ed.), *Reminiscences of Marx and Engels*, op. cit., pp. 73–4. マルクスの文学への強い関心と幅広い知識については、Siebert S. Prawer, *Karl Marx and World Literature*. London: Verso, 2011, in particular p. 384–5を見よ。

15 Lafargue, in Institute of Marxism-Leninism (ed.), *Reminiscences of Marx and Engels*, op. cit., pp. 73–4.

16 Karl Marx to Paul Lafargue, 11 April 1868, in MECW, vol. 43, p. 10.(「マルクスからラウラおよびポール・ラファルグへ　1868年4月11日」『全集』32巻448頁)

17 Karl Marx, *A Contribution to the Critique of Political Economy*, in MECW, vol. 29, p. 264.(『批判』15頁)

18 マルクスが亡くなった一年後の1884年2月16日に、エンゲルスはラウラ・ラファルグへの手紙の中で次のように書いた。「私たちは、とうとう古い『物置』を片付けてしまい、保存すべきものを山ほど見つけた。また、半トンほどの古新聞が見つかったが、これをより分けることは不可能だ。(…)原稿のうちには、『資本論』の最初の異文(1861～63年)があり、その中に『剰余価値についての諸理論』と題する数百ページを見つけた」(MECW 46, p. 104)。(「エンゲルスからラウラ・ラファルグへ　1884年2月16日」『全集』36巻101頁)

19 Lafargue, in Institute of Marxism-Leninism (ed.), *Reminiscences of Marx and Engels*, op. cit., p. 74.

20 Henry Hyndman, *Record of an Adventurous Life*. London: Macmillan, 1913, p. 250.

21 Lafargue, in Institute of Marxism-Leninism (ed.), *Reminiscences of Marx and Engels*, op. cit., p. 74.

22 Asa Briggs and John Callow, *Marx in London: An Illustrated Guide*. London: Lawrence and Wishart, 2008, pp. 62–5を見よ。

23 Marian Comyn, 'My Recollections of Marx', in *The Nineteenth Century and After*, vol. 91, January 1922, p. 165.

24 1870年7月、縫製糸製造業のエルメン・アンド・エンゲルスの共同承継人として、フリードリヒ・エンゲルスは会社の株を売却し、自分自身とマルクスの家族が不自

第X章

1 'John Swinton, Crusading Editor', in Sender Garin, *Three American Radicals: John Swinton, Charles P. Steinmetz, and William Dean Howellshree American Radicals: John Swinton, Charles P. Steinmetz, and William Dean Howells*. Boulder: Westview Press, 1991, pp. 1–41を見よ。

2 刑事報告'[Declaration by Karl Marx on His Naturalisation in England]', in MECW, vol. 24, p. 564を見よ。(「イギリスへの帰化にかんするK・マルクスの宣言」『全集』補巻4、582、3頁)

3 Karl Marx to Friedrich Sorge, 27 September 1877, in MECW vol. 45, p. 278.(「マルクスからフリードリヒ・アードフル・ゾルゲへ　1877年9月27日」『全集』34巻238頁)

4 Karl Marx to Ferdinand Nieuwenhuis, 27 June 1880, in MECW, vol. 46, p. 16.(「マルクスからフェルディナンド・ドメラ・ニーウェンホイスへ　1880年6月27日」『全集』34巻367、8頁)

5 Karl Marx to Nikolai Danielson, 12 September 1880, in MECW, vol. 46, p. 30.(「マルクスからニコライ・フランツェヴィチ・ダニエリーソンへ　1880年9月12日」『全集』34巻381頁)

6 Karl Marx, '[Account of an Interview with John Swinton, Correspondent of *The Sunhe Sun*]', 6 September 1880, in MECW, vol. 24, pp. 583–4.(「カール・マルクスとの新聞『サン』の通信員ジョン・スウィントンの会見メモ」『全集』補巻4、584、5頁)

7 Ibid., p. 583.(同前、583頁)

8 Ibid.(同前、584頁)

9 Ibid., p. 585.(同前、586頁)

10 Ibid.(同前)

11 メイトランド・パーク・ロードの一番地でなされたマルクスの研究についてはPaul Lafargue, in Institute of Marxism-Leninism (Ed.), *Reminiscences of Marx and Engelseminiscences of Marx and Engels*. Moscow: Foreign Languages Publishing House, 1957, pp. 73–4を見よ。

12 Hans-Peter Harstick, Richard Sperl and Hanno Strauß, 'Einführung', in Karl Marx and Friedrich Engels, *Die Bibliotheken von Karl Marx und Friedrich Engelsie Bibliotheken von Karl Marx und Friedrich Engels*, MEGA², vol. IV/32, p. 73を見よ。これは730頁以上にもなる1450件(2100冊)の文献目録——全体の3分の2がマルクスとエンゲルス(2100件、3200冊)のものである——は75年間の研究の成果であり、マルクスが注

国際組織では、100人の強力で真剣な革命家の同盟があれば十分である。最も大きな国の組織では2～300人の革命家がいればよい」(ibid.)。

39 Karl Marx, 'Record of Marx's speech on Secret Societies', in MECW, vol. 22, p. 621.(「秘密結社についてのマルクスの演説の記録」『全集』17巻624、5頁)

40 Mikhail Bakunin, 'Aux compagnons de la Fédération des sections internationales du Jura', in Arthur Lehning, A. J. C. Rüter and P. Scheibert (eds.), *Bakunin–Archiv*, vol. II: *Michel Bakounine et les Conflits dans l'Internationale*. Leiden: Brill, 1965, p. 75.

41 Karl Marx, 'Political Indifferentism', in MECW, vol. 23, p. 393.(「政治問題への無関心」『全集』18巻296、7頁)

42 Mikhail Bakunin, *Marxism, Freedom and the State*. London: Freedom Press, 1950, p. 21.

43 インターナショナルでゲオルグ・ハウプトが使用していた「自治主義者」(*L'Internazionale socialista dalla Comune a Lenin*, op. cit., p. 70)の用語は、ジャック・フレイモンが「連合主義者」('Introduction', in Bert Andréas and Miklós Molnár (eds.), *La première Internationale*, Vol. III: *Les conflits au sein de l'Internationale, 1872–1873*, op. cit., p. viii.)という表現で好んで使用していた。

44 Karl Marx, 'Political Indifferentism', op. cit., pp. 392–3.(「政治問題への無関心」『全集』18巻296頁)

45 Ibid., p. 393.(同前、296、7頁)

46 Ibid., p. 394.(同前、297、8頁)

47 Mikhail Bakunin, *Statism and Anarchy*, Cambridge: Cambridge University Press, 1990, p. 33.

48 Ibid., p. 135.

49 Ibid., p. 184.

50 Ibid., p. 177.

51 Karl Marx 'Conspectus of Bakunin's *Statism and Anarchy*', in MECW, vol. 24, p. 518.(「バクーニンの著書『国家制と無政府』摘要」『全集』18巻642、3頁)

52 Ibid., p. 519.(同前、643頁)

53 Ibid., p. 521.(同前、646頁)

54 Ibid., p. 517.(同前、641頁)

55 Ibid., p. 521.(同前、645、6頁)

56 Ibid., p. 519.(同前、644頁)

25 Karl Marx, 22 September 1872, in Henri Burgelin, Knut Langfeldt and Miklós Molnár (eds.), *La première Internationale*, vol. II (1869–1872), op. cit., p. 217.

26 Karl Marx to César De Paepe, 28 May 1872, in MECW, vol. 44, p. 387.（「マルクスからセザール・デ・パープへ　1872年5月28日」『全集』33巻388頁）「私は首を長くして次期大会を待っている。大会が来たら、それが私の奴隷状態の最後になるだろう。その後は自由人に戻り、もう管理的な職務を引き受けないつもりだ。総評議会のためにも、イギリス連合評議会のためにも」。

27 Mikhail Bakunin, 'Programme of the Alliance [International Alliance of Socialist Democracy]', in Arthur Lehning (ed.), *Michael Bakunin: Selected Writings*. London: Jonathan Cape, 1973, p. 174.

28 Mikhail Bakunin, 'A Letter to the Editorial Board of *La Liberté*', in Arthur Lehning (ed.), *Michael Bakunin: Selected Writings*. London: Jonathan Cape, 1973, pp. 236–7.

29 James Guillaume, 'Anarchist politics', in Musto (ed.), *Workers Unite!*, op. cit., p. 290.

30 Mikhail Bakunin and James Guillaume, 'The Destruction of Political Power', in Musto (ed.), *Workers Unite!*, op. cit. p. 294.

31 Mikhail Bakunin, 'The International and Karl Marx', in Sam Dolgoff (ed.), *Bakunin on Anarchy*. New York: Alfred A. Knopf, 1971, p. 303.

32 政党の下で組織化された労働者階級による国家の征服に対するバクーニンの異議についてはArthur Lehning, 'Introduction', in idem (ed.), *Bakunin–Archiv*, vol. VI: *Michel Bakounine sur la Guerre Franco-Allemande et la Révolution Sociale en France (1870–1871)*. Leiden: Brill, 1977, p. cvii を見よ。

33 Guillaume, op. cit., p. 342を見よ。

34 たとえば、James Guillaume, *L'Internationale, Documents et Souvenirs (1864–1878)*, vol. II. New York: Burt Franklin, 1969 [1907], 298–9を見よ。

35 Karl Marx and Friedrich Engels, 'Against Sectarianism', in Musto (ed.), *Workers Unite!*, op. cit., p. 289（「インタナショナルのいわゆる分裂：国際労働者協会総評議会の非公開回状」『全集』18巻44頁）による。

36 Bakunin, 'The International and Karl Marx', op. cit., p. 294.

37 Ibid., pp. 294–5.

38 Mikhail Bakunin, 'Programme and Purpose of the Revolutionary Organization of International Brothers', in Arthur Lehning (ed.), *Michael Bakunin: Selected Writings*, op. cit., p. 155. バクーニンに現実的なセンスが欠落していることは、次の主張に明らかである。「したがって、これらの個人の数は多くはないはずである。ヨーロッパ中の

op. cit., p. 374. 既に反対派は、1871年のソンヴィリエ大会で総評議会の権限を縮小する案を提起していたが、マルクスはハーグ大会で次のように発言した。「レターボックスの役割に後退するくらいなら、総評議会を廃止した方がましだ」(ibid., p. 354)。

13 Ibid., p. 377.

14 Karl Marx, Friedrich Engels and Paul Lafargue, 'Critique of Bakunin's Politics', in Musto (ed.), *Workers Unite!*, op. cit., p. 182.(「社会民主同盟と国際労働者協会」『全集』18巻335頁)

15 Ibid., p. 183.(同前、335頁)

16 Various Authors, 'Statement of the Minority', in Institute of Marxism-Leninism of the C.C., C.P.S.U. (ed.), *The Hague Congress of the First International*, Vol. I: Minutes and Documents. Moscow: Progress, 1976, pp. 199–200.

17 Friedrich Engels, 5 September 1872, in Burgelin, Langfeldt and Molnár (eds.), *La première Internationale*, vol. II (1869–1872), op. cit., p. 355.

18 Maltman Barry, 'Report of the Fifth Annual General Congress of the International Working Men's Association, Held at The Hague, Holland, September 2–9, 1872', in Hans Gerth, *The First International: Minutes of The Hague Congress of 1872*. Madison: University of Wisconsin Press, 1958, pp. 279–80.

19 Friedrich Engels, 5 September 1872, in Burgelin, Langfeldt and Molnár (eds.), *La première Internationale*, vol. II (1869–1872), op. cit., p. 356.

20 Édouard Vaillant, *Internationale et Révolution. A propos du Congrès de La Haye*, in Bert Andréas and Miklós Molnár (eds.), *La première Internationale*, Vol. III: *Les conflits au sein de l'Internationale, 1872–1873*. Geneva: Institut Universitaire de Hautes É tudes Internationales, 1971, p. 140.

21 Ibid., p. 142.

22 Karl Marx, and Friedrich Engels, 'Against Sectarianism', in Musto (ed.), *Workers Unite!*, op. cit., pp. 288–9.(「インタナショナルのいわゆる分裂:国際労働者協会総評議会の非公開回状」『全集』18巻28、9頁)

23 このような立場の批判的分析については、Miklós Molnár, 'Quelques remarques à propos de la crise de l'Internationale en 1872', in Colloque International sur La première Internationale (Ed.), *Le déclin de la Première Internationale*. Genève: Droz, 1963, p. 439を見よ。

24 Miklós Molnár, *Le déclin de la Première Internationale*. Genève: Droz, p. 144.

Internazionale, Roma/Bari: Laterza, 1979, p. 787.

62 Musto (ed.), 'Introduction', in Musto (Ed.), *Workers Unite!*, op. cit., pp. 20を参照せよ。

63 Freymond and Molnár, 'The Rise and Fall of the First International', op. cit., pp. 27–8を参照せよ。

第IX章

1 Georges Haupt, *L'internazionale socialista dalla Comune a Lenin*. Torino: Einaudi, 1978, p. 88を見よ。

2 Karl Marx to Ludwig Kugelmann, 29 July 1872, in MECW, vol. 44, p. 413.（「マルクスからルートヴィヒ・クーゲルマンへ　1872年7月29日」『全集』33巻408頁）

3 この時期のベルギーの革命家の役割については、César de Paepe, *Entre Marx et Bakounine*. Paris: Maspero, 1974.

4 James Guillaume, *L'Internationale, Documents et Souvenirs (1864–1878)*, vol. II. New York: Burt Franklin, 1969, pp. 333–4を見よ。また、Freymond, 'Introduction', in Henri Burgelin, Knut Langfeldt and Miklós Molnár (eds.), *La première Internationale*, vol. I (1866–1868), Geneva: Droz, 1962, p. 25も参照せよ。

5 Friedrich Engels and Karl Marx, 'General Rules of the International Working Men's Association', in Marcello Musto (ed.), *Worker Unite!: The International 150 Years Later*. New York/London: Bloomsbury, 2014, p. 268.（「国際労働者協会暫定規約」『全集』16巻12頁、「ハーグで開催された一般大会の諸決議」『全集』18巻143頁）

6 Freymond, 'Introduction', op. cit., p. xを見よ。

7 Friedrich Engels, 'On the Importance of Political Struggle', in Musto (ed.), *Workers Unite!*, op. cit., pp. 274–5.（「国際労働者協会スペイン連合評議会へ」『全集』17巻268、9頁）

8 Karl Marx, 23 July 1872, in Institute of Marxism-Leninism of the C.C., C.P.S.U. (Ed.), *The General Council of the First International 1871–1872*, Moscow: Foreign Languages Publishing House, 1968, p. 263.

9 Karl Marx, 20 September 1871, in Henri Burgelin, Knut Langfeldt and Miklós Molnár (eds.), *La première Internationale*, vol. II (1869–1872). Geneva: Droz, 1962, p. 195.

10 Karl Marx, 'On The Hague Congress', in MECW, vol. 23, p. 255.（「ハーグ大会についての演説」『全集』18巻158頁）

11 Haupt, *L'Internazionale socialista dalla Comune a Lenin*, op. cit., p. 100を見よ。

12 Burgelin, Langfeldt and Molnár (eds.), *La première Internationale*, vol. II (1869–1872).

Unite!, op. cit., pp. 278–9.（「労働者階級の政治活動についてのマルクスの演説の記録」『全集』17巻620、1頁）

52 Karl Marx, 'On the question of Abstentionism', in Musto (ed.), *Workers Unite!*, op. cit., p. 280.（「労働者階級の政治活動についてのマルクスの演説の記録」『全集』17巻622頁）

53 Ibid.（同前）

54 Ibid.（同前）

55 Karl Marx and Friedrich Engels, 'On the Political Action of the Working Class and Other Matters', in Musto (ed.), *Workers Unite!*, op. cit., p. 285.（「1871年9月17日から23日までロンドンで開催された国際労働者協会代表者協議会の諸決議」『全集』17巻395頁）

56 Ibid.（同前、395頁）

57 1870年代初頭に、労働者階級の運動はドイツでのみ政党として組織されていた。したがって、マルクスやバクーニンの支持者たちの「政党」という用語の使用法は非常に混乱していた。マクシミリアン・ルーベル（*Marx critique du marxisme*, Paris: Payot, 1974, p. 183）によれば、マルクスの「政党概念は（…）階級概念と一致」していた。1871年から1872年にかけてのインターナショナルの論争では政党の建設に焦点が当てられていなかったことを強調しておくことが有益である。政党――この表現は、ロンドン大会ではただの二回だけ、ハーグ大会では五回だけ言及された――ものの、専ら「『政治的』という形容詞で（…）使用」されていた。Haupt, *L'Internazionale socialista dalla Comune a Lenin*, op. cit., p. 84.

58 Henri Burgelin, Knut Langfeldt and Miklós Molnár (eds.), *La première Internationale*, vol. II (1869–1872). Geneva: Droz, 1962, p. 237, and Karl Marx, 'Declaration of the General Council on Nechayev's Misuse of the Name of the International Working Men's Association', in MECW, vol. 23, p. 23（「ネチャーエフによるインタナショナルの名称の詐称についての総評議会の声明」『全集』17巻407頁）を参照せよ。

59 Jacques Freymond, and Miklós Molnár, 'The Rise and Fall of the First International', in Milorad M. Drachkovitch (ed.), *The Revolutionary Internationals, 1864–1943*. Stanford: Stanford University Press, 1966, p. 27を参照せよ。

60 Various Authors, 'Circulaire du Congrès de Sonvilier', in Burgelin, Langfeldt and Molnár (eds.), *La première Internationale*, vol. II (1869–1872), op. cit., pp. 264–5.

61 Various Authors, *Risoluzione, programma e regolamento della federazione italiana dell'Associazione Internazionale dei Lavoratori*, in Gian Mario Bravo, *La Prima*

University Press, 1986を参照せよ。ハウプトは「イデオロギーによって変質したイメージに合致させるためコミューンの実態を再構築すること」（p. 25）に警告した。

40 92議席があったが、数人が複数の選挙区を兼ねていたため、実際の評議員は85名だけであった。

41 Jacques Rougerie, *Paris libre 1871*. Paris: Seuil, 1971, p. 146; Pierre Milza, *L'année terrible*. Paris: Perrin 2009, p. 78を参照せよ。

42 Karl Marx to Domela Nieuwenhuis, 22 February 1881, in MECW, vol. 46, p. 66.（「マルクスからフェルディナンド・ドメラ・ニーウェンホイスへ　1881年2月22日」『全集』35巻131頁）

43 Karl Marx, 'Report of the General Council to the Fifth Annual Congress of the International', in Institute of Marxism-Leninism of the C.C., C.P.S.U. (Ed.), *The General Council of the First International 1871–1872*, Moscow: Foreign Languages Publishing House, 1968, p. 461.（「国際労働者協会第五回年次大会への総評議会の報告」『全集』18巻131頁）

44 Karl Marx to Ludwig Kugelmann, 18 June 1871, in MECW, vol. 44, p. 157.（「マルクスからルートヴィヒ・クーゲルマンへ　1871年6月18日」『全集』33巻198頁）

45 Georges Haupt, *L'internazionale socialista dalla Comune a Lenin*. Torino: Einaudi, 1978, p. 28を参照せよ。

46 Ibid., pp. 93–5.

47 もっとも、〈22名の代議員のうち〉1名は出席できず、2名は最初の2つの会合に出席できただけだったので、〈すべての〉会議に出席できたのは19名の代議員だけだった。

48 Karl Marx, 15 August 1871, in Institute of Marxism-Leninism of the C.C., C.P.S.U. (Ed.), *The General Council of the First International 1870–1871*, Moscow: Foreign Languages Publishing House, 1967, p. 259.

49 Karl Marx, 17 September 1871, in Henri Burgelin, Knut Langfeldt and Miklós Molnár (eds.), *La première Internationale*, vol. II (1869–1872), p. 152.（「ロンドン協議会の開会にあたってのマルクスの演説の記録」『全集』17巻618頁）この「スイス問題」はアナーキストとの不一致に関わっていた。Marcello Musto, 'Introduction', in Musto (ed.), *Workers Unite!*, op. cit., p. 36fを参照せよ。

50 Miklós Molnár, *Le déclin de la première internationale*. Geneva: Droz, 1963, p. 127を参照せよ。

51 Karl Marx, 'On the Political Action of the Working Class', in Musto (ed.), *Workers*

議会の第二の呼びかけ」『全集』17巻260頁）

28 Arthur Lehning, 'Introduction', in Lehning (ed.), *Bakunin–Archiv*, vol. VI: *Michel Bakounine sur la Guerre Franco-Allemande et la Révolution Sociale en France (1870–1871).* Leiden: Brill, 1977, p. xviを参照せよ。

29 Marx, 'Second Address on the Franco-Prussian War', op. cit., p. 241.（「フランス＝プロイセン戦争についての国際労働者協会総評議会の第二の呼びかけ」『全集』17巻259、60頁）

30 Karl Marx to Wilhelm Liebknecht, 6 April 1871, in MECW, vol. 44, p. 128.（「マルクスからヴィルヘルム・リープクネヒトへ　1871年4月6日」『全集』33巻170頁）

31 マルクスは、1848年の労働者の蜂起が保守的な共和政府によって血の海に沈められてしまったことに言及している。

32 Karl Marx to Ludwig Kugelmann, 12 April 1871, in MECW, vol. 44, pp. 131–2.（「マルクスからルートヴィヒ・クーゲルマンへ　1871年4月12日」『全集』33巻174頁）

33 Karl Marx to Ludwig Kugelmann, 17 April 1871, in MECW, vol. 44, pp. 136–7.（「マルクスからルートヴィヒ・クーゲルマンへ　1871年4月17日」『全集』33巻176、7頁）

34 Karl Marx to Léo Frankel and Louis-Eugène Varlin (draft), 13 May 1871, in MECW, vol. 44, p. 149（「マルクスからレオー・フランケルおよびルイ・ウジェヌ・ヴァルラン［1839～1871年］へ　1871年5月13日」『全集』33巻189、90頁）を参照せよ。「プロイセン人はヴェルサイユの連中に要塞を明け渡すことはしないだろうが、最終的な講話条約締結（5月26日）後には、政府がその憲兵を使ってパリを包囲することを許すだろう。（…）ティエールとその一党は（…）ビスマルクに頼んで、第1回分の支払いをパリ占領まで猶予してもらった。ビスマルクはこの条件を飲んだ。プロイセン自身、緊急に金を必要としているのだから、ヴェルサイユの連中にあらゆる便宜を図ってやって、パリ占領を早めるようにするだろう。だから、警戒したまえ！」。

35 Karl Marx to Ludwig Kugelmann, 17 April 1871, in MECW, vol. 44, p. 137.（「マルクスからルートヴィヒ・クーゲルマンへ　1871年4月17日」『全集』33巻176、7頁）

36 Karl Marx, 'On the Paris Commune', in Marcello Musto (ed.), *Workers Unite!*, op. cit., pp. 215–6.（「『フランスにおける内乱』」『全集』17巻316、7頁）

37 Ibid., pp. 217–8.（同前、319頁）

38 Ibid., pp. 218–9.（同前、319、20頁）

39 Georges Haupt, *Aspect of International Socialism 1871–1914.* Cambridge: Cambridge

12 Marx, 'Confidential Communication', in MECW, vol. 21, p. 120.（「非公開通知」『全集』16巻410、1頁）

13 Karl Marx to Sigfrid Meyer and August Vogt, 9 April 1870, in MECW, vol. 43, pp. 474–5.（「マルクスからジークフリート・マイアーおよびアウグスト・フォークトへ　1870年4月9日」『全集』32巻550頁）

14 Ibid., p. 475.（同前、32巻550頁）

15 Ibid.（同前、32巻550、1頁）

16 Ibid.（同前、32巻551頁）

17 Jacques Rougerie, 'Les sections françaises de l'Association Internationale des Travailleurs', in Colloque International sur La première Internationale (ed.), *La Première Internationale: l'institute, l'implantation, le rayonnement*. Paris: Éditions du Centre national de la recherche scientifique, 1968, p. 111に「約数万人」という記述がある。

18 Jacques Freymond (ed.), *Études et documents sur la Première Internationale en Suisse*, Geneva: Droz, 1964, 295.

19 Ibid., p. x.

20 Karl Marx to Friedrich Engels, 18 May 1870, in MECW, vol. 43, p. 523.（「マルクスからエンゲルスへ　1870年5月18日」『全集』32巻421頁）

21 Karl Marx to Paul Lafargue, 19 April 1870, in MECW, vol. 43, pp. 489–90.（「マルクスからポールおよびラウラ・ラファルグへ　1870年4月19日」『全集』32巻555頁）

22 Karl Marx to Paul Lafargue, 18 April 1870, in MECW, vol. 43, p. 485.（「マルクスからポールおよびラウラ・ラファルグへ　1870年4月18日」『全集』32巻552、3頁）

23 Karl Marx a Hermann Jung, 14 July 1870, in MECW, vol. 43, p. 538.（「マルクスからヘルマン・ユングへ　1870年7月14日」『全集』32巻565頁）

24 Karl Marx, 'First Address on the Franco-Prussian War', in Marcello Musto (ed.), *Workers Unite!: The International 150 Years Later*. New York: Bloomsbury. 2014, p. 239.（「フランス＝プロイセン戦争についての国際労働者協会総評議会の第一の呼びかけ」『全集』17巻6、7頁）

25 John Stuart Mill, *The Collected Works of John Stuart Mill*, vol. 32. Toronto: University of Toronto Press, 1991, p. 244.

26 ラサール派の全ドイツ労働者協会の議員が賛成投票を行った。

27 Karl Marx, 'Second Address on the Franco-Prussian War', in Musto (ed.), *Workers Unite!*, op. cit., p. 241.（「フランス＝プロイセン戦争についての国際労働者協会総評

第VIII章

1 Jacques Freymond, 'Introduction', in Henri Burgelin, Knut Langfeldt and Miklós Molnár (eds.), *La première Internationale*, vol. I (1866–1868), Geneva: Droz, 1962, p. xix.

2 Karl Marx, 'Draft Resolution of the General Council on the Policy of the British Government towards the Irish Prisoners', 18 November 1869, in MECW, vol. 21, p. 83.（「アイルランド人大赦問題に対するイギリス政府の態度についての総評議会の決議案」『全集』16巻377頁）

3 Karl Marx to Friedrich Engels, 12 November 1869, in MECW, vol. 43, p. 371.（「マルクスからエンゲルスへ　1869年11月12日」『全集』32巻309頁）

4 Karl Marx to Ludwig Kugelmann, 29 November 1869, in MECW, vol. 43, pp. 390–1.（「マルクスからルートヴィヒ・クーゲルマンへ　1869年11月29日」『全集』32巻525、6頁）

5 この文書はマルクスが友人でありインターナショナルの協会員であるクーゲルマンに送付した私的な通信からの抜粋である。受取人はドイツ社会民主労働党のブランズウィック委員会である。マルクスは1870年1月1日かそのすぐ後に書いた文書を追記し、小冊子「インタナショナルのいわゆる分裂：国際労働者協会総評議会の非公開回状」（『全集』18巻3～45頁）に所収し「総評議会からラテン系スイス連合評議会へ」（『全集』16巻378～85頁）として1872年に発表した。

6 Karl Marx, 'Confidential Communication', in MECW, vol. 21, p. 120.（「非公開通知」『全集』16巻410、1頁）

7 Karl Marx to Ludwig Kugelmann, 29 November 1869, op. cit., p. 391.（「マルクスからルートヴィヒ・クーゲルマンへ　1869年11月29日」『全集』32巻526頁）

8 Karl Marx to Friedrich Engels, 10 December 1869, in MECW, vol. 43, p. 398.（「マルクスからエンゲルスへ　1869年12月10日」『全集』32巻336頁）

9 Karl Marx to Laura and Paul Lafargue, 5 March 1870, in MECW, vol. 43, p. 449.（「マルクスからラウラおよびポール・ラファルグへ　1870年3月5日」『全集』32巻541頁）

10 Marx, 'Confidential Communication', in MECW, vol. 21, pp. 120–1.（「非公開通知」『全集』16巻411頁）

11 Karl Marx to Sigfrid Meyer and August Vogt, 9 April 1870, in MECW, vol. 43, p. 473.（「マルクスからジークフリート・マイアーおよびアウグスト・フォークトへ　1870年4月9日」『全集』32巻549頁）

(「マルクスからルートヴィヒ・クーゲルマンへ　1868年12月12日」『全集』32巻479、80頁)

66 Karl Marx to Friedrich Engels, 5 March 1869, in MECW, vol. 43, pp. 235–6.(「マルクスからエンゲルスへ　1869年3月5日」『全集』32巻215、6頁)

67 Henri Burgelin, Knut Langfeldt and Miklós Molnár (eds.), *La première Internationale*, vol. II (1869–1872). Geneva: Droz, 1962, p. 74.

68 Karl Marx to Laura Lafargue, 25 September 1869, in MECW, vol. 43, p. 355.(「マルクスからラウラ・ラファルグへ　1868年9月25日」『全集』32巻522頁)

69 この組織についてマルクスは次のように書いた。「これは(…)行動における臆病である。(…)曖昧で無益で大げさな声明で公衆を欺かないことである」。Karl Marx to Auguste Vermorel, 27 August 1867, in MECW, vol. 42, p. 414.(「マルクスからオギュスト・ヴェルモレルへ　1867年8月27日」『全集』31巻461、2頁)1867年大会の際にマルクスはエンゲルスに次のように述べた。「平和大会のばかなやつらは(…)彼らの元来の綱領を全く変えて、遥かに民主主義的になっている新綱領の中には、『経済的利害の自由と調和』という言葉さえ密輸入した。これは、単なる自由貿易という意味をも持ちうる幅の広い言葉だ」。Karl Marx to Friedrich Engels, 4 September 1867, in MECW, vol. 42, p. 420.(「マルクスからエンゲルスへ　1867年9月4日」『全集』31巻283頁)

70 Mikhail Bakunin to Karl Marx, 22 December 1868, quoted in Guillaume, James (1969), *L'Internationale, Documents et Souvenirs (1864–1878)*, vol. I. New York: Burt Franklin, 1969, p. 153. Karl Marx to Friedrich Engels, 13 January 1869, p. 201(「マルクスからエンゲルスへ　1869年1月13日」『全集』32巻191、2頁)を参照せよ。

71 Mikhail Bakunin, 'Four Anarchist Programmes', in Arthur Lehning (ed.), *Michael Bakunin: Selected Writings*. London: Jonathan Cape, 1973, p. 174. この本の翻訳は不正確であり誤読がある。マルクスとエンゲルスは「インタナショナルのいわゆる分裂」の中でバクーニンの原文('l'égalisation politique, économique et sociale des classes')をそのまま引用した。Karl Marx and Friedrich Engels, 'Against Sectarianism', in Musto (ed.), *Workers Unite!*, op. cit., pp. 287–9を参照せよ。

72 Edward Hallett Carr, *Michael Bakunin*. New York: Vintage, 1961 [1937], p. 392を参照せよ。

73 Carr, *Michael Bakunin*, op. cit, p. 374:「木馬がトロイの城砦に入った」による。

74 Karl Marx, 'On the Right of Inheritance', in Musto (ed.), *Workers Unite!*, op. cit., p. 163f.(「相続権についての総評議会の報告」『全集』16巻360頁以降)を参照せよ。

からエンゲルスへ　1869年8月4日」『全集』32巻284、5頁）

60 Karl Marx to Wilhelm Bracke, 24 March 1870, in MECW, vol. 43, p. 464.（「マルクスからヴィルヘルム・ブラッケへ　1870年3月24日」『全集』32巻544頁）彼の娘のジェニーはインターナショナルの物質的条件が想定されていたものと現実の状況に隔たりがあると書いた。フランスの公的な報道機関とロンドンの『タイムズ』がル・クルーゾの製鋼労働者と鉱山労働者の主要なストライキについて書いたとき、それが「人為の誘発」によって起こされ、ストライキの指導者がインターナショナルから55000フランを受け取っていたことを示唆した。このことについて、ジェニーは家族ぐるみの友人であるクーゲルマンに次のように書いた。「彼らが［報道しているようなことが］正しいのであればいいのだが！　インターナショナルがその活動の上で、これら立派な御仁の素晴らしい空想と歩調を合わせることができなくて、本当に残念だ」。Jenny Marx to Ludwig Kugelmann, 30 January 1870, in MECW, vol. 43, p. 554.（「ジェニー・マルクスからルートヴィヒ・クーゲルマンへ　1870年1月30日」『全集』32巻585頁）

61 Karl Marx to Friedrich Engels, 19 September 1868, in MECW, vol. 43, p. 105.（「マルクスからエンゲルスへ　1868年9月19日」『全集』32巻124頁）

62 Karl Marx to Friedrich Engels, 26 September 1868, in MECW, vol. 43, p. 115.（「マルクスからエンゲルスへ　1868年9月26日」『全集』32巻133頁）マルクスはハンブルク大会への招待を断ったが、それにもかかわらず、彼は若干の進歩の兆候を見いだした。エンゲルスに向けて彼は次のように述べた。「私は自分の欠席を国際労働者協会の中央評議会の仕事によって釈明し、また、大会のための彼らの綱領の中であらゆる『真剣な』労働運動の出発点――十分な政治的自由のための運動、労働日の規制、労働者階級の国際的協力――が強調されているのを見て喜んでいる。（…）別の言葉で言えば、私は、彼らがラサールの綱領を廃棄した、ということを祝っているのだ」。Karl Marx to Friedrich Engels, 26 August 1868, in MECW, vol. 43, pp. 89–90.（「マルクスからエンゲルスへ　1868年8月26日」『全集』32巻113頁）

63 Karl Marx to Johann Baptist von Schweitzer, 13 October 1868, in MECW, vol. 43, pp. 133–5. 実際の手紙は紛失しているが、幸運なことにマルクスが草稿を保管していた。（「マルクスからヨハン・バプティスト・フォン・シュヴァイツァーへ　1868年10月13日」『全集』32巻468頁）

64 Karl Marx to Friedrich Engels, 10 August 1869, in MECW, vol. 43, p. 343.（「マルクスからエンゲルスへ　1869年8月10日」『全集』32巻287頁）

65 Karl Marx to Ludwig Kugelmann, 12 December 1868, in MECW, vol. 43, pp. 184–5.

43 Jacques Freymond, 'Introduction', in Henri Burgelin, Knut Langfeldt and Miklós Molnár (eds.), *La première Internationale*, vol. I (1866–1868), Geneva: Droz, 1962, p. xiを参照せよ。

44 Collins and Abramsky, *Karl Marx and the British Labour Movement*, op. cit., pp. 290–1を参照せよ。

45 Karl Marx to Friedrich Engels, 7 June 1866, in MECW, vol. 42, p. 281.（「マルクスからエンゲルスへ　1866年6月7日」『全集』31巻186頁）

46 Karl Marx to Friedrich Engels, 20 June 1866, in MECW, vol. 42, p. 287.（「マルクスからエンゲルスへ　1866年6月20日」『全集』31巻192頁）

47 マルクスは決定的に重要だった1872年のハーグ大会を除いて、大会を欠席し続けた。

48 Friedrich Engels to Karl Marx, 11 September 1867, in MECW, vol. 42, p. 425.（「エンゲルスからマルクスへ　1867年9月11日」『全集』31巻288頁）

49 Karl Marx to Friedrich Engels, 12 September 1867, in MECW, vol. 42, p. 428.（「マルクスからエンゲルスへ　1867年9月12日」『全集』31巻291頁）

50 Marx, 'Resolutions of the Geneva Congress (1866)', in Musto (ed.), *Workers Unite!*, op. cit., p. 85.（「個々の問題についての暫定中央評議会代議員への指示」『全集』16巻194、5頁）

51 Freymond, 'Introduction', in Henri Burgelin, Knut Langfeldt and Miklós Molnár (eds.), *La première Internationale*, vol. I (1866–1868), op. cit., p. xivを参照せよ。

52 Karl Marx, 'Resolutions of the Brussels Congress (1868)', in Musto (ed.), *Workers Unite!*, op. cit., p. 92.

53 これは7月の連合会議の後に集団主義に移行したベルギー部会のおかげで可能となった。

54 Henri Burgelin, Knut Langfeldt and Miklós Molnár (eds.), *La première Internationale*, vol. I (1866–1868), op. cit., pp. 402–3.

55 Ibid., p. 403.

56 César De Paepe, 'Strike Against War', in Musto (ed.), *Workers Unite!*, op. cit., pp. 230–1を参照せよ。

57 Karl Marx to Friedrich Engels, 16 September 1868, in MECW, vol. 43, p. 101.（「マルクスからエンゲルスへ　1868年9月16日」『全集』32巻120頁）

58 Ibid., p. 102.（同前）

59 Karl Marx to Friedrich Engels, 4 August 1869, in MECW, vol. 43, p. 340.（「マルクス

頁）

32 Karl Marx to Friedrich Engels, 18 February 1865, in MECW, vol. 42, op. cit., p. 97.（「マルクスからエンゲルスへ　1865年2月18日」『全集』31巻64頁）

33 Collins and Abramsky, *Karl Marx and the British Labour Movement*, op. cit., p. 65.

34 Karl Marx to Friedrich Engels, 26 December 1865, in MECW, vol. 42, p. 207.（「マルクスからエンゲルスへ　1865年12月26日」『全集』31巻135頁）

35 Karl Marx to Friedrich Engels, 10 March 1866, in MECW, vol. 42, p. 238.（「マルクスからエンゲルスへ　1865年3月10日」『全集』31巻158頁）

36 Karl Marx to Antoinette Philips, 18 March 1866, in MECW, vol. 42, p. 243.（「マルクスからアントアネッテ・フィリプスへ　1866年3月18日」『全集』31巻420～1頁）

37 Marx, 'Resolutions of the Geneva Congress (1866)', in Musto (ed.), *Workers Unite!*, op. cit., p. 84.（「個々の問題についての暫定中央評議会代議員への指示」『全集』16巻193頁）

38 ラサールは「賃金鉄則」という考え方を主張した。この法則は賃金を引き上げる努力は無益であり、国家の政治権力の獲得を第一の任務とすることで労働者の注意をそらすものであった。

39 Marx, 'Resolutions of the Geneva Congress (1866)', in Musto (ed.), *Workers Unite!*, op. cit., p. 86.（同前、195、6頁）

40 Karl Marx, 'The Necessity and Limits of Trade Union Struggle', in Musto (ed.), *Workers Unite!*, op. cit., p. 121を参照せよ。他方では、政治結社と労働組合の組織を峻別すべきことはマルクスにとっては常に自明であった。1869年9月、ドイツの労働組合員のヨハン・ハーマンへのインタビューが1869年11月27日の『人民の国家』に掲載された。そこで彼は次のように答えている。「労働組合は、結成された目的を達成するためには、政治結社と結託したり依存したりしてはならない。もしそのようなことがあればそれは彼らの死の一撃となる。労働組合は社会主義の学校なのだ」。Johann Heinrich Wilhelm Hamann, 'Bericht über eine Unterredung von Metallgewerkschaften mit Karl Marx in Hannover am 30. September 1869', in $MEGA^2$, vol. I/21, p. 906を参照せよ。

41 Marx, 'Resolutions of the Geneva Congress (1866)', in Musto (ed.), *Workers Unite!*, op. cit., p. 83.（「個々の問題についての暫定中央評議会代議員への指示」『全集』16巻191頁）

42 Karl Marx to Ludwig Kugelmann, 9 October 1866, in MECW, vol. 42, p. 326.（「マルクスからルートヴィヒ・クーゲルマンへ　1866年10月9日」『全集』31巻441頁）

から」ロンドンで500万ポンド以上の資金がインターナショナルの使用のために預金されたと報告している。Julius Braunthal, *History of the International*. New York: Nelson, 1966, p. 107を参照せよ。

24 Braunthal, op. cit., p. 108を参照せよ。ブラウンサルは論文の中で総評議会の年間の収入の計算書が発見されていないと明言している。しかし、出納係のカウェル・ステップニーの報告書によって、最初の6年間は個人会費で総評議会の収入が補填されていることが分かった。その額は、1865年—23ポンド、1866年—9ポンド13シリング、1867年—5ポンド17シリング、1868年—14ポンド14シリング、1869年—30ポンド12シリング、1870年—14ポンド14シリングである。エンゲルスがハーグ大会に提出した最後の財務報告では、1870～2年の間に、総評議会が評議員とその他の会員に負う25ポンド以上の赤字を出した。インターナショナルのバランスシートのコピーの一部は次の文献で参照することができる。Collins and Abramsky, *Karl Marx and the British Labour Movement*, op. cit., pp. 80–1.

25 Marx, 'Resolutions of the Geneva Congress (1866)', in Musto (ed.), *Workers Unite!*, op. cit., p. 85（「個々の問題についての暫定中央評議会代議員への指示」『全集』16巻194頁）、Karl Marx to Paul Lafargue, 19 April 1870, in MECW, vol. 43, p. 491（「マルクスからポールおよびラウラ・ラファルグへ　1870年4月19日」『全集』32巻556頁）を参照せよ。「総評議会は教皇ではないし（…)、それぞれの支部が現実の運動に関して独自の理論的見解を持つことは構わない、ただし、これは、我々の規約に直接反することがないという前提をおいてのことだが」。

26 Georges Haupt, *L'Internazionale socialista dalla Comune a Lenin*. Torino: Einaudi, 1978, p. 78を参照せよ。

27 Karl Marx to Friedrich Engels, 24 June 1865, in MECW, vol. 42, p. 163.（「マルクスからエンゲルスへ　1865年6月24日」『全集』31巻105頁〈ただし、『全集』にこの文はない〉）

28 Karl Marx to Friedrich Engels, 31 July 1865, in MECW, vol. 42, p. 174.（「マルクスからエンゲルスへ　1865年7月31日」『全集』31巻112頁）

29 Karl Marx to Hermann Jung, 20 November 1865, in MECW, vol. 42, p. 400.（「マルクスからヘルマン・ユングへ　1865年11月20日」『全集』31巻406頁）

30 この時点の党員は約5000名だった。

31 Karl Marx to Johann Baptist von Schweitzer, 13 February 1865, quoted in Karl Marx to Friedrich Engels, 18 February 1865, in MECW, vol. 42, p. 96.（「マルクスからヨハン・バプティスト・フォン・シュヴァイツァーへ　1865年2月13日」『全集』31巻374

的な万能薬を探し求める不活性の大衆によって外部から押しつけられ、完全に実現された教義である」。

18 Oscar Testut, *L'Association internationale des travailleurs*. Lyons: Aimé Vingtrinier, 1870, p. 310を参照せよ。

19 *The Times*, 5 June 1871; Oscar Testut, *Le livre bleu de l'Internationale*. Paris: Lachaud, 1871. 実際には、構成員の数は遥かに少なかった。おおよその推計値を得ることは常に困難であり、それはインターナショナルの指導者やそれを研究した人々にとってさえそうであった。この点について、マルクスは1870年12月20日の総評議会の会合で次のように述べている。「会員名簿に照らしてみると、外部の公衆は活動している構成員が実際よりもずっと多いと考えていたので、実際の数がどれくらいなのかを公表することはうまくいかないだろう」。Institute of Marxism-Leninism of the C.C., C.P.S.U. (Ed.), *The General Council of the First International 1870–1871*, Moscow: Foreign Languages Publishing House, 1967, p. 96. しかし、現代の研究では、1871～1872年のピーク時には、15万人以上が所属していたと考えられている。その内訳は、イギリスで5万人、フランス、ベルギー、スペインで3万人以上、スイスで6千人、イタリアで約2万5千人、ドイツで約1万1千人（そのほとんどが社会民主労働者党員である）、それらに加えて、他のヨーロッパ諸国に数千人、最後に合衆国に4千人である。この時期には、イギリスの労働組合とドイツの労働者の総連合の他に有効な労働者階級の組織がなかったので、このような数字は確かに大きかった。The membership table of the International in Marcello Musto, 'Introduction', in Musto (ed.), *Workers Unite!*, op. cit., p. 68を参照せよ。

20 Collins and Abramsky, *Karl Marx and the British Labour Movement*, op. cit., p. 70参照。Jacques D'Hondt, 'Rapport de synthèse', in Colloque International sur La première Internationale (ed.), *La Première Internationale: l'institute, l'implantation, le rayonnement*. Paris: Éditions du Centre national de la recherche scientifique, 1968, p. 475も参照せよ。

21 Collins and Abramsky, *Karl Marx and the British Labour Movement*, op. cit., p. 289を参照せよ。

22 Karl Marx, 'Resolutions of the Geneva Congress (1866)', in Musto (ed.), *Workers Unite!*, op. cit., p. 87.（「個々の問題についての暫定中央評議会代議員への指示」『全集』16巻196頁）

23 *Tagebuchblätter aus dem Jahre 1867 bis 1869*. Leipzig: von Hirzel, 1901, vol. VIII, p. 406. フリードリヒ・フォン・ベルンハルディ将軍は日記の中で「信頼できる情報源

9 インターナショナルの創立集会では、協会を組織するために常任委員会が打ち切られた。これが後に総評議会として知られるようになる中央評議会となった。以降は、これらの委員会は単に総評議会と規定する。

10 Ibid., pp. 18 and 17.（「マルクスからエンゲルスへ　1864年11月4日」『全集』31巻12頁）マルクスは「気分が優れなかった」ために、第一回の小委員会とそれに引き続き行われた全体委員会を欠席した。Ibid., p. 16.（「マルクスからエンゲルスへ　1864年11月4日」『全集』31巻11頁）

11 Gian Mario Bravo, *Marx e la Prima Internazionale*. Bari: Laterza, 1979, pp. 18–9を参照せよ。

12 Karl Marx, 'Karl Marx, Inaugural Address of the International Working Men's Association', in Marcello Musto (ed.), *Workers Unite!: The International 150 Years Later*. New York/London: Bloomsbury, 2014, pp. 73–9（「国際労働者協会創立宣言」『全集』16巻7、10頁）を参照せよ。

13 Karl Marx to Friedrich Bolte, 23 November 1871, in MECW, vol. 44, p. 252（「マルクスからフリードリヒ・ボルテへ　1871年11月23日」『全集』33巻262頁）を参照せよ。そこでマルクスは次のように説明している。「インターナショナルの歴史は、純粋な労働者階級の運動に対してインターナショナルの内部に自分たちの主張を潜り込ませようとする党派と未熟な運動家の実践に対する総評議会の部分の継続的な闘争であった。この闘争は代議員会で行われたが、総評議会の個別部会での私的な取引によって非常に多くなった」。

14 Karl Marx to Friedrich Engels, 4 November 1864, in MECW, vol. 42, op. cit., p. 18.（「マルクスからエンゲルスへ　1864年11月4日」『全集』31巻13頁）

15 Karl Marx to Victor Le Lubez, 15 February 1865, in MECW, vol. 42, p. 92.（「マルクスからヴィクトール・ル・リュベへ　1865年2月15日」『全集』31巻375頁）1871年にチャーチストの指導者ジョージ・ジュリアン・ハーニー（1817～1897年）に宛てた手紙の中でマルクスは同様の態度を取っている。「ロンドンでは、労働者代表の大部分が、何とかして下院に入ろう（…）という狭隘な個人的目的のためだけに自分たちの評議会での地位を利用しているのは残念である」。Karl Marx to George Julian Harney, 21 January 1871, in MECW, vol. 44, pp. 100–1.

16 Bravo, *Marx e la Prima Internazionale*, op. cit., p. 165を参照せよ。

17 Maximilien Rubel, *Marx critique du marxisme*. Paris: Payot, 1974, p. 41を参照せよ。「神話学の必要性だけが――神秘でなければ――彼らにこれ［政治綱領］を理解させるということが『マルクス主義』の帰結である。つまり、形のない全知全能と社会

163 Karl Marx,'Manuskripte und redaktionelle Texte zum dritten Buch des ,,Kapitals". 1871 bis 1895', ,in MEGA², vol. II/14, pp. 19–150.

164 Karl Marx, 'Manuskripte zum Zweiten Buch des "Kapitals". 1876 bis 1881', in MEGA², vol. II/11, pp. 525–828.

165 Karl Marx to Nikolai Danielson, 13 December 1881, in MECW, vol. 46, p. 161.

166 エンゲルスが友の死後に『資本論』の未完部分の出版のために行った編集作業は極めて複雑である。これらのテキストは、マルクスが人生の色々な時期に書いた、不完全かつ種々雑多な素材から成り立っており、時に『資本論』の他の部分と整合しない見解も含まれているということをわきまえておく必要がある。ともかくも、エンゲルスは1885年に第2巻を、1894年に第3巻を世に送り出した。

第VII章

1 David Ryazanov, 'Zur Geschichte der Ersten Internationale', in *Marx-Engels Archivarx-Engels Archiv*, vol. I, 1925, p. 171.

2 Ibid., p. 172.

3 インターナショナルの生命に終わりが近づいたとき、総評議会の評議員は、組織の規則改訂の承認を検討する際に「人間」を「個人」に代えるべきか否かという問題を提起した。フリードリヒ・エンゲルスは「人間は両性を含む包括的な用語として一般に理解されている」と応じ、協会が女性と男性に開かれていたことを指摘している。Institute of Marxism-Leninism of the C.C., C.P.S.U. (Ed.), *The General Council of the First International 1871–1872*, Moscow: Foreign Languages Publishing House, 1968, p. 256.

4 G. M. Stekloff, *History of the First International*, New York: Russell & Russell, 1968 [1928], p. [ii] からの引用である。

5 初期の構成員の中には、フィラデルフィア・ロッジのような共和主義や社会主義を好む秘密結社の構成員さえ含まれていた。Julian P. W. Archer, *The First International in France, 1864–1872*. Lanham: University Press of America, 1997, pp. 33–5 を参照せよ。

6 Henry Collins and Chimen Abramsky, *Karl Marx and the British Labour Movement*. London: MacMillan, 1965, p. 34 を参照せよ。

7 Johann Georg Eccarius to Karl Marx, 12 October 1864, in MEGA², vol. III/13, p. 10.

8 Karl Marx to Friedrich Engels, 4 November 1864, in MECW, vol. 42, p. 16.（「マルクスからエンゲルスへ　1864年11月4日」『全集』31巻10頁）

147 Karl Marx to Friedrich Engels, 25 March 1868, in MECW, vol. 42, p. 557.（「マルクスからエンゲルスへ　1868年3月25日」『全集』32巻43頁）

148 Karl Marx, 'Manuskripte zum zweiten Buch des 'Kapitals' 1868 bis 1881', in MEGA², vol. II/11, pp. 1–339.

149 この草稿は、最近Karl Marx, *Ökonomische Manuskripte 1863–1868*, in MEGA², vol. II/4.3, pp. 78–234および285–363において出版された。この最後の部分が第2巻第4草稿をなし、第1編「資本の流通」と第2編「資本の変態」の新しいバージョンを含んでいる。

150 Karl Marx to Friedrich Engels, 30 April 1868, in MECW, vol. 43, p. 21.（「マルクスからエンゲルスへ　1868年4月30日」『全集』32巻59、60頁）

151 Ibid.（同前）

152 Karl Marx to Friedrich Engels, 16 May 1868, in MECW, vol. 42, p. 35.（「マルクスからエンゲルスへ　1868年5月16日」『全集』32巻73頁）

153 Karl Marx to Ludwig Kugelmann, 10 August 1868, in MECW, vol. 43, p. 82.（「マルクスからルートヴィヒ・クーゲルマンへ　1868年8月10日」『全集』32巻457頁）

154 Marx, 'Manuskripte zum zweiten Buch des 'Kapitals' 1868 bis 1881', in MEGA², vol. II/11, pp. 340–522.

155 まだ出版されていないが、これらのメモはIISH notebooks, Marx-Engels Papers, B 108, B 109, B 113 and B 114に含まれている。

156 Jenny Marx to Friedrich Engels, 'About 17 January 1870', in MECW, vol. 43, p. 551.（「ジェニー・マルクスからエンゲルスへ　1870年1月17日ごろ」『全集』32巻581頁）

157 Friedrich Engels to Karl Marx, 19 January 1870, in MECW, vol. 43, p. 408.（「エンゲルスからマルクスへ　1870年1月19日」『全集』32巻346頁）

158 Karl Marx to Ludwig Kugelmann, 27 June 1870, in MECW, vol. 43, p. 528.（「マルクスからルートヴィヒ・クーゲルマンへ　1870年6月27日」『全集』32巻564頁）

159 Marx, *Das Kapital. Kritik der Politischen Ökonomie. Ertser Band, Hamburg 1867*, in MEGA² vol. II/5, pp. 1–55.

160 1867年のときは、マルクスはこの本をいくつかの章に分けていた。1872年には、これらは編になり、それらがさらに細かく分けられるようになっている。

161 Karl Marx, *Le Capital, Paris 1872–1875*, in MEGA², vol. II/7, 1989.

162 Karl Marx, 'Afterword to the French Edition' to *Capital*, Volume I, in MECW, vol. 35, p. 24.（『資本論』1巻33頁）

からエンゲルスへ　1867年4月24日」『全集』31巻243頁）

131 Friedrich Engels to Karl Marx, 27 April 1867, in MECW, vol. 42, p. 362.（「エンゲルスからマルクスへ　1867年4月27日」『全集』31巻243、4頁）

132 Karl Marx to Sigfrid Meyer, 30 April 1867, in MECW, vol. 42, p. 367.（「マルクスからジークフリート・マイアーへ　1867年4月30日」『全集』31巻450頁）

133 Friedrich Engels to Karl Marx, 16 June 1867, in MECW, vol. 42, p. 381.（「エンゲルスからマルクスへ　1867年6月16日」『全集』31巻254頁）

134 Karl Marx to Friedrich Engels, 22 June 1867, in MECW, vol. 42, p. 383.（「マルクスからエンゲルスへ　1867年6月22日」『全集』31巻255、6頁）

135 Friedrich Engels to Karl Marx, 16 June 1867, in MECW, vol. 42, p. 380.（「エンゲルスからマルクスへ　1867年6月16日」『全集』31巻254頁）

136 Karl Marx to Friedrich Engels, 22 June 1867, in MECW, vol. 42, p. 383.（「マルクスからエンゲルスへ　1867年6月22日」『全集』31巻256頁）

137 Karl Marx to Friedrich Engels, 16 August 1867, in MECW, vol. 42, p. 405.（「マルクスからエンゲルスへ　1867年8月16日夜2時」『全集』31巻270頁）

138 Karl Marx to Friedrich Engels, 24 August 1867, in MECW, vol. 42, p. 407.（「マルクスからエンゲルスへ　1867年8月24日」『全集』31巻273頁）

139 Karl Marx, *Das Kapital. Kritik der Politischen Ökonomie. Erster Band, Hamburg 1867*, in MEGA², vol. II/5, p. 674参照。

140 Ibid., pp. 9–10.

141 Karl Marx to Friedrich Engels, 19 October 1867, in MECW, vol. 42, p. 453.（「マルクスからエンゲルスへ　1867年10月19日」『全集』31巻308頁）

142 Friedrich Engels to Karl Marx, 22 October 1867, in MECW, vol. 42, p. 457.（「エンゲルスからマルクスへ　1867年10月22日」『全集』31巻312頁）

143 Karl Marx to Friedrich Engels, 27 November 1867, in MECW, vol. 42, p. 477.（「マルクスからエンゲルスへ　1867年11月27日」『全集』31巻327頁）

144 Jenny Marx to Johann Philipp Becker, 'After 10 January 1868, in MECW, vol. 42, p. 580.（「ジェニー・マルクスからヨハン・フィリップ・ベッカーへ　1868年1月10日以後」『全集』32巻568頁）

145 Laura Marx to Friedrich Engels, 13 January 1868, in MECW, vol. 42, p. 583.（「ラウラ・マルクスからエンゲルスへ　1868年1月13日」『全集』32巻571頁）

146 Karl Marx to Friedrich Engels, 25 January 1868, in MECW, vol. 42, p. 528.（「マルクスからエンゲルスへ　1868年1月25日」『全集』32巻22頁）

からエンゲルスへ　1866年3月24日」『全集』31巻160頁）

114 Karl Marx to Ludwig Kugelmann, 6 April 1866, in MECW, vol. 42, p. 262.（「マルクスからルートヴィヒ・クーゲルマンへ　1866年4月6日」『全集』31巻430頁）

115 Karl Marx to Friedrich Engels, 7 June 1866, in MECW, vol. 42, p. 281.（「マルクスからエンゲルスへ　1866年6月7日」『全集』31巻186頁）

116 Karl Marx to Friedrich Engels, 9 June 1866, in MECW, vol. 42, p. 282.（「マルクスからエンゲルスへ　1866年6月9日」『全集』31巻187頁）

117 Karl Marx to Friedrich Engels, 7 August 1866, in MECW, vol. 42, p. 303.（「マルクスからエンゲルスへ　1866年8月7日」『全集』31巻207頁）

118 Karl Marx to Friedrich Engels, 23 August 1866, in MECW, vol. 42, p. 311.（「マルクスからエンゲルスへ　1866年8月23日」『全集』31巻212頁）

119 Karl Marx to Ludwig Kugelmann, 23 August 1866, in MECW, vol. 42, p. 312.（「マルクスからルートヴィヒ・クーゲルマンへ　1866年8月23日」『全集』31巻435頁）

120 Karl Marx to Ludwig Kugelmann, 13 October 1866, in MECW, vol. 42, p. 328.（「マルクスからルートヴィヒ・クーゲルマンへ　1866年10月13日」『全集』31巻443頁）

121 Ibid.（同前）

122 Ibid., pp. 328–9.（同前）

123 Karl Marx to Friedrich Engels, 8 November 1866, in MECW, vol. 42, p. 331.（「マルクスからエンゲルスへ　1866年11月8日」『全集』31巻220頁）

124 Karl Marx to Friedrich Engels, 10 November 1866, in MECW, vol. 42, p. 332.（「マルクスからエンゲルスへ　1866年11月10日」『全集』31巻221頁）

125 Karl Marx to Friedrich Engels, 8 December 1866, in MECW, vol. 42, p. 336.（「マルクスからエンゲルスへ　1866年12月8日」『全集』31巻223頁）

126 Karl Marx to Friedrich Engels, 21 February 1867, in MECW, vol. 42, p. 347.（「マルクスからエンゲルスへ　1867年2月21日」『全集』31巻232頁）

127 Karl Marx to Friedrich Engels, 2 April 1867, in MECW, vol. 42, p. 351.（「マルクスからエンゲルスへ　1867年4月2日」『全集』31巻235頁）

128 Karl Marx to Friedrich Engels, 13 April 1867, in MECW, vol. 42, p. 357.（「マルクスからエンゲルスへ　1867年4月13日」『全集』31巻240頁）

129 Karl Mark to Johann Philip Becker, 17 April 1867, in MECW, vol. 42, p. 358.（「マルクスからヨハン・フィリップ・ベッカーへ　1867年4月17日」『全集』31巻449頁）

130 Karl Marx to Friedrich Engels, 24 April 1867, in MECW, vol. 42, p. 361.（「マルクス

95 Karl Marx to Friedrich Engels, 8 November 1865, in MECW, vol. 42, pp. 193–4.（「マルクスからエンゲルスへ　1865年11月8日」『全集』31巻128頁）

96 Karl Marx to Wilhelm Liebknecht, 15 January 1866, in MECW, vol. 42, p. 219.（「マルクスからヴィルヘルム・リープクネヒトへ　1866年1月15日」『全集』31巻415頁）

97 Karl Marx to Ludwig Kugelmann, 15 January 1866, in MECW, vol. 42, p. 221.（「マルクスからルートヴィヒ・クーゲルマンへ　1866年1月15日」『全集』31巻414頁）

98 Jenny Marx to Johann Philipp Becker, 29 January 1866, in MECW, vol. 42, pp. 570–1.（「イェニー・マルクスからヨハン・フィリップ・ベッカーへ　1866年1月29日ごろ」『全集』31巻486頁）

99 Karl Marx to Friedrich Engels, 10 February 1866, in MECW, vol. 42, p. 223.（「マルクスからエンゲルスへ　1866年2月10日」『全集』31巻145頁）

100 Ibid., pp. 223–4.（同前）

101 Karl Marx to Friedrich Engels, 10 February 1866, in MECW, vol. 42, p. 224.（同前、146頁）

102 Friedrich Engels to Karl Marx, 10 February 1866, in MECW, vol. 42, pp. 225–6.（「エンゲルスからマルクスへ　1866年2月10日」『全集』31巻147頁）

103 Ibid., p. 226.（同前）

104 Karl Marx to Friedrich Engels, 13 February 1866, in MECW, vol. 42, p. 227.（「マルクスからエンゲルスへ　1866年2月13日」『全集』31巻148頁）

105 マルクスは、後に地代に関する部分を『資本論』第3巻第6編「超過利潤の地代への転化」に挿入した。

106 Karl Marx to Friedrich Engels, 13 February 1866, in MECW, vol. 42, p. 227.（「マルクスからエンゲルスへ　1866年2月13日」『全集』31巻148、9頁）

107 Ibid.（同前、149頁）

108 Ibid.（同前）

109 Karl Marx to Friedrich Engels, 20 February 1866, in MECW, vol. 42, p. 231.（「マルクスからエンゲルスへ　1866年2月20日」『全集』31巻152頁）

110 Friedrich Engels to Karl Marx, 22 February 1866, in MECW, vol. 42, p. 233.（「エンゲルスからマルクス　1866年2月22日」『全集』31巻154頁）

111 Ibid., pp. 233–4.（同前）

112 古いイギリスの民謡。

113 Karl Marx to Friedrich Engels, 24 March 1866, in MECW, vol. 42, p. 249.（「マルクス

84 'Agreement between Mr. Karl Marx and Mr. Otto Meissner, Publisher and Bookseller', in MECW, vol. 20, p. 361.

85 Karl Marx to Friedrich Engels, 22 April 1865, in MECW, vol. 42, p. 148.（「マルクスからエンゲルスへ　1865年4月22日」『全集』31巻91頁）

86 Karl Marx to Friedrich Engels, 13 May 1865, in MECW, vol. 42, p. 158.（「マルクスからエンゲルスへ　1865年5月13日」『全集』31巻101頁）

87 Karl Marx to Friedrich Engels, 20 May 1865, in MECW, vol. 42, p. 159.（「マルクスからエンゲルスへ　1865年5月20日」『全集』31巻102頁）

88 これは1898年にエレノア・マルクスによって『賃銀、価格および利潤』として出版された。この有名な表題は、『ノイエ・ツァイト』誌に同年に掲載されたドイツ語訳のもとになっている。

89 Karl Marx, *Value, Price and Profit*, in MECW, vol. 20, p. 144.（長谷部文雄訳『賃銀・価格および利潤』岩波文庫、2007年、112頁）

90 Karl Marx to Friedrich Engels, 31 July 1865, in MECW, vol. 42, p. 173.（「マルクスからエンゲルスへ　1865年7月31日」『全集』31巻111頁）

91 960ページに相当する。のちに、マイスナーはマルクスとの契約を見直すことを示唆している。Karl Marx to Friedrich Engels, 13 April 1867, in MECW, vol. 42, p. 357（「マルクスからエンゲルスへ　1867年4月13日」『全集』31巻240頁）参照。

92 Karl Marx to Friedrich Engels, 5 August 1865, in MECW, vol. 42, p. 175.（「マルクスからエンゲルスへ　1865年8月5日」『全集』31巻113頁）

93 Ibid.（同前、113、4頁）

94 1894年の『資本論』第3巻出版時に、エンゲルスはこの分け方に従っている。Carl-Erich Vollgraf, Jürgen Jungnickel and Stephen Naron, 'Marx in Marx's Words? On Engels' Edition of the Main Manuscript of Volume III of *Capital*, in *International Journal of Political Economy*, vol. 32 (Spring, 2002), no. 1, pp. 35–78参照。より最近のものとしては、Carl-Erich Vollgraf, '*Das Kapital*–bis zuletzt ein "Werk im Werden",' in *Marx-Engels Jahrbuch*, vol. 2012/13, pp. 113–33やRegina Roth, 'Die Herausgabe von Band 2 und 3 des *Kapital* durch Engels', in ibid., pp. 168–82を参照せよ。エンゲルスの編集に対する批判的な分析は、Michael Heinrich, 'Engels' Edition of the Third Volume of *Capital* and Marx's Original Manuscript', in *Science & Society*, vol. 60 (1996–1997), no. 4, pp. 452–66を見よ。Michael R. Krätke, *Kritik der politischen Ökonomie Heute*, VSA, Hamburg 2017の、特に最終章'Gibt es ein Marx-Engels-Problem?'には、また違った観点が含まれている。

Karl Marx's skin disease', in *British Journal of Dermatology*, vol. 158 (2008), no. 1, pp. 1–3)、他方ルドルフ・ハップルとアルネ・ケーニッヒは、原因はタバコの吸いすぎだと主張しているが、あまり説得的ではない（'A lesson to be learned from Karl Marx: smoking triggers hidradenitis suppurativa', *British Journal of Dermatology*, vol. 159 (2008), no. 1, pp. 255–6)。これに対するシュスターのリプライは、ibid., p. 256参照。

70 Jenny Marx, in Hans Magnus Enzensberger (ed.), *Gespräche mit Marx und Engels*, Frankfurt/Main: Insel Verlag, 1973, p. 288.

71 Karl Marx to Friedrich Engels, 2 December 1863, in MECW, vol. 41, p. 495.（「マルクスからエンゲルスへ　1863年12月2日」『全集』30巻299頁）

72 Karl Marx to Friedrich Engels, 4 December 1863, in MECW, vol. 41, p. 497.（「マルクスからエンゲルスへ　1863年12月4日」『全集』30巻301頁）

73 Karl Marx to Friedrich Engels, 20 January 1864, in MECW, vol. 41, p. 507.（「マルクスからエンゲルスへ　1864年1月20日」『全集』30巻308頁）

74 Karl Marx to Friedrich Engels, 26 May 1864, in MECW, vol. 41, p. 530.（「マルクスからエンゲルスへ　1864年5月26日」『全集』30巻317頁）

75 Karl Marx to Friedrich Engels, 1 July 1864, in MECW, vol. 41, p. 545.（「マルクスからエンゲルスへ　1864年7月1日」『全集』30巻328頁）

76 Karl Marx to Carl Klings, 4 October 1864, in MECW, vol. 42, p. 4.（「マルクスからカール・クリングスへ　1864年10月4日」『全集』31巻352頁）

77 Karl Marx to Friedrich Engels, 4 November 1864, in MECW, vol. 42, p. 12.（「マルクスからエンゲルスへ　1864年11月4日」『全集』31巻8頁）

78 Karl Marx to Friedrich Engels, 14 November 1864, in MECW, vol. 42, p. 22.（「マルクスからエンゲルスへ　1864年11月14日」『全集』31巻16頁）

79 Karl Marx to Friedrich Engels, 2 December 1864, in MECW, vol. 42, p. 51.（「マルクスからエンゲルスへ　1864年12月2日」『全集』31巻28頁）

80 Karl Marx to Friedrich Engels, 25 February 1864, in MECW, vol. 42, p. 107.（「マルクスからエンゲルスへ　1865年2月25日」『全集』31巻67、8頁）

81 Karl Marx to Friedrich Engels, 4 March 1865, in MECW, vol. 42, p. 115.（「マルクスからエンゲルスへ　1865年3月4日」『全集』31巻74頁）

82 Karl Marx to Friedrich Engels, 13 March 1865, in MECW, vol. 42, pp. 129–30.（「マルクスからエンゲルスへ　1865年3月13日」『全集』31巻83頁）

83 50折は印刷すると800ページである。

スからエンゲルスへ　1863年2月13日」『全集』30巻260頁）

58 Karl Marx to Friedrich Engels, 21 February 1863, in MECW, vol. 41, p. 460.（「マルクスからエンゲルスへ　1863年2月21日」『全集』30巻267頁）

59 Karl Marx to Friedrich Engels, 24 March 1863, in MECW, vol. 41, p. 461.（「マルクスからエンゲルスへ　1863年3月24日」『全集』30巻268頁）

60 IISH, Marx-Engels Papers, B 98に、60ページ以上にわたる文献が収められている。この研究をもとに、マルクスはある計画に着手していたが、他の多くのものと同様、未完に終わっている。Karl Marx, *Manuskripte über die polnische Frage (1863 - 1864)*. S-Gravenhage: Mouton, 1961参照。

61 Karl Marx to Friedrich Engels, 29 May 1863, in MECW, vol. 41, p. 474.（「マルクスからエンゲルスへ　1863年5月29日」『全集』30巻280頁）

62 IISH, Marx-Engels Papers, B 93, B 100, B 101, B 102, B 103, B 104には、535ページ分のメモが含まれている。これに、RGASPI f.1, d. 1397, d. 1691, d. 5583の3冊のノートが加わる。マルクスはこれらの材料を、第22ノートと第23ノートを作るのに使っている。

63 Karl Marx to Friedrich Engels, 29 May 1863, in MECW, vol. 41, p. 474.（「マルクスからエンゲルスへ　1863年5月29日」『全集』30巻279頁）

64 Karl Marx to Friedrich Engels, 12 June 1863, in MECW, vol. 41, p. 479.（「マルクスからエンゲルスへ　1863年6月12日」『全集』30巻284頁）

65 Karl Marx to Friedrich Engels, 6 July 1863, in MECW, vol. 41, p. 485.（「マルクスからエンゲルスへ　1863年7月6日」『全集』30巻289頁）

66 Michael Heinrich, 'Entstehungs- und Auflösungsgeschichte des Marxschen *Kapital*', pp. 176–9, in Werner Bonefeld and Michael Heinrich (eds.), *Kapital & Kritik. Nach der 'neuen' Marx-Lektüre*. Hamburg: VSA, 2011, pp. 176–9参照。そこでは、この段階の原稿は『要綱』に始まる著述の第三のバージョンと見るべきではなく、『資本論』の最初の草稿だとされている。

67 Karl Marx, *Marx's Economic Manuscript of 1864–1865*, Fred Moseley (ed.). Leiden: Brill, 2015.

68 第一号というのは、1859年の『経済学批判』のことである。Karl Marx to Friedrich Engels, 15 August 1863, in MECW, vol. 41, p. 488.（「マルクスからエンゲルスへ　1863年8月15日」『全集』30巻293頁）

69 近年、皮膚病学者たちがマルクスの病気の原因についての議論を論評している。サム・シュスターは、汗腺膿瘍だったと論じており（'The nature and consequence of

vol. II/3.5, pp. 1598–675.

48 Ibid., pp. 1682–773.

49 Karl Marx to Ludwig Kugelmann, 28 December 1862, in MECW, vol. 41, p. 435.(「マルクスからルートヴィヒ・クーゲルマンへ　1862年12月28日」『全集』30巻517、8頁)

50 1858年6月に書かれ、ノートMに含まれている『要綱』の目次(これは「1857年の序説」と同じものである)や、1860年に書かれた第3章のための目次案を参照。Marx, 'Draft Plan of the Chapter on Capital', in MECW, vol. 29, pp. 511–7. (「資本に関する章へのプラン草案」『資本論草稿集3　経済学草稿・著作　1858–1861年』大月書店、1984年)

51 Karl Marx to Ludwig Kugelmann, 28 December 1862, in MECW, vol. 41, p. 435.(「マルクスからルートヴィヒ・クーゲルマンへ　1862年12月28日」『全集』30巻518、9頁)この辺りのくだりは、マルクスが元来の6冊計画を完成させるのはかなり困難だと認識していたことを匂わせている。Michael Heinrich, 'Reconstruction or Deconstruction? Methodological Controversies about Value and Capital, and New Insights from the Critical Edition', in Riccardo Bellofiore and Roberto Fineschi (eds.), *Re-reading Marx: New Perspectives After the Critical Edition*. Basingstoke: Palgrave-Macmillan, 2009, p. 80参照。

52 Karl Marx to Ludwig Kugelmann, 28 December 1862, in MECW, vol. 41, p. 436.(「マルクスからルートヴィヒ・クーゲルマンへ　1862年12月28日」『全集』30巻519頁)

53 Marx, *Economic Manuscript of 1861–63*, vol. III, in MECW, vol. 33, p. 347. (『資本論草稿集8　経済学批判(1861–1863年草稿)5』大月書店、1984年、542頁)

54 Marx, *Economic Manuscript of 1861–63*, vol. I, in MECW, vol. 31, pp. 346–7. (『資本論草稿集8　経済学批判(1861–1863年草稿)5』大月書店、1984年、541頁)。最初の章については、1861–63年の経済学草稿の第16ノートで既に概説されている。マルクスは、二つ目の章についての計画を第18ノートで準備していた。Ibid., p. 299参照。

55 Karl Marx to Friedrich Engels, 8 January 1863, in MECW, vol. 41, p. 442. (「マルクスからエンゲルスへ　1863年1月8日」『全集』30巻249、50頁)

56 Karl Marx to Friedrich Engels, 13 January 1863, in MECW, vol. 41, p. 445. (「マルクスからエンゲルスへ　1863年1月24日」『全集』30巻253頁)

57 Karl Marx to Friedrich Engels, 13 February 1863, in MECW, vol. 41, p. 453. (「マルク

28 Ibid., p. 197.（同前、462、3頁）

29 Karl Marx to Friedrich Engels, 18 June 1862, in MECW, vol. 41, p. 381（「マルクスからエンゲルスへ　1862年6月18日」『全集』30巻204頁）参照。

30 Marx, *Economic Manuscript of 1861–63*, vol. I, in MECW, vol. 31, p. 240.（『資本論草稿集5　経済学批判（1861–1863年草稿）2』大月書店、1980年、525頁）

31 Karl Marx to Friedrich Engels, 18 June 1862, in MECW, vol. 41, p. 380.（「マルクスからエンゲルスへ　1862年6月18日」『全集』30巻203頁）

32 Karl Marx to Friedrich Engels, 2 August 1862, in MECW, vol. 41, p. 394.（「マルクスからエンゲルスへ　1862年8月2日」『全集』30巻215頁）

33 Marx, *Economic Manuscript of 1861–63*, vol. I, in MECW, vol. 31, p. 359.（『資本論草稿集6　経済学批判（1861–1863年草稿）3』大月書店、1981年、179頁）

34 Karl Marx to Friedrich Engels, 2 August 1862, in MECW, vol. 41, p. 396.（「マルクスからエンゲルスへ　1862年8月2日」『全集』30巻217頁）

35 Ibid., p. 398.（同前、218頁）

36 Ibid., p. 394.（同前、215頁）

37 Karl Marx to Friedrich Engels, 7 August 1862, in MECW, vol. 41, p. 399.（「マルクスからエンゲルスへ　1862年8月7日」『全集』30巻220頁）

38 Karl Marx to Friedrich Engels, 10 September 1862, in MECW, vol. 41, p. 417.（「マルクスからエンゲルスへ　1862年9月10日」『全集』30巻233頁）

39 Karl Marx to Ludwig Kugelmann, 28 December 1862, in MECW, vol. 41, p. 436.（「マルクスからルートヴィヒ・クーゲルマンへ　1862年12月28日」『全集』30巻518頁）

40 Karl Marx to Ferdinand Lassalle, 7 November 1862, in MECW, vol. 41, p. 426.（「マルクスからフェルディナント・ラサールへ　1862年11月7日」『全集』30巻516頁）

41 Karl Marx, *Economic Manuscript of 1861–63*, vol. II, in MECW, vol. 32, p. 215.（『資本論草稿集7　経済学批判（1861–1863年草稿）4』大月書店、1982年、16頁）

42 Ibid., p. 373.（同前、285頁）

43 Ibid., p. 450.（同前、404頁）

44 これは『経済学批判（1861–1863年草稿）』の最後の部分に相当するノートである。

45 Karl Marx, *Theories of Surplus Value*, vol. III, in MECW, vol. 32, p. 453.（『剰余価値学説史』『全集』第26巻第3分冊591、2頁）

46 Ibid., p. 458.（同前、598頁）

47 Karl *Marx, Zur Kritik der politischen Ökonomie (Manuskript 1861–1863)*, in MEGA^2,

5 Karl Marx to Friedrich Engels, 30 October 1861, in MECW, vol. 41, p. 323.（「マルクスからエンゲルスへ　1861年10月30日」『全集』30巻160頁）

6 Karl Marx to Friedrich Engels, 9 December 1861, in MECW, vol. 41, p. 332.（「マルクスからエンゲルスへ　1861年12月9日」『全集』30巻168頁）

7 Ibid., p. 333.（同前、169頁）

8 Karl Marx to Friedrich Engels, 3 March 1862, in MECW, vol. 41, p. 344.（「マルクスからエンゲルスへ　1862年3月3日」『全集』30巻177頁）

9 Karl Marx to Friedrich Engels, 15 March 1862, in MECW, vol. 41, p. 352.（「マルクスからエンゲルスへ　1862年3月15日」『全集』30巻185頁）

10 1905年から1910年にかけて、カウツキーはこの草稿を、オリジナルとはやや違った形で出版した。

11 一番目が貨幣の資本への転化、二番目が絶対的剰余価値、三番目が相対的剰余価値、そして四番目は、実際に書かれることはなかったが、以上三つを合わせて考察する方法に関する編だった。

12 Karl Marx, *Economic Manuscript of 1861–63*, vol. I, in MECW, vol. 30, p. 348.（『資本論草稿集5　経済学批判（1861–1863年草稿）2』大月書店、1980年、5頁）

13 Ibid., p. 352.（同前、11頁）

14 Ibid., p. 354.（同前、13頁）

15 Ibid.（同前、13、4頁）

16 Ibid., p. 355.（同前、15頁）

17 Ibid.（同前）

18 Ibid., p. 357.（同前、18頁）

19 Ibid.（同前）

20 Ibid., p. 391.（同前、76頁）

21 Ibid., p. 388.（同前、71頁）

22 Ibid., p. 393.（同前、79頁）

23 Ibid., p. 389.（同前、72頁）

24 Ibid., p. 396.（同前、83頁）

25 Karl Marx to Ferdinand Lassalle, 28 April 1862, in MECW, vol. 41, p. 356.（「マルクスからフェルディナント・ラサールへ　1862年4月28日」『全集』30巻503頁）

26 Marx, *Economic Manuscript of 1861–63*, vol. I, in MECW, vol. 31, p. 8.（『資本論草稿集5　経済学批判（1861–1863年草稿）2』大月書店、1980年、171頁）

27 Ibid., p. 12.（同前、177頁）

Wolter, 1977, pp. 112–78を参照。Bruno Bongiovanni, *Le repliche della storia*. Torino: Bollati Boringhieri, 1989, 特にpp. 171–89も参照のこと。

66 Ibid., p. 154.（「マルクスからフェルディナント・ラサールへ　1860年6月2日頃」『全集』30巻445頁）

67 時期は4月と特定されている。MEGA², vol. III/11, 465参照。

68 Karl Marx to Ferdinand Lassalle, 29 May 1861, in MECW, vol. 41, p. 292.（「マルクスからフェルディナント・ラサールへ　1861年5月29日」『全集』30巻491頁）

第VI章

1 これらのノートは四つ折り判で1472ページに及ぶ。Friedrich Engels, 'Preface to the First German Edition', in Karl Marx, *Capital*, Volume II, in MECW, vol. 36, p. 6（『資本論』2巻6頁）参照。

2 Karl Marx, *A Contribution to the Critique of Political Economy*, in MECW, vol. 29, p. 261.（『批判』11頁）

3 以前、『要綱』にてマルクスは、大雑把ではあるが、似たような「篇別区分」を試みていた。それは全部で4ヶ所ある。Karl Marx, *Grundrisse*, Harmondsworth: Penguin Books, 1993, p. 108, 227–8, 264, 275（『要綱』第1分冊62頁、同前252、3頁、同前310、1頁、同前329頁）。1858年前半に書かれた二つの手紙にも、『経済学批判』のために計画していた6部プランが見出せる。一つは1858年2月22日付のラサール宛の手紙（MECW, vol. 40, pp. 268–71,「マルクスからフェルディナント・ラサールへ　1858年2月22日」『全集』29巻428〜31頁）、もう一つは1858年4月2日付のエンゲルス宛の手紙（MECW, vol. 40, pp. 296–304,「マルクスからエンゲルスへ　1858年4月2日」『全集』29巻245〜50頁）である。また、1859年2月から3月の間には、マルクスは自らの著作に向けて長大な目次を準備している。これは'Analytical Contents List'として、英語版の『要綱』に収録されている（Marx, *Grundrisse*, op. cit., pp. 69–80）。元々のプランとその変化については、既に古くはあるが、今でも基本文献となっているRoman Rosdolsky, *The Making of Marx's Capital*, London: Pluto, 1977, pp. 1–62を参照せよ。しかしMaximilien Rubel, *Marx Critique du marxisme*, Paris: Payot, pp. 379および389では、マルクスは1857年に考案したもともとのプランを変更していないと主張されている。

4 これらのノートは、Marx-Engels *Sochinenya*補巻第47巻にて、1973年にロシア語で出版されるまで、100年以上も無視されてきた。原語のドイツ語版が出るのは、1976年になってからである（MEGA² vol. II/3.1）。

ルクスからアントアネッテ・フィリプスへ」『全集』30巻476、7頁）

54 Karl Marx to Friedrich Engels, 10 May 1861, in MECW, vol. 41, p. 288.（「マルクスからエンゲルスへ　1861年5月1日」『全集』30巻137頁）

55 Karl Marx to Antoinette Philips, 24 March 1861, in MECW, vol. 41, p. 271.（「マルクスからアントアネッテ・フィリプスへ　1861年3月24日」『全集』30巻477頁）

56 Karl Marx to Carl Siebel, 2 April 1861, in MECW, vol. 41, p. 273.（「マルクスからカール・ジーベルへ　1861年4月2日」『全集』30巻479頁）

57 Karl Marx to Ferdinand Lassalle, 7 May 1861, in MECW, vol. 41, p. 281.（「マルクスからフェルディナント・ラサールへ　1861年5月7日」『全集』30巻488頁）

58 Ibid., p. 284.（同前）

59 Karl Marx to Ferdinand Lassalle, 15 September 1860, in MECW, vol. 41, p. 193.（「マルクスからフェルディナント・ラサールへ　1860年9月15日」『全集』30巻457頁）

60 Karl Marx to Friedrich Engels, 20 July 1861, in MECW, vol. 41, p. 315.（「マルクスからエンゲルスへ　1861年7月20日」『全集』30巻157頁）

61 Karl Marx to Friedrich Engels, 9 December 1861, in MECW, vol. 41, p. 333.（「マルクスからエンゲルスへ　1861年12月9日」『全集』30巻169頁）

62 Karl Marx, 'The London Times on the Orleans Princes in America, in MECW, vol. 19, p. 30.（「ロンドン『タイムズ』におけるオルレアン諸公子論」『全集』15巻310頁）。マルクスの奴隷制に関する考え方については、Wilhelm Backhaus, *Marx, Engels und die Sklaverei*. Düsseldorf: Schwann, 1974参照。

63 Karl Marx to Friedrich Engels, 10 June 1861, in MECW, vol. 41, p. 293.（「マルクスからエンゲルスへ　1861年6月10日」『全集』30巻140頁）

64 Karl Marx to Ferdinand Lassalle, 29 May 1861, in MECW, vol. 41, p. 291.（「マルクスからフェルディナント・ラサールへ　1861年5月29日」『全集』30巻490、1頁）

65 Karl Marx to Ferdinand Lassalle, 1 or 2 June 1860, in MECW, vol. 41, p. 152–3.（「マルクスからフェルディナント・ラサールへ　1860年6月2日頃」『全集』30巻444頁）。マルクスのロシアについての政治的考察に関しては、数多くの研究がなされている。David Ryazanov, 'Karl Marx über den Ursprung der Vorherrschaft Russland in Europa', in *Die Neue Zeit*, vol. 1909, n. 5, pp. 1–64やBernd Rabehl, 'Die Kontroverse innerhalb des russischen Marxismus über die asiatischen und westlich-kapitalistischen Ursprünge der Gesellschaft, des Kapitalismus und des zaristischen Staates in Russland', in Ulf Wolter (ed.), *Karl Marx. Die Geschichte der Geheimdiplomatie des 18. Jahrhunderts. Über den asiatischen Ursprung der russischen Despotie*. Berlin: Olle &

41 Karl Marx to Friedrich Engels, 30 October 1861, in MECW, vol. 41, p. 324.（「マルクスからエンゲルスへ　1861年10月30日」『全集』30巻161頁）

42 Karl Marx to Friedrich Engels, 18 November 1861, in MECW, vol. 41, p. 328.（「マルクスからエンゲルスへ　1861年11月18日」『全集』30巻164頁）

43 Karl Marx to Friedrich Engels, 27 December 1861, in MECW, vol. 41, p. 338.（「マルクスからエンゲルスへ　1861年12月27日」『全集』30巻174頁）

44 Karl Marx to Friedrich Engels, 23 November 1860, in MECW, vol. 41, p. 216.（「マルクスからエンゲルスへ　1860年11月23日」『全集』30巻91頁）

45 Karl Marx to Friedrich Engels, 28 November 1860, in MECW, vol. 41, p. 220.（「マルクスからエンゲルスへ　1860年11月28日」『全集』30巻94頁）

46 Karl Marx to Friedrich Engels, 19 December 1860, in MECW, vol. 41, p. 232.（「マルクスからエンゲルスへ　1860年12月19日」『全集』30巻105頁）マルクスとダーウィンに関する議論は、マルクスが『資本論』をこのイギリスの自然科学者に捧げたいとしていたという神話によって、長らく台無しにされてきた。この問題を正しく理解するには、Lewis S. Feuer, 'Is the "Darwin-Marx Correspondence" Authentic?', *Annals of Science*, vol. 32 (1975), no. 1, pp. 1–12、Margaret A. Fay, 'Did Marx Offer to Dedicate Capital to Darwin? A Reassessment of the Evidence', *Journal of the History of Ideas*, vol. 39 (1978), pp. 133–46 や Ralph Colp Jr., 'The Myth of the Darwin-Marx Letter', *History of Political Economy*, vol. 14 (1982), no. 4, pp. 461–82を参照。

47 Karl Marx to Friedrich Engels, 18 January 1861, in MECW, vol. 41, p. 247.（「マルクスからエンゲルスへ　1861年1月18日」『全集』30巻116頁）

48 Karl Marx to Friedrich Engels, 22 January 1861, in MECW, vol. 41, p. 250.（「マルクスからエンゲルスへ　1861年1月22日」『全集』30巻118頁）

49 Karl Marx to Friedrich Engels, 27 February 1861, in MECW, vol. 41, p. 265.（「マルクスからエンゲルスへ　1861年2月27日」『全集』30巻129頁）

50 マルクスのベルリン滞在について、詳細はRolf Dlubek, 'Auf der Suche nach neuen politischen Wirkungsmöglichkeiten: Marx 1861 in Berlin', *Marx-Engels Jahrbuch*, vol. 2004, pp. 142–75を参照のこと。

51 Karl Marx to Friedrich Engels, 7 May 1861, in MECW, vol. 41, p. 281.（「マルクスからエンゲルスへ　1861年5月7日」『全集』30巻132、3頁）

52 Friedrich Engels to Karl Marx, 6 February 1861, in MECW, vol. 41, p. 257.（「エンゲルスからマルクスへ　1861年2月6日」『全集』30巻125頁）

53 Karl Marx to Antoinette Philips, 24 March 1861, in MECW, vol. 41, pp. 270–1.（「マ

できる能力と、彼の毒舌の才能との、際立った実例である」David McLellan, *Karl Marx: His Life and His Thought*. London: Macmillan, 1973, p. 311（杉原四郎・重田晃一・松岡保・細見英訳『マルクス伝』ミネルヴァ書房、1976年、311頁）。フランシス・ウィーンは、「カール・フォークトという、さほど知られていないスイスの政治家に誹謗されたとき、200ページにも及ぶ反論をいちいち書く必要が本当にあったのだろうか」と疑問を呈した上で、こう述べている。「経済に関するノートは開かれることなく机の上に置かれたままになり、マルクス自身は、華々しくも無意味な確執に頭を悩ませることになる」Francis Wheen, *Karl Marx: a life*. New York: Norton, 2000, p. 152および238（田口俊樹訳『カール・マルクスの生涯』朝日新聞社、2002年、288頁）。マルクスの側に立って言うなら、フォークトは無名の人物ではなく、1848、49年のフランクフルト国民議会の主要な論客の一人だったということを指摘しておかなければならない。このように、『フォークト君』についての「通説」は、理論についての「長期的な関心に目を奪われ、マルクスの同時代人の政治的成功を低く見積もってきた」として、それに反論する論考が、Terrell Carver, 'Marx and the Politics of Sarcasm', in Marcello Musto (ed.), *Marx for Today*. London/New York: Routledge, 2012, pp. 127–8である。それでも、やはり『フォークト君』は大失敗だったのであり、マルクスはもっと早く自己弁護できたはずであった。

35 これに関しては、Siegbert S. Prawer, *Karl Marx and World Literature*. London: Verso, 2011, p. 264の考察を参照。「『フォークト君』では、世界文学の著作に言及することなしに、政治的あるいは社会的現象を取り扱うことができなかったのである」。その上で、この著作は「文学的表現や引用を論戦に組み込むというマルクスの様々な手法の集積」としてみることができるとされている（ibid., p. 260）。Ludovico Silva, *Lo stile letterario di Marx*. Milano: Bompiani, 1973も参照。

36 この点に関しては、もう一度Prawer, *Karl Marx and World Literature*, op. cit., p. 261の素晴らしい考察を参照せよ。

37 Karl Marx to Friedrich Engels, 22 January 1861, in MECW, vol. 41, p. 249.（「マルクスからエンゲルスへ　1861年1月22日」『全集』30巻118頁）

38 Karl Marx to Friedrich Engels, 16 May 1861, in MECW, vol. 41, p. 290.（「マルクスからエンゲルスへ　1861年5月16日」『全集』30巻138頁）

39 Karl Marx to Friedrich Engels, 29 January 1861, in MECW, vol. 41, p. 252.（「マルクスからエンゲルスへ　1861年1月29日」『全集』30巻120頁）

40 Karl Marx to Friedrich Engels, 27 February 1861, in MECW, vol. 41, p. 266.（「マルクスからエンゲルスへ　1861年2月27日」『全集』30巻129頁）

24 Ibid.（同前）

25 Friedrich Engels to Karl Marx, 15 September 1860, in MECW, vol. 41, p. 191.（「エンゲルスからマルクスへ　1860年9月15日」『全集』30巻74頁）

26 Friedrich Engels to Karl Marx, 5 October 1860, in MECW, vol. 41, pp. 204–5.（「エンゲルスからマルクスへ　1860年10月5日」『全集』30巻84頁）

27 Friedrich Engels to Karl Marx, 31 January 1860, op. cit., pp. 13–4.（「エンゲルスからマルクスへ　1860年1月31日」『全集』30巻13、4頁）

28 Ferdinand Lassalle to Karl Marx, 19 January 1861, in MEGA², vol. III/11, p. 321.

29 Wilhelm Wolff to Karl Marx, 27 December 1860, in MEGA², vol. III/11, p. 283.

30 Friedrich Engels to Karl Marx, 19 December 1860, in MECW, vol. 41, p. 231.（「エンゲルスからマルクスへ　1860年12月19日」『全集』30巻104頁）

31 Marx, *Herr Vogt*, op. cit., p. 42.（『フォークト君』『全集』14巻377頁）

32 Ibid., p. 43.（同前）

33 Ibid., p. 41.（同前、376頁）

34 マルクスの色んな知り合いたちがこの著作に取り組むのを思い止まらせようとしたことを思い起こしつつ、フランツ・メーリング（1846～1919年）はこう述べている。「こんにちのわれわれも、マルクスがこうした声に耳をかしてくれたらと、希望したい気持ちになるだろう。（…）この喧嘩は彼に正当な利益を一文ももたらさず、そのため失った努力と時間を犠牲としたにもかかわらず、というよりも犠牲としたがために、彼の生涯の大業は（…）はばまれた」Franz Mehring, *Karl Marx: the story of his life*. Ann Arbor: University of Michigan Press, 1962, p. 296（栗原佑訳『マルクス伝2』大月書店、2018年、167頁）。同じ論調で、カール・フォルレンダー（1860～1928年）もこう述べている。「1年にも及ぶこのひどい事件に際して、こんなにも多大な精神的労力とお金を注ぎ込んで、191頁の小著にウィットを利かせ、世界中の文学から格言と引用を盛り込む価値があったのかどうか、疑いを持つのはもっともなことである」Karl Vorländer, *Karl Marx*, p. 189. ボリス・ニコラフスキー（1887～1966年）とオットー・メンヒェン＝ヘルフェン（1894～1969年）も、マルクスをこう非難している。「マルクスは、自らの政治生命を絶とうとする試みに抵抗して、名誉毀損を訴え、自己弁護に1年以上を使った。（…）経済学の著作は、1861年の終わりに差し掛かる頃、ようやく再開された」Boris Nikolaevskii and Otto Maenchen-Helfen, *Karl Marx: Man and Fighter*. Philadelphia/London: J.P. Lippincott Company, 1936, pp. 249–50. デヴィッド・マクレランに言わせれば、フォークトとの論争は「マルクスの、本質的にはささいな事柄にものすごい労力を費やすことがにもなった（同前）。

15 1848、49年の革命家たちとの政治的コミュニケーションの方法として、これらの手紙がいかに重要だったか、そしてマルクスとフォークトの論争をより一般的な観点から、すなわち本書とは違ってマルクス側以外からも理解するには、Christian Jansen, 'Politischer Streit mit harten Bandagen. Zur brieflichen Kommunikation unter den emigrierten Achtundvierzigern — unter besonderer Berücksichtigung der Controverse zwischen Marx und Vogt', in Jürgen Herres and Manfred Neuhaus (eds.), *Politische Netzwerke durch Briefkommunikation*. Berlin: Akademie, 2002を参照のこと。そこでは、フォークトがボナパルトを支持するようになった政治的な動機が分析されている。その章についている付録では、フォークトが書いた手紙や彼に宛てられた手紙が収録されている。月並みでしばしば教義的なマルクス主義的解釈にとらわれていない、興味深い論考としては、Jacques Grandjonc, and Hans Pelger, 'Gegen die 'Agentur Fazy/Vogt. Karl Marx' *Herr Vogt*', in *Marx-Engels-Forschungsberichte*, No. 6, 1990、Georg Lommels, 'Die Wahrheit über Genf: Quellen und textgeschichtliche Anmerkungen', in *Marx-Engels-Forschungsberichte*, vol. 1990, no. 6, pp. 37–68 や Lommels, 'Les implications de l'affaire Marx-Vogt', in Jean-Claude Pont, Daniele Bui, Françoise Dubosson and Jan Lacki (eds.), *Carl Vogt (1817–1895). Science, philosophie et politique*. Chêne-Bourg: Georg, 1998, pp. 67–92がある。

16 Marx, *Herr Vogt*, op. cit., pp. 68–9.（『フォークト君』『全集』14巻408頁）

17 この研究の産物は、様々な立場の本、雑誌、新聞からの抜粋を含む6冊のノートとなった。これらの材料は、まだ公開されていないが、マルクスが自分の著作に研究成果をどのように使ったかを知る上で有用である。特に、IISH, Marx-Engels Papers, B 93, B 94, B 95, B 96を参照のこと。

18 Marx, *Herr Vogt*, op. cit., pp. 78–99.（『フォークト君』『全集』14巻419～42頁）

19 Karl Marx to Friedrich Engels, 6 December 1860, in MECW, vol. 41, p. 225.（「マルクスからエンゲルスへ　1860年12月6日」『全集』30巻99頁）

20 Friedrich Engels to Karl Marx, 29 June 1860, in MECW, vol. 41, p. 170.（「エンゲルスからマルクスへ　1860年6月28日ごろ」『全集』30巻61頁）

21 Friedrich Engels to Jenny Marx, 15 August 1860, in MECW, vol. 41, p. 179.（「エンゲルスからジェニー・マルクスへ　1860年8月15日」『全集』30巻450、1頁）

22 Karl Marx to Friedrich Engels, 25 September 1860, in MECW, vol. 41, p. 197（「マルクスからエンゲルスへ　1860年9月25日」『全集』30巻78頁）参照。

23 Marx, *Herr Vogt*, op. cit., pp. 182–3.（『フォークト君』『全集』14巻536頁）

141 Karl Marx to Friedrich Engels, 2 November 1858, in MECW, vol. 40, p. 351.（「マルクスからエンゲルスへ　1858年11月2日」『全集』29巻287頁）

142 Karl Marx to Joseph Weydemeyer, 1 February 1859, op. cit., p. 374.（「マルクスからヨーゼフ・ヴァイデマイアーへ　1859年2月1日」『全集』29巻448頁）

143 Jenny Marx, in Institut für Marxismus-Leninismus (Ed.), *Mohr und General. Erinnerungen an Marx und Engels*. Berlin: Dietz Verlag, p. 224.

第V章

1 1870年になって、第二帝政が終わった後の共和制政府によって公開されたフランスの公文書の中から、フォークトの名前がナポレオン三世からの給与支払先に上がっていた証拠が見つかる。1859年の8月に、ナポレオン三世は、自らの秘密の資金からフォークトに4万フランを送金していた。Tom Papiers, *Papiers et correspondance de la famille impériale. Édition collationnées sur le texte de Vimprìmerie nationale*, vol. II. Paris: Garnier Frères, 1871, p. 161参照。

2 Karl Marx, *Herr Vogt*, in MECW, vol. 17, p. 89.（『フォークト君』『全集』14巻431頁）

3 Ibid., p. 28.（同前、361頁）

4 Ibid., p. 48.（同前、384頁）

5 Ibid., p. 28.（同前、361頁）

6 Carl Vogt, *Mein Prozess gegen die Allgemeine Zeitung: Stenographischer Bericht, Dokumente, und Erläuterungen*, Genf: Selbst-Verlag des Verfassers 1859. Marx, *Herr Vogt*, op. cit., p. 29（『フォークト君』『全集』14巻362頁）からの引用。

7 Marx, *Herr Vogt*, op. cit., p. 69.（『フォークト君』『全集』14巻408、9頁）

8 Ibid., p. 61.（同前、398、9頁）

9 ユストゥス・フォン・リービッヒ（1803～1873年）は、著名なドイツ人化学者である。

10 〈原著では、ここに英訳が記されている。英訳の出典は示されていない〉

11 MECW Vol.17, p. 243.（『フォークト君』『全集』14巻605、6頁）

12 Karl Marx to Friedrich Engels, 31 January 1860, in MECW, vol. 41, p. 13.（「マルクスからエンゲルスへ　1860年1月31日」『全集』30巻15頁）

13 Marx, *Herr Vogt*, op. cit., p. 272.（『フォークト君』『全集』14巻637頁）

14 Ibid., p. 26.（同前、357頁）しかも、この「与太話」を分析することで、マルクスは「ある一派全部の代表者たる、かの人物の性格を描写する機会が得られる」こと

クスからエンゲルスへ　1858年9月21日」『全集』29巻277頁）

126 Karl Marx to Friedrich Engels, 15 July 1858, in MECW, vol. 40, p. 328.（「マルクスからエンゲルスへ　1858年7月15日」『全集』29巻265頁）

127 Ibid. pp. 328–31.（同前、265～8頁）

128 Karl Marx to Joseph Weydemeyer, 1 February 1859, op. cit., p. 374.（「マルクスからヨーゼフ・ヴァイデマイアーへ　1859年2月1日」『全集』29巻446頁）

129 1857年恐慌の主な経緯については、以下の文献を参照せよ。James Sloan Gibbons, *The Banks of New-York, Their Dealers, Their Clearing-House, and the Panic of 1857*. New York: Appleton & Co., 1859, 特に pp. 343–99. D. Morier Evans, *The History of the Commercial Crisis, 1857–58*. New York: Burt Franklin, 1860; Charles W. Calomiris and Larry Schweikart, 'The Panic of 1857: Origins, Transmission, and Containment', *Journal of Economic History*, vol. 51 (1991), no. 4, pp. 807–34.

130 Karl Marx to Friedrich Engels, 13 August 1858, in MECW, vol. 40, p. 338.（「マルクスからエンゲルスへ　1858年8月13日」『全集』29巻276頁）

131 Friedrich Engels to Karl Marx, 7 October 1858, in MECW, vol. 40, p. 343.（「エンゲルスからマルクスへ　1858年10月7日」『全集』29巻280頁）

132 Karl Marx to Friedrich Engels, 11 December 1858, in MECW, vol. 40, p. 360.（「マルクスからエンゲルスへ　1858年12月11日」『全集』29巻293頁）

133 Friedrich Engels to Karl Marx, 7 October 1858, op. cit., p. 343.（「エンゲルスからマルクスへ　1858年10月7日」『全集』29巻280頁）

134 Karl Marx to Friedrich Engels, 8 October 1858, in MECW, vol. 40, p. 345.（「マルクスからエンゲルスへ　1858年10月8日」『全集』29巻282頁）

135 Karl Marx to Friedrich Engels, 8 October 1858, op. cit., p. 347.（同前、282、3頁）

136 Karl Marx to Joseph Weydemeyer, 1 February 1859, op. cit., p. 374.（「マルクスからヨーゼフ・ヴァイデマイアーへ　1859年2月1日」『全集』29巻449頁）

137 Karl Marx to Friedrich Engels, 1 February 1858, op. cit., p. 258.（「マルクスからエンゲルスへ　1858年2月1日」『全集』29巻216頁）

138 Karl Marx to Friedrich Engels, 8 October 1858, op. cit., p. 346.（「マルクスからエンゲルスへ　1858年10月8日」『全集』29巻281頁）

139 Karl Marx, 'Mazzini's new manifesto', in MECW, vol. 16, p. 37.（「マッツィーニの新しい宣言」『全集』12巻551頁）

140 Karl Marx to Friedrich Engels, 24 November 1858, in MECW, vol. 40, p. 356.（「マルクスからエンゲルスへ　1858年11月24日」『全集』29巻289頁）

ンラート・シュラムへ　1857年12月8日」『全集』29巻426頁）

109 Karl Marx to Friedrich Engels, 22 February 1858, op. cit., p. 274.（「マルクスからエンゲルスへ　1858年2月22日」『全集』29巻226頁）

110 Karl Marx to Friedrich Engels, 23 January 1858, in MECW, vol. 40, p. 252.（「マルクスからエンゲルスへ　1858年1月23日」『全集』29巻208頁）

111 Karl Marx to Friedrich Engels, 29 March 1858, op. cit., p. 296.（「マルクスからエンゲルスへ　1858年3月29日」『全集』29巻244頁）

112 David Mulroy, *Horace's Odes and Epodes*. Ann Arbor: University of Michigan Press, 1994, p. 127の訳を参照した〈これは英訳に関する注記である〉。

113 Karl Marx to Ferdinand Lassalle, 22 February 1858, op. cit., p. 268.（「マルクスからフェルディナント・ラサールへ　1858年2月22日」『全集』29巻430、1頁）

114 Karl Marx to Ferdinand Lassalle, 31 May 1858, in MECW, vol. 40, p. 323.（「マルクスからフェルディナント・ラサールへ　1858年5月31日」『全集』29巻438頁）

115 Friedrich Engels to Karl Marx, 17 March 1858, in MECW, vol. 40, pp. 289–90.（「エンゲルスからマルクスへ　1858年3月17日」『全集』29巻238頁）

116 Friedrich Engels to Karl Marx, 17 March 1858, op. cit., p. 289.（同前、241頁）

117 Friedrich Engels to Karl Marx, 11 February 1858, in MECW, vol. 40, p. 265.（「エンゲルスからマルクスへ　1858年2月11日」『全集』29巻221頁）

118 Karl Marx to Friedrich Engels, 14 February 1858, in MECW, vol. 40, p. 266.（「マルクスからエンゲルスへ　1858年2月14日」『全集』29巻222頁）

119 Jenny Marx to Friedrich Engels, 9 April 1858, in MECW, vol. 40, p. 569.（「ジェニー・マルクスからエンゲルスへ　1858年4月9日」『全集』29巻512頁）

120 Karl Marx to Friedrich Engels, 23 April 1857, in MECW, vol. 40, p. 125.（「マルクスからエンゲルスへ　1857年4月23日」『全集』29巻104頁）

121 Karl Marx to Friedrich Engels, 29 April 1858, in MECW, vol. 40, p. 309.（「マルクスからエンゲルスへ　1858年4月29日」『全集』29巻254頁）

122 Karl Marx to Ferdinand Lassalle, 31 May 1858, op. cit., p. 321.（「マルクスからフェルディナント・ラサールへ　1858年5月31日」『全集』29巻437頁）

123 Karl Marx to Friedrich Engels, 1 May 1858, in MECW, vol. 40, p. 312.（「マルクスからエンゲルスへ　1858年5月1日」『全集』29巻255頁）

124 Karl Marx to Friedrich Engels, 31 May 1858, op. cit., p. 317.（「マルクスからエンゲルスへ　1858年5月31日」『全集』29巻256頁）

125 Karl Marx to Friedrich Engels, 21 September 1858, in MECW, vol. 40, p. 341.（「マル

Wishart, 1941, p. 15.（マルクス＝レーニン主義研究所訳『弁証法的唯物論と史的唯物論』国民文庫、1968年、24、5頁）

94 Karl Marx to Ferdinand Lassalle, 22 February 1858, in MECW, vol. 40, pp. 270–1.(「マルクスからフェルディナント・ラサールへ　1858年2月22日」『全集』29巻429、30頁）

95 Friedrich Engels to Karl Marx, 29 October 1857, in MECW, vol. 40, p. 195.（「エンゲルスからマルクスへ　1857年10月29日」『全集』29巻163頁）

96 Friedrich Engels to Karl Marx, 15 November 1857, in MECW, vol. 40, p. 200.（「エンゲルスからマルクスへ　1857年11月15日」『全集』29巻169～71頁）

97 Friedrich Engels to Karl Marx, 31 December 1857, in MECW, vol. 40, p. 236.（「エンゲルスからマルクスへ　1857年12月31日」『全集』29巻196頁）

98 Jenny Marx to Conrad Schramm, 8 December 1857, in MECW, vol. 40, p. 566.（「ジェニー・マルクスからコンラート・シュラムへ　1857年12月8日」『全集』29巻510頁）

99 Karl Marx to Friedrich Engels, 5 January 1858, in MECW, vol. 40, p. 238.（「マルクスからエンゲルスへ　1858年1月5日」『全集』29巻198頁）

100 Friedrich Engels to Karl Marx, 6 January 1858, in MECW, vol. 40, p. 239.（「エンゲルスからマルクスへ　18578年1月6日」『全集』29巻199頁）

101 Karl Marx to Friedrich Engels, 1 February 1858, in MECW, vol. 40, p. 258.（「マルクスからエンゲルスへ　1858年2月1日」『全集』29巻216頁）

102 Karl Marx to Friedrich Engels, 11 January 1858, in MECW, vol. 40, p. 244.（「マルクスからエンゲルスへ　1858年1月11日」『全集』29巻204頁）

103 Karl Marx to Ferdinand Lassalle, 22 February 1858, op. cit., p. 268.（「マルクスからフェルディナント・ラサールへ　1858年2月22日」『全集』29巻429頁）

104 Karl Marx to Friedrich Engels, 14 January 1858, op. cit., p. 247.（「マルクスからエンゲルスへ　1858年1月16日」『全集』29巻206頁）

105 Karl Marx to Friedrich Engels, 29 March 1858, in MECW, vol. 40, p. 295.（「マルクスからエンゲルスへ　1858年3月29日」『全集』29巻244頁）

106 Karl Marx to Friedrich Engels, 2 April 1858, op. cit., p. 296.（「マルクスからエンゲルスへ　1858年4月2日」『全集』29巻246頁）

107 Karl Marx to Ferdinand Lassalle, 21 December 1857, op. cit., p. 255.（「マルクスからフェルディナント・ラサールへ　1857年12月21日」『全集』29巻427頁）

108 Karl Marx to Conrad Schramm, 8 December 1857, op. cit., p. 217.（「マルクスからコ

ルスは歴史と論理はパラレルだという見解をとっている。これはマルクスがはっきりと「序説」で否定した考え方だったが、エンゲルスによってマルクスのものとされ、後にマルクス＝レーニン主義的解釈においては、さらに不毛に図式化されていった。

87 Marx, *Grundrisse*, op. cit., p. 109.（『要綱』第1分冊63頁）

88 Ibid., p. 110.（同前、64頁）

89 Ibid., p. 111.（同前、65頁）。フリードリッヒ・テオドール・フィッシャー（1807〜1887年）は、『美学あるいは美の科学』（1846〜57年）という著書において、神話を消滅させる資本主義の力について論じている。マルクスはこの本からインスピレーションを得て、「序説」を書くわずか3ヶ月前に、ノートに一部の要約をまとめている。しかし、両者のアプローチは大きく違っている。フィッシャーは、資本主義を不変の現実として扱い、それがもたらす文化の美学的な頽廃をロマン主義的に嘆いている。それに対してマルクスは、資本主義の超克のために絶えず戦い続けながらも、資本主義が、物質的にもイデオロギー的にも、過去の生産様式よりも進んだ現実を示すことを力説している。Georg Lukács, 'Karl Marx und Friedrich Theodor Vischer', in *Beiträge zur Geschichte der Ästhetik*, Berlin: Aufbau Verlag, 1956, pp. 267–8参照。

90 Marx, *Grundrisse*, op. cit., p. 109.（『要綱』第1分冊63頁）

91 Marx, *A Contribution to the Critique of Political Economy*, in MECW, vol. 29, p. 263.（『批判』13頁）

92 マルクスが、1872〜5年のフランス語版『資本論』の注でこの文を引用したときに、ふつうdéterminerとかconditionnerと訳されるドイツ語のbedingenに、dominerという動詞をあてているのが、一つの証拠である。「物質的生活の生産様式が一般に社会的、政治的、知的生活の発展を支配する」Karl Marx, 'Le Capital', MEGA[2] II/7, p. 62（江夏・上杉訳『フランス語版資本論』上巻、法政大学出版会、1979年、57頁）。こうしたのは、この二つの側面の間に機械的な関係性をみているととられる危険性を回避するためだったに違いない。Maximilien Rubel, *Karl Marx. Essai de biographie intellectuelle*, Paris: Rivière, 1971, p. 298参照。

93 この種の解釈で、最も流布してしまった最悪のものは、『弁証法的唯物論と史的唯物論』に示されたヨシフ・スターリンのそれである。「物質世界は客観的実在であり（…）社会の精神生活は、この客観的実在の反映である」。その上で「社会の存在、社会の物質的生活の条件には、社会の観念、理論、政治的見解、政治的機関が対応している」Joseph Stalin, *Dialectical and Historical Materialism*, London: Lawrence &

ェリングの客観的観念論と異なり、ヘーゲルの思想が、知の運動と自然の秩序を混同したり、主体と客体とを混同したりしてはいないことは、彼の著作の多くの文章が示すところである。Judith Jánoska, Martin Bondeli, Konrad Kindle and Marc Hofer, *Das 'Methodenkapitel' von Karl Marx*. Basel: Schwabe & Co., 1994, pp. 115–9 や Musto, 'Introduction', Musto (ed.), *Karl Marx's Grundrisse: Foundations of the Critique of Political Economy 150 Years Later*, op. cit., pp. 17–8参照。

77 Marx, *Grundrisse*, op. cit., p. 105.（『要綱』第1分冊57、8頁）

78 Ibid., p. 105.（同前、58頁）

79 Ibid., p. 106.（同前）

80 Stuart Hall, 'Marx's notes on method: A "reading" of the "1857 Introduction"', *Cultural Studies*, vol. 17 (2003 [1974]), no. 2, p. 133参照。ホールは正しくも、マルクスの理論は歴史主義とは手を切っているが、歴史性と手を切っているわけではないと述べている。

81 Marx, *Grundrisse*, op. cit., p. 105.（『要綱』第1分冊58頁）

82 Marx, *Grundrisse*, op. cit., p. 107.（同前、60頁）

83 Marx, *Capital*, Volume III, op. cit., p. 804.（『資本論』3巻1430頁）

84 Marx, *The Poverty of Philosophy*, op. cit., p. 172.（山村喬訳『哲学の貧困』岩波文庫、1950年、129頁）

85 Althusser and Balibar, *Reading Capital*, op. cit., pp. 47–8, 87.

86 マルクスが取りまとめた方法がいかに複雑だったかということは、彼の著作に学んだ多くの人々だけでなく、エンゲルスさえもそれを誤解していたことに表れている。1857年の「序説」の議論を目にしていたかどうかは定かではないが、1859年にエンゲルスは、『経済学批判』の書評において、このように書いている。すなわち、方法を練り上げたマルクスは、「歴史的または論理的という二通りのやり方で」経済学批判を遂行できるようになった。しかし、「歴史は、しばしば飛躍的に、かつジグザグに進むものであり、かつ全ての点でその足跡が追求されなければならない（…）それゆえに、論理的な取り扱いだけが適当だったのである」。しかしエンゲルスは、次のような誤った結論を引き出す。この取り扱い方は「実は、ただ歴史的形態と攪乱的偶然性という覆いを取り去っただけの歴史的な取り扱いに他ならない。この歴史の始まるところから、思想の歩みもまた、同じように始まらなければならない。そしてこの歩みのその後の進行は、抽象的な、かつ理論的に一貫した形態をとった、歴史的経過の映像に他ならないであろう」Karl Marx, *A Contribution to the Critique of Political Economy*, in MECW, vol. 29, p. 475（『批判』264、5頁）。要するに、エンゲ

らエンゲルスへ　1857年7月8日」『全集』29巻119頁）

65 Friedrich Engels to Karl Marx, 11 July 1857, in MECW, vol. 40, p. 143.（「エンゲルスからマルクスへ　1857年7月11日」『全集』29巻120頁）

66 マルクスは1853年までに、既に詳しくインドを扱っていた。Irfan Habib, 'Marx's Perception of India' やPrabhat Patnaik, 'Appreciation: the Other Marx', in Iqbal Husain (ed.), *Karl Marx, on India*. New Delhi: Tulika Books, 2006, pp. xix-liv and lv-lxviii参照。Aijaz Ahmad, 'Marx on India: a Clarification', in *In Theory: Classes, Nations, Literatures*. London: Verso, 1992, pp. 221–42も参照。

67 Karl Marx to Friedrich Engels, 14 January 1858, in MECW, vol. 40, p. 249.（「マルクスからエンゲルスへ　1858年1月16日」『全集』29巻206頁）。この手紙は16日付とされているが、正しくは14日付である。

68 Karl Marx to Friedrich Engels, 15 August 1857, in MECW, vol. 40, p. 152.（「マルクスからエンゲルスへ　1857年8月15日」『全集』29巻127頁）

69 Karl Marx to Friedrich Engels, 14 January 1858, op. cit., p. 249.（「マルクスからエンゲルスへ　1858年1月16日」『全集』29巻206頁）

70 Ibid., p. 86.（『要綱』第1分冊29頁）

71 Ibid., p. 100.（同前、49頁）

72 Ibid., pp. 100–1.（同前、49、50頁）

73 例えば、エヴァルド・イリエンコフ、ルイ・アルチュセール、アントニオ・ネグリ、そしてガルヴァノ・デラ・ヴォルペといった人々が、マルクスの方法をこのように誤解してしまっている。Ilyenkov, *Dialectics of the Abstract & the Concrete in Marx's Capital*. Moscow: Progress Publishers, 1982, p. 100; Louis Althusser and Étienne Balibar, *Reading Capital*. London: Verso, 1979, pp. 87–8; Antonio Negri, *Marx beyond Marx: Lessons on the* Grundrisse. New York: Autonomedia, 1991, p. 47; Galvano Della Volpe, *Rousseau e Marx*. Atlantic Highlands, N.J.: Humanities Press, 1979, p. 191 参照。デラ・ヴォルペに対する批判は、Cesare Luporini, 'Il circolo concreto-astratto-concreto', in Franco Cassano (ed.), *Marxismo e filosofia in Italia (1958–1971)*. Bari: De Donato, 1973, pp. 226–39参照。

74 Marx, *Grundrisse*, op. cit., p. 101.（『要綱』第1分冊50、1頁）

75 Mario Dal Pra, *La dialettica in Marx*. Bari: Laterza, 1965, p. 461.

76 Marx, *Grundrisse*, op. cit., pp. 101–2.（『要綱』第1分冊50、1頁）。しかし実際には、マルクスの解釈はヘーゲルの哲学を公平に扱っているとは言えない。ヨハン・ゴットリープ・フィヒテ（1762～1814年）の超越論的観念論や、フリードリッヒ・シ

50 Karl Marx to Friedrich Engels, 20 January 1857, in MECW, vol. 40, p. 93.（「マルクスからエンゲルスへ　1857年1月20日」『全集』29巻76頁）
51 Karl Marx to Friedrich Engels, 2 April 1858, in MECW, vol. 40, p. 303.（「マルクスからエンゲルスへ　1858年4月2日」『全集』29巻250頁）
52 Karl Marx to Friedrich Engels, 18 March 1857, in MECW, vol. 40, p. 106.（「マルクスからエンゲルスへ　1857年3月18日」『全集』29巻89頁）
53 Karl Marx to Friedrich Engels, 23 January 1857, in MECW, vol. 40, p. 99.（「マルクスからエンゲルスへ　1857年1月23日」『全集』29巻81頁）
54 Karl Marx to Joseph Weydemeyer, 1 February 1859, in MECW, vol. 40, p. 374.（「マルクスからヨーゼフ・ヴァイデマイアーへ　1859年2月1日」『全集』29巻446頁）
55 Karl Marx to Friedrich Engels, 31 October 1857, in MECW, vol. 40, p. 198.（「マルクスからエンゲルスへ　1857年10月31日」『全集』29巻164頁）
56 Karl Marx to Friedrich Engels, 8 December 1857, in MECW, vol. 40, p. 214.（「マルクスからエンゲルスへ　1857年12月8日」『全集』29巻180頁）
57 Karl Marx to Friedrich Engels, 13 November 1857, in MECW, vol. 40, p. 199.（「マルクスからエンゲルスへ　1857年11月13日」『全集』29巻165頁）
58 Friedrich Engels to Karl Marx, 22 April 1857, in MECW, vol. 40, p. 122.（「エンゲルスからマルクスへ　1857年4月22日」『全集』29巻104頁）
59 Karl Marx to Friedrich Engels, 22 February 1858, in MECW, vol. 40, p. 272.（「マルクスからエンゲルスへ　1858年2月22日」『全集』29巻225頁）。興味を引く叙述もあるが、エンゲルスの言葉を借りれば、これらの記事は「純粋に金儲けの仕事で（…）そうっと葬られたままでも構わない」ようなものであった。Friedrich Engels to Hermann Schlüter, 29 January 1891, in MECW, vol. 49, p. 113.（「エンゲルスからヘルマン・シュリューターへ　1891年1月29日」『全集』38巻12頁）
60 Karl Marx to Friedrich Engels, 8 December 1857, op. cit., p. 214.（「マルクスからエンゲルスへ　1857年12月8日」『全集』29巻178頁）
61 Karl Marx to Friedrich Engels, 28 January 1858, in MECW, vol. 40, p. 255.（「マルクスからエンゲルスへ　1858年1月28日」『全集』29巻211頁）
62 Karl Marx to Friedrich Engels, 22 February 1858, op. cit., p. 273.（「マルクスからエンゲルスへ　1858年2月22日」『全集』29巻225頁）
63 Karl Marx to Friedrich Engels, 22 May 1857, in MECW, vol. 40, p. 132.（「マルクスからエンゲルスへ　1857年5月22日」『全集』29巻110、1頁）
64 Karl Marx to Friedrich Engels, 8 July 1857, in MECW, vol. 40, p. 143.（「マルクスか

いであろう」ibid., p. 175. マルクスの注意を引いた記述は、こういう箇所だったに違いない。

33 Marx, *Grundrisse*, op. cit., p. 85.（『要綱』第1分冊28頁）

34 Karl Korsch, *Karl Marx*. London: Chapman & Hall, 1938, p. 78f.

35 Marx, *Grundrisse*, op. cit., p. 85.（『要綱』第1分冊28頁）

36 John Stuart Mill, *Principles of Political Economy*, vol. I. London: Routledge & Kegan Paul, 1965, p. 55.（末永茂喜訳『経済学原理』岩波文庫、第1分冊、1959年、117頁）。以下のページでは、この考えが敷衍されている。John Stuart Mill, ibid., p. 55f.

37 Ibid., p. 591.（『要綱』第2分冊305頁）

38 Ibid., p. 249.（『要綱』第1分冊288頁）。実は、マルクスは既に、経済学者の歴史的感覚のなさを『哲学の貧困』で批判していた。「経済学者たちは一つの奇妙なやり方をする。彼らにはただ二種の制度——人為的なそれと自然的なそれ——しか存在しない。封建の諸制度は人為的な制度であり、ブルジョワジーの諸制度は自然的な制度である。彼らはこの点で神学者たちに似ている。後者もまた二種の宗教を認める。彼らの宗教に属しない一切の宗教は人間の発明したものであるが、彼ら自身の宗教は神から出たものである。現在の諸関係——ブルジョワ的生産関係——は自然的だという場合、経済学者たちの意味するところは、それらの関係は自然の法則に従って富が創造され生産力が発達する関係だということである。それゆえに、それらの関係は、それ自身時代の影響からは独立した自然的法則なのである。それは常に社会を支配すべき永遠の法則である。かくてかつては歴史というものが存在したが、今はもはや存在しない」MECW, vol. 6, p. 174.（山村喬訳『哲学の貧困』岩波文庫、1950年、132、3頁）

39 Marx, *Grundrisse*, op. cit., p. 460.（『要綱』第2分冊99頁）

40 Ibid.（同前、100頁）

41 Ibid., p. 675.（『要綱』第2分冊446頁）

42 Ibid., p. 278.（『要綱』第1分冊332頁）

43 Ibid., p. 489.（『要綱』第2分冊139頁）

44 Ibid., p. 239.（『要綱』第1分冊273頁）

45 Ibid., p. 535.（『要綱』第2分冊210頁）

46 Ibid., p. 156.（『要綱』第1分冊135頁）

47 Ibid., p. 248.（同前、287頁）

48 Marx, *Capital*, Volume III, op. cit., p. 240.（『資本論』3巻412頁）

49 Marx, *Grundrisse*, op. cit., p. 832.（『要綱』第2分冊707頁）

27 マルクスによると、こうした素朴な見解を避け得た経済学者は、ジェームズ・ステュアートである。ステュアートの主著『経済学原理』からの多数の引用文に、マルクスはコメントを残している。ステュアートの引用でいっぱいのそのノートは、1851年の春に作られている。Karl Marx, 'Exzerpte aus James Steuart: *An inquiry into the principles of political economy*', in MEGA², vol. IV/8参照。

28 Marx, *Grundrisse*, op. cit., p. 84.（『要綱』第1分冊27頁）『要綱』の他の箇所では、こう述べられている。「孤立した個人が土地を所有することがあり得ないのは、彼がしゃべることがあり得ないのと同様であろう」ibid., p. 485（『要綱』第2分冊134頁）。また、「一個人の所産としての言語というのは、ばかげている。同じことは、所有についても言える」ibid., p. 490（同前、141頁）とも述べられている。

29 Ibid., p. 83.（『要綱』第1分冊25頁）

30 Ibid., p. 84.（同前、27頁）

31 Ibid., p. 83.（同前、25頁）

32 「序説」の編集コメントの中で、テレル・カーヴァーは、バスティアのロビンソン・クルーソーの使い方についてのマルクスの見解は、バスティアが実際に述べていることと噛み合っていないと指摘している。Carver, op. cit., pp. 93–5参照。というのも、バスティアはこう述べているからである。「ダニエル・デフォーは、もし（…）社会的な妥協をせずに済むのであれば、小説の中から現実味の痕跡を全て取り除いただろう。しかしデフォーは主人公に、食料・火薬・ライフル・斧・ナイフ・ロープ・板・鉄等々の必需品を難破船からとってこさせる。これこそ、社会は人間に必要な環境だという決定的な証拠である。小説家でさえ、彼を社会の外側では生き延びさせることができないのだから。そして、ロビンソン・クルーソーが、一千倍以上もの価値のある社会的な宝物をもう一つ、孤独ながらも持っていたことに注意しなければならない。（…）それは彼の思考・記憶・経験、そして特に言語である」Frédéric Bastiat, *Economic Harmonies*. Princeton: D. van Nostrand Co. Inc., 1964, p. 64. しかしバスティアは、その本の別の箇所では、歴史的感覚の欠如を露呈している。そこでは、個人の行動は合理的な経済計算に導かれているとみなされ、資本主義社会に特有の対立構造に即して描かれている。「孤立した個人は、いやしくも彼が生きていられるならば、すぐさま資本家、起業家、職人、生産者、そして消費者になるであろう」ibid., p. 174. それゆえ、クルーソーは経済学者の単調なステレオタイプに返り咲く。「したがって、仕事が終わった時点で、満足を得るためになされる労働がはっきり少なくなること、あるいは同じ量の労働で得られる満足が増加することが予想できないなら、私たちのロビンソン・クルーソーは、道具を作り出さな後マルクスはこの考えをとらないようになっていったと言われている。フリードリッヒ・エンゲルスは、1883年のドイツ語第3版の注で、こう指摘している。「人類の原始状態に関するその後の極めて徹底的な研究によって著者［マルクス］の達した結論によれば、本源的には、家族が部族に発達したのではなく、その逆に部族が、血縁関係に基づく人類社会形成の本源的な自然発生的形態であった。したがって、部族的きずなの解体が始まってから、後になって初めて、色々と異なる家族諸形態が発展したのである」Karl Marx, *Capital*, Volume III, in MECW, vol. 37, p. 356（『資本論』1巻612、3頁）。ここでエンゲルスは、その頃自分がやっていた、そしてマルクスが人生の最晩年に行っていた、古代の歴史研究に言及しているのである（マルクスの人類学ノートについての詳細な検討は、本書第X章を参照のこと）。

21 Marx, *Capital*, Volume III, op. cit., p. 88.（『資本論』1巻131頁）

22 Ibid., p. 357.（同前、612頁）。その10年前に、マルクスは既に「序説」でこう述べている。「交換を共同体のただなかに本源的な構成要素として措定することは、およそ間違いなのである。むしろ交換は、最初は、一つの共同体の内部の成員の間の関係よりは、異なった共同体の相互の関連の中で現れてくる」Marx, *Grundrisse*, op. cit. p. 103.（『要綱』第1分冊54頁）

23 Marx, *Grundrisse*, op. cit., p. 162.（『要綱』第1分冊145頁）。この相互依存性は、資本主義的生産様式の中で構築されるものとは区別されなければならない。前者は自然の産物であるが、後者は歴史の産物である。資本主義においては、個人の自立性は分業に示される社会的依存性と結合されている。Marx, *Original Text of the Second and the Beginning of the Third Chapter of A Contribution to the Critique of Political Economy*, in MECW, vol. 29, p. 465を見よ。この生産の段階では、活動の社会的性格は、単なる諸個人の相互関係としてではなく、「諸個人に依存することなく存立し、無関心的な諸個人の相互的衝突から生じるような関係のもとへ諸個人を服属させることとして」現出する。「諸活動と諸生産物との一般的な交換、それらの相互的な連関は、彼ら自身には疎遠で、彼らから独立したものとして、つまり一つの物象として現れる」Marx, *Grundrisse*, op. cit., p. 157.（『要綱』第1分冊137頁）

24 Adam Smith, *The Wealth of Nations*, vol. 1. London: Methuen, 1961, p. 19.（『国富論』第1分冊、岩波文庫、2000年、40頁）

25 David Ricardo, *The Principles of Political Economy and Taxation*. London: J. M. Dent & Sons, 1973, p. 15を見よ。Marx, *A Contribution to the Critique of Political Economy*, in MECW, vol. 29, p. 300（『批判』69頁）も参照のこと。

26 Marx, *Grundrisse*, op. cit., p. 83.（『要綱』第1分冊25頁）

クスからエンゲルスへ　1857年12月18日」『全集』29巻187頁)。数日後、マルクスはこの計画についてラサールに伝えている。「現在の商業恐慌は、私が自分の経済学要綱の仕上げに真剣に着手し、また現在の恐慌についてもいささか準備するよう私を刺激した」Karl Marx to Ferdinand Lassalle, 21 December 1857, in MECW, vol. 40, p. 226.(「マルクスからフェルディナント・ラサールへ　1857年12月21日」『全集』29巻427頁)

9 1858年11月12日付のラサールへの手紙には次のようにある。「ドイツ的な意味での科学としての経済学はこれから作られるものだ」Karl Marx to Ferdinand Lassalle, 12 November 1858, in MECW, vol. 40, p. 355.(「マルクスからフェルディナント・ラサールへ　1858年11月12日」『全集』29巻443頁)

10 「序説」について論評した論考が山のようにあるのが、その重要性の一つの証左となっている。1903年に初めて公にされてから、それはマルクスの思想に関する主要な論考、思想史的伝記、紹介に含められるようになり、それに関して無数の論文や解説が書かれている。例えば、Terrell Carver, *Karl Marx: Texts on Method.* Oxford: Blackwell, 1975, pp. 88–158 や Marcello Musto, "History, production and method in the '1857 Introduction'", in Musto (ed.) *Karl Marx's Grundrisse. Foundations of the Critique of Political Economy 150 Years Later*, op. cit., pp. 3–32参照。

11 Karl Marx, *Grundrisse*. Harmondsworth: Penguin Books, 1993, p. 69.(『経済学批判要綱』第1分冊、『資本論草稿集1　1857–58年の経済学草稿1』大月書店、1981年(以下、『要綱』第1分冊)24頁)

12 Marx, *Grundrisse*, op. cit., p. 83.(『要綱』第1分冊25頁)

13 Ian Watt, 'Robinson Crusoe as a Myth', *Essays in Criticism*, vol. I (1951), no. 2, p. 112参照。

14 Marx, *Grundrisse*, op. cit., p. 83.(『要綱』第1分冊25頁)

15 Ibid., p. 496.(『経済学批判要綱』第2分冊、『資本論草稿集2　1857–58年の経済学草稿2』大月書店、1993年、(以下、『要綱』第2分冊)150頁)

16 Ibid., p. 472.(同前、120頁)

17 Ibid., p. 471.(同前、117頁)

18 Ibid., pp. 471–513.(同前、117～177頁)。マルクスはこうしたテーマを、「資本主義的生産に先行する諸形態」を検討した『要綱』の一節で詳しく論じている。

19 Ibid., p. 486.(同前、134、5頁)

20 Ibid., p. 84.(『要綱』第1分冊26頁)家族が村落の誕生以前に存在したという、こうしたアリストテレス的な発想は、『資本論』第1巻でも繰り返されているが、その

98 Karl Marx, 'The Monetary Crisis in Europe', in MECW, vol. 15, p. 113.（「ヨーロッパの貨幣恐慌」『全集』12巻53頁）

99 Karl Marx, 'The European Crisis', in MECW, vol. 15, p. 136.（「ヨーロッパの恐慌」『全集』12巻78頁）

100 Karl Marx, 'The Monetary Crisis in Europe', in MECW, vol. 15, p. 115.（「ヨーロッパの貨幣恐慌」『全集』12巻55頁）

101 IISH, Marx-Engels Papers, B 77, B 78, B 80, B 82, B 83, B 86, B 90.

102 Karl Marx, 'Bastiat and Carey', in *Grundrisse: Foundations of the Critique of Political Economy (Draft)*. London: Penguin Books, 1993, p. 886.（「バスティアとケアリ」『資本論草稿集1　1857–58年の経済学草稿1』大月書店、1981年、5頁）。リカードウからの引用と同様、「バスティアとケアリ」の断片も、1941年の『要綱』の最初のバージョンの第2巻に収録されている。

第IV章

1 Karl Marx to Friedrich Engels, 26 September 1856, in MECW, vol. 40, p. 70.（「マルクスからエンゲルスへ　1856年9月26日」『全集』29巻60頁）

2 Friedrich Engels to Karl Marx, 26 September 1856, in MECW, vol. 40, p. 72.（「エンゲルスからマルクスへ　1856年9月27日以後」『全集』29巻62頁）

3 Karl Marx to Friedrich Engels, 8 December 1857, in MECW, vol. 40, p. 257.（「マルクスからエンゲルスへ　1857年12月8日」『全集』29巻181頁）。これらの草稿につけられたタイトルは、この手紙からとられている。

4 Ibid.（同前）

5 アルフレッド・ダリモン（1819～1902年）の『銀行の改革について』を批判的に分析した部分を含む、第1ノートの冒頭部分は、（『要綱』の編集者が思っていたように）1857年10月に書かれたのではなく、1月と2月に書かれたということを強調しておきたい。Inna Ossobowa, 'Über einige Probleme der ökonomischen Studien von Marx im Jahre 1857 vom Standpunkt des Historikers', *Beiträge zur Marx-Engels-Forschung*, 1990, no. 29, pp. 147–61参照。

6 最近出版されたMEGA², IV/14巻を参照されたい。

7 Michael Krätke, 'Marx's "Books of Crisis" of 1857–8', in Marcello Musto (ed.), *Karl Marx's Grundrisse: Foundations of the Critique of Political Economy 150 Years Later*. London/New York: Routledge, 2008, pp. 169–75参照。

8 Karl Marx to Friedrich Engels, 18 December 1857, in MECW, vol. 40, p. 224.（「マル

85 Karl Marx, 'Political Movements. - Scarcity of Bread in Europe', in MECW, vol. 12, p. 308.（「政治上の動き——ヨーロッパにおける穀物不足」『全集』9巻307頁）

86 Karl Marx to Friedrich Engels, 28 September 1853, in MECW, vol. 39, p. 372.（「マルクスからエンゲルスへ　1853年9月28日」『全集』28巻240頁）

87 これらのノートは最近出版された。Karl Marx, *Exzerpte und Notizen. September 1853 bis Januar 1855*, in MEGA², vol. IV/12.

88 Karl Marx to Friedrich Engels, 13 February 1855, in MECW, vol. 39, p. 522.（「マルクスからエンゲルスへ　1855年2月13日」『全集』28巻347、8頁）

89 Fred E. Schrader, *Restauration und Revolution*. Hildesheim: Gerstenberg, 1980, p. 99参照。

90 Karl Marx, 'The Commercial Crisis in Britain', in MECW, vol. 13, p. 585.（「イギリスにおける商業恐慌」『全集』10巻624頁） Sergio Bologna, 'Moneta e crisi: Marx corrispondente della "New York Daily Tribune," 1856–57', in Sergio Bologna, Paolo Carpignano and Antonio Negri, *Crisi e organizzazione operaia*. Milano: Feltrinelli, 1974, pp. 9–72参照。

91 Karl Marx, 'The Crisis in England', in MECW, vol. 14, p. 61.（「イギリスの危機」『全集』11巻97頁）

92 Karl Marx to Engels, 12 April 1855, in MECW, vol. 39, p. 533.（「マルクスからエンゲルスへ　1855年4月12日」『全集』28巻355頁）

93 Karl Marx to Engels, 3 March 1855, in MECW, vol. 39, p. 525.（「マルクスからエンゲルスへ　1855年3月3日」『全集』28巻350頁）

94 マルクスは、ここで言葉あそびをしている。フロイントは、ドイツ語でフレンド、つまり友人を意味する言葉でもある。

95 Karl Marx to Friedrich Engels, 8 March 1855, in MECW, vol. 39, p. 526.（「マルクスからエンゲルスへ　1855年3月8日」『全集』28巻351頁）

96 Karl Marx, 'The French Crédit Mobilier', in MECW, vol. 15, p. 10.（「フランスのクレディ・モビリエ」『全集』12巻22頁）

97 Jenny Marx, in Institut für Marxismus-Leninismus (Ed.), *Mohr und General. Erinnerungen an Marx und Engels*. Berlin: Dietz Verlag, 1964, p. 223. マルクスの妻の言葉によると、この変化は絶対に必要だった。「皆がペリシテ人のような俗物になる中、私たちはボヘミアンのように暮らし続けることはできなかった」ibid., p. 223参照。イギリスの首都でのマルクスの暮らしについては、Asa Briggs and John Callow, *Marx in London*. London: Lawrence and Wishart, 2008参照。

70 Karl Marx, 'Pauperism and Free Trade–The Approaching Commercial Crisis', in MECW, vol. 11, p. 361.（「貧困と自由貿易」『全集』8巻362頁）

71 Karl Marx to Adolf Cluss, 7 December 1852, in MECW, vol. 39, p. 259.（「マルクスからアードルフ・クルスへ　1852年12月7日」『全集』28巻449頁）ケルンにおいての裁判については、Institut für Marxismus-Leninismus, *Der Bund der Kommunisten. Dokumente und Materialien. Band 1, 1836–1849*. Berlin: Dietz, 1970; *Band 2, 1849–1851*. Berlin: Dietz, 1982; *Band 3, 1851–1852*. Berlin: Dietz, 1984参照。

72 Karl Marx to Friedrich Engels, 10 March 1853, in MECW, vol. 39, p. 288.（「マルクスからエンゲルスへ　1853年3月10日」『全集』28巻184頁）

73 この表現は、マルクスと、ドイツ人共産主義者ヴィルヘルム・ヴァイトリンクとの間の違いに関して、1846年にはじめて用いられた。その後、ケルンでの裁判においても使われている。Maximilien Rubel, *Marx, critique du marxisme*. Paris: Payot, 1974, p. 26, n. 2参照。

74 この言葉の初出は1854年である。Georges Haupt, *Aspects of International Socialism, 1871–1914*. Cambridge: Cambridge University Press, 1986, p. 2参照。

75 Karl Marx to Friedrich Engels, 10 March 1853, in MECW, vol. 39, p. 290.（「マルクスからエンゲルスへ　1853年3月10日」『全集』28巻186頁）

76 Karl Marx to Friedrich Engels, 8 October 1853, in MECW, vol. 39, p. 386.（「マルクスからエンゲルスへ　1853年10月8日」『全集』28巻245、6頁）

77 Friedrich Engels to Karl Marx, 11 March 1853, in MECW, vol. 39, p. 293.（「エンゲルスからマルクスへ　1853年3月11日」『全集』28巻188頁）

78 Karl Marx to Friedrich Engels, 10 March 1853, in MECW, vol. 39, p. 289.（「マルクスからエンゲルスへ　1853年3月10日」『全集』28巻186頁）

79 Karl Marx to Friedrich Engels, 18 August 1853, in MECW, vol. 39, p. 356.（「マルクスからエンゲルスへ　1853年8月18日」『全集』28巻228頁）

80 Karl Marx to Friedrich Engels, 8 July 1853, in MECW, vol. 39, p. 352.（「マルクスからエンゲルスへ　1853年7月8日」『全集』28巻224頁）

81 Karl Marx to Adolf Cluss, 15 September 1853, in MECW, vol. 39, p. 367.（「マルクスからアードルフ・クルスへ　1853年9月15日」『全集』28巻479頁）

82 Karl Marx, 'Revolution in China and Europe', in MECW, vol. 12, pp. 95–6.（「中国とヨーロッパにおける革命」『全集』9巻94頁）

83 Ibid., p. 98.（同前、96頁）

84 Ibid., p. 99.（同前、97、8頁）

スからエンゲルスへ　1851年10月13日」『全集』27巻307頁） Amy E. Wendling, *Karl Marx on Technology and Alienation*. New York/Houndmills: Palgrave, 2009も参照のこと。

57 特にFerdinand Lassalle to Karl Marx, 12 May 1851, in MEGA², vol. III/4, pp. 377–8; Karl Marx to Friedrich Engels, 24 November 1851, in MECW, vol. 38, pp. 490–2やFriedrich Engels to Karl Marx, 27 November 1851, in MECW, vol. 38, pp. 493–5参照。

58 Friedrich Engels to Karl Marx, 27 November 1851, in MECW, vol. 38, p. 494.（「エンゲルスからマルクスへ　1851年11月27日」『全集』27巻321頁）

59 Karl Marx to Joseph Weydemeyer, 30 January 1852, in MECW, vol. 39, p. 26.（「マルクスからヨーゼフ・ヴァイデマイアーへ　1852年1月30日」『全集』28巻390頁）ヴァイデマイヤーの政治論については、Karl Obermann, *Joseph Weydemeyer, Pioneer of American Socialism*. New York: International Publishers, 1947参照。

60 Karl Marx to Ferdinand Freiligrath, 27 December 1851, in MECW, vol. 38, p. 520.（「マルクスからフライリヒラートへ　1851年12月27日」『全集』27巻505頁）

61 この著作の近年の評価については、Hauke Brunkhorst, 'Kommentar', in Karl Marx, *Der achtzehnte Brumaire des Louis Bonaparte*. Frankfurt/Main: Suhrkamp 2007, pp. 133–322参照。

62 Karl Marx to Gustav Zerffi, 28 December 1852, in MECW, vol. 39, p. 270.（「マルクスからグスタフ・ツェルフィへ　1852年12月28日」『全集』28巻459頁）

63 IISH, Marx-Engels Papers, B 63, B 64, B 65参照。

64 Karl Marx to Friedrich Engels, 8 September 1852, in MECW, vol. 39, pp. 181–2.（「マルクスからエンゲルスへ　1852年9月8日」『全集』28巻105頁）

65 Karl Marx to Friedrich Engels, 25 October 1852, in MECW, vol. 39, p. 216.（「マルクスからエンゲルスへ　1852年10月25日」『全集』28巻132頁）

66 Karl Marx to Friedrich Engels, 27 October 1852, in MECW, vol. 39, p. 221.（「マルクスからエンゲルスへ　1852年10月27日」『全集』28巻136頁）

67 Karl Marx to Ferdinand Lassalle, 23 February 1852, in MECW, vol. 39, p. 46.（「マルクスからフェルディナント・ラサールへ　1852年2月23日」『全集』28巻398頁）

68 Karl Marx to Joseph Weydemeyer, 30 April 1852, in MECW, vol. 39, p. 96.（「マルクスからヨーゼフ・ヴァイデマイアーへ　1852年4月30日」『全集』28巻417頁）

69 Karl Marx to Friedrich Engels, 19 August 1852, in MECW, vol. 39, p. 163.（「マルクスからエンゲルスへ　1852年8月19日」『全集』28巻93頁）

7 January 1851, in MECW, vol. 38, pp. 258–63参照。貨幣流通については、Karl Marx to Friedrich Engels, 3 February 1851, in MECW, vol. 38, pp. 273–8参照。

49 同じ頃、マルクスは産業と機械にも注意を向けていた。Hans-Peter Müller, *Karl Marx über Maschinerie, Kapital und industrielle Revolution*. Opladen: Westdeutscher, 1992参照。Jean Fallot, *Marx et le machnisme*. Paris: Cujas, 1966も参照。

50 Karl Marx to Joseph Weydemeyer, 27 June 1851, in MECW, vol. 38, p. 377.（「マルクスからヨーゼフ・ヴァイデマイアーへ　1851年6月27日」『全集』27巻473、4頁）

51 Karl Marx to Friedrich Engels, 31 July 1851, in MECW, vol. 38, p. 398.（「マルクスからエンゲルスへ　1851年7月31日」『全集』27巻251頁）

52 この当時、『ニューヨーク・トリビューン』紙には三つの種類（日刊、隔週刊、週刊）があり、マルクスはそれら全てに多くの記事を書いている。正確には、日刊紙に487の記事が掲載され、半分以上が隔週刊紙に再掲され、4分の1以上が週刊紙に再掲された。その他にも、寄稿されたが、編集者チャールズ・ダナが掲載不可とした記事がいくつかある。日刊紙に掲載された記事のうち、200本以上は匿名である。最後に触れておくべきなのは、マルクスに経済学研究の時間を確保させるため、これらの記事の約半分を実はエンゲルスが書いたということである。『ニューヨーク・トリビューン』紙への寄稿はいつも広く関心を集めた。例えば、1853年4月7日付発行号の論説には、次のように書かれていると、マルクスはエンゲルスへの手紙の中で引用している。「マルクス氏は独自の極めて確固たる意見を持っている。（…）彼の通信を読まない人々は、現下のヨーロッパ政局の重大問題に関する最も有益な情報源の一つを無視するものである」Karl Marx to Friedrich Engels, 26 April 1853, in MECW, vol. 39, p. 315.（「マルクスからエンゲルスへ　1853年4月26日」『全集』28巻196頁）

53 Friedrich Engels, 'Critical Review of Proudhon's Book *Idée générale de la Révolution au XIXe siècle*', in MECW, vol. 1, pp. 545–70参照。

54 これらの著作からの引用は、Karl Marx, *Exzerpte und Notizen. Juli bis September 1851*, in MEGA², vol. IV/9に収められている。『要綱』と『資本論』におけるこの論点については、Hosea Jaffe, *Marx e il colonialism*. Milan: Jaca Book, 1977やHosea Jaffe, *Davanti al colonialismo: Engels, Marx e il marxismo*. Milan: Jaca Book, 2007を参照せよ。

55 これらのノートは新MEGAでまだ出版されていないが、第15ノートはHans Peter-Müllerが編纂したKarl Marx, *Die technologisch-historischen Exzerpte*. Frankfurt/Main: Ullstein, 1982に収められている。

56 Karl Marx to Friedrich Engels, 13 October 1851, in MECW, vol. 38, p. 476.（「マルク

*Fragen der Entwicklung der Forschungsmethode von Karl Marx in den Londoner Exzerptheften von 1850–1853*を参照。

39 マルクスのこれらの抜粋ノートに関する興味深い情報を、この時期に対応する新MEGAの序文と重要な補遺部分とに見いだすことができる。とりわけ'Einleitung', in Karl Marx, *Exzerpte und Notizen. März bis Juni 1851*, in MEGA², vol. IV/8, pp. 13–42を参照。

40 Karl Marx, *Exzerpte und Notizen. März bis Juni 1851*, in MEGA², vol. IV/8に収録されているアダム・スミスからの引用以外は、全てKarl Marx and Friedrich Engels, *Exzerpte und Notizen. September 1849 bis Februar 1851*, in MEGA², vol. IV/7に収録されている。スミスの『国富論』（第7ノート）と、リカードウの『経済学及び課税の原理』（第6、7、8ノート）を、マルクスは1844年にパリにいた頃にフランス語で読んでいたが、ここでは原語である英語で読んでいる。

41 Karl Marx to Friedrich Engels, 3 February 1851, in MECW, vol. 38, p. 275参照。

42 Karl Marx, *Bullion. Das vollendete Geldsystem*, in MEGA², vol. IV/8, pp. 3–85参照。ナンバリングされていないこのノートの二冊目には、主にジョン・フラートン（1780～1849年）『通貨調節論』（1844年）からの抜粋が集められている。

43 マルクスの貨幣・信用および恐慌の理論についての簡単な説明としては、他にも、断片的なものであるが、第7ノートの'Reflections', in MECW, vol. 10, pp. 584–92に見つけることができる。

44 Karl Marx to Friedrich Engels, 2 April 1851, in MECW, vol. 38, p. 325.（「マルクスからエンゲルスへ　1851年4月2日」『全集』27巻197頁）

45 Friedrich Engels to Karl Marx, 3 April 1851, in MECW, vol. 38, p. 330.（「エンゲルスからマルクスへ　1851年4月3日」『全集』27巻202頁）

46 Karl Marx to Friedrich Engels, 2 April 1851, in MECW, vol. 38, p. 250.（「マルクスからエンゲルスへ　1851年4月2日」『全集』27巻197頁）

47 Karl Marx, 'Exzerpte aus David Ricardo: On the principles of political economy', in MEGA², vol. IV/8, pp. 326–31, 350–72, 381–95, 402–4, 409–26参照。これらのページの重要性は、そこでの抜粋が、第4ノートと第7ノートに含まれる、リカードウからの他の抜粋部分と合わせて、1941年に『要綱』の最初のバージョンの第2巻に収録されていることからも明らかである。

48 この決定的な理論の到達点に至るにあたって、エンゲルスとの関係は非常に重要であった。例えば、エンゲルスへの手紙の中には、リカードウの地代論についてのマルクスの批判的見解がまとめられているものもある。Karl Marx to Friedrich Engels,

せよ。「最初の三論文（『新ライン新聞　政治経済評論』1月、2月、3月号掲載）には、まもなく革命のエネルギーが新たに高揚するであろうという期待がまだ全文に見られるが、最後の号にマルクスと私が執筆した歴史的概観（5～10月）の中では、すでにこうした幻想はきっぱりと捨てられている」MECW, vol. 27, pp. 507–8（エンゲルス「カール・マルクス『フランスにおける階級闘争　1848年から1850年まで（1895年版）』への序文」『全集』7巻519頁）。1850年9月15日の共産主義者同盟中央委員会の議事録に記録されているマルクスの発言は、いっそう鮮烈である。アウグスト・ヴィリヒやカール・シャッパーといったドイツの共産主義者にとって「革命は、現実の状況の産物ではなく、意思の結果の産物だと考えられている。労働者には、状況を変え、権力の行使に向けて訓練を積むには15年、20年、50年という年月にわたる内乱のときを過ごさねばならないと伝えながら、他方で、権力はすぐに奪取しなければならず、そうしないなら寝ていた方がましだと言っているのである」MECW, vol. 10, p. 626参照。

32 「俗流民主主義者は、今日か明日にも新たな革命が勃発することを期待していた。だが、私たちは、少なくとも革命期の第一局面は終わったこと、そして新しい世界恐慌が勃発するまでは、何事も期待できないことを、既に1850年秋に宣言した。そのために私たちはまた、これらの人々から革命の裏切者として破門されたのである。ところが、これらの人々は、その後ほとんど例外なしにビスマルクと妥協したのである」Engels, 'Introduction to Karl Marx's *The Class Struggles in France, 1848 to 1850*, op. cit., p. 510.（エンゲルス「カール・マルクス『フランスにおける階級闘争　1848年から1850年まで（1895年版）』への序文」『全集』7巻522頁）

33 Karl Marx to Friedrich Engels, 11 February 1851, in MECW, vol. 38, p. 286.（「マルクスからエンゲルスへ　1851年2月11日」『全集』27巻164頁）

34 Karl Marx to Friedrich Engels [postscript by Wilhelm Pieper], 27 January 1851, in MECW, vol. 38, pp. 269–70.（「マルクスからエンゲルスへ　1851年1月27日（ヴィルヘルム・ピーパーのあとがき付）」『全集』27巻150頁）

35 Karl Marx to Friedrich Engels, 11 February 1851, in MECW, vol. 38, p. 286.（「マルクスからエンゲルスへ　1851年2月11日」『全集』27巻164頁）

36 Friedrich Engels to Karl Marx, 13 February 1851, in MECW, vol. 38, pp. 290–1.（「エンゲルスからマルクスへ　1851年2月13日」『全集』27巻168頁）

37 Walter Tuchscheerer, *Bevor "Das Kapital" entstand*. Berlin: Dietz, 1968, p. 318参照。

38 『ロンドン・ノート』に関する十全な考察に関しては、*Arbeitsblätter zur Marx-Engelsforschung*の特集号（vol. 1979, no. 7）やWolfgang Jahn and Dietrich Noske,

pp. 481–2.（大内・向坂訳『共産党宣言』岩波文庫、2007年、39、40頁）

16 ただし、これが大規模に発行され始めるのは、1870年代になってからである。Bert Andréas, *Le Manifeste Communiste de Marx et Engels*. Milano: Feltrinelli, 1963参照。

17 Karl Marx, 'The Bourgeoisie and the Counter-Revolution', in MECW, vol. 8, p. 178.（「ブルジョアジーと反革命」『全集』6巻121頁）

18 Karl Marx, *Wage Labour and Capital*, in MECW, vol. 9, p. 198.（長谷部文雄訳『賃労働と資本』岩波文庫、1954年、39頁）

19 Karl Marx to Friedrich Engels, 23 August 1849, in MECW, vol. 38, p. 213.（「マルクスからエンゲルスへ　1849年8月23日」『全集』27巻128頁）

20 Karl Marx, *The Class Struggles in France, 1848 to 1850*, in MECW, vol. 10, p. 134.（「フランスにおける階級闘争　1848年から1850年まで」『全集』7巻93頁）

21 Karl Marx and Friedrich Engels, 'Announcement of the *Neue Rheinische Zeitung. Politisch-okonomische Revue*', in MECW, vol. 10, p. 5.（「『新ライン新聞　政治経済評論』発刊のお知らせ」『全集』7巻3頁）

22 Karl Marx to Joseph Weydemeyer, 19 December 1849, in MECW, vol. 38, p. 220.（「マルクスからヨーゼフ・ヴァイデマイアーへ　1849年12月19日」『全集』27巻439、40頁）

23 Marx, *The Class Struggles in France, 1848 to 1850*, op. cit., p. 135.（「フランスにおける階級闘争　1848年から1850年まで」『全集』7巻94頁）

24 Karl Marx and Friedrich Engels, 'Review: January-February 1850', in MECW, vol. 10, pp. 264–5.（「評論　1850年1–2月」『全集』7巻226頁）

25 Karl Marx and Friedrich Engels, 'Review: March-April 1850', in MECW, vol. 10, p. 340.（「評論　1850年3–4月」『全集』7巻301頁）

26 Ibid., p. 341.（同前、303頁）

27 Karl Marx and Friedrich Engels, 'Review: May-October 1850', in MECW, vol. 10, p. 497.（「評論　1850年5–10月」『全集』7巻438頁）

28 Ibid., p. 503.（同前、444頁）

29 Karl Marx and Friedrich Engels, 'Reviews from the *Neue Rheinische Zeitung Revue* No.4', in MECW, vol. 10, p. 318.（「『新ライン新聞　政治経済評論』第4号の書評」『全集』7巻280頁）

30 Karl Marx and Friedrich Engels, 'Review: May-October 1850', op. cit., pp. 529–30.（「評論　1850年5–10月」『全集』7巻470、471頁）

31 マルクスの『フランスにおける階級闘争』1895年版のエンゲルスによる序文を参照

〜1883年)、ピエール＝ジョセフ・プルードンである。

5 これらの抜粋はKarl Marx and Friedrich Engels, *Exzerpte und Notizen. Juli bis August 1845*, in MEGA², vol. IV/4に収められている。そこには、『マンチェスター・ノート』も含まれている。この頃から、マルクスは直接英語で文献を読むようになっている。

6 これらの抜粋は『マンチェスター・ノート』の第6〜9ノートをなしており、最近Karl Marx and Friedrich Engels, *Exzerpte und Notizen. August 1845 bis Dezember 1850*, in MEGA², vol. IV/5として出版された。

7 Karl Marx, 'Declaration against Karl Grün', in MECW, vol. 6, p. 73.（「カール・グリュンに反対する声明」『全集』4巻36頁）

8 Karl Marx to Carl Wilhelm Julius Leske, 1 August 1846, in MECW, vol. 38, p. 50.(「マルクスからカール・ヴィルヘルム・レスケへ　1846年8月1日」『全集』27巻386頁）

9 Friedrich Engels, *Ludwig Feuerbach and the End of Classical German Philosophy*, in MECW, vol. 26, p. 519.（松村一人訳『フォイエルバッハ論』岩波文庫、1960年、9頁)。実は、エンゲルスはこの表現を既に1859年に、マルクスの『経済学批判』についての書評で用いている。しかしその記事には反響がなく、この言葉は『フォイエルバッハ論』の出版後に初めて人口に膾炙するようになった。

10 Karl Marx to Carl Wilhelm Julius Leske, 1 August 1846, in MECW, vol. 38, p. 51.(「マルクスからカール・ヴィルヘルム・レスケへ　1846年8月1日」『全集』27巻387頁）

11 Georg Weerth, in Hans Magnus Enzensberger (ed.), *Gespräche mit Marx und Engels*. Frankfurt/Main: Suhrkamp, 1973, pp. 68–9.

12 これらの抜粋は、Karl Marx, *Exzerpte und Notizen. September 1846 bis Dezember 1847*, MEGA², vol. IV/6に収められている。

13 Marx to Pavel Vasilyevich Annenkov, 28 December 1846, in MECW, vol. 38, p. 95.（「マルクスからパヴェル・ヴァシレヴィチ・アンネンコフへ　1846年12月28日」『全集』27巻389頁)。プルードンの思想については、Pierre Ansart, *Proudhon*. Paris: PGF–Livre de poche, 1984の2巻本、*La sociologie de Proudhon*. Paris: PUF, 1967や、Georges Gurvitch, *Proudhon, Sa vie, son oeuvre*. Paris: PUF, 1965を参照のこと。

14 Herwig Förder, *Marx und Engels am Vorabend der Revolution*. Berlin: Akademie, 1960参照。

15 Karl Marx and Friedrich Engels, *The Manifesto of the Communist Party*, in MECW, vol. 6,

75 MECW, vol. 4, p. 675に、この契約書が収録されている。

76 長い間影響力を誇ってきたマルクス・レーニン主義的な伝説では、マルクスの思想がありえないほどのスピードで作られ、最終目標も決まっていたかのように説かれていた。そのために、マルクスの知的行程についての説明は歪められ、非常に貧弱なものでしかなくなっていた。そうではなく、我々の研究目標は、マルクスの業績の起源、影響関係、そして理論的な成果を再構成し、その著作の複雑さと豊富さを強調するところに置かれなければならない。

第III章

1 Karl Marx, 'Marx's Undertaking Not to Publish Anything in Belgium on Current Politics', in MECW, vol. 4, p. 677. ブリュッセルにいた頃については、Bert Andreas, *Marx' Verhaftung und Ausweisung Brüssel Februar/März 1848*. Trier: Schriften aus dem Karl-Marx-Haus, 1978 や Edward de Maesschalck, *Marx in Brussel (1845–1848)*. Leuven: Davidsfonds, 2005を参照。

2 Karl Marx, 'Draft of an Article on Friedrich List's Book *Das Nationale System der Politischen Oekonomie*', in MECW, vol. 4, pp. 265–93.(「フリードリッヒ・リストの著書『政治経済学の国民的体系』について」『全集』補巻1巻99～131頁)

3 これらの抜粋は、Karl Marx, *Exzerpte und Notizen. Sommer 1844 bis Anfang 1847*, MEGA², vol. IV/3に収録されている。Paresh Chattopadhay, 'Marx's Notebooks of 1844–1847', in *Marx's Associated Mode of Production: A Critique of Marxism*. New York: Palgrave, 2016, pp. 31–58を見よ。

4 Karl Marx, 'Plan of the "Library of the Best Foreign Socialist Writers"', in MECW, vol. 4, p. 667(「『外国の偉大な社会主義者叢書』プラン」『全集』補巻1巻131、2頁)参照。この叢書に入れられることになっていた論者は、エティエンヌ＝ガブリエル・モレリー(1717～1778年)、ガブリエル・ボノ・ド・マブリ(1709～1789年)、フランソワ・ノエル・バブーフ(1760～1797年)、フィリッポ・ブオナローティ(1761～1837年)、シャルル・フーリエ(1772～1837年)、ヴィクトール・コンシデラン(1802～1893年)、エティエンヌ・カベー(1788～1856年)、ジャック・ルネ・エベール(1757～1794年)、ピエール・ルルー(1797～1871年)、テオフィル・ルクレール(1771～1793年)、ロバート・オウエン(1771～1858年)、ジェレミー・ベンサム(1748～1832年)、ウィリアム・ゴドウィン(1756～1836年)、クロード＝アドリアン・エルヴェシウス(1715～1771年)、サン＝シモン(1760～1825年)、テオドール・デザミ(1808～1850年)、ジュールス・ゲイ(1809

*Zeitung*に関わっていたその他の青年ヘーゲル派の論者たちを非難した。

58 Marx, 'Contribution to the Critique of Hegel's Philosophy of Law. Introduction', op. cit., p. 178.（城塚登訳『ユダヤ人問題によせて／ヘーゲル法哲学批判序説』岩波文庫、1974年、77頁）

59 Marx, *Economic and Philosophic Manuscripts of 1844*, op. cit., p. 302.（『経哲草稿』141頁）

60 Ernest Mandel, *The Formation of the Economic Thought of Karl Marx*. London: New Left Books, 1971, p. 210.

61 Marx, *Economic and Philosophic Manuscripts of 1844*, op. cit., p. 297.（『経哲草稿』132頁）

62 Karl Marx and Friedrich Engels, *The Holy Family*, in MECW, vol. 4, p. 121.（『聖家族』『全集』2巻126頁）

63 Karl Marx, 'Letters from Deutsch-Französische Jahrbücher', in MECW, vol. 3, p. 141.（「『独仏年誌』からの手紙」『全集』1巻379頁）

64 Marx, 'Contribution to the Critique of Hegel's Philosophy of Law. Introduction', op. cit., p. 183.（城塚登訳『ユダヤ人問題によせて／ヘーゲル法哲学批判序説』岩波文庫、1974年、87頁）

65 Marx, *Economic and Philosophic Manuscripts of 1844*, op. cit., p. 280.（『経哲草稿』104頁）

66 Karl Marx, 'Draft Plan for a Work on the Modern State', in MECW, vol. 4, p. 666.

67 Karl Marx, 'Draft of an Article on Friedrich List's Book *Das nationale System der politischen Oekonomie*', in MECW, vol. 4, pp. 265–94.（「フリードリッヒ・リストの著書『政治経済学の国民的体系』について」『全集』補巻1巻99～131頁）

68 Heinrich Bürgers, in Enzensberger (ed.), *Gespräche mit Marx und Engels*. op. cit., p. 46.

69 Friedrich Engels to Karl Marx, Beginning of October 1844, in MECW, vol. 38, p. 6.（「エンゲルスからマルクスへ　1844年10月上旬」『全集』27巻7頁）

70 実際には、エンゲルスは10ページ程度しか書いていない。

71 Marx and Engels, *The Holy Family*, in MECW, vol. 4, p. 36.（『聖家族』『全集』2巻33頁）

72 Ibid., p. 53.（同前、51、2頁）

73 Ibid., p. 82.（同前、83頁）

74 Friedrich Engels to Karl Marx, 20 January 1845, in MECW, vol. 38, pp. 17–8.（「エンゲルスからマルクスへ　1845年1月20日」『全集』27巻15、6頁）

上がったものである」'The Emergence of a Theory', op. cit., p. 33.

42 この頃のマルクスはまだ、イギリスの経済学者をフランス語の翻訳で読んでいた。

43 Karl Marx, *Exzerpte aus Jean Baptiste Say: Traité d'économie politique*, in MEGA², vol. IV/2, pp. 301–27.

44 Karl Marx, *Exzerpte aus Adam Smith: Recherches sur la nature et les causes de la richesse des nations*, in MEGA², vol. IV/2, pp. 332–86.

45 Karl Marx, *Exzerpte aus David Ricardo: Des principes de l'économie politique et de l'impôt*, in MEGA², vol. IV/2, pp. 392–427.

46 Karl Marx, *Exzerpte aus James Mill: Élémens d'économie politique*, in MEGA², vol. IV/2, pp. 428–70.

47 Jacques Grandjonc, *Marx et les communistes allemands à Paris 1844*. Paris: Maspero, 1974, pp. 61–2参照。とりわけ、マルクスには時間が経ってから自分のメモを読み返す習慣があったことを考えると、こうした重要な材料は『要綱』、『剰余価値学説史』そして『資本論』第1巻でも用いられたと推測できよう。

48 Rojahn, 'The Emergence of a Theory: The Importance of Marx's Notebooks Exemplified by Those from 1844', op. cit., p. 45を見よ。

49 Marx, *Economic and Philosophic Manuscripts of 1844*, op. cit., pp. 271–2.(『経哲草稿』86頁)

50 Michael Löwy, *The Theory of Revolution in the Young Marx*. Boston: Brill, 2003, pp. 29–30.

51 Karl Marx, 'Comments on James Mill, *Élémens d'économie politique*', in MECW, vol. 3, p. 205.(「論文『プロイセン国王と社会改革――一プロイセン人』に対する批判的論評」『全集』1巻445頁)

52 Ibid., p. 197.(同前、437頁)

53 Marx, *Economic and Philosophic Manuscripts of 1844*, op. cit., p. 279.(『経哲草稿』102頁)

54 Ibid., p. 294.(同前、126頁)

55 Bruno Bauer (ed.), *Allgemeine Literatur-Zeitung*, vol. 6. Charlottenburg: Verlag von Egbert Bauer, 1844, p. 32.

56 Karl Marx, 'Contribution to the Critique of Hegel's Philosophy of Law. Introduction', in MECW, vol. 3, p. 177.(城塚登訳『ユダヤ人問題によせて/ヘーゲル法哲学批判序説』岩波文庫、1974年、76頁)

57 マルクスは、『聖家族』でこの言葉でもってブルーノ・バウアーや*Allgemeine Literatur-*

で、*Nationalökonomie und Philosophie*というタイトルで公表された。Karl Marx, *Der historische Materialismus. Die Frühschriften* Siegfried Landshut and Jacob Peter Mayer (eds.). Leipzig: Alfred Kröner, 1932, pp. 283–375参照。もう一つは、旧MEGAに収められた*Ökonomisch-philosophische Manuskripte aus dem Jahre 1844*, in MEGA, vol. I/3, pp. 29–172である。この二つの版は、名前だけでなく、内容も異なっている。主な違いは、節の並べ方である。ランツフート＝マイヤー版では、元の草稿の解読がうまくいっておらず、数々の誤りが見られるほか、第1草稿と呼ばれる最初の紙片群が収められておらず、さらに実際にはヘーゲルの『精神現象学』の要約である第4草稿を、誤ってマルクスの著作としてしまっている。しかし、旧MEGAの編集者も、マルクスの意図が既にここで経済学の批判を著すところにあり、初めから章に分かれていたかのように読まれるような編み方をしていることには、あまりに注意が払われてこなかった。それは、草稿の名前の選び方や紙片の並べ方、実は第3草稿の一部だったものを、冒頭の序文の位置に置いたりするところに現れている。Jürgen Rojahn, 'The Emergence of a Theory: The Importance of Marx's Notebooks Exemplified by Those from 1844', *Rethinking Marxism*, vol. 14 (2002), no. 4, p. 33を参照のこと。Margaret Fay, "The Influence of Adam Smith on Marx's Theory of Alienation", *Science & Society*, vol. 47 (1983), no. 2, pp. 129–51も参照せよ。

38 David McLellan,*Marx before Marxism*. Harmondsworth: Penguin, 1972, pp. 210–1は、こうした誤りを犯している一例である。

39 こうした議論は、マルクスのテキストをめぐる全く終わりの見えない論争の中でやりつくされてきたが、それぞれの立場についての最重要文献を二つあげておこう。ランツフートとマイヤーは、この草稿は「マルクスの中核的な著作であって、(…)彼の認識の深化において節目となる」ものであり、そこには「『資本論』に結実することになる論点が既に示されている」と読んだ最初の論者であった。Karl Marx, *Ökonomisch-philosophische Manuskripte aus dem Jahre 1844*, in MEGA, vol. I/3, pp. 29–172参照。他方、二つ目の立場は、アルチュセールの有名な「認識論的断絶」テーゼで説かれた。Louis Althusser, *For Marx*. Harmondsworth: Penguin, 1969, p. 33f参照。Marcello Musto, 'The myth of the 'young Marx' in the interpretations of the *Economic and Philosophic Manuscripts of 1844*', *Critique*, vol. 43 (2015), no. 2, pp. 233–60も参照せよ。

40 これらはMEGA², vol. IV/2, pp. 279–579およびMEGA², vol. IV/3, pp. 31–110に収められている。

41 ロヤーンによれば、マルクスの「1844年の草稿は、この頃の抜粋から文字通り出来

228.（「ジェームズ・ミル著『政治経済学要綱』からの抜粋」『全集』40巻（以下、「ミル評注」）383頁）

26 マルクスが経済学についての著述を1850年代および60年代に再開したとき、彼は「疎外」という言葉を一度ならずと使っている。それまでになされた研究によってかなり深みを増してはいるものの、その言葉の使い方は、『経哲草稿』での分析を多くの点で再現している。『資本論』とその準備草稿での疎外の説明は、経済学的カテゴリの理解の深まりと、より徹底した社会分析によって、豊富化しているのである。Marcello Musto, 'Revisiting Marx's Concept of Alienation', in Marcello Musto (ed.), *Marx for Today*. London: Routledge, 2012, pp. 108–14参照。

27 Marx, 'Comments on James Mill, *Élémens d'économie politique*', in MECW, vol. 3, p. 217 and 220.（「ミル評注」370頁および374頁）

28 Marx, *Economic and Philosophic Manuscripts of 1844*, op. cit., p. 272.（『経哲草稿』86頁）

29 Marx, 'Comments on James Mill, *Élémens d'économie politique*', in MECW, vol. 3 p. 228.（「ミル評注」383頁）

30 Marx, *Economic and Philosophic Manuscripts of 1844*, op. cit., p. 294.（『経哲草稿』127頁）

31 Ibid., p. 296.（同前、131頁）

32 Ibid., p. 297.（同前）

33 Arnold Ruge to Ludwig Feuerbach, 15 May 1844, in Enzensberger (Ed.), *Gespräche mit Marx und Engels*, vol. 1. Frankfurt/Main: Suhrkamp, 1973, pp. 23–4.

34 Arnold Ruge to Max Duncker, 29 August 1844, in Enzensberger (Ed.), *Gespräche mit Marx und Engels*, vol. 1, op. cit., p. 31.

35 Paul Lafargue, in Enzensberger (Ed.), *Gespräche mit Marx und Engels*, op. cit., p. 32参照。

36 この複雑な関係については、David Ryazanov, 'Einleitung', in MEGA, vol. I/1.2, p. xix参照。これは、ただの抜粋ノートと、準備的な著作とみなされるべきノートとの境界を正確に画するのがいかに難しいか指摘した最初のものである。

37 Jürgen Rojahn, 'Marxismus–Marx–Geschichtswissenschaft. Der Fall der sog. "Ökonomisch-philosophische Manuskripte aus dem Jahre 1844"', *International Review of Social History*, vol. XXVIII, no. 1, 1983, p. 20参照。しかも、この草稿は1932年になってやっと全部が、ただし二つの異なる版で出版された。一つは、社会民主党の研究者であるランツフートとマイヤーがともに編んだ著作集*Der historische Materialismus*

締法にかんする討論」『全集』40巻126～72頁）と 'Justification of the Correspondent from the Mosel'（「モーゼル通信員の弁護」『全集』40巻201～29頁), in MECW, vol. 1, pp. 224–63 and pp. 332–58を見よ。

10 Karl Marx, *A Contribution to the Critique of Political Economy*, in MECW, vol. 29, p. 263.（『批判』12頁）

11 Karl Marx, *Economic and Philosophic Manuscripts of 1844*, in MECW, vol. 3, p. 231.（城塚・田中訳『経済学・哲学草稿』岩波文庫、1964年（以下、『経哲草稿』）12頁）

12 Maximilien Rubel, 'Introduction', in Maximilien Rubel (ed.), *Karl Marx, Œuvres. Economie II*. Paris: Gallimard, 1968, pp. liv-lv参照。

13 Karl Marx, 'On the Jewish Question', in MECW, vol. 3, p. 174.（城塚登訳『ユダヤ人問題によせて／ヘーゲル法哲学批判序説』岩波文庫、1974年、66、7頁）

14 Walter Tuchscheerer, *Bevor "Das Kapital" entstand*. Berlin: Dietz, 1968, p. 56参照。

15 Karl Marx, 'Exzerpte aus Jean Baptiste Say: Traité d'économie politique', in $MEGA^2$, vol. IV/2, p. 316.

16 Marx, *Economic and Philosophic Manuscripts of 1844*, op. cit., p. 270–1.（『経哲草稿』84～6頁）

17 Ibid., p. 281.（同前、105頁）

18 Pierre-Joseph Proudhon, *What is Property?* New York: Humboldt Publishing Company, 1890, p. 44f.

19 Marx, *Economic and Philosophic Manuscripts of 1844*, op. cit., p. 292.（『経哲草稿』122頁）

20 マルクスの著作には、疎外 Entfremdungの他に、外化 Entäusserungという言葉もある。これらはヘーゲルでは異なる意味を持つが、マルクスは同義に用いている。Marcella D'Abbiero, *Alienazione in Hegel. Usi e significati di Entäusserung, Entfremdung, Veräusserung*. Roma: Edizioni dell'Ateneo, 1970, pp. 25–7参照。

21 Marx, *Economic and Philosophic Manuscripts of 1844*, in MECW, vol. 3, p. 272.（『経哲草稿』88頁）

22 Ibid., p. 274.（同前、93頁）

23 Ibid., p. 277.（同前、98頁）。マルクスによる疎外の四つの類型論については、Bertell Ollman, *Alienation*. New York: Cambridge University Press, 1971, pp. 136–52参照。

24 Marx, *Economic and Philosophic Manuscripts of 1844*, op. cit., p. 280.（『経哲草稿』104頁）

25 Marx, 'Comments on James Mill, Élémens D'économie Politique', in MECW, vol. 3, p.

66 ボン時代に作られた抜粋ノートは、MEGA², vol. IV/1, pp. 289–381に収められている。

67 マルクスとバウアーの関係については、Zvi Rosen, *Bruno Bauer and Karl Marx*, The Hague: Martinus Nijhoff, 1977を参照せよ。彼らの間の論争については、特にpp. 223–40を見よ。また、David Leopold, *The Young Karl Marx*. Cambridge: Cambridge Universisty Press, 2007も参照。

68 Zvi Rosen, *Moses Hess und Karl Marx*. Hamburg: Christians, 1983参照。

第II章

1 Honoré de Balzac, *The History of the Thirteen. Ferragus*. Harmondsworth: Penguin, 1972, p. 33.（山田九朗訳『十三人組物語』『バルザック全集』第7巻、東京創元社、1974年、14頁）

2 Isaiah Berlin, *Karl Marx*. London: Oxford University Press, 1963, p. 81fを見よ。

3 Mikhail Bakunin, *Ein Briefwechsel von 1843*, in MEGA², vol. I/2, 1982, p. 482.

4 Lorenz von Stein, *Der Socialismus und Communismus des heutigen Frankreichs. Ein Beitrag zur Zeitgeschichte*. Leipzig: Otto Wigand, 1848, p. 509.

5 Arnold Ruge, *Zwei Jahre in Paris. Etudien und erinnerungen*. Leipzig: Zentralantiquariat der DDR, 1975, p. 59.

6 Balzac, *The History of the Thirteen. Ferragus*, op. cit., p. 31.（山田九朗訳『十三人組物語』『バルザック全集』第7巻、東京創元社、1974年、13頁）

7 パリ時代のマルクスの知的遍歴については、Auguste Cornu, *Karl Marx et Friedrich Engels*. vol. III. Paris: Presses Universitaires de France, 1962; Jacques Grandjonc, *Studien zu Marx erstem Paris-Aufenthalt und zur Entstehung der „Deutschen Ideologie"*. Trier: Schriften aus dem Karl Marx Haus, 1990, pp. 163–212やJean-Louis Lacascade, *Les métamorphoses de jeune Marx*. Paris: Presses Universitaires de France, 2002, pp. 129–162を見よ。

8 「たんに改革家たちの間に一般的な無政府状態があらわれているというだけではなく、今後何がなされるべきかについて何ら明確な見解をも持っていないことを、誰もが各自に認めないわけにはいかないであろう」Karl Marx to Arnold Ruge, September 1843, in MECW, vol. 3, p. 142.（「マルクスからルーゲへ　1843年9月」『全集』1巻380頁）

9 Karl Marx, 'Proceedings of the Sixth Rhine Province Assembly. Third Article. Debates on the Law on Thefts of Wood'（「第6回ライン州議会の議事　第3論文　木材窃盗取

息や怠慢を必要としたことはなかった。(…) 彼の目的は、自分の内側をよりはっきりと見通すことであり、ここでも彼が自分自身と自分の著作に批判的に接していることが分かる。(…) そしてここでもやはり、後年と同様に、一つの分野に閉じこもるのではなく、法律・歴史・詩・芸術と、あらゆるものを読み、取り入れ、我が物にしようとする姿を見ることができる。マルクスが取り込もうとしないものなどなかった。マルクスは、なすことすべてに全身全霊を捧げたのである」Eleanor Marx, 'Marx' Briefe an seinen Vater', *Die Neue Zeit*, vol. 16 (1898), no. 1, pp. 4–12.

56 Cornu, *Karl Marx et Friedrich Engels*, op. cit., p. 151を見よ。

57 この7冊のノートは、博士論文執筆の準備のごく一部に過ぎないと思われる。Maximilien Rubel, 'Philosophie Épicurienne. Notice', in Maximilien Rubel (ed.), *Karl Marx, Œuvres III. Philosophie*. Paris: Gallimard, 1982, p. 786参照。いわゆる「エピクロス派の哲学へのノート」は英語でも出版されている。MECW, vol. 1, pp. 403–516(『全集』40巻13～184頁)参照。

58 Maximilien Rubel, 'Différence de la philosophie naturelle chez Démocrite et chez Épicure, avec un appendice. Notice', in Karl Marx, *Œuvres III. Philosophie*, op. cit., p. 6を見よ。

59 Mario Cingoli, *Il primo Marx (1835–1841)*. Milano: Unicopli, 2001やRoberto Finelli, *Un parricidio mancato. Hegel e il giovane Marx*. Torino: Bollati Boringhieri, 2004, pp. 40–74を見よ。

60 Cornu, *Karl Marx et Friedrich Engels*, op. cit., p. 225.

61 Ibid., pp. 194–7.

62 Mario Rossi, *Da Hegel a Marx. III La scuola hegeliana. Il giovane Marx*, Milano: Feltrinelli, 1977, p. 164を見よ。

63 これらの抜粋は、アリストテレスの『霊魂論』からの抜粋とともに、Karl Marx and Friedrich Engels, *Exzerpte und Notizen bis 1842*, in MEGA², vol. IV/1, pp. 153–288に収められている。

64 Karl Marx to Carl Friedrich Bachmann, 6 April 1841, in MECW, vol. 1, p. 379(「カール・フリードリッヒ・バッハマンへの手紙」『全集』40巻293頁)およびKarl Marx to Oskar Ludwig Bernhard Wolff, 7 April 1841, in MECW, vol. 1, pp. 380–1(「オスカル・ルートヴィヒ・ベルンハルト・ヴォルフへの手紙」『全集』40巻294頁)参照。

65 これらの詩はこのドイツの週刊誌の第4号に掲載されている。翻訳は、Karl Marx, 'The Fiddler' and 'Nocturnal Love', in MECW, vol. 1, pp. 22–4(『全集』40巻531～3頁)を参照。

42 Heinrich Marx to Karl Marx, 9 November 1836, in MECW, vol. 1, p. 662. 手紙はこう続けられている。「神の思し召しがあれば、おまえはまだまだ長生きして、自分のため、家族のため、そして私の推測が間違っていなければ、人類のためになることをなしとげるのだから」ibid.

43 この計画の痕跡を、父からのマルクスへの手紙に見いだすことができる。Heinrich Marx to Karl Marx, 16 September 1837, in MECW, vol. 1, pp. 679–83（「ハインリヒ・マルクスからカール・マルクス（在ベルリン）へ」『全集』40巻558〜62頁）参照。

44 「私はそもそも生活というものは、あらゆる方面に、知識や芸術や私的境遇のうちに、姿を見せてくる精神的営みの表現にほかならないと考えている」Marx, 'Letter to His Father', op. cit., p. 11.（「父への手紙」『全集』40巻3頁）

45 ibid., p. 15（「父への手紙」『全集』40巻8頁）参照。「こうしていろいろなことに取り組んだために、第一学期を通じて多くの夜を寝ずに明かし、多くの戦いをやり抜き、多くの内外の刺激を耐え忍ばねばならなかった。それにもかかわらず結局、私はたいして豊かになったわけではなく、そしてそのさい自然、芸術、世の中をないがしろにし、友人たちとは会わずにいた。これは、私の体に負担だったようである。医者は私に田舎に行くよう勧めた」。

46 現・シュトラーラウ。ベルリン郊外。

47 「ボーゲン」というのは16ページを意味する。つまりこれは300ページ以上の原稿だった。

48 Marx, 'Letter to His Father', op. cit., pp. 16–7.（「父への手紙」『全集』40巻9頁）

49 Ibid., p. 17.（同前、9、10頁）

50 Ibid.（同前、10頁）

51 Miller and Sawadzki, *Karl Marx in Berlin*, op. cit., pp. 68–75参照。

52 Marx, 'Letter to His Father', op. cit., pp. 17.（「父への手紙」『全集』40巻10頁）

53 Heinrich Marx to Karl Marx, 9 December 1837, in MECW, vol. 1, pp. 685–91.（「ハインリヒ・マルクスからカール・マルクス（在ベルリン）へ」『全集』40巻563〜9頁）Ernst Bloch, *On Karl Marx*. New York: Herder & Herder, 1971も参照。

54 Cornu, *Karl Marx et Friedrich Engels*, op. cit., p. 126を見よ。

55 ハインリッヒ・マルクスの死によって、カールの大学時代について私たちに伝えてくれる貴重な手紙も途絶えることになった。マルクスの一番下の娘であるエレノアによると、これらの手紙は「成長しつつある、大人になりつつある青年マルクスの姿を伝えている。そこに既に、マルクスの生涯を特徴づける、仕事への並外れた能力と熱情を見ることができる。彼が仕事を負担に感じることはなく、著述活動が休

33 1948年、フンボルト大学に改称。

34 Ludwig Feuerbach to his father, 6 July 1824, in Karl Grün (ed.), *Ludwig Feuerbach, Sein Briefwechsel und Nachlass*. Leipzig & Heidelberg: C. F. Winter'sche Verlagshandlung, 1874, p. 183.

35 Sepp Miller and Bruno Sawadzki, *Karl Marx in Berlin*. Berlin: Das Neue Berlin, 1956, p. 113およびNicolaevsky and Maenchen-Helfen, *Karl Marx: Man and Fighter*, op. cit., p. 35f.

36 Karl Marx, *Buch der Liebe*, in MEGA², vol. I/1, p. 479を見よ。

37 Cornu, *Karl Marx et Friedrich Engels*, op. cit., pp. 89–90参照のこと。Franz Mehring, 'Einleitung', in Franz Mehring (ed.), *Aus dem literarischen Nachlass von Karl Marx, Friedrich Engels und Ferdinand Lassalle*, vol. 1. Stuttgart: Dietz 1902, pp. 25–6も参照せよ。そこには、マルクスの二番目の娘ラウラの意見が載っている。「私の父は、この韻文集を全くバカにしていたと言える。両親がそれについて話すときは、いつも心の底から若気の至りだと笑っていた」。要するに、メーリングが他で述べているように、「ミューズの神々が彼のゆりかごのなかにいれてくれたいろいろの贈物のなかには、韻文の才能だけは見られなかった」*Karl Marx: The Story of His Life*, op. cit., p. 11（栗原佑訳『マルクス伝1』大月書店、2018年、53頁）。その韻文集を作って1年しか経っていなかったが、1837年11月の父親に宛てた手紙の中で、マルクスはそれに大変厳しい評価を与えている。「無定形に打ち広げられた感情、自然なものはなにもなく、すべてはこの世ならざるもので組み立てられ、現にあるもの、またあるべきものの全くの反対物、詩的な思いの代わりにレトリカルな省察、しかしおそらくはある種のあたたかみの感情と高揚へのあがきを含んだものが、私がイェニーの手元に送りつけた最初の三冊の詩すべての特徴なのです。際限を知らぬ思慕の空漠たる広がりが様々な形をとってあらわれ、その詩を『作品』と呼べるものから、『冗漫』なものへと変えてしまっているのです」Karl Marx, 'Letter from Marx to His Father in Trier', in MECW, vol. 1, p. 11（「父への手紙」『全集』40巻4頁）。マルクスは自分の詩を*Deutscher Musenalmanach*誌に送っているが、掲載に値するという評価を受けることはできなかった。

38 Marx, 'Letter to His Father', op. cit., pp. 11–2.（「父への手紙」『全集』40巻4頁）

39 István Mészáros, 'Marx filosofo', in Eric Hobsbawm (ed.), *Storia del marxismo*, vol. 1. Torino: Einaudi, 1978, pp. 122–3.

40 Marx, 'Letter to His Father', op. cit., pp. 12, 15.（「父への手紙」『全集』40巻8頁）

41 これらの抜粋はその後失われてしまっている。

21 Ibid., p. 6.（同前、517頁）

22 この過ちを犯している二人の大家は、フランツ・メーリングとオーギュスト・コルニュである。メーリングは、ここには「あの思想の最初の稲妻がちらとうかがわれる。この思想を全面的に展開することが、やがてこの人の不滅の功績となる」*Karl Marx: The Story of His Life*. Ann Arbor: University of Michigan Press, 1962, p. 5（栗原佑訳『マルクス伝1』大月書店、2018年、42頁）と述べている。コルニュは、「この文章の重要性を誇張しないためにも」と言いながら、「ここでマルクスは初めて、人間の生を形成する社会関係の役割を強調している」*Karl Marx et Friedrich Engels*, op. cit., p. 79と、読者に呼びかけるのである。

23 マルクスのボン時代については、Cornu, *Karl Marx et Friedrich Engels*, op. cit., pp. 82–7を見よ。

24 Heinrich Marx to Karl Marx, 19 March 1836, in MECW, vol. 1, pp. 652–3.（「ハインリヒ・マルクスからカール・マルクス（在ボン）へ」『全集』40巻548頁）

25 Heinrich Marx to Karl Marx, 18–29 November 1835, in MECW, vol. 1, p. 645.（「ハインリヒ・マルクスからカール・マルクス（在ボン）へ」『全集』40巻543頁）

26 マルクスは既に学生時代に短編詩をいくつか作っていた。姉のゾフィーは、それをきれいに書き写して保存している。そのうちの一つ、1833年に書かれた「シャルルマーニュによせて」は、今に残っている最も古い作品の一つであり、そこにはギムナジウム時代の校長ヴィッテンバッハからの影響が見られる。Karl Marx, 'Gedichte. Aus einem Notizbuch von Sophie Marx', in MEGA^2, vol. I/1, pp. 760–3参照。

27 Heinrich Marx to Karl Marx, beginning of 1836 [February or early March], in MECW, vol. 1, p. 649.（「ハインリヒ・マルクスからカール・マルクス（在ボン）へ」『全集』40巻548頁）

28 Heinrich Marx to Karl Marx, 18–29 November 1835, in MECW, vol. 1, p. 647.（「ハインリヒ・マルクスからカール・マルクス（在ボン）へ」『全集』40巻545頁）

29 Heinrich Marx to Karl Marx, beginning of 1836 [February or early March], in MECW, vol. 1, pp. 649, 651.（「ハインリヒ・マルクスからカール・マルクス（在ボン）へ」『全集』40巻547および549頁）

30 'Certificate of Release from Bonn University', in MECW, vol. 1, p. 658.

31 Eleanor Marx, 'Karl Marx', *Die Neue Zeit*, vol. I (1883), no. 10, p. 441.

32 Maxim Kovalevsky, in Institut für Marxismus-Leninismus (ed.), *Mohr und General. Erinnerungen an Marx und Engels*. Berlin: Dietz, 1964, p. 394を見よ。Cornu, *Karl Marx et Friedrich Engels*, op. cit., p. 82も参照のこと。

Nachfolger, 1993を見よ。

6 The letter from Eleanor Marx to Henri Polak, 31 October 1893, in Werner Blumenberg, ‘Ein unbekanntes Kapitel aus Marx’ Leben: Briefe an die holländischen Verwandten’, *International Review of Social History*, vol. I (1956), n. 1, p. 56を見よ。

7 Wilhelm Liebknecht, *Karl Marx zum Gedächtnis*. Nuremberg: Wörlein & Co., 1896, p. 92.

8 マルクスは生前、ハイネと知り合い、とても親しく付き合っていた。Walter Victor, *Marx und Heine*, Berlin: Bruno Henschel und Sohn, 1951参照。

9 Isaiah Berlin, *Karl Marx*. London: Oxford University Press, 1963, p. 26.

10 Auguste Cornu, *Karl Marx et Friedrich Engels*, vol. I. Paris: Presses Universitaires de France, p. 57.

11 David McLellan, *Karl Marx: A Biography*. Basingstoke: Palgrave Macmillan, 2006, p. 4. Cf. Cornu, op. cit., pp. 49–67を見よ。

12 Boris Nikolaevsky and Otto Maenchen-Helfen, *Karl Marx: Man and Fighter*. Philadelphia/London: J.P. Lippincott Company, p. 52. Cornu, *Karl Marx et Friedrich Engels*, op. cit., p. 69も参照。

13 Eleanor Marx, in Hans Magnus Enzensberger (ed.), *Gespräche mit Marx und Engels*, vol. 1. Frankfurt/Main: insel taschenbuch, 1973, p. 268.

14 Ibid., p. 1.

15 Cornu, *Karl Marx et Friedrich Engels*, op. cit., pp. 72–3.

16 Eleanor Marx, in David Rjazanov (ed.), *Karl Marx als Denker*. Frankfurt/Main: Makol, 1971, p. 27.

17 Karl Marx, ‘Certificate of Maturity for Pupil of the Gymnasium in Trier’, in MECW, vol. 1, p. 643.

18 マルクスの学校の成績については、Carl Grünberg, ‘Marx als Abiturient’, *Archiv für die Geschichte des Sozialismus und der Arbeiterbewegung*, vol. XI (1925), pp. 424–33; Monz Heinz, Manfred Henke, Rüdiger Thomas, and Hans Pelger, *Der unbekannte junge Marx: neue Studien zur Entwicklung des Marxschen Denkens, 1835–1847*. Mainz: Hase und Koehler, 1973, pp. 9–146; Marco Duichin, *Il primo Marx*. Rome: Cadmo, 1982, pp. 45–67を参照。

19 McLellan, Marx before Marxism, op. cit., p. 54参照。

20 Karl Marx, ‘Reflections of a Young Man on the Choice of a Profession’, in MECW, vol. 1, p. 9.（『全集』40巻519頁）

Verlag, 1928; Karl Vorländer, *Karl Marx*. Leipzig: F. Meiner, 1929; Marx-Engels-Lenin-Institut, *Karl Marx. Chronik seines Lebens in Einzeldaten*. Moskau: Marx-Engels-Verlag, 1934; Boris Nikolaevskij and Otto Maenchen-Helfen, *Karl Marx: Man and Fighter*, op. cit. [1936]; Isaiah Berlin, *Karl Marx: His Life and Environment*. London: Thornton Butterworth, 1939; Maximilien Rubel, *Karl Marx. Essai de biographie intellectuelle*. Paris: Librairie M. Rivière et Cie, 1957; Institut für Marxismus-Leninismus, *Karl Marx. Biographie*. Berlin: Dietz, 1968; David McLellan, *Karl Marx: His Life and His Thought*. London: Macmillan, 1973; Francis Wheen, *Karl Marx: a life. New York: Norton*, 2000. Mary Gabriel, *Love and Capital: Karl and Jenny Marx and the Birth of a Revolution*. New York/Boston/London: Little, Brown and Company, 2011. 最近のものとしては、Gareth Stedman Jones, *Karl Marx: Greatness and Illusion*, London: Allen Lane, 2016がある。長い間、研究者たちが多くの仕事を成し遂げてきたが、マルクスの思想に関する伝記の完全版を期すためには、まだ書き足されなければならないことが残っている。

9 Karl Marx, 'Afterword to the Second German Edition', in MECW, vol. 35, p. 17.（『資本論』1巻23頁）

10 Karl Marx and Friedrich Engels, 'General Rules of the International Working Men's Association', in Marcello Musto (ed.), *Workers Unite! The International 150 Years Later*. New York: Bloomsbury, 2014, p. 265.

11 Karl Marx, *Critique of Gotha Programme*, in MECW, vol. 24, p. 87.（望月清司訳『ゴータ綱領批判』岩波文庫、1975年、38頁）

第I章

1 Johann Wolfgang von Goethe, *Campaign in France in the Year 1792*. London: Chapman and Hall, 1849, pp. 178–9.

2 s.n., *Trierische Kronik*. n.p., 1818, p. 85.

3 この頃のトリーアについての詳細は、Emil Zenz, *Geschichte der Stadt Trier im 19 Jahrhundert*. Trier: Spee, 1979参照。それがマルクスに与えた影響については、Heinz Monz, *Karl Marx. Grundlagen der Entwicklung zu Leben und Werk*. Trier: NCO, 1973参照。

4 David McLellan, *Marx before Marxism*. Harmondsworth: Penguin, 1972, p. 42fを見よ。

5 H. Horowitz, 'Die Familie Lwów', *Monatsschrift für Geschichte und Wissenschaft des Judentums*, vol. 5 (1928), pp. 487–99. マルクスの家族についての詳細は、Mannfred Schöncke (ed.), *Karl und Heinrich Marx und ihre Geschwister*. Bonn: Pahl-Rugenstean

日本語版への序文

1 Gareth Stedman Jones, *Karl Marx. Greatness and Illusion*, Cambridge, Mass.: Harvard University Press, 2016参照。この本の著者は、全12章のうち8章（あるいは300ページ以上）を1841年から49年の期間に当てているが、1873年から83年の時期には、たった60ページからなる1章分しか当てていない。

2 Maximilien Rubel, *Karl Marx, essai de biographie intellectuelle*, Paris: Marcel Rivière, 1957, p. 6.

はじめに

1 近年なされた主要な研究のサーベイについては、'Marx's Global Reception Today', in Marcello Musto (ed.), *Marx for Today*. London: Routledge, 2012, pp. 170–234を参照。Marcello Musto (ed.), *The Marx Revival*. Cambridge: Cambridge University Press, forthcoming 2019も参照せよ。

2 Antonio Labriola, *Socialism and philosophy*. Chicago: C.H. Kerr & company, 1907, pp. 16–8.

3 マルクスの伝記作家である、ボリス・ニコラフスキーとオットー・メンヒェン＝ヘルフェンは、彼らの本の序言でいみじくもこう述べている。「ごまんといる社会主義者のうち、おそらく一人ぐらいしかマルクスの経済学の著作を読んではいない。ごまんといるアンチ・マルクス主義者のうち、一人もマルクスを読んではいない」。*Karl Marx: Man and Fighter*. Philadelphia/London: J.P. Lippincott Company, 1936, p. v.

4 Labriola, *Socialism and philosophy*, op. cit., pp. 22–3.

5 Maximilien Rubel, *Bibliographie des œuvres de Karl Marx*. Paris: Rivière, 1956, p. 27参照。

6 David Ryazanov, 'Neueste Mitteilungen über den literarischen Nachlaß von Karl Marx und Friedrich Engels', in *Archiv für die Geschichte des Sozialismus und der Arbeiterbewegung*, vol. 11 (1925), 特にpp. 385–6参照。

7 Marcello Musto, 'The Rediscovery of Karl Marx', *International Review of Social History*, vol. 52 (2007), n. 3, pp. 477–98参照。

8 マルクスに関する著作は膨大であるが、伝記も数多くある。最も重要なものを挙げておこう。John Spargo, *Karl Marx: His Life and Work*. New York: B. W. Huebsch, 1912; Franz Mehring, *Karl Marx. Geschichte seines Lebens*. Leipzig: Leipziger Buchdruckerei AG, 1918; Otto Rühle, *Karl Marx. Leben und Werk*. Hellerau bei Dresden: Avalun-

マルチェロ・ムスト

Marcello Musto

ヨーク大学准教授。1976年生まれ。著書に『アナザーマルクス』『ラストマルクス』他。

江原 慶

えはら・けい

大分大学経済学部准教授。1987年生まれ。東京大学大学院経済学研究科博士課程修了(博士(経済学))。著書に『資本主義的市場と恐慌の理論』(日本経済評論社、2018年)。

結城剛志

ゆうき・つよし

埼玉大学大学院人文社会科学研究科准教授。1977年生まれ。東京大学大学院経済学研究科博士課程修了(博士(経済学))。著書に『労働証券論の歴史的位相:貨幣と市場をめぐるヴィジョン』(日本評論社、2013年)。

アナザー・マルクス

2018年11月20日　第一刷発行

［発 行］　株式会社 堀之内出版
〒192-0355　東京都八王子市堀之内3-10-12
フォーリア23　206号室
TEL　042-670-5063
FAX　042-680-9319

［印刷製本］　株式会社シナノパブリッシングプレス
［ブックデザイン］　末吉亮(図工ファイブ)
［カバーイラスト］　大庫真理

ISBN 978-4-909237-37-8 C0023